高等职业教育教师教育系列教材

多媒体课件设计与制作

主 编 袁慎芳 李 娟 付凤华
副主编 李 霞 黄 兰 吴义三

南京大学出版社

图书在版编目(CIP)数据

多媒体课件设计与制作 / 袁慎芳，李娟，付凤华主编. — 南京 ：南京大学出版社，2020.8(2023.7重印)

ISBN 978 - 7 - 305 - 23695 - 2

Ⅰ. ①多… Ⅱ. ①袁… ②李… ③付… Ⅲ. ①多媒体课件—制作—教材 Ⅳ. ①G436

中国版本图书馆 CIP 数据核字(2020)第 155443 号

出版发行	南京大学出版社
社　　址	南京市汉口路 22 号　　　　邮　编　210093
出版人	金鑫荣

书　　名　多媒体课件设计与制作
主　　编　袁慎芳　李　娟　付凤华
责任编辑　丁　群　　　　　　编辑热线　025 - 83597482

照　　排　南京南琳图文制作有限公司
印　　刷　常州市武进第三印刷有限公司
开　　本　787×1092　1/16　印张 20.5　字数 546 千
版　　次　2023 年 7 月第 1 版第 4 次印刷
ISBN 978 - 7 - 305 - 23695 - 2
定　　价　49.80 元

网址：http://www.njupco.com
官方微博：http://weibo.com/njupco
微信服务号：NJUyuexue
销售咨询热线：(025) 83594756

教学资源

前　言

信息技术应用能力是新时代高素质教师的核心素养。2013年以来,教育部启动实施全国中小学教师信息技术应用能力提升工程,教师应用信息技术改进教育教学的意识和能力有了普遍提高。但随着近年来大数据、人工智能等新技术的变革,对教师信息素养也提出了新要求。2018年4月,教育部启动实施全国中小学教师信息技术应用能力提升工程2.0,以学校信息化教育教学改革发展引领教师信息技术应用能力的提升,推动教师主动适应信息化,全面促进信息技术与教育教学深度融合,从而引领教育现代化发展。随着教学方式的发展变革,市场上一些教材的软件版本、教学内容等很多方面已不再适应目前的教授和学习。

有鉴于此,我们认真调研近些年针对教师教学课件制作教材需求以及近两三年来师范生技能竞赛的要求,组织了一支优秀的、具有丰富教学经验和实践经验的作者团队,编写了本教材,以帮助各类院校快速培养优秀的应用型人才。

本着"学用结合"的原则,我们在教学方法、教学内容和教学资源三个方面体现出了本书的特色。

1. 教学方法

本书精心设计了"知识导图→知识讲解→课堂案例详解→实训任务"四段教学法,细致而巧妙地讲解理论知识的同时,对经典案例进行分析,不仅能激发学生的学习兴趣,还能训练学生的动手能力,通过课堂案例实操和课后实训任务帮助学生强化巩固所学知识和技能,提高实际应用能力。

知识导图:以思维导图方式呈现每个任务主要的知识框架,以帮助学生深入、综合地了解每个任务的系统知识框架,厘清知识点之间的关系。

知识讲解:深入浅出地讲解关键知识,注重实际训练,配合经典实例介绍如何在实际工作中灵活应用这些知识点。

课堂案例:紧密结合课堂讲解的内容,提供适当的操作思路并根据需要适当补充一些知识难点供学生了解效果达成的本质,并充分训练学生的动手能力,提高学生独立完成任务的能力。

实训任务:结合每个任务内容给出难度适中的上机实训任务,学生可通过练习,强化巩固每个任务所学知识,从而能够温故而知新。

2. 教学内容

本书的教学目标是循序渐进地帮助学生掌握利用PowerPoint制作课件的方法,全书共11个项目,26个任务。具体内容如下:

项目一:PowerPoint基础知识。主要讲解PowerPoint的基本常识和基本操作,包括PowerPoint的基本概念与术语、工作界面的基本设置、演示文稿和幻灯片的基本操作等知识。

项目二:PowerPoint文本处理。主要讲解PowerPoint文本格式编辑和文本排版美化相关知识,包括使用PowerPoint插入文本、文本格式编辑、艺术字、文本排版布局设计等知识。

项目三：PowerPoint 图片处理。主要讲解 PowerPoint 图片格式编辑和图片排版美化相关知识，包括使用 PowerPoint 插入图片、图片格式编辑、图片排版布局设计等知识。

项目四：PowerPoint 图形处理。主要讲解 PowerPoint 图形格式编辑和图形运用相关知识，包括使用 PowerPoint 插入图形、图形格式编辑、图形灵活运用等知识。

项目五：PowerPoint 声音处理。主要讲解 PowerPoint 声音基本设置和运用相关知识，包括使用 PowerPoint 插入声音、编辑声音、播放控制和声音运用等知识。

项目六：PowerPoint 视频处理。主要讲解 PowerPoint 视频基本设置和美化相关知识，包括使用 PowerPoint 插入视频、视频处理和视频美化等知识。

项目七：PowerPoint 动画设置。主要讲解 PowerPoint 基本动画设置、动画的运用和幻灯片切换相关知识，包括使用 PowerPoint 设置四种基本动画、动画属性设置、动画运用和幻灯片切换等知识。

项目八：PowerPoint 播放控制。主要讲解 PowerPoint 放映设置和放映技巧相关知识，包括使用 PowerPoint 设置放映方式、隐藏/显示幻灯片、录制旁白、排练计时、放映与自定义放映、快速定位幻灯片等知识。

项目九：课件整体结构。主要讲解教学课件制作流程、界面设计、目录设计和标题导航设计相关知识，包括课件概念、类型、制作原则、制作流程、评价标准、界面设计原则、封面封底设计、目录设计和标题导航设计等知识。

项目十：课件风格。主要讲解制作教学课件过程中使用模板与母版、色彩搭配等相关知识，包括模板设计、主题设计、母版设计、版式应用、模板/主题/母版之间的联系与区别、颜色的 RGB 值、分析主题氛围、确定页面颜色基调、选取主色与辅助色等知识。

项目十一：学科教学课件设计。依据近几年来湖北省学前教育与小学教育专业教学技能大赛项目要求，本项目主要讲解幼儿园教学课件案例设计与小学教学课件案例设计，包括幼儿园教育特点、幼儿园课件的制作要求、幼儿园教学课件案例制作、小学教学课件作用、小学教学课件的制作要求、小学教学课件案例制作过程等知识。

3. 教学资源

本书提供立体化教学资源，使教师可以方便地获取各种教学资料，丰富教学手段。

本书配套有精心制作的教学资源包，包括：所有案例涉及的素材与效果文件、各任务的课堂案例及实训任务的操作演示视频、PPT 教学课件和备课教案，以便老师顺利开展教学工作。特别提醒：上述教学资源可扫描本书版权页二维码获取。

本书由咸宁职业技术学院袁慎芳、随州职业技术学院李娟、柳州城市职业学院付凤华担任主编，随州职业技术学院李霞、荆州职业技术学院黄兰、咸宁职业技术学院吴义三担任副主编。本书中有些图例欣赏来源于网络上布衣公子作品，在此表示感谢。虽然编者在编写本书的过程中倾注了大量心血，但恐百密之中仍有疏漏，恳请广大读者及专家不吝赐教。

目　录

第一部分

第一部分
PowerPoint 课件制作基础篇

项目一　PowerPoint 基础知识

任务一　PowerPoint 基本常识

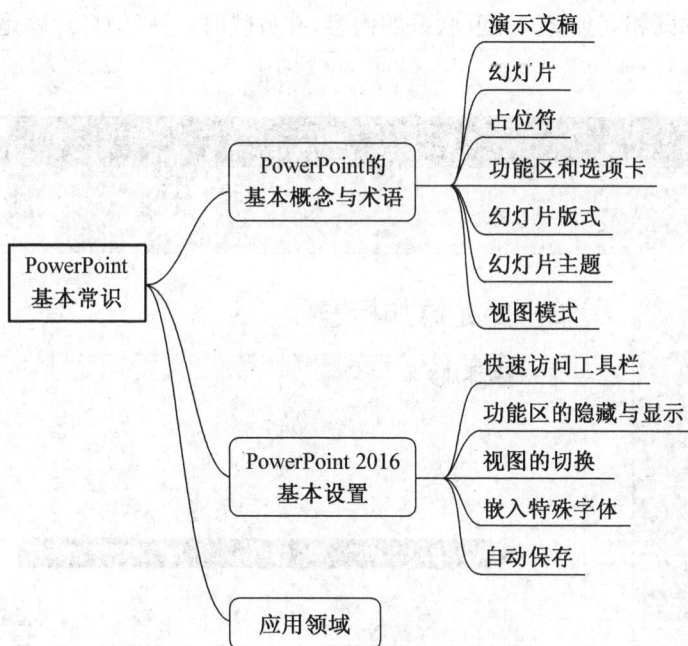

```
                                            ┌─ 演示文稿
                                            ├─ 幻灯片
                                            ├─ 占位符
                          ┌─ PowerPoint的 ──┼─ 功能区和选项卡
                          │  基本概念与术语   ├─ 幻灯片版式
                          │                 ├─ 幻灯片主题
      PowerPoint ─────────┤                 └─ 视图模式
      基本常识            │
                          │                 ┌─ 快速访问工具栏
                          │  PowerPoint 2016├─ 功能区的隐藏与显示
                          ├─ 基本设置 ───────┼─ 视图的切换
                          │                 ├─ 嵌入特殊字体
                          │                 └─ 自动保存
                          │
                          └─ 应用领域
```

  Microsoft Office PowerPoint 是微软公司办公软件包（Microsoft Office）中重要软件之一，是一款专用于制作演示文稿的强大工具软件，制作的作品称为演示文稿，俗称幻灯片，简称 PPT。它被认为是一种多媒体技术，允许用户为演示文稿添加文字、图形、图像、图表、声音、动画、视频、影片等各种多媒体信息，并根据需要设计各种演示效果。广泛运用于各种会议、产品演示、学校教学，还可以在互联网上召开面对面会议、远程会议或在网上给观众展示演示文稿。

  作为教师，常常需要将教学的各种素材，即文字、图片、图形、声音、动画、影片等制作成课堂教学的演示型 CAI 课件，PowerPoint 是教师自制教学课件的理想工具，该软件具有易学、灵活多样、共享性强等特点。

  该工具软件到现在已发展成具有多种版本的系列，各版本之间或多或少存在一些差异，高版本在音视频编辑、美工编辑、动画动作等功能上优于低版本。本教材以 PowerPoint 2016 版本为环境进行编写。

一、PowerPoint 的基本概念与术语

1. 演示文稿

演示文稿是指用 PowerPoint 软件创建制作的作品保存在磁盘中的文档。文档的保存类型（即文档的扩展名）通常为 ppt 或 pptx。

注：ppt 是 PowerPoint 2007 以下版本的文档扩展名，pptx 是 PowerPoint 2007 及以上版本的文档扩展名，随着 PowerPoint 版本不断升级，创建的演示文稿还可以保存为 pdf、图片、视频等其他格式。

2. 幻灯片

演示文稿是由一张或多张幻灯片组成的，幻灯片是演示文稿输入及存放内容的空间，可以在幻灯片上放置文字、图片、图标、声音、动画、视频等多媒体元素，如图 1-1 所示。每张幻灯片都是演示文稿中既相互独立又相互联系的内容，在放映时，一张幻灯片就是一个独立的课件界面。

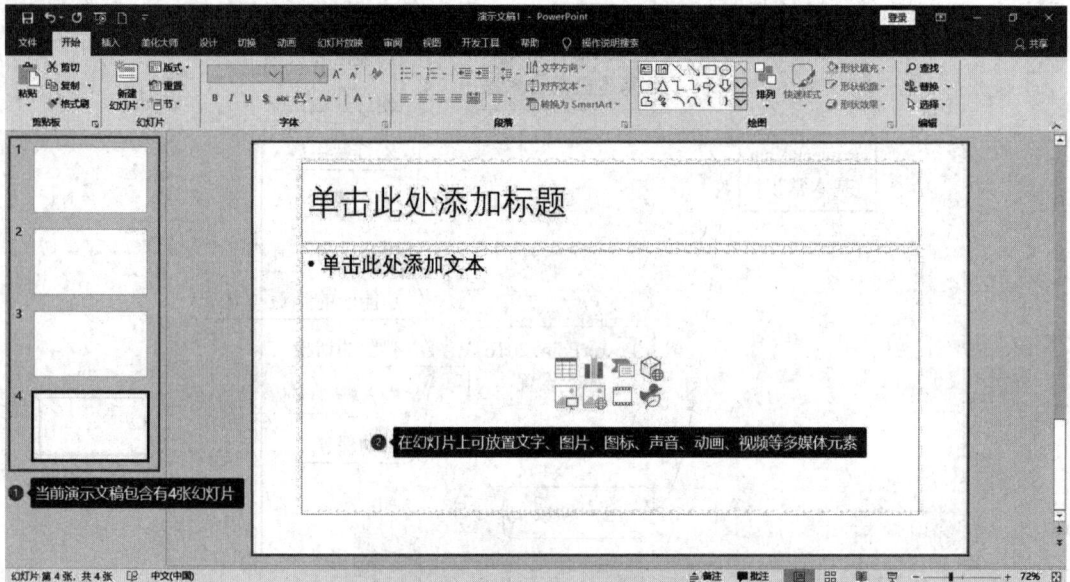

图 1-1　幻灯片

3. 占位符

占位符用来提示在幻灯片上插入内容的符号，除空白版式之外的其他版式都是自动出现，是一种带有虚线或阴影线边缘的框。在不同版式中有不同的占位符，如标题幻灯片版式有标题占位符和副标题占位符，如图 1-2 所示；标题与内容版式中有标题占位符和内容占位符，如图 1-3 所示。在这些框内可以输入文本，内容占位符中还可按对应的按钮插入表格、图表、图形、图片、视频等对象。

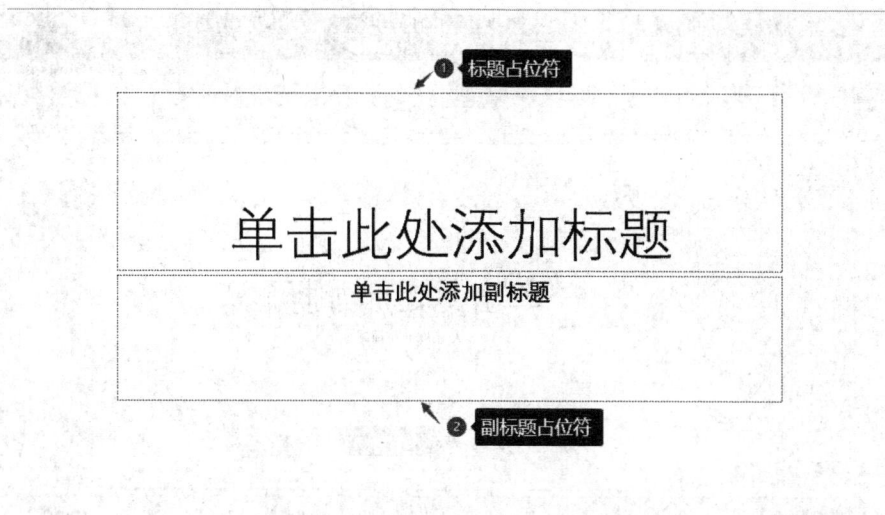

图 1－2　标题幻灯片版式中的占位符

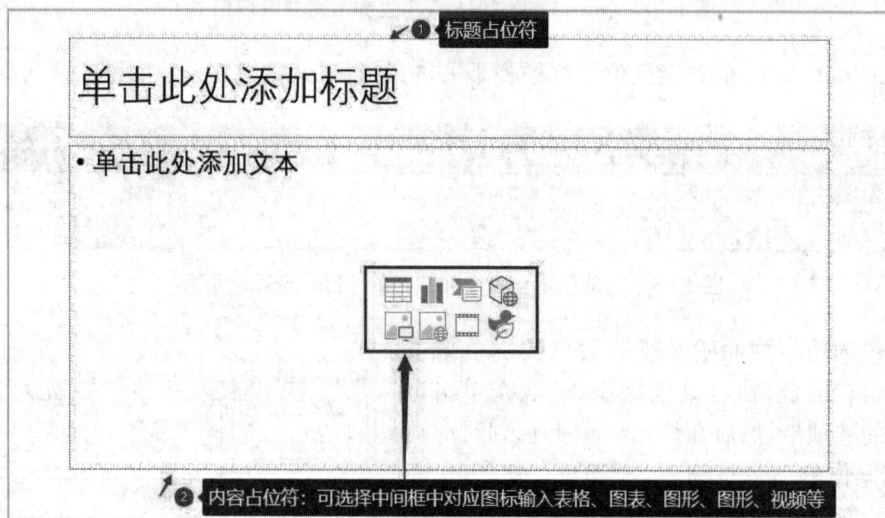

图 1－3　标题与内容版式中的占位符

注：在幻灯片中是不能直接输入文本符号的，需要在"占位符"或"文本框"中进行文本符号的输入及编辑。

4. 功能区和选项卡

PowerPoint 2016 程序主界面主要由快速访问工具栏、标题栏、功能区、幻灯片编辑区、视图窗格、备注窗格和状态栏等几个部分组成，如图 1－4 所示。

与 PowerPoint 2007 以下版本界面不同的是，常用的菜单和菜单命令不见了，取而代之的是功能区和选项卡。由于 PowerPoint 2016 的命令工具是以功能区为基础，在这里主要介绍主界面的功能区。PowerPoint 2016 功能区由多个选项卡组成，每个选项卡均与一种活动类型相关，点击不同选项卡，功能区就会显示包含不同命令和按钮的各类选项卡页面。

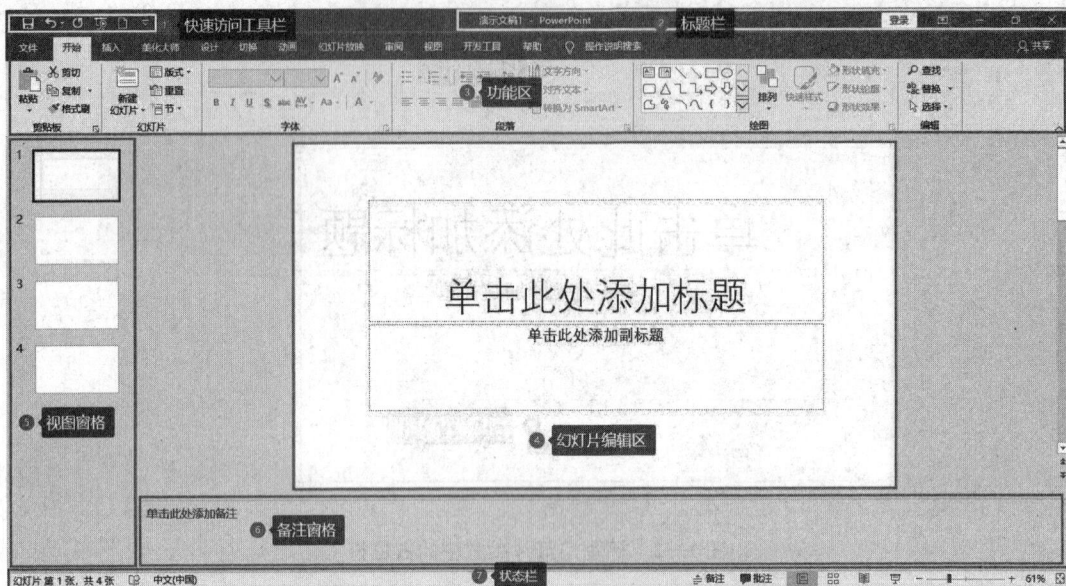

图 1-4　PowerPoint 2016 程序主界面主要窗口组成

PowerPoint 2016 的功能区位于标题栏下方的条形区域，如图 1-5 所示。

图 1-5　功能区下含命令和按钮的"开始"选项卡页面

在每个选项卡页面中又按照命令类别分成不同的功能组。因此，执行某项操作，一般先单击该操作所在的选项卡，然后在该选项卡下找到对应功能组中该操作的命令按钮，单击即可。如图 1-5 所示，"开始"选项卡下集合了该软件最基本的常用命令功能，从左到右依次是剪贴板、幻灯片、字体、段落、绘图、编辑 6 个最基本功能组。

5. 幻灯片版式

将占位符按一定位置组合排列就是幻灯片的版式，通过幻灯片版式的应用可以对文字、图片等元素进行更加合理简洁的布局，即版式就是幻灯片上对象的布局。PowerPoint 2016 提供了 11 种版式，如图 1-6 所示。

6. 幻灯片主题

从幻灯片设计角度而言，PowerPoint 2016 提供了很多主题模板。主题模板提供了演示文稿的

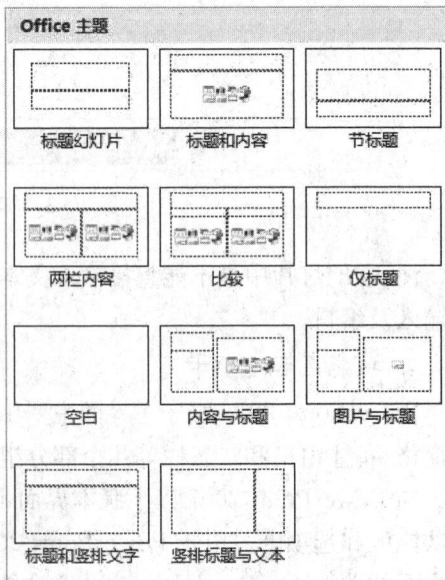

图 1-6　幻灯片版式

外观构建,它将背景设计、占位符版式、颜色和字形等应用于幻灯片。"主题"在"设计"选项卡下,如图1-7、图1-8所示。

图1-7　"设计"—"主题"

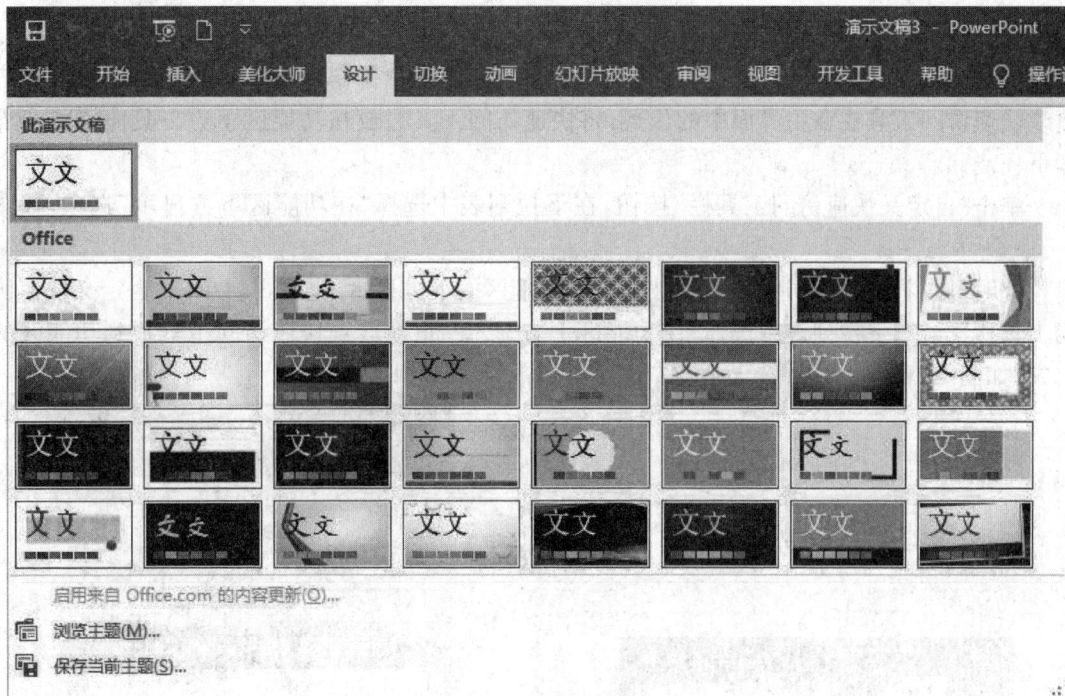

图1-8　主题模板

7. 视图模式

在制作多媒体课件时,制作者特别希望软件环境是一个人性化的课件制作环境,以便于课件的开发。PowerPoint 为满足这种要求,提供了各种工作视图模式,形成了集幻灯片的编辑、管理、播放为一体的工作环境。

PowerPoint 2016 提供了6种视图模式,分别为普通视图、大纲视图、幻灯片浏览视图、备注页视图、阅读视图和幻灯片放映视图,用户可根据自己的阅读需要选择不同的视图模式。

二、PowerPoint 2016 基本设置

(一) 快速访问工具栏

PowerPoint 2016 程序主界面窗口的最左上角为快速访问工具栏,如图1-9所示。用于放置一些常用的操作命令按钮,单击某个按钮即可快速实现相应的功能。用户可以根据需要进行添加和删减。

图 1-9　快速访问工具栏

用户在使用 PPT 软件时,重新制定适合自己使用习惯的快速访问工具栏是提高 PPT 制作效率的最快途径之一。下面介绍快速访问工具栏的常用相关设置。

1. 改变快速访问工具栏的位置

快速访问工具栏默认位置在功能区上方,为了方便用户操作,PowerPoint 2016 允许用户更改快速访问工具栏在主界面中的位置,将快速访问工具栏放在功能区下方。具体操作步骤如下:

单击"自定义快速访问工具栏"按钮,在下拉列表中选择"在功能区下方显示"选项,如图 1-10 所示。

此时可以看到快速访问工具栏被放置到功能区的下方显示,也可再次单击"自定义快速访问工具栏"按钮,下拉列表中选择"在功能区上方显示"重新放置快速访问工具栏到功能区的上方,如图 1-11 所示。

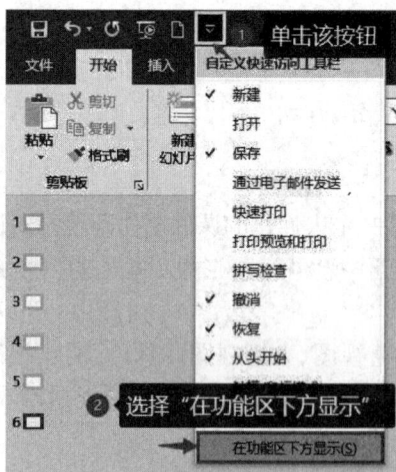

图 1-10　设置快速访问工具栏显示在功能区下方

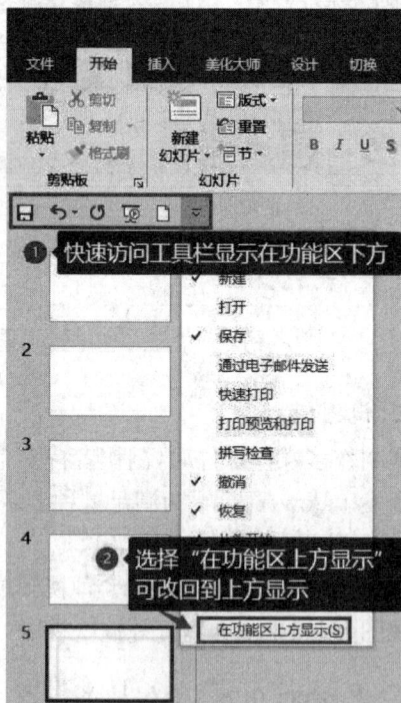

图 1-11　设置快速访问工具栏显示在功能区上方

2. 调整命令的顺序

为方便用户操作,用户可以根据自己的习惯来调整快速访问工具栏中命令按钮的位置,具体操作如下:

步骤 1：单击"文件"→"选项"，如图 1－12 所示。

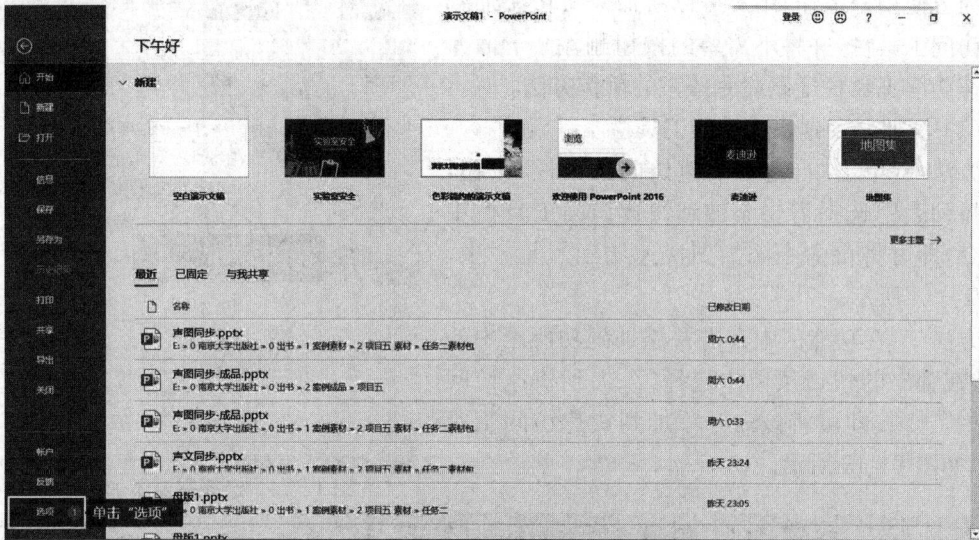

图 1－12　"选项"命令

步骤 2：打开"PowerPoint 选项"对话框→选择快速访问工具栏→在"自定义快速访问工具栏"下方列表中选择某个需改变位置的命令→单击列表框右侧的"上移"或"下移"按钮→单击"确定"，如图 1－13 所示。完成设置后，按钮在快速访问工具栏中的位置也将随之改变。

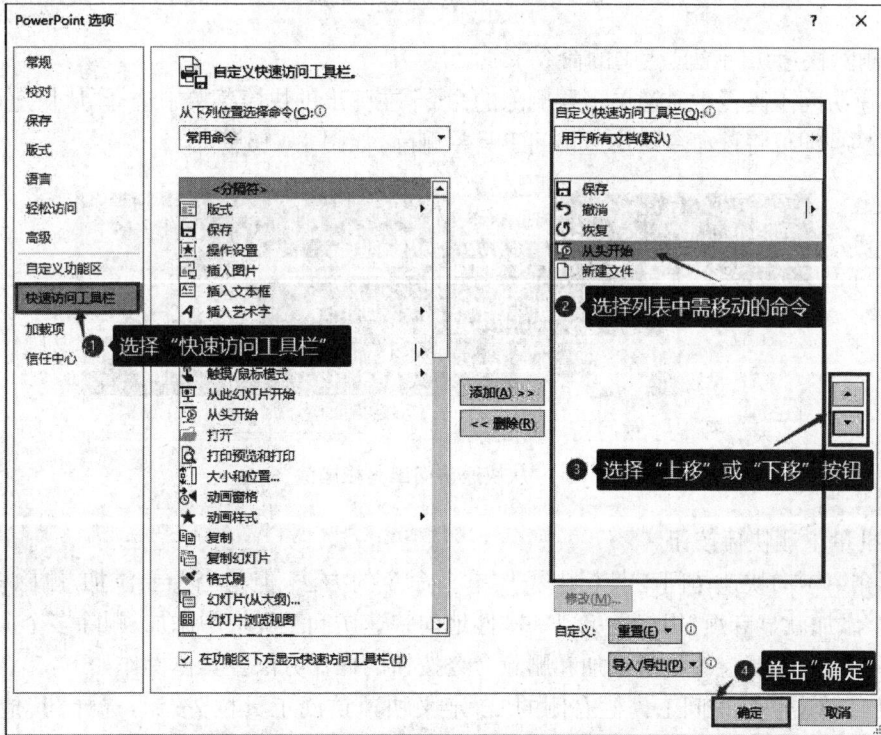

图 1－13　改变"快速访问工具栏"按钮位置

3. 增删快捷按钮

为方便用户操作,用户可以将命令按钮添加到快速访问工具栏,并将不需要的按钮删除。下面介绍快速访问工具栏增删命令按钮的操作方法。

(1) 添加命令到快速访问工具栏

方法一:单击"自定义快速访问工具栏"按钮,在下拉列表中选择需要添加到快速访问工具栏中的命令,即可将该命令添加到快速访问工具栏中,如图 1-14 所示。

方法二:在功能区中右击要添加到功能区中的命令,在弹出的快捷菜单中选择"添加到快速访问工具栏"选项,即可将该命令添加到快速访问工具栏中,如图 1-15 所示。

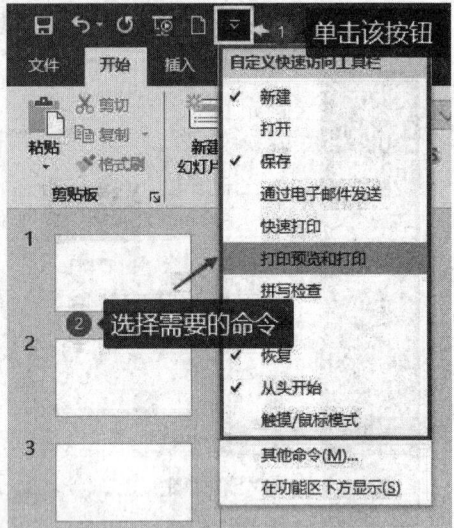

图 1-14 选择需要添加的命令

图 1-15 添加功能区中的命令

(2) 删除快速访问工具栏中的命令

在快速访问工具栏中右键单击要删除的命令,在弹出的快捷菜单中选择"从快速访问工具栏删除"选项,即可将该命令从快速访问工具栏删除,如图 1-16 所示。

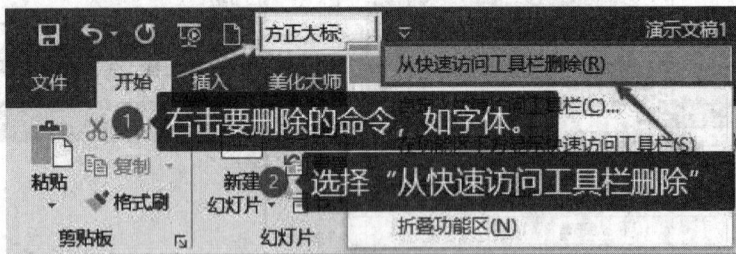

图 1-16 "从快速访问工具栏删除"命令

(3) 批量增删快捷按钮

上面介绍了向快速访问工具栏中添加单个命令的方法,但是当想要添加/删除多个命令时,一个个添加就显麻烦,用户还可以一次性地向快速访问工具栏中添加/删除多个命令,下面介绍向快速访问工具栏中批量添加和删除命令按钮的操作方法。具体操作如下:

步骤1:单击快速访问工具栏右侧的"自定义快速访问工具栏"按钮,选择"其他命令"选项,如图 1-17 所示。

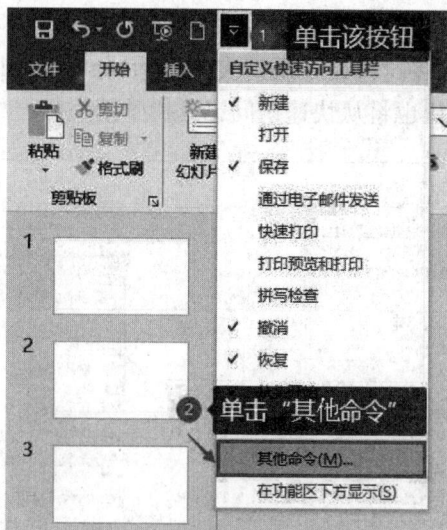

图 1－17　选择"其他命令"选项

　　步骤 2：打开"PowerPoint 选项"对话框，此时出现快速访问工具栏，在"从下列位置选择命令"列表中选择需要添加的命令后，单击"添加"按钮即可将该命令添加到"自定义快速访问工具栏"列表中，如图 1－18 所示。将需要的命令按钮添加完成后单击"确定"按钮，即可将它们添加到快速访问工具栏中。

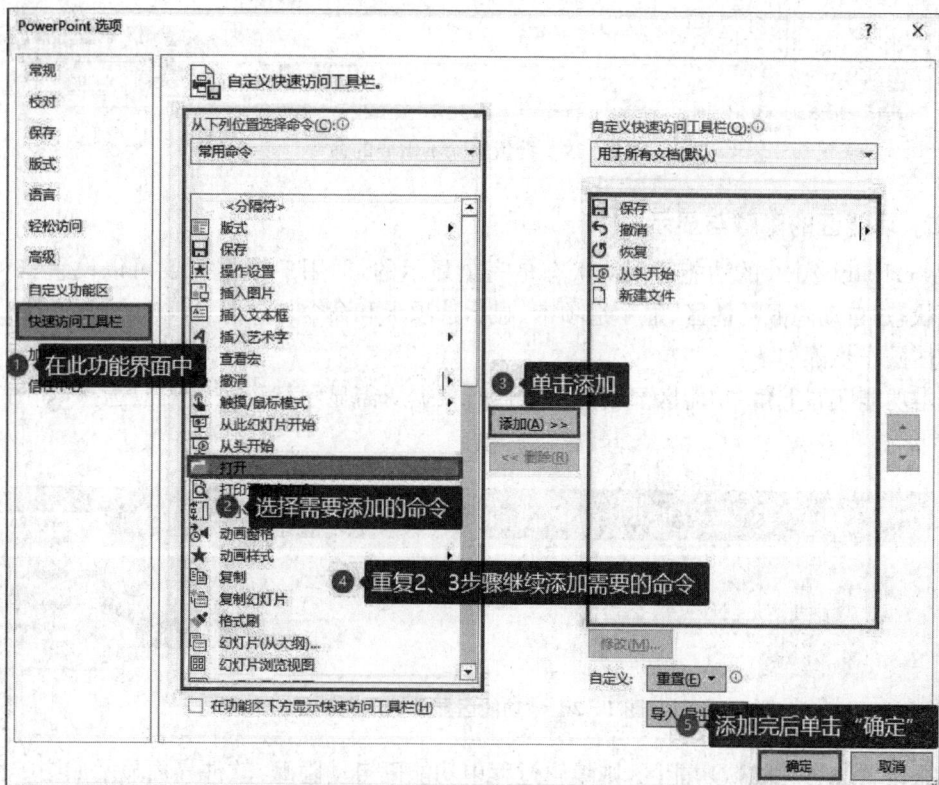

图 1－18　批量添加所需命令

要删除快速访问工具栏中的命令时,在"自定义快速访问工具栏"列表中选择不需要的命令按钮,单击"删除"按钮即可将这些命令从列表中删除,如图1-19所示。单击"确定"按钮,这些从列表中删除的命令按钮也将从快速访问工具栏中消失。

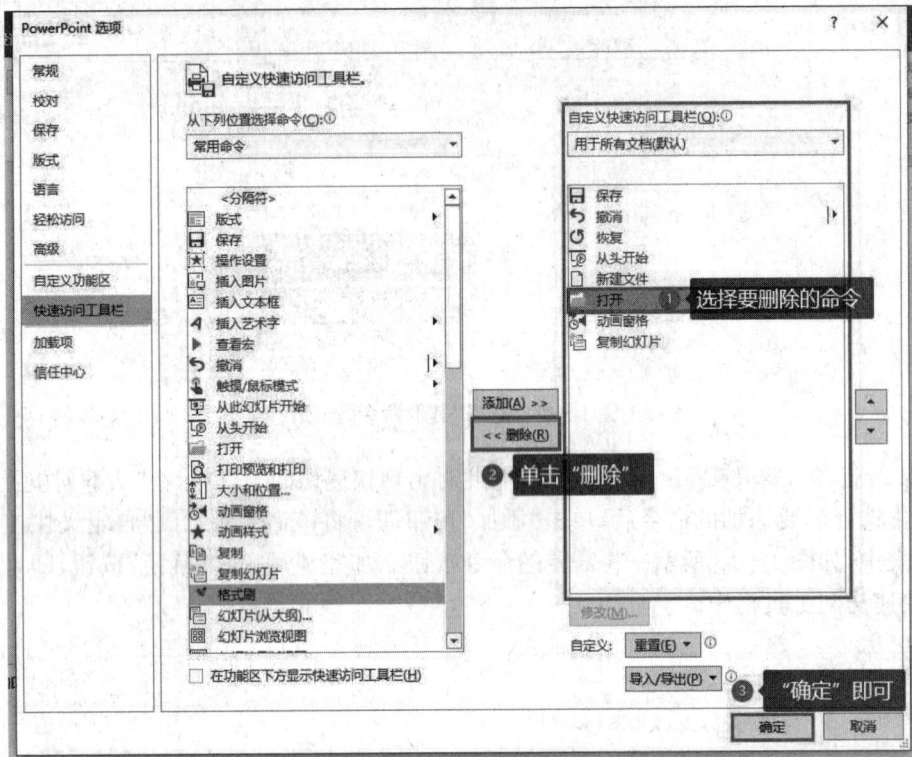

图1-19 批量删除不需要的命令

(二)功能区的隐藏与显示

PowerPoint 2016的功能区默认状态是完全显示的,但用户根据需要可以设置三种不同的显示状态:自动隐藏功能区、显示选项卡、显示选项卡和命令。

具体操作步骤如下:

单击功能区右上角"功能区显示选项"按钮,根据所需显示状态进行对应选择,如图1-20所示。

图1-20 "功能区显示选项"按钮

如果设置为自动隐藏功能区,则编辑过程中功能区自动隐藏,软件界面显示如图1-21所示,想要显示上方功能区,可移动鼠标到界面最上方的横条,单击鼠标即可显示,离开继续编辑则又自动隐藏。或可再次单击"功能区显示选项"按钮进行重新选择。

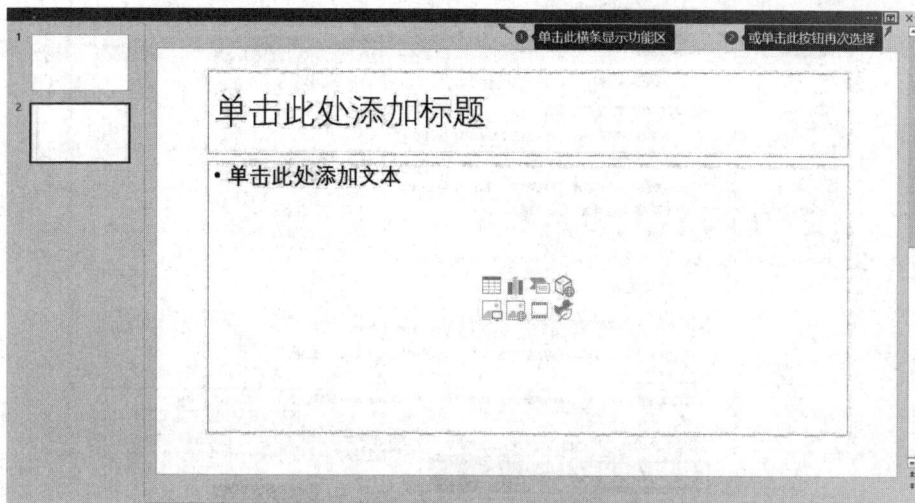

图 1-21　功能区的隐藏与显示

(三) 视图的切换

用户制作幻灯片的过程可根据自己的编辑或阅读需要切换不同的视图模式。具体操作如下:

选项卡按钮法:单击"视图"选项卡,在"演示文稿视图"选项组(注:只显示前 5 种视图方式)中选择所需的视图按钮即可,如图 1-22 所示。

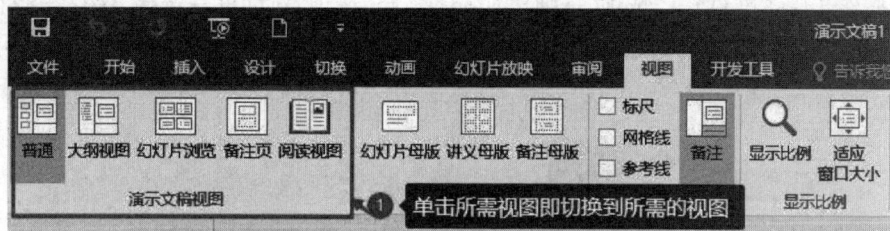

图 1-22　视图选项卡进行视图切换

状态栏按钮法:直接单击 PowerPoint 2016 软件窗口状态栏右端的"视图"按钮进行切换(注:只显示 4 种,依次是普通视图、幻灯片浏览视图、阅读视图和幻灯片放映视图)。

(四) 嵌入特殊字体

制作 PPT 为了美观常常会用到一些特殊的字体,辛苦设置好的字体,却可能会在不同的电脑上由于没有安装特殊的字体而无法播放,为了预防字体丢失情况的发生,可以将特殊字体嵌入 PPT 中,即需要对特殊字体进行相关的保存设置。

具体操作步骤:"文件"→"选项"→弹出"PowerPoint 选项"对话框→选择"保存"→勾选"将字体嵌入文件"→选择"仅嵌入演示文稿中使用的字符"(或"嵌入所有字符")→单击"确定",如图 1-23 所示。

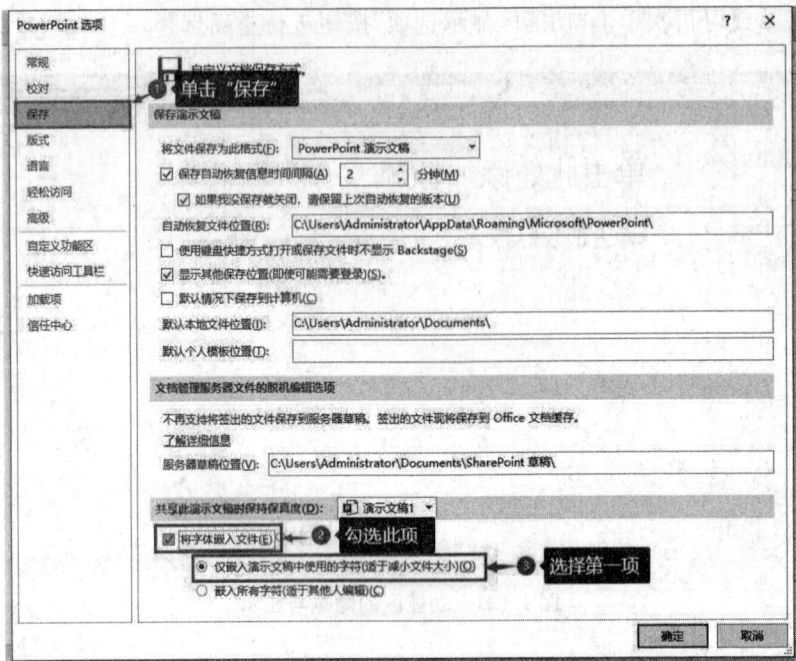

图 1-23　设置字体嵌入

（五）自动保存

为了防止在 PowerPoint 中制作好了演示文稿因突然关闭而丢失，建议大家设置好自动保存时间。

具体操作步骤："文件"→"选项"→弹出"PowerPoint 选项"对话框→选择"保存"→勾选"保存自动恢复信息时间间隔"→改所需时间（默认是 10 分钟）→单击"确定"，如图 1-24 所示。

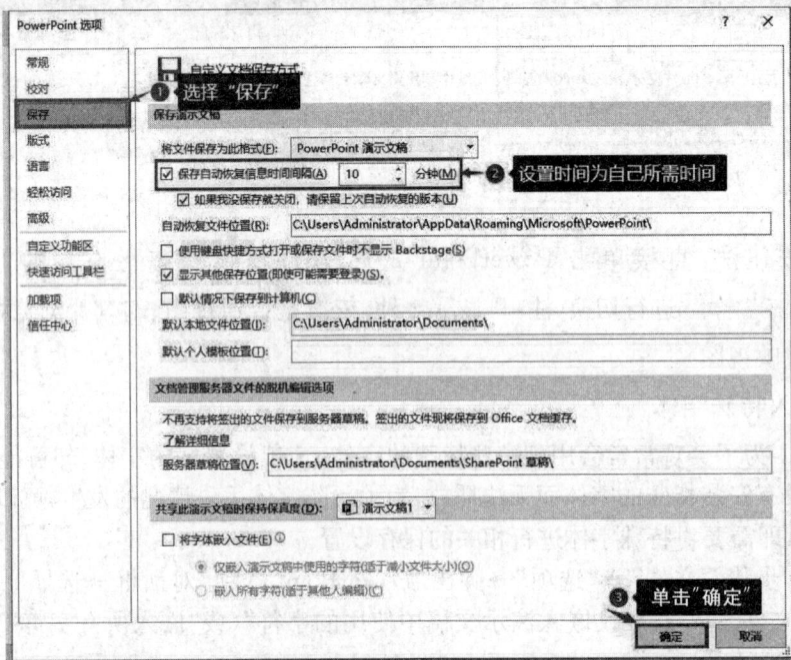

图 1-24　设置自动保存时间

三、应用领域

一套完整的 PPT 文件一般包含片头动画、PPT 封面、前言、目录、过渡页、图表页、图片页、文字页、封底、片尾动画等。PPT 的应用领域越来越广，它正成为人们工作生活的重要组成部分，在工作汇报、企业宣传、产品推介、婚礼庆典、项目竞标、管理咨询等商务领域已是不可缺少的一种展示手段。而作为教育行业，为适应信息化教学，PPT 教学课件已是最常用最普遍的教学辅助工具。PowerPoint 2016 作为专业课件工具软件之一，可提供多种课件模板供用户选择。

任务二　**PowerPoint 基本操作**

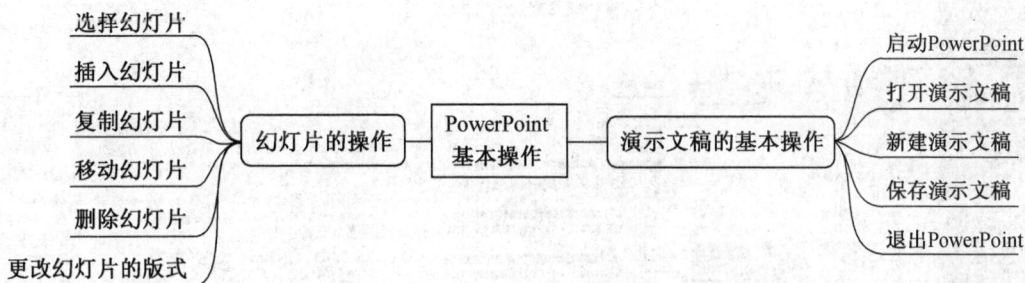

```
                        选择幻灯片
                        插入幻灯片                              启动PowerPoint
                        复制幻灯片     ┌──────────┐  ┌──────────────┐  打开演示文稿
                   幻灯片的操作 ──── │ PowerPoint │──│ 演示文稿的基本操作 │  新建演示文稿
                        移动幻灯片     │  基本操作  │  └──────────────┘  保存演示文稿
                        删除幻灯片     └──────────┘                     退出PowerPoint
                        更改幻灯片的版式
```

利用 PowerPoint 2016 的强大功能，可以制作并设计出复杂且优美的演示文稿。在制作演示文稿之前，我们需要了解一下 PowerPoint 2016 的基础操作。例如，如何启动、打开、新建、保存一个演示文稿，如何对演示文稿的幻灯片进行插入、选择、移动、复制、删除、改版式等操作。

一、演示文稿的基本操作

（一）启动 PowerPoint

像启动其他应用软件一样，启动 PowerPoint 2016 一般有如下几种方法：

（1）在 Windows 10 系统菜单设置为 Windows 7 经典版的环境下，依次选择"开始"→"所有程序"→"PowerPoint"命令，启动 PowerPoint 2016，如图 1-25 所示。

图 1-25　启动 PowerPoint

（2）若在桌面上建立了 PowerPoint 2016 程序的快捷方式，双击 PowerPoint 2016 快捷方式图标 ![图标] 来启动 PowerPoint 2016。

（3）若将 PowerPoint 2016 程序锁定到任务栏，则单击任务栏中的 PowerPoint 2016 图标 ![图标]，启动 PowerPoint 2016。

（二）打开演示文稿

（1）当我们需要查看或编辑存放于磁盘上的 PPT 文档时，最简单的打开方式是直接双击该文档图标。

（2）如果是在 PowerPoint 软件已打开的状态下，也可按"Ctrl＋O"快捷键或"文件"→"打开"，如图 1-26 所示打开文档界面，再选择"浏览"找到该文档存放所在磁盘的位置，双击该文档即可。

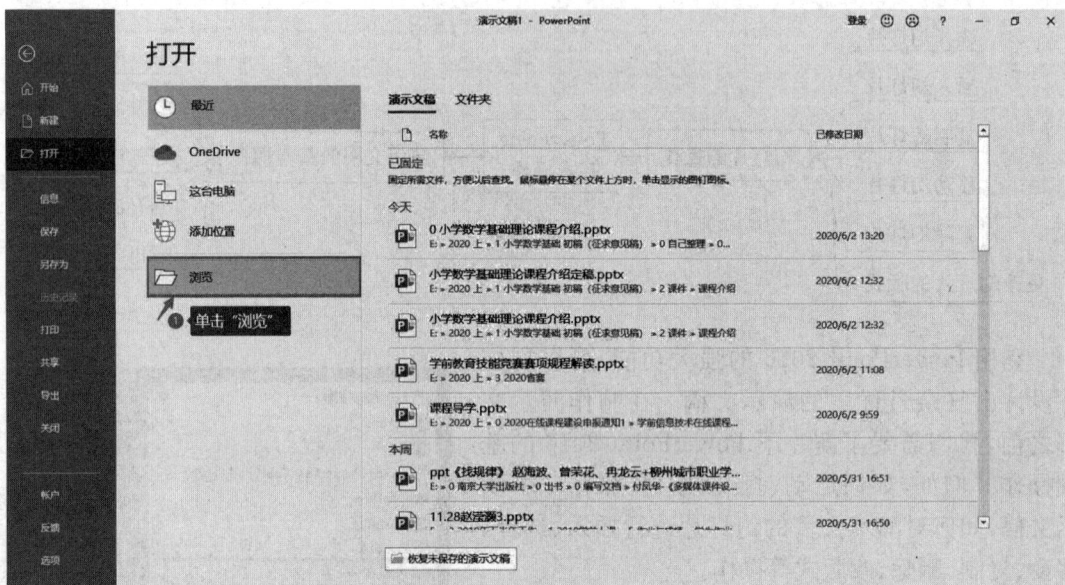

图 1-26 浏览要打开的文档

（三）新建演示文稿

启动即新建演示文稿：在启动 PowerPoint 2016 软件的同时会自动创建一个名为"演示文稿 1"的新文档。

在当前活动窗口中新建演示文稿：如果当前软件已是打开状态，要创建新的演示文稿。

1. 新建空白演示文稿

（1）"Ctrl＋N"快捷键法：快速创建空白演示文稿。此方法不弹出任何对话框，是最快新建空白演示文稿的方法。

（2）"新建"命令法：依次选择"文件"→"新建"→"空白演示文稿"，即可创建一个空白演示文稿，如图 1-27 所示。

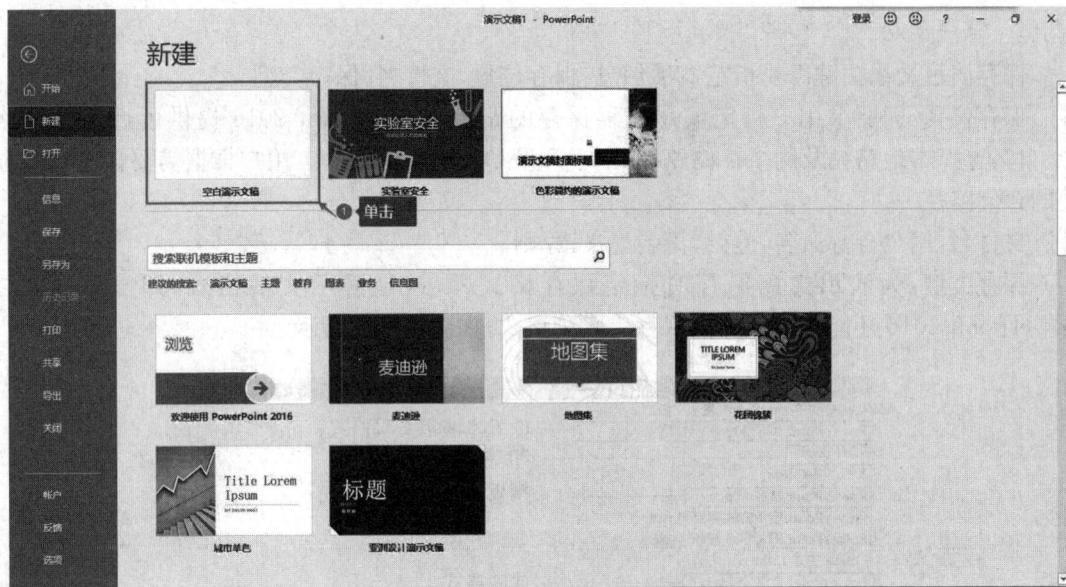

图 1-27　创建空白演示文稿

2. 根据模板新建演示文稿

用户还可以根据需要利用 PowerPoint 2016 提供的模板来新建缤纷靓丽的演示文稿。

具体操作步骤：依次选择"文件"→"新建"命令，如图 1-28 所示进行选择，即可根据当前选定的模板新建演示文稿。

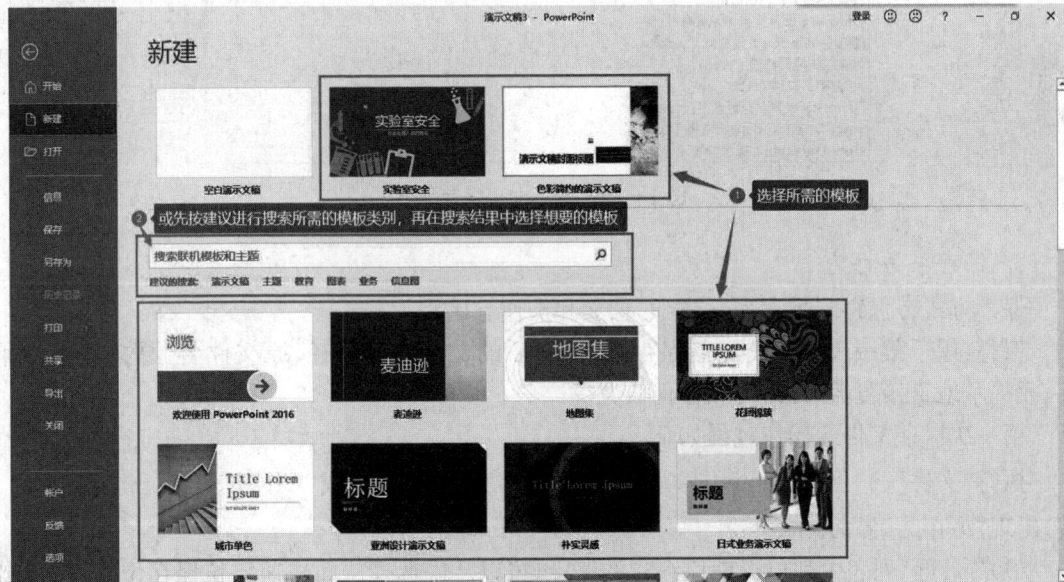

图 1-28　根据模板创建

（四）保存演示文稿

创建完演示文稿之后，为了保护文稿中的格式及内容，用户还需要及时将演示文稿保存在本地硬盘中。

1. 保存信息

保存演示文稿关键需要指定几项信息:保存位置、文件名、保存类型。

保存位置:即要求用户指定演示文稿保存的路径,PowerPoint 2016 提供了近期保存路径、自行选择本地路径及网络存储路径(限于开设 OneDrive 账户)。用户根据需要自己选择方便的存储路径。

文件名:用户自行命名,遵循"见名思义"原则。

保存类型:为演示文稿保存时指定保存格式,默认是演示文稿格式,即 pptx 格式。PowerPoint 2016 还能将演示文稿保存为多种格式,如图 1-29 所示。

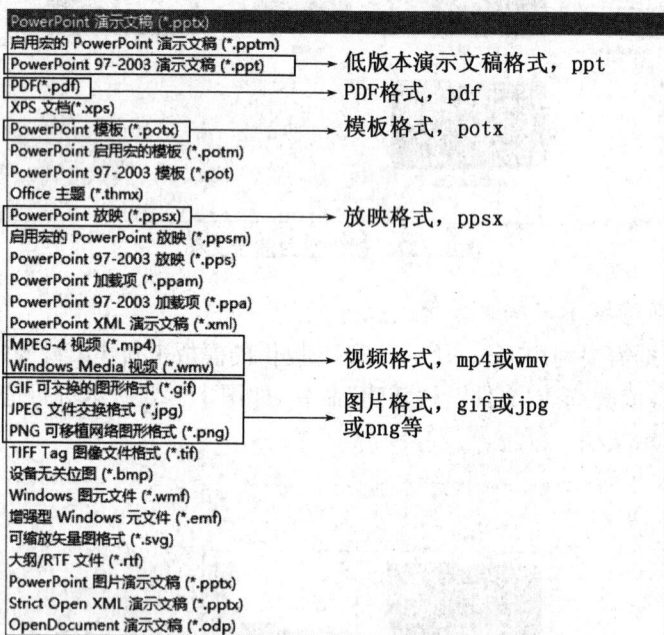

图 1-29　演示文稿保存格式

2. 保存与另存为

保存方式有保存和另存为,保存的意义和操作有区别。

保存:用于第一次保存或覆盖保存,即修改后的文件按原路径、原文件名、原文件格式保存,无提示地直接覆盖,无需再做任何设置。

第一次保存文件的操作过程如下:

执行"文件"→"保存"命令/或功能区的"保存"按钮 □ /或"Ctrl+S"快捷键/或"F12"键,出现"另存为"界面。

(1)"最近"列表中列出近期保存过的路径,可以从中选择从而快速定位保存位置,在弹出"另存为"对话框中修改保存文件名称及需要保存的文件类型,单击"保存"即可,如图 1-30 所示。

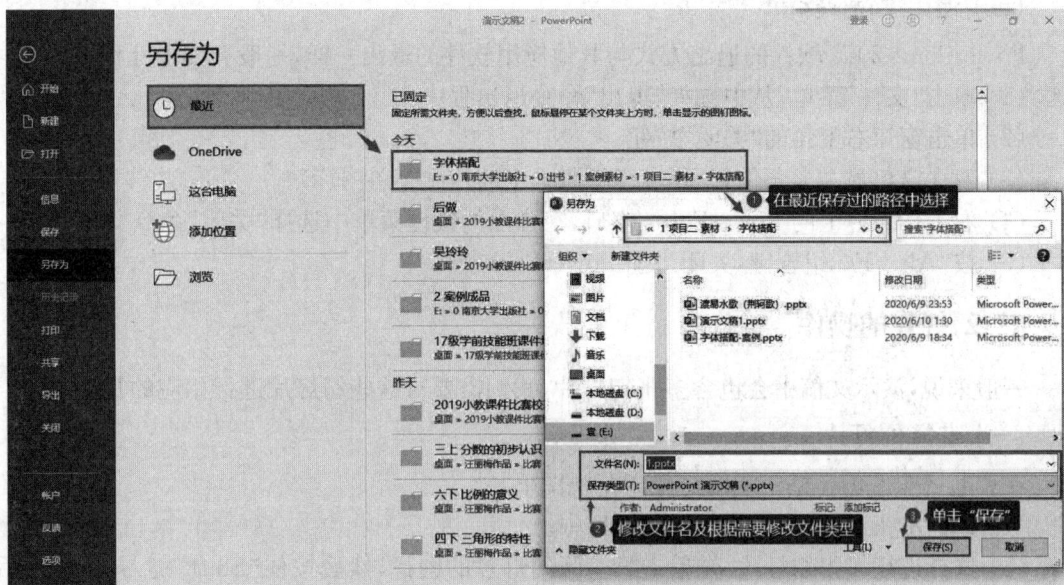

图 1-30　快速定位保存演示文稿

（2）如果最近列表没有需要的保存路径，则选择"浏览"，在弹出对话框中设置保存位置、保存文件名称以及需要保存的文件类型，如图 1-31 所示。

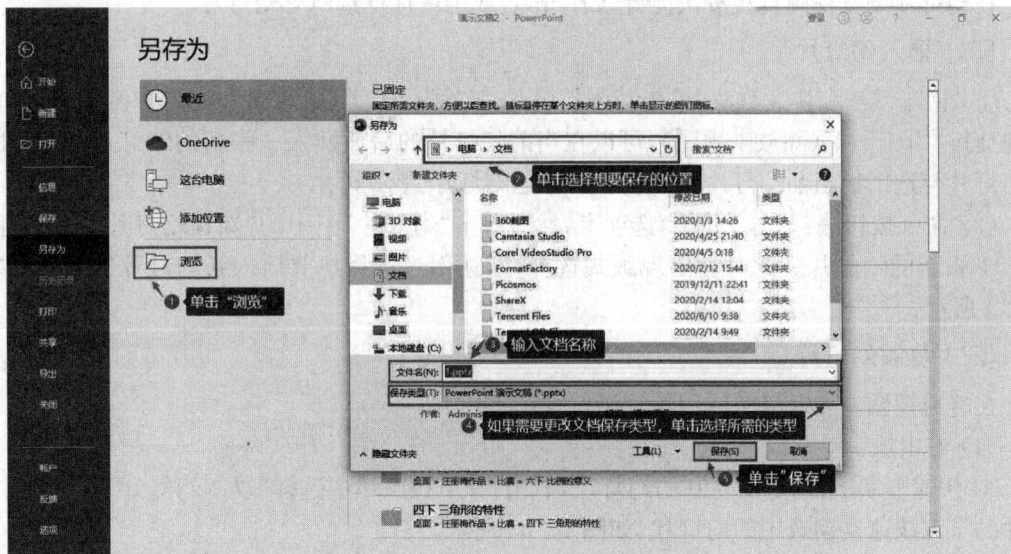

图 1-31　选择路径保存演示文稿

另存为：如果当前已保存过的演示文稿保存时需要修改保存位置、文件名、文件类型中的任意一项时，用户应选择"文件"的"另存为"来修改。具体操作除执行除"文件"→"另保存"命令外，其他保存位置、文件名、文件类型的修改同上。

另还需说明，在演示文稿保存过一次后，软件还提供了每隔多长时间自动保存的功能（详见任务一）。

（五）退出 PowerPoint

PowerPoint 2016 软件的退出方式与其他应用软件的退出一样,一般有如下几种。

（1）单击"文件"菜单,从中选择"退出"命令退出程序。

（2）单击窗口右上角的"关闭"按钮。

（3）双击窗口最左上角位置(相当于低版本中的控制菜单图标)。

（4）右击任务栏上的 PowerPoint 窗口,在弹出的快捷菜单中选择"关闭"命令。

（5）按"Alt+F4"组合键,关闭当前 PowerPoint 窗口。

二、幻灯片的操作

一般来说,演示文稿中会包含多张幻灯片,我们需要对这些幻灯片进行相应的管理。

（一）选择幻灯片

在普通视图左侧窗格中或幻灯片浏览视图下:

（1）选择单张:单击某张幻灯片即可选中。

（2）选择连续多张幻灯片:先单击第一张幻灯片的图标,然后按住"Shift"键,并单击最后一张幻灯片的图标。

（3）选择不连续多张幻灯片:按住"Ctrl"键,分别单击所要选中的幻灯片的图标。

（4）选择全部幻灯片:在普通或大纲视图情况下,单击左侧大纲窗格任意一张幻灯片,再按快捷键"Ctrl+A"(注:否则会选中当前该页幻灯片的所有对象)。

在幻灯片浏览视图直接按快捷键"Ctrl+A"或用鼠标框选所有幻灯片。

（二）插入幻灯片

（1）回车键法和快捷键法:单击某张幻灯片,按"Enter"键(除放映和幻灯片浏览视图);或按快捷键"Ctrl+M"(除放映视图),可以在当前幻灯片的后面插入一张新的幻灯片,此时插入的幻灯片与选中的当前幻灯片同版式(除"标题幻灯片"版式外)。

（2）命令按钮法:单击"开始"选项卡,然后单击"幻灯片"组中的"新建幻灯片"按钮,即可插入一张新的幻灯片。此时会出现版式选择,即让用户选择想要插入新幻灯片的版式,如图 1-32 所示。

（三）复制幻灯片

在普通视图左侧窗格中或幻灯片浏览视图下:

（1）右击法:

① 快速复制法:选定要复制的幻灯片,右击,在下拉菜单中选择"复制幻灯片"可在选中幻灯片的下方快速复制选中的幻灯片,如图 1-33 所示。

② 复制粘贴法:选定要复制的幻灯片,右击,在下拉菜单中选择"复制"再到目标位置右击选择"粘贴"。

（2）拖动法:选定要复制的幻灯片不放,同时按住"Ctrl"键拖放至目标位置。

（3）快捷键法:选定要复制的幻灯片,按"Ctrl+C"快捷键,将光标定位于目标位置,按"Ctrl+V"快捷键。

（4）命令按钮法:选定要复制的幻灯片,选择"开始"选项卡,单击"剪贴板"组中的"复制"按钮,将光标定位于目标位置,直接单击"剪贴板"组中的"粘贴"按钮。

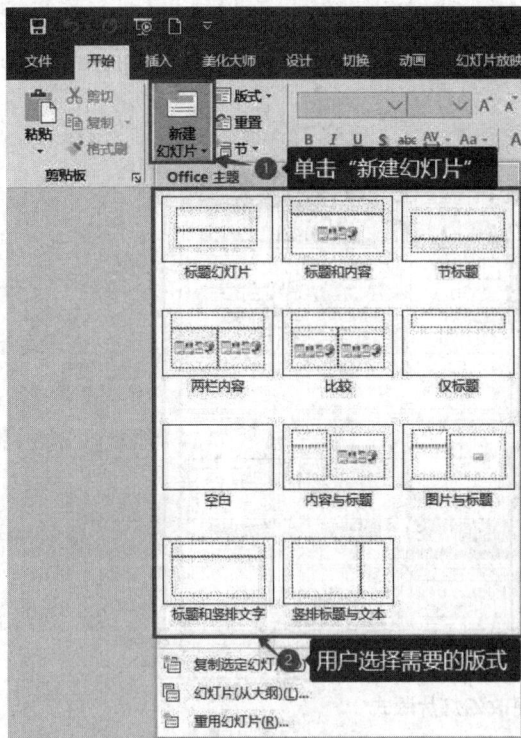

图 1-32　选择新建幻灯片版式

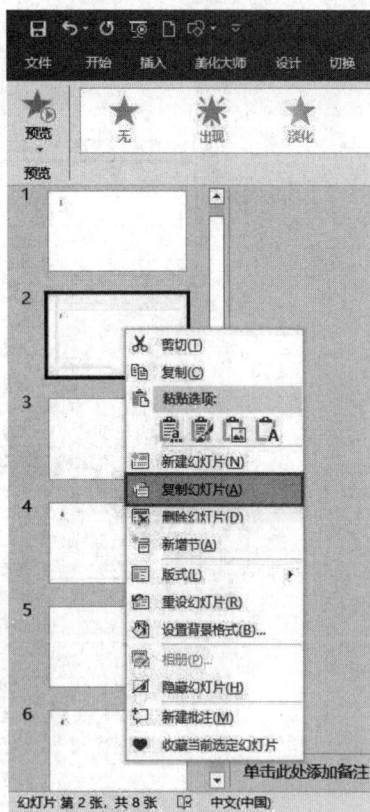

图 1-33　复制幻灯片

（四）移动幻灯片

在普通视图左侧窗格中或幻灯片浏览视图下：

（1）拖动法：选定要移动的幻灯片，按住鼠标左键不放并拖动，到目标位置后松开鼠标按键即可。

（2）快捷键法：选定要移动的幻灯片，按"Ctrl＋X"快捷键，将光标定位于目标位置，按"Ctrl＋V"快捷键。

（3）命令按钮法：选定要移动的幻灯片，选择"开始"选项卡，单击"剪贴板"组中的"剪切"按钮，将光标定位于目标位置，单击"剪贴板"组中的"粘贴"按钮。

（五）删除幻灯片

选中要删除的一张或多张幻灯片，按"Delete"键即可。或者选择需要删除的幻灯片并右击，从弹出的快捷菜单中选择"删除幻灯片"命令即可。

（六）更改幻灯片的版式

（1）右击快捷菜单法：在左侧窗格中选定要设置版式的幻灯片，右击鼠标，选择"版式"，从弹出的下拉菜单中选择用户所需的版式，即可快速更改当前幻灯片的版式，如图 1-34 所示。

（2）命令按钮法：在左侧窗格中选定要设置版式的幻灯片，"开始"选项卡→"幻灯片"功能组→"版式"，从弹出的下拉菜单中选择用户所需的版式即可，如图 1-35 所示。

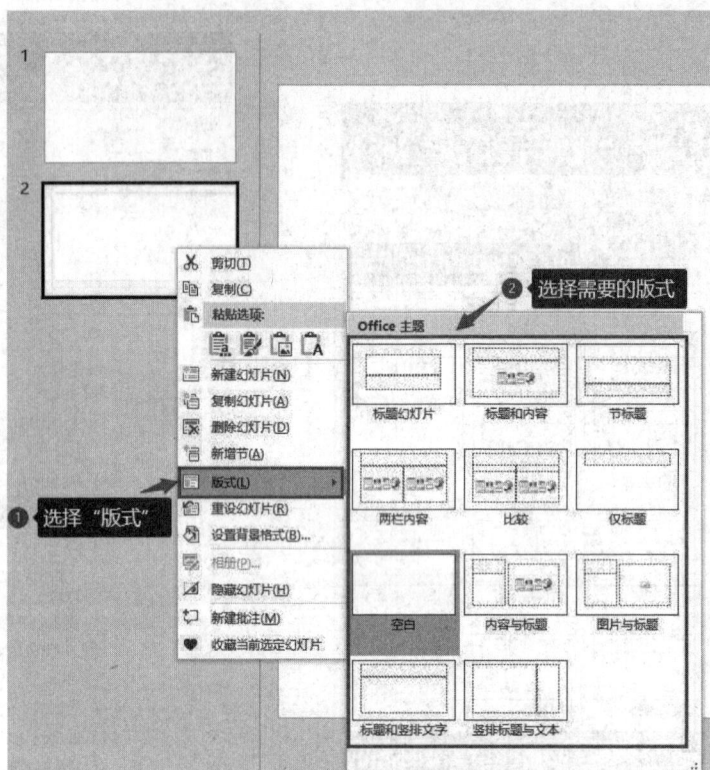

图 1-34　更改幻灯片版式

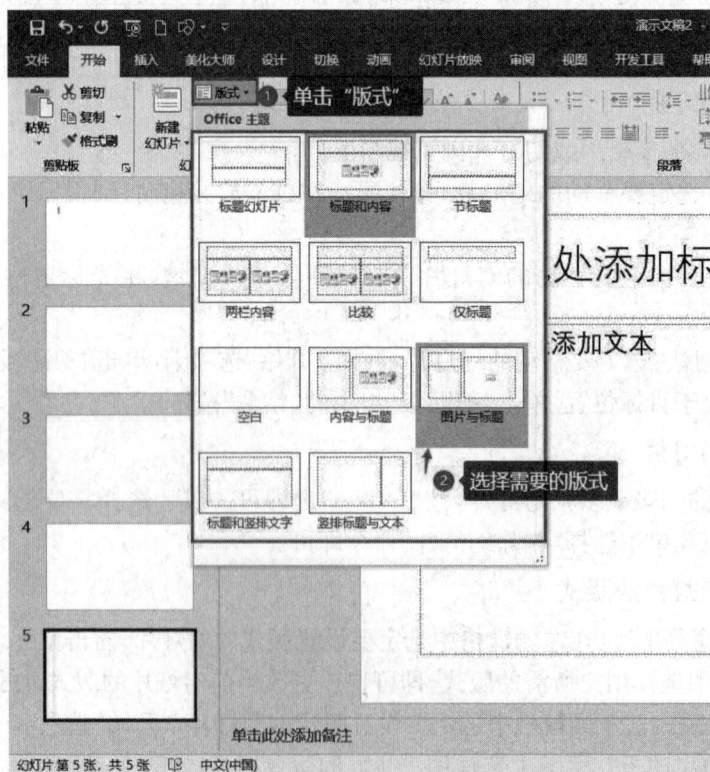

图 1-35　更改幻灯片版式

案例:

制作一个简单的演示文稿并保存在 E 盘下的作业文件夹。具体要求:

1. 在自动隐藏功能区的界面下操作。

2. 将"演示文稿中使用的字符"嵌入文件。

3. 演示文稿每隔 2 分钟自动保存一次。

4. 演示文稿共包含 8 张幻灯片,依次是:

封面 1 页,标题为"认识水果";

目录 1 页,标题为"教学过程";

正文 5 页,标题分别是"导入""新知""新知""巩固""拓展";

封底 1 页,文字为"谢谢观看"。

5. 演示文稿命名为"认识水果",分别保存 pptx、pdf、mp4、jpg 共 4 种格式。在幻灯片浏览视图下,效果如图 1-36 所示。

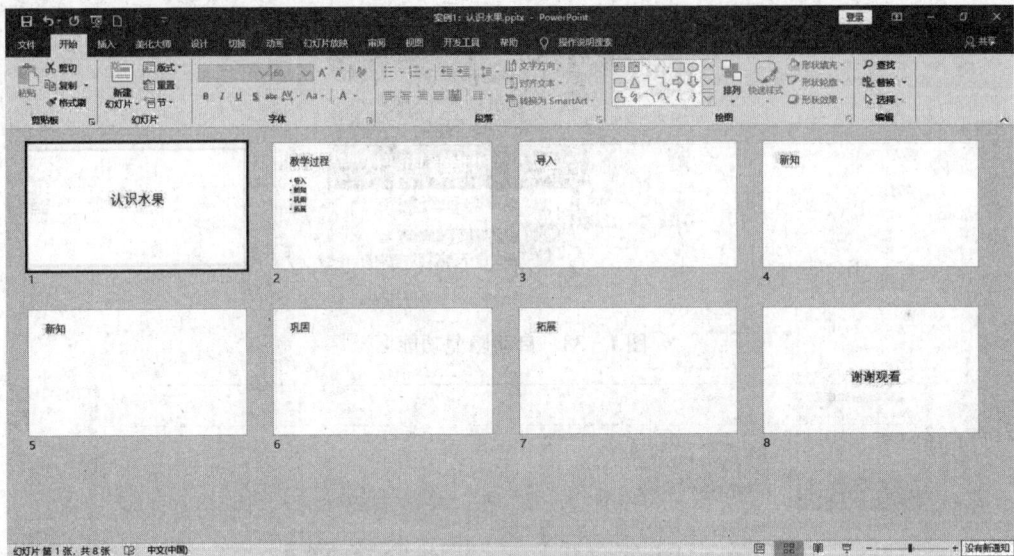

图 1-36　创建简单的幻灯片

操作步骤如下:

步骤 1:新建一演示文稿。桌面双击 PowerPoint 2016 图标启动软件的同时建立一个新的文档(即演示文稿 1.pptx),如图 1-37 所示。

步骤 2:基本设置。设置自动隐藏功能区,如图 1-38 所示。设置保存嵌入字体与自动保存时间。单击软件界面最顶端,隐藏的功能区显示,选择"文件"→"选项";弹出 PowerPoint 选项对话框,选择"保存";勾选"保存自动恢复信息时间间隔(A)",数值设为 2;勾选"将字体嵌入文件(E)"下的"仅嵌入演示文稿中使用的字符(适于减少文件大小)(O)";单击"确定"。具体操作如图 1-39 所示。

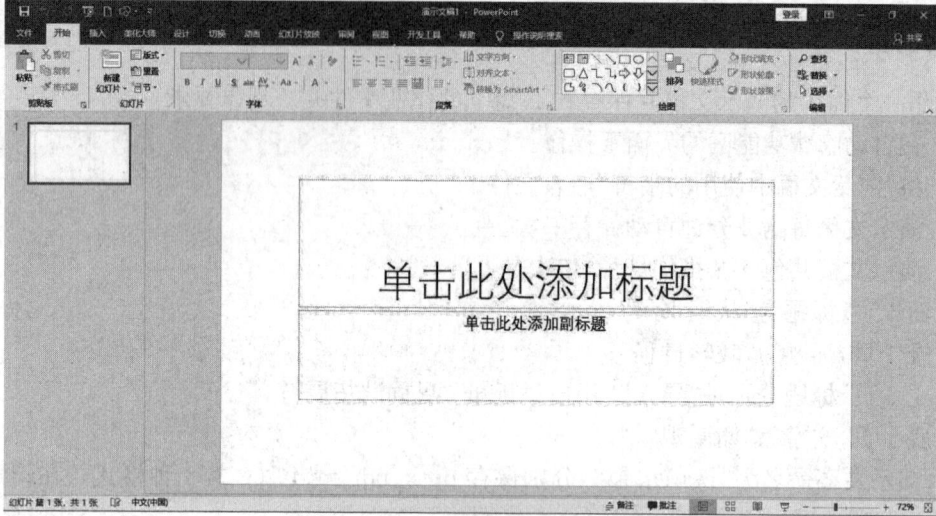

图 1-37 启动并新建演示文稿 1

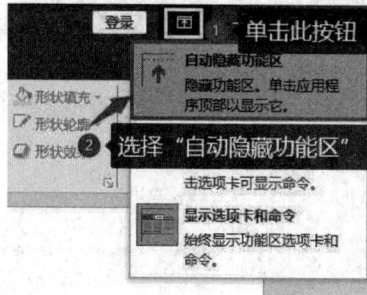

图 1-38 自动隐藏功能区

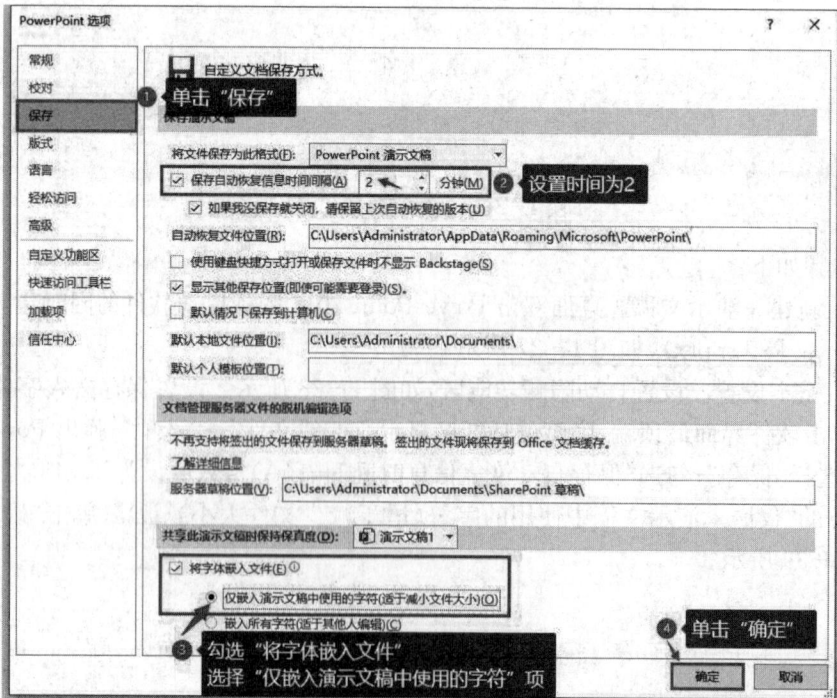

图 1-39 嵌入字体及自动保存时间

步骤3:新建幻灯片。选中幻灯片1按"Enter"键6次,新建6张标题和内容版式的幻灯片,此时演示文稿1中就有7张幻灯片,如图1-40所示。

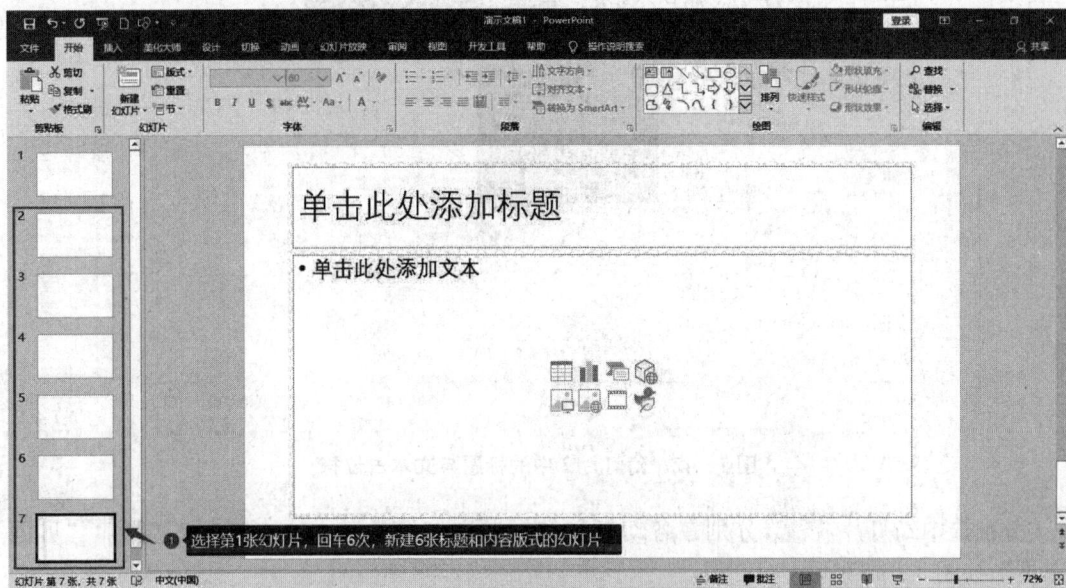

图1-40 回车新建幻灯片

步骤4:添加文本。选中幻灯片1,在如图1-41所示的标题占位符中输入文本"认识水果"。

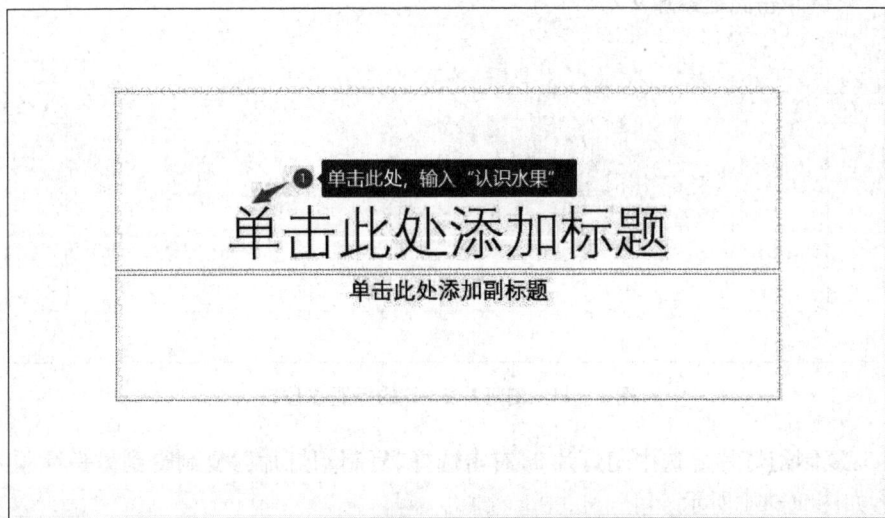

图1-41 幻灯片1中的标题占位符

选中幻灯片2,在如图1-42所示的标题占位符中输入文本"教学过程",文本占位符中输入文本"导入、新知、巩固、拓展",注意,每输入一词回车一次,分四行显示。

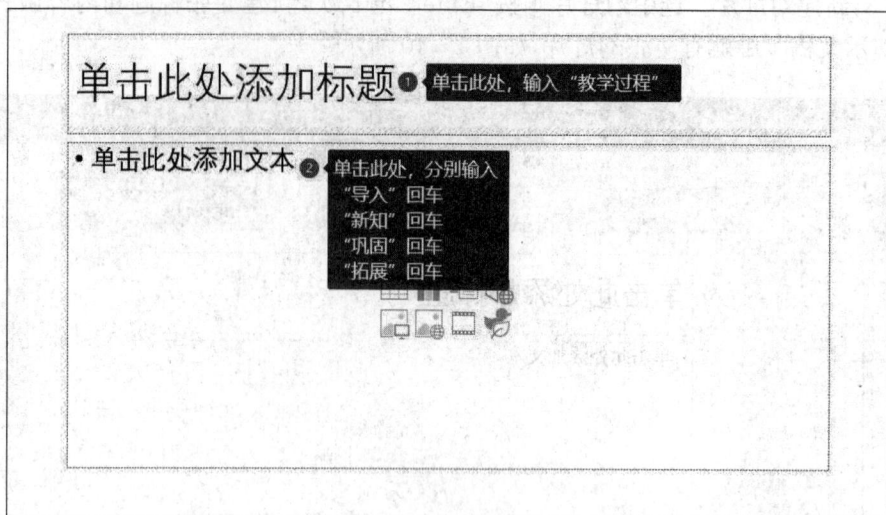

图 1-42　幻灯片 2 中的标题与文本占位符

分别选中幻灯片 3～6，分别在各幻灯片的标题占位符中输入文本"导入""新知""巩固""拓展"，如图 1-43 所示。

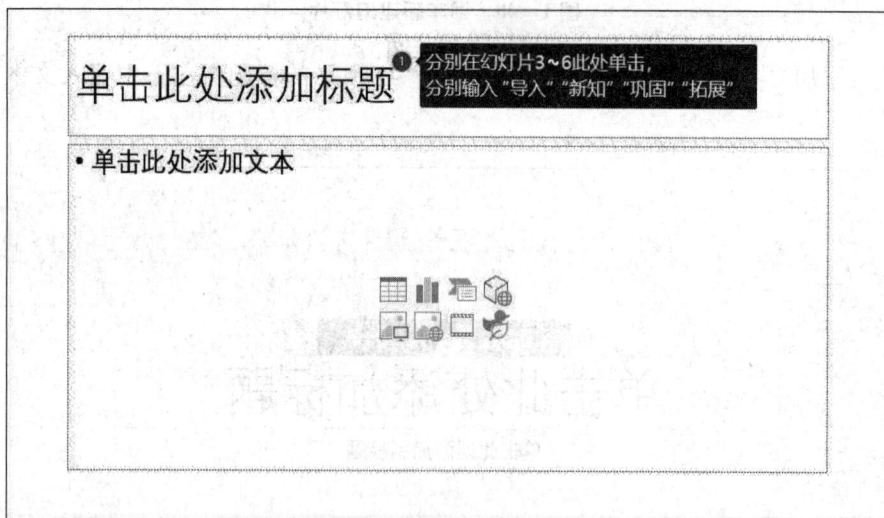

图 1-43　幻灯片 3～6 的标题占位符

步骤 5：复制幻灯片。选中幻灯片 4，右击选择"复制幻灯片"，复制得到另一标题为"新知"的幻灯片，如图 1-44 所示。

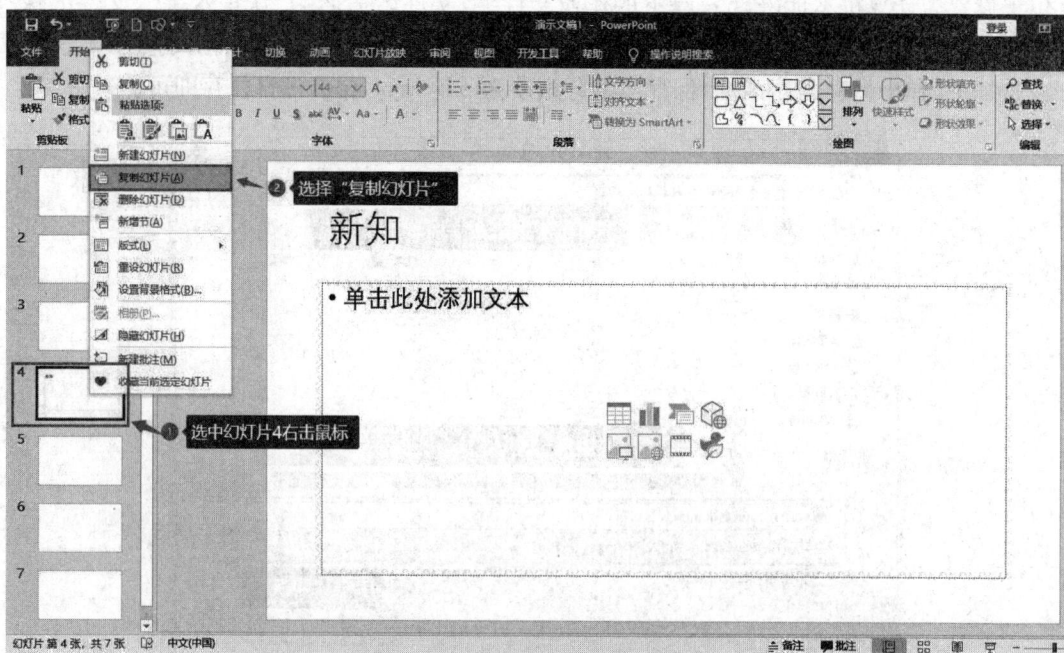

图 1 - 44 快速复制幻灯片

步骤 6：移动幻灯片。同上选中第 1 张幻灯片并复制该幻灯片，此时复制的幻灯片成为幻灯片 2，选中幻灯片 2 不放，拖动鼠标将幻灯片 2 一直拖到所有幻灯片的末尾放手，修改"认识水果"为"谢谢观看"，如图 1 - 45 所示。

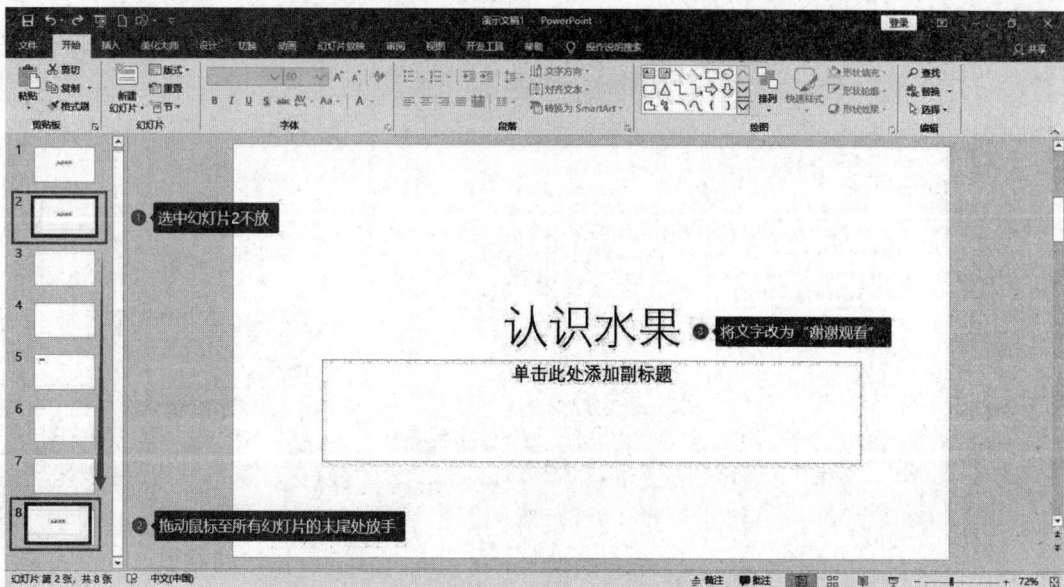

图 1 - 45 移动幻灯片

步骤 7：保存文件。按快捷键"Ctrl＋S"，执行"保存"命令，在弹出的"另存为"对话框中保存位置设置为计算机本地磁盘 E 盘下的作业文件夹,文件名命名为"认识水果",文件的保存类型为默认的 PowerPoint 演示文稿(pptx),如图 1-46 所示。保存其他格式按"Ctrl+Shift+S"快捷键,弹出另存为对话框,保存类型分别改为 pdf,mp4,jpg,各自保存即可。

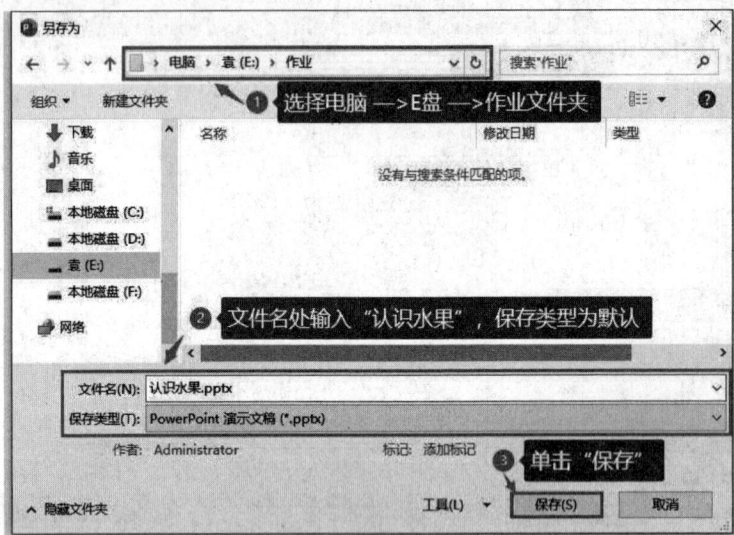

图 1-46 保存文件

步骤 8:退出软件。保存好文件后按"Alt+F4"快捷键退出程序。

项目二 PowerPoint 文本处理

任务一 文本的格式设置

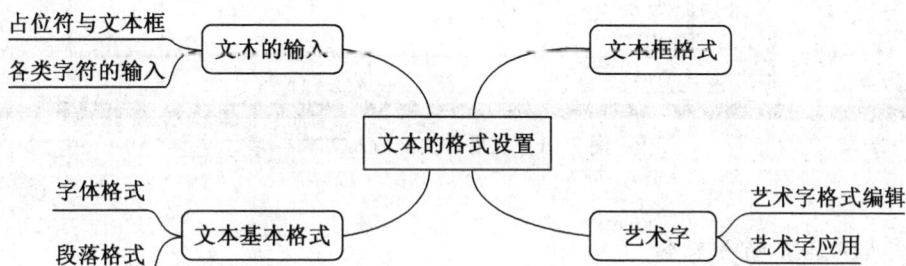

文本的格式设置

- 文本的输入
  - 占位符与文本框
  - 各类字符的输入
- 文本框格式
- 文本基本格式
  - 字体格式
  - 段落格式
- 艺术字
  - 艺术字格式编辑
  - 艺术字应用

对象是 PowerPoint 幻灯片的重要组成元素,包括文本、图片、图形、声音、视频、表格、图表、组织结构图及其他任何可插入的元素。制作幻灯片时,常离不开这些对象的插入和编辑。首先我们来介绍 PPT 中文本的处理。

文本即文字,指的是字母、数字和符号等字符。文本是制作多媒体课件时最常用最基本的交流媒体。因此,在制作多媒体幻灯片时,添加文本是制作幻灯片的基础,同时还要对输入的文本进行必要的格式编辑以达到美化的效果。文本的格式编辑通常从文本基本格式、段落格式、文本框格式三个方面进行设置。

一、文本的输入

(一) 占位符与文本框

1. 利用占位符输入文本

在前面我们提过,PPT 中需要在占位符中输入文本,占位符在除空白版式的其他版式中会自动出现。例如,如图 2-1 所示的标题与内容版式中默认有标题占位符和文本占位符。

多媒体课件设计与制作

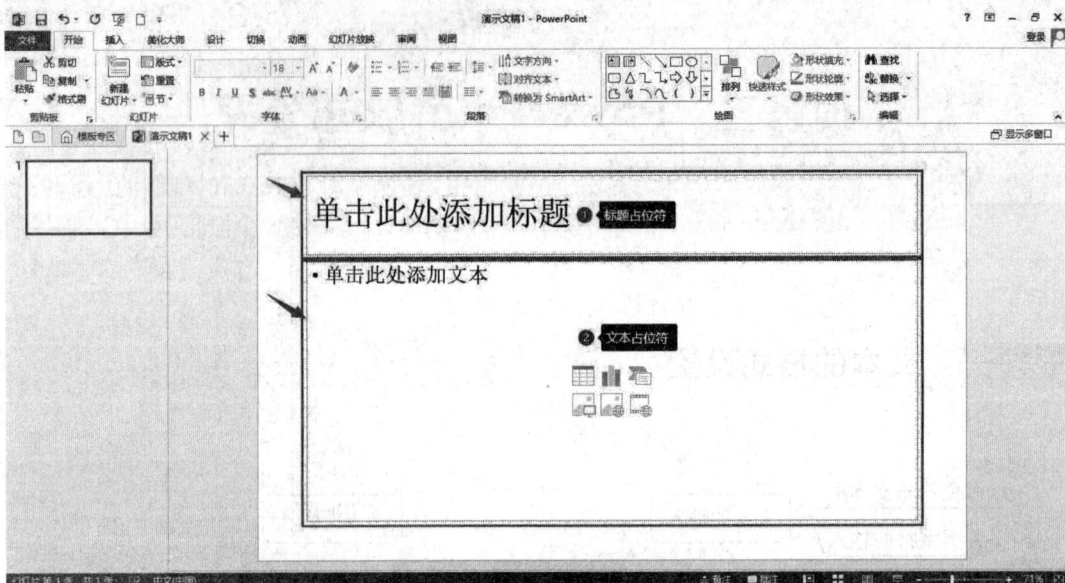

图 2-1　利用占位符输入文本

2. 利用文本框输入文本

除了版式中自带的占位符，如果是没有占位符的空白页或用户需要自行输入除占位符之外的更多文本，可以选择以下几种方法：

（1）单击"开始"→"绘图"功能组→"文本框"或"竖排文本框"，如图 2-2 所示。

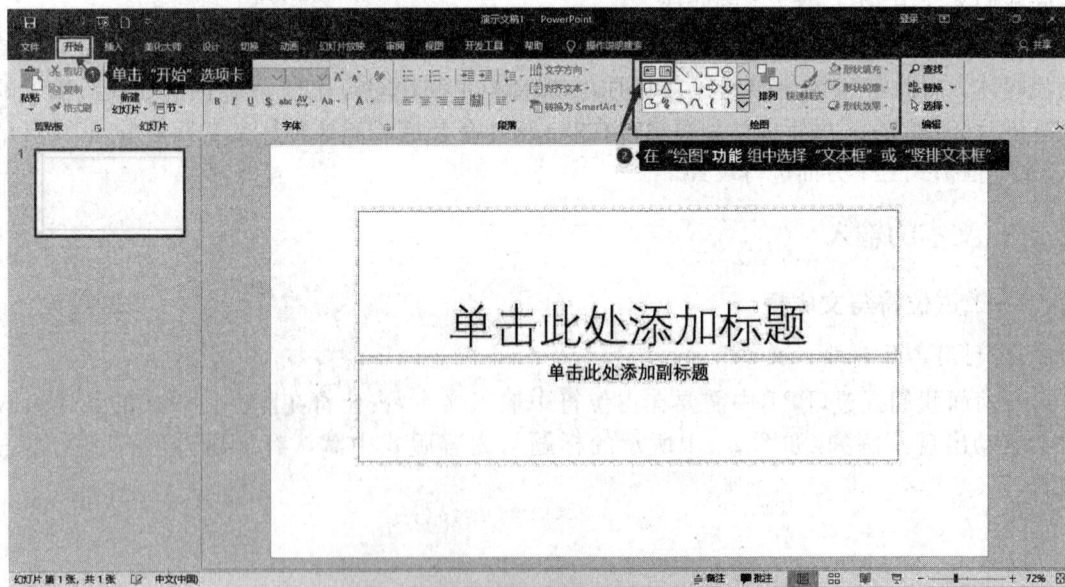

图 2-2　利用"开始"选项卡插入文本框

当鼠标变成十字形,在幻灯片的空白处,按住鼠标左键并拖动鼠标画所需大小的文本框,然后在该文本框内进行文本的输入即可,如图 2-3 所示。

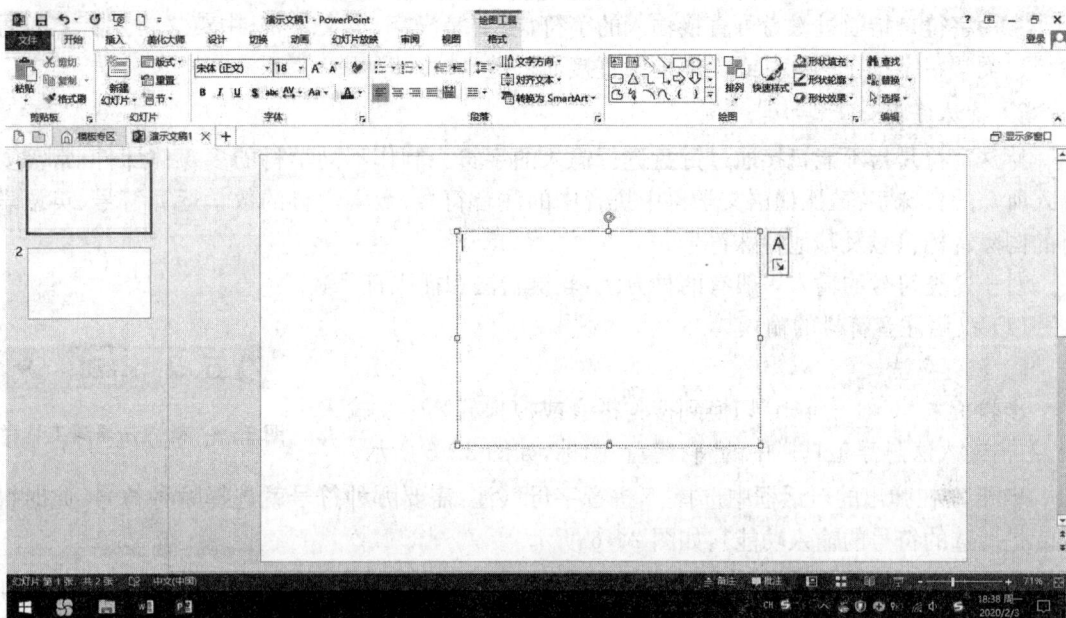

图 2-3　绘图文本框

(2) 单击"插入"→"文本框"下方倒置小黑三角形→"绘制横排文本框/竖排文本框"选择所需类型的文本框,再在幻灯片空白位置拖动鼠标画文本框,即可在文本框中进行文本符号的输入及编辑,如图 2-4 所示。

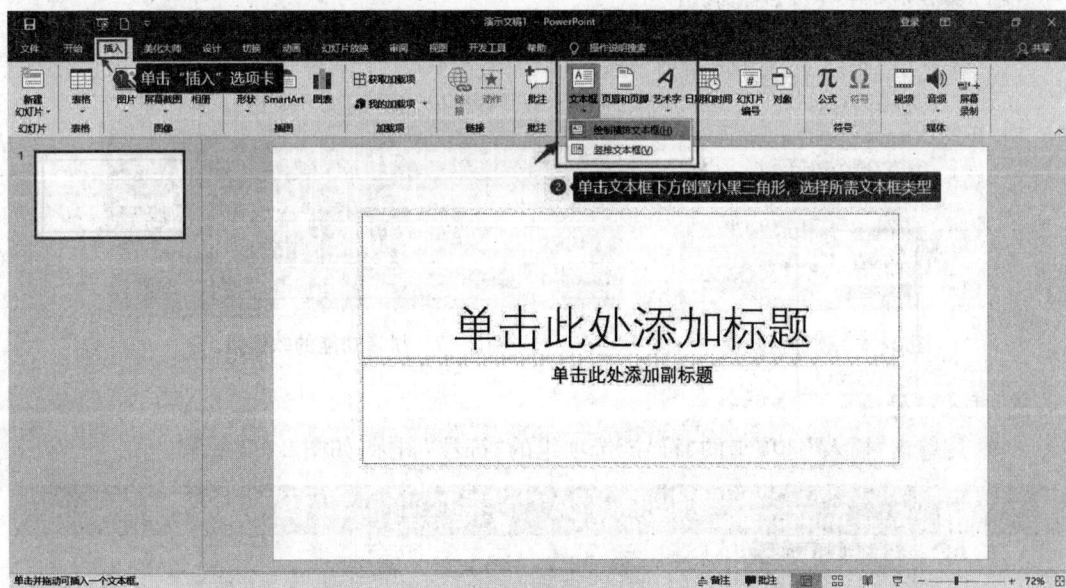

图 2-4　利用"插入"选项卡插入文本框

（二）各类字符的输入

1. 常用字符

常用字符是指通过键盘可直接输入的字符，主要是汉字、英文字符、中英文常用标点符号等。这类常用字符在占位符或文本框中直接通过键盘输入即可。

2. 特殊字符

特殊字符是指不能直接通过键盘进行输入的字符。制作不同学科的多媒体课件，常需要输入所需的特殊字符，比如语文学科中拼音中的注音符号、数学学科的数学运算符号、英语学科的国际音标符号及其他特殊符号。

对于这类符号的输入一般有两种方法：软键盘法和插入符号法。

（1）汉语注音符号的输入

① 软键盘法

步骤1：按"Ctrl＋Shift"切换到搜狗拼音或搜狗五笔中文输入法，右击输入法悬浮工具栏中的"软键盘"图标，如图2-5所示。

图2-5 输入法悬浮工具栏

步骤2：在弹出的对话框中选择"5拼音字母"（注：需要哪种符号就选择哪种符号，此时键盘就是所选的符号的输入功能），如图2-6所示。

步骤3：打开的软键盘有对应的音标符号，点击软键盘或直接按键盘就可输入对应的音标符号，如图2-7所示。

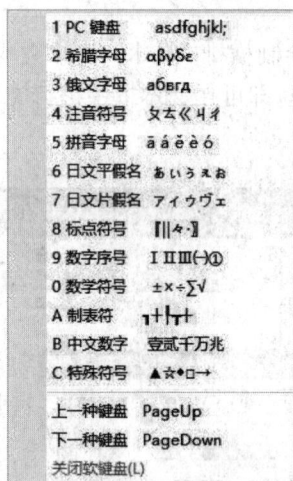

图2-6 软键盘功能

图2-7 拼音功能的软键盘

② 插入符号法

步骤1：单击"插入"选项卡的"符号"选项组的"符号"图标，如图2-8所示。

图2-8 插入符号

步骤 2:弹出"符号"对话框,单击"字体"下拉列表框,选择"楷体";单击"子集"下拉列表框,选择"拉丁语扩充-A";在符号列表中选择所需的音标符号,单击"插入"即可,如图 2-9 所示。

图 2-9 符号对话框

(2)数学符号的输入

① 软键盘法

同上操作,如图 2-6 中选择"0 数学符号"即可。

② 插入符号法

步骤 1:同上,如图 2-8 所示。

步骤 2:在弹出的"符号"对话框中,单击"子集"下拉列表框,选择"数学运算符";在符号列表中选择所需的数学运算符,单击"插入"即可,如图 2-10 所示。

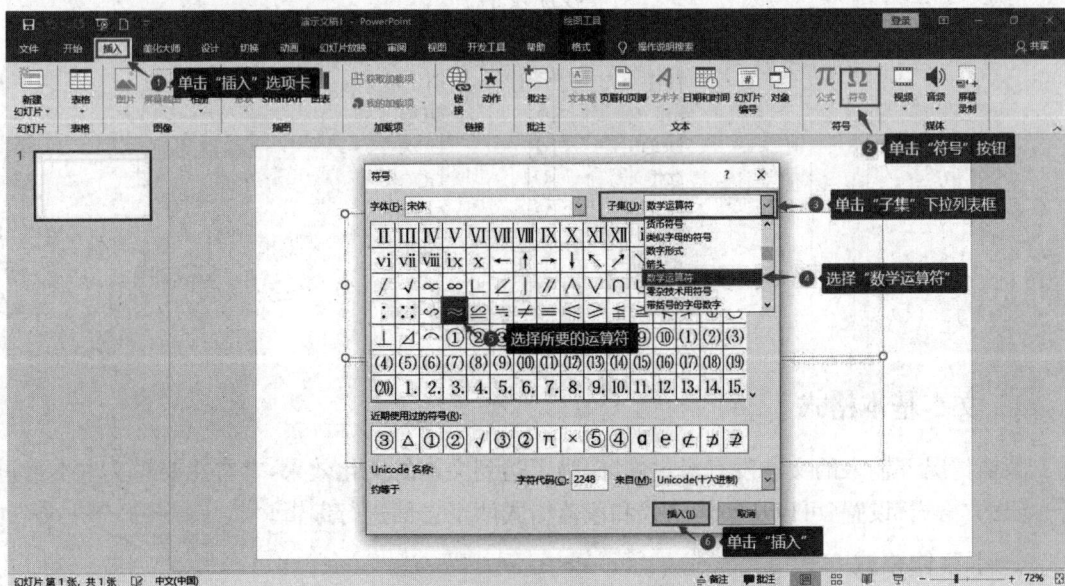

图 2-10 数学运算的插入

（3）国际音标的输入

采用插入符号法。

步骤1：同上，如图2-8所示。

步骤2：在弹出"符号"对话框中，单击"字体"下拉列表框，选择"Kingsoft Phonetic Plain"（注：确保该字体已安装，若没安装，按下面的字体安装方法进行安装后再操作此步骤）；在符号列表中选择所需的国际音标符号，单击"插入"即可，如图2-11所示。

实训任务：

参照图2-12、图2-13、图2-14所示效果，完成本小节任务。

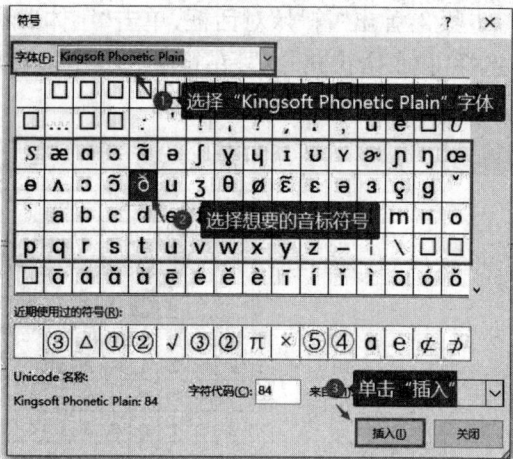

图2-11　国际音标符号的插入

图2-12　汉语注音参照效果图

图2-13　数学运算符参照效果图

图2-14　音标符号参照效果图

二、文本基本格式

默认情况下输入的文本没有经过修饰，为了达到文本的美化效果，常常需要对文本本身进行必要的"格式"设置，可以从字体格式和段落格式两个方面进行编辑。

（一）字体格式

字体格式包括字体、字号、字形、字体颜色、字间距、效果等属性。

通常在"开始"选项卡的"字体"功能组中快速地编辑常设属性值,如图 2-15 所示的"字体"功能组中常设属性按标号依次是:字体、字号、字形、字体颜色、字符间距等。选中需要修改格式的文本,选择对应的属性设置为所需的属性值即可。

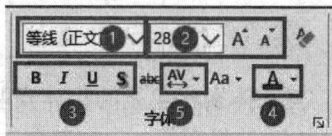

图 2-15　字体选项组

除了利用选项卡中的按钮快速地设置常用格式外,还可通过点击"字体"功能组右下角的"小箭头"按钮 ![],在弹出的对话框中设置字体所有格式属性值,如图 2-16、2-17 所示。

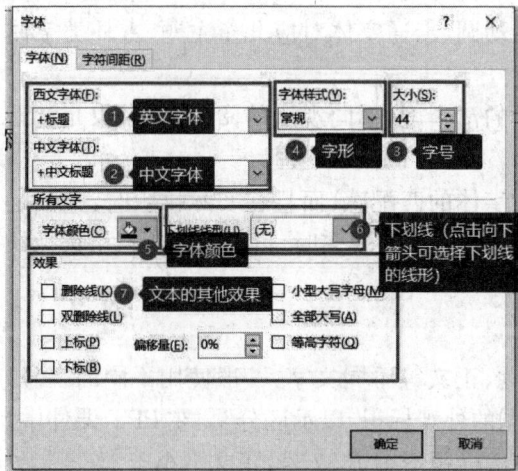

图 2-16　"字体"对话框

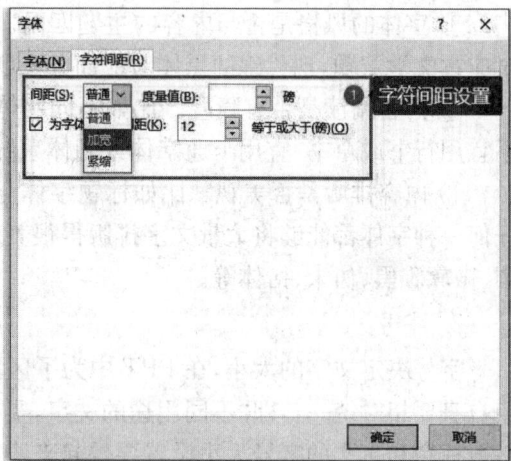

图 2-17　字符间距

1. 字体

字体决定文字的外形,PPT 中字体的设置是否恰当体现了文本整体排版是否美观。作为 PPT 制作者需要了解字体的类型,学会如何安装字体并熟知如何进行字体的合理选择。

（1）字体类型

从字形特征可分为以下几类:

衬线体:即在字的笔画开始、结束的地方有额外的装饰,而且笔画的粗细会有所不同。这类字体更像是手写体,相同字号下字体更小、更传统,具有优雅、文艺、艺术感,适用于文字阅读,如宋体、仿宋、华文中宋等。

无衬线体:即没有衬线装饰,字形端庄,笔画横平竖直,笔迹全部一样粗细,结构醒目严密,笔画粗壮有力,撇捺等笔画不尖,使人易于阅读。这类字体具有现代感、商务感、简约感、科技感,由于其醒目的特点,常用于标题、导语、标志等,如黑体、微软雅黑、思源黑体、方正兰亭黑简体等。

（2）字体安装

往往电脑默认安装的字体是最常用的字体,但在实际幻灯片制作过程中字体可能不够用,需要用户自己安装。那如何在电脑中安装字体呢?

① 多种字体的安装:将字体文件直接复制到 C:\Windows\Fonts 文件夹,该文件夹是每台电脑系统的字体安装文件夹。

② 一种字体的安装:右击需要安装的字体文件,在弹出的列表中选择"安装"即可。

实训任务:

将字体素材包里的字体安装到自己电脑中。

（3）选择字体

在 PowerPoint 2016 标题占位符直接输入文字默认是等线（标题）体，文本占位符则是等线（正文）体。为了让 PPT 中文本的排版画面显美观，并有逻辑层次感，方便观众阅读，用户常常需要将标题与正文修改成不同的字体。具体进行字体选择时，主要可从下面三个方面进行考虑：

① 字体的风格是否与内容的主题匹配。比如幼圆、卡通字体对应儿童主题，古朴类字体对应古文学主题，现代感的黑体对应商务主题。

② 内容阅读是否有障碍。比如不同字体显示的清晰度，不同观众的阅读能力，像儿童就不宜用行书或草书，宜用卡通字体或圆体系统。

③ 内容排版是否美观。比如标题字体与正文字体的匹配感；而且在实际排版时，并不是任何一种字体都能够将大量文字排版得很美观，所以正文文字较多时，可根据主题风格选择幼圆、微软雅黑、仿宋、楷体等。

2. 字号

字号决定文字的大小，在 PPT 中为了区别标题、正文等不同文字，一般使用不同的字号，但自身要相对统一。即"不同用途的文字，要有不同的外观标识，以示区分"。在 PPT 课件中，一般标题和正文的字号大小设置要看起来协调，一般标题不小于 32 号，正文不小于 16 号。

3. 字形

字形包括粗体、倾斜、下划线、阴影等，制作幻灯片时，标题文字或正文中为了突显一些重要内容，可对该文字进行加粗或阴影的效果进行加强显示。

4. 字体颜色

幻灯片制作过程中，还可以通过设置文字的颜色来改变文字内容的显示效果或突显重要内容。值得注意的是，选择文字的颜色是为了方便观看者看清文字，故使用文字颜色时要把握以下原则：

（1）显示要清楚，深底亮字，亮底深字；

（2）同一张幻灯片里文字颜色不宜过多，一般不超过三种；

（3）强调性文字可用突显颜色或加粗。

5. 字间距

字间距是指文字与文字水平之间的距离，不建议通过使用空格键来增加文字水平方向间的距离。应使用"字符间距"来设置，具体操作如下：

（1）单击"开始"选项卡的"字体"选项组右下角的小箭头按钮 ，如图 2-18 所示。

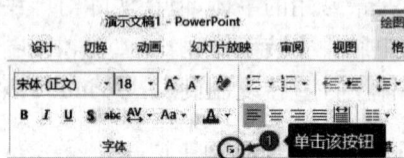

图 2-18 "字体"功能组右下角小箭头按钮

（2）弹出"字体"对话框，选择"字符间距"选项卡中"间距"命令，根据具体情况选择"普通/加宽/紧缩"，并设置对应的度量值，如图 2-19 所示。

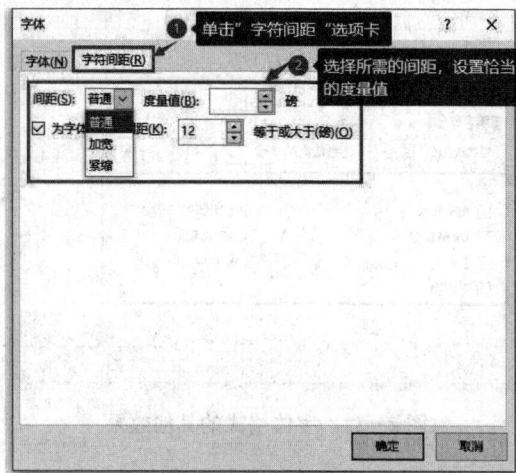

图 2-19　"字符间距"选项卡设置字间距

也可直接单击"开始"选项卡中"字体"功能组中的"字符间距"按钮，如图 2-20 所示，但如果需要设置具体的间距值，还是需要选择最下面的"其他间距"，弹出如图 2-19 所示的对话框进行设置。

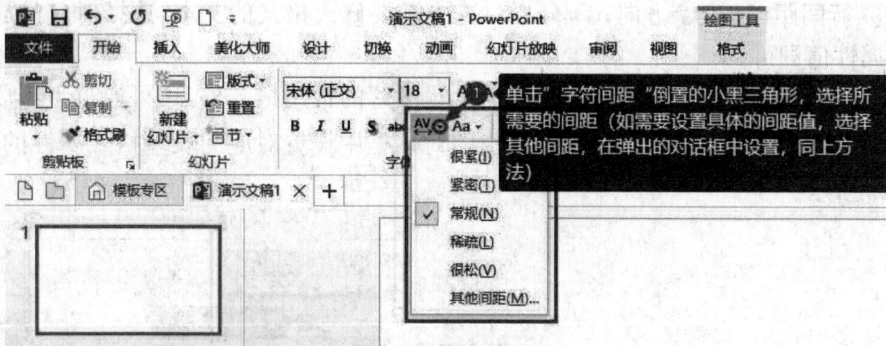

图 2-20　"字体"功能组中设置字符间距

6. 其他效果

字体除了常用格式设置外，还有一些其他的效果，如图 2-21 所示。比如对不能直接删除的文本添加删除线以示删除或后期修改；上标可用于数学上一些平方或立方的表示，下标可用于一些数学公式中字母的下标符号，如 $a_1a_2\cdots a_n$ 中的 $1\cdots n$。

操作方法：选中要添加效果的字符，勾选"字体"对话框中效果组中对应的功能，"确定"即可。具体过程不做详述。

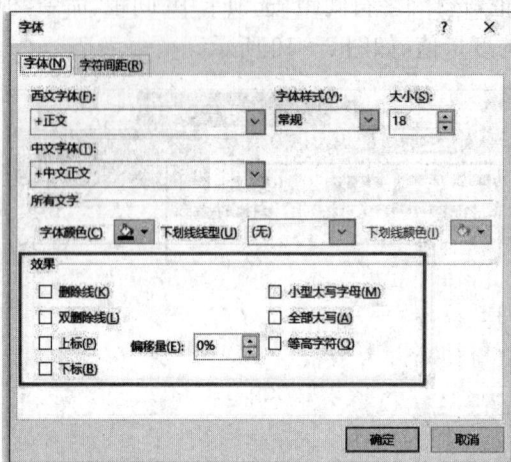

图 2-21　字体格式的其他效果

(二) 段落格式

段落格式包括项目符号与编号、对齐方式、缩进、行间距、段间距、文字方向、分栏等常用属性。

通常在"开始"选项卡的"段落"功能组中快速地编辑常设属性值,如图 2-22 所示的段落选项组中常设属性按标号依次是:① 项目符号与编号;② 水平对齐方式;③ 垂直对齐方式;④ 缩进;⑤ 行间距;⑥ 文字方向;⑦ 分栏。选中需要修改格式的文本,选择对应的属性设置为所需的属性值即可。

除了利用选项卡中的"命令"按钮快速地设置段落的常用格式外,还可通过点击段落栏右下角的指向右下角的小箭头按钮 ,在弹出的对话框中设置对应的段落格式属性的具体值,如图 2-23 所示。

图 2-22　"段落"功能组

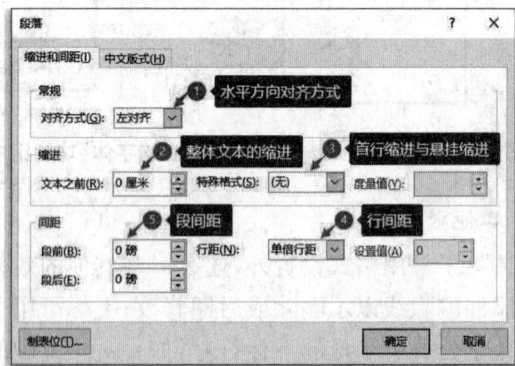

图 2-23　"段落"对话框

1. 项目符号与编号

项目符号是为了对文本内容进行分级显示,在文本的前面显示不同符号用以标识内容的逻辑分级层次。默认情况下,文本占位符自带项目符号,可以根据需要去除项目符号或修改项目符号。但自行插入的文本框是不自带项目符号的,可以根据需要自行添加项目符号。

（1）去除默认的项目符号

选中带有项目符号的所有文本（此时"项目符号"按钮已是选中高亮显示状态，如图 2 - 24
所示），单击"段落"功能组中的 "项目符号"按钮即可去除项目符号，如图 2 - 25 所示。

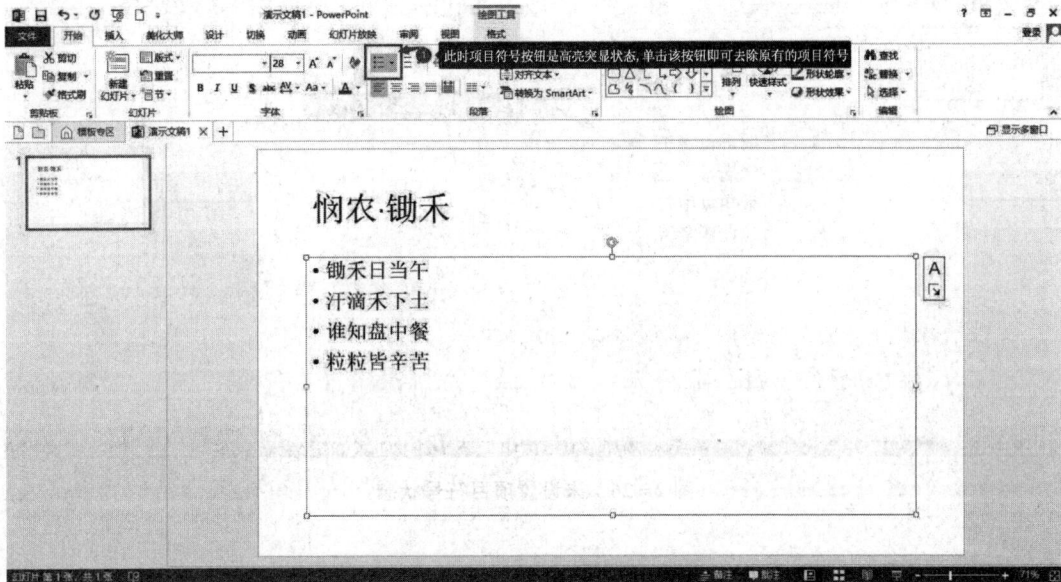

图 2 - 24 项目符号高亮显示状态

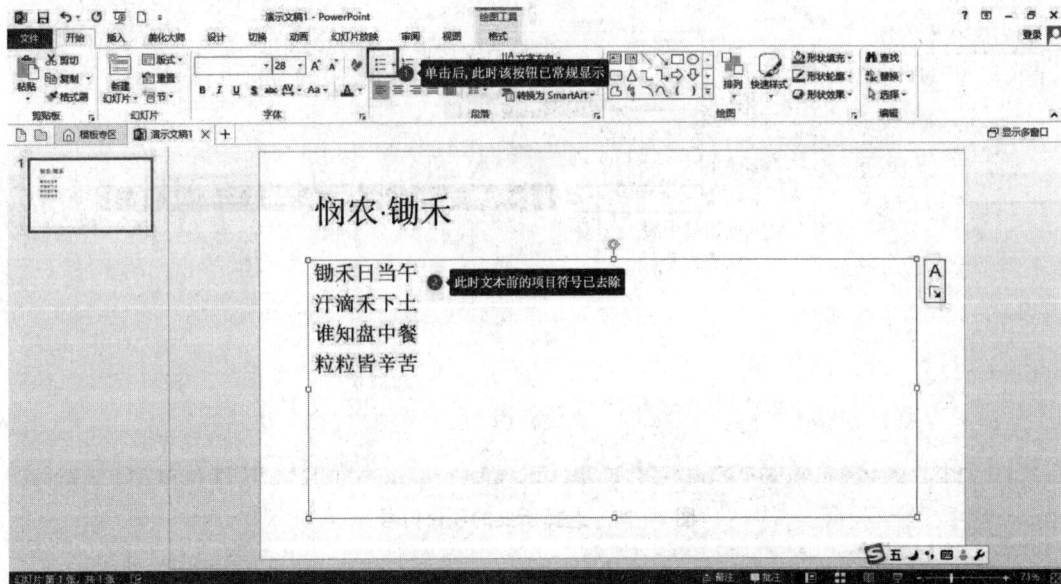

图 2 - 25 去除了文本占位符的项目符号

（2）添加项目符号

选中需添加项目符号的文本框或所有文本（此时"项目符号"按钮是正常显示状态，如图
2 - 26 所示），单击"段落"功能组中的"项目符号"按钮，在出现的项目符号列表中选择想要的项目
符号样式即可，如果需要选择其他项目符号样式还可选择"项目符号和编号"，如图 2 - 27 所示。

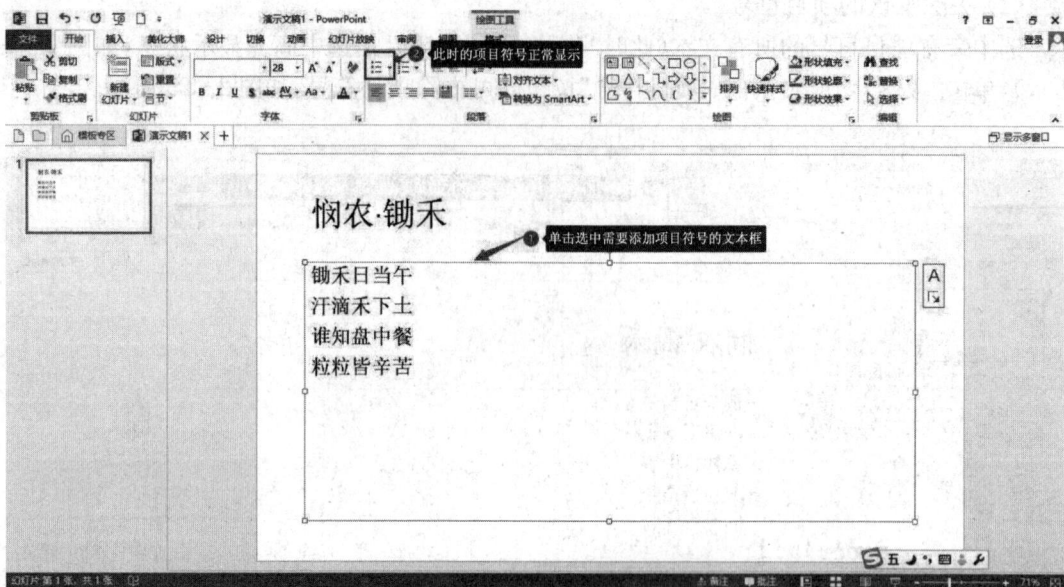

图 2-26　未设置项目符号状态

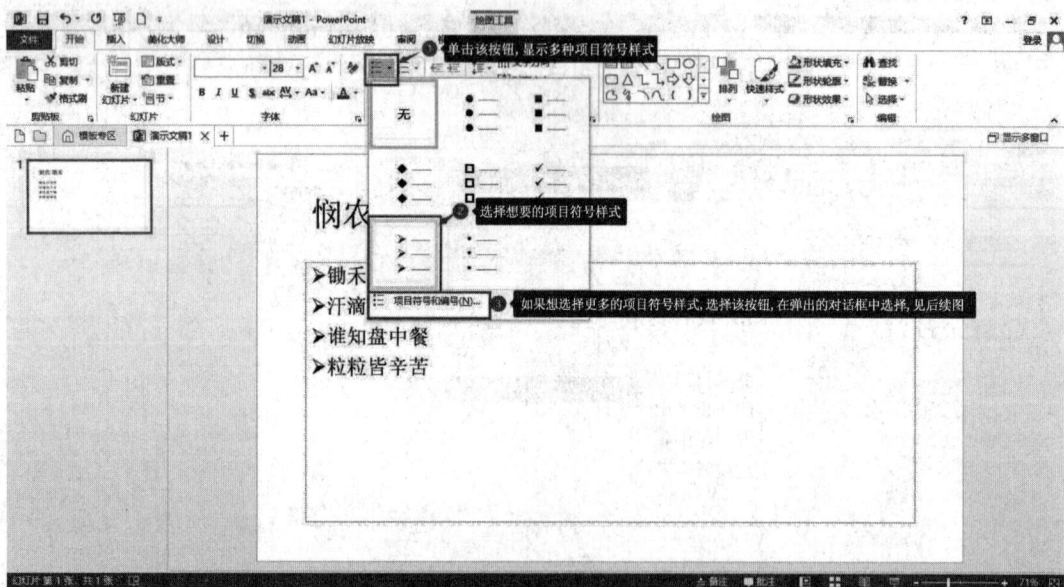

图 2-27　选择所要的项目符号

选择"项目符号和编号",会弹出如图 2-28 所示对话框,可以根据需要进行相关设置。

（3）修改项目符号

同上操作（略）。

（4）项目符号分级

有时内容根据逻辑关系需要分多层次显示,即需要通过多层不同样式的项目符号来体现。现在通过一个案例进行操作学习。

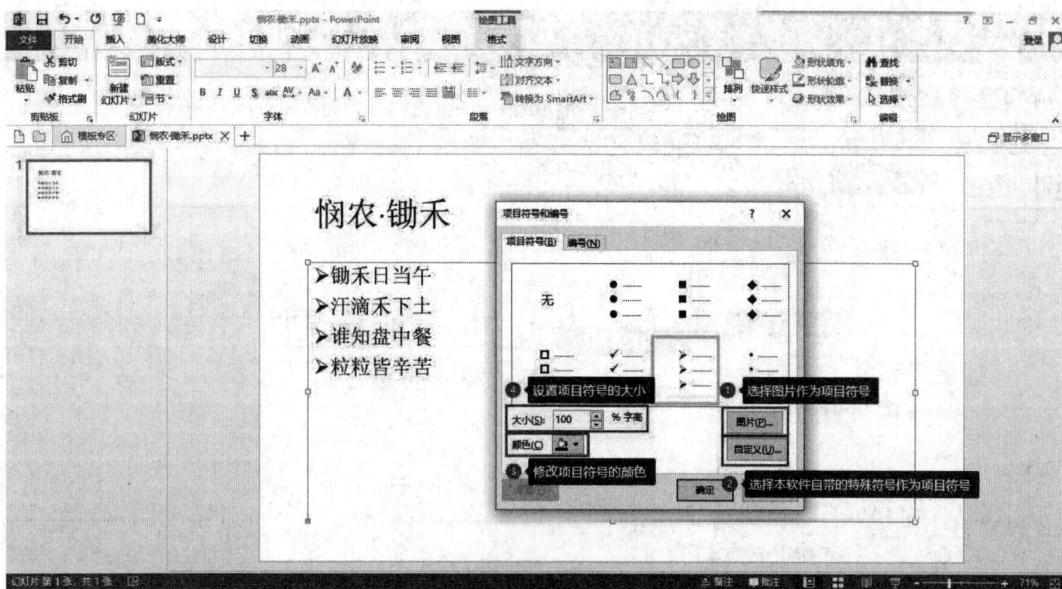

图 2-28 "项目符号和编号"对话框

案例:

如图 2-29 所示效果设置多层项目符号。

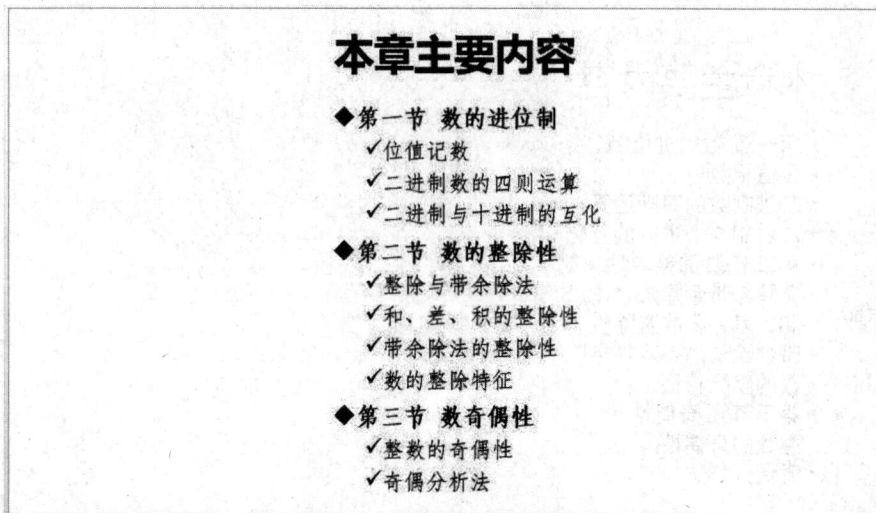

图 2-29 多层项目符号效果图

操作步骤如下:

步骤 1:新建演示文稿,并改第 1 张幻灯片版式为标题和内容。启动 PowerPoint 2016 软件,自动新建一个演示文稿 1。右击幻灯片 1,单击"版式"→选择"标题和内容"即可,如图 2-30 所示。

图 2-30 修改幻灯片 1 版式

步骤 2:输入文本并编辑格式,调整文本位置。在幻灯片 1 的标题占位符和文本占位符分别输入对应的文本,如图 2-31 所示。再按文本格式要求如图 2-32 所示编辑文本格式,再调整文本到幻灯片大致中间位置。

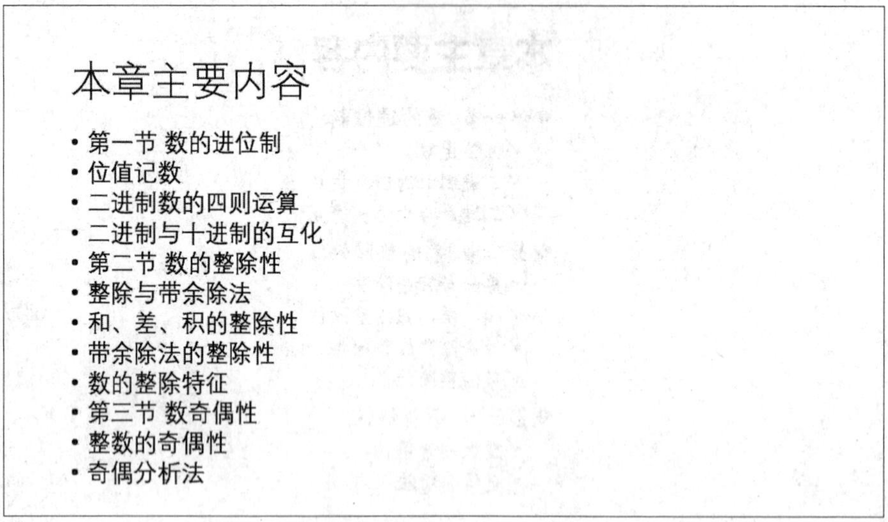

本章主要内容

· 第一节 数的进位制
· 位值记数
· 二进制数的四则运算
· 二进制与十进制的互化
· 第二节 数的整除性
· 整除与带余除法
· 和、差、积的整除性
· 带余除法的整除性
· 数的整除特征
· 第三节 数奇偶性
· 整数的奇偶性
· 奇偶分析法

图 2-31 文本输入后效果

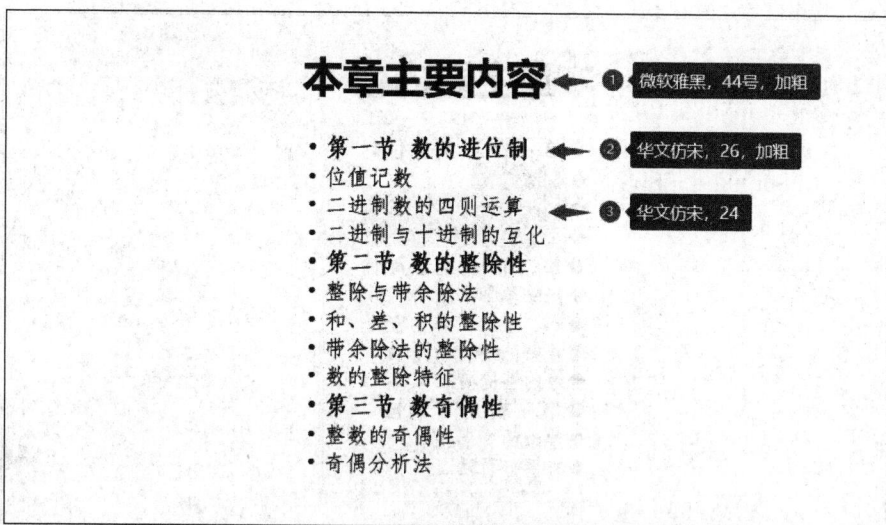

图 2－32　编辑格式后的文本效果

　　步骤 3：修改项目符号。选择文本占位符，单击"开始"→"段落"中"项目符号"→选择"◆"项目符号，如图 2－33 所示。

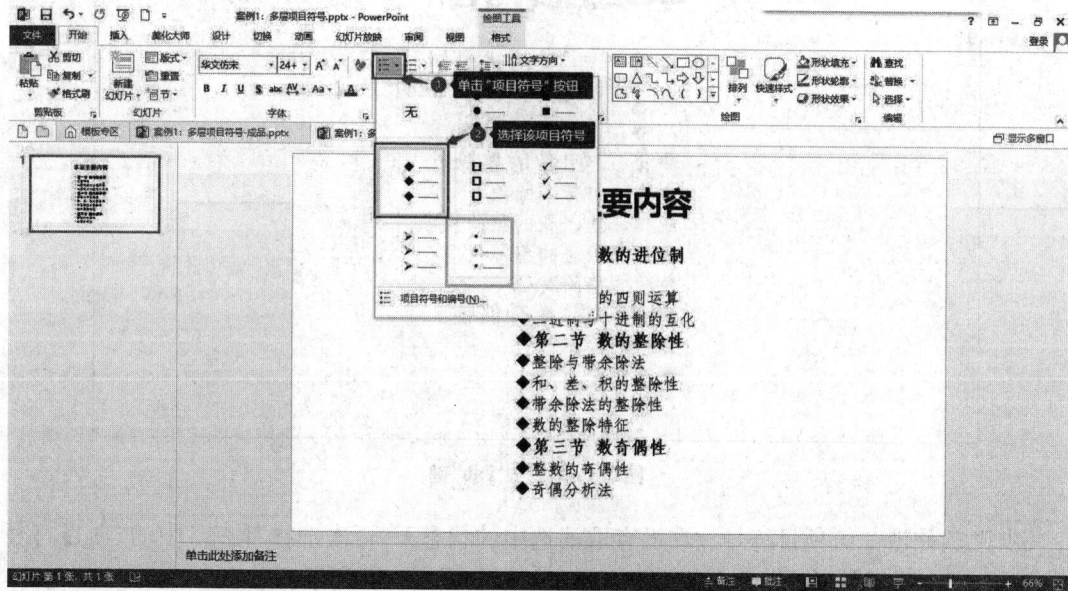

图 2－33　修改项目符号

　　步骤 4：设置二级项目符号。选中"位值计数"到"二进制与十进制的互化"三排文本，如图 2－34 所示，按键盘的"Tab"键，显示如图 2－35 所示。

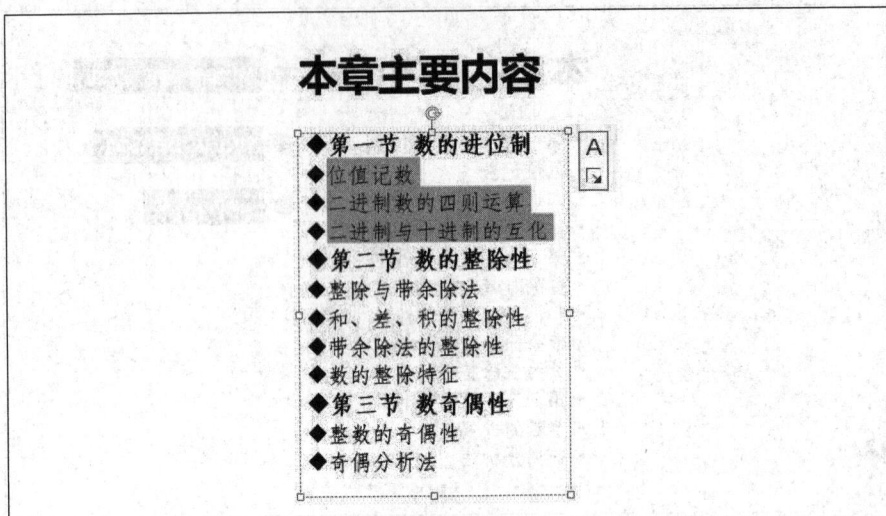

图 2-34　选中文本

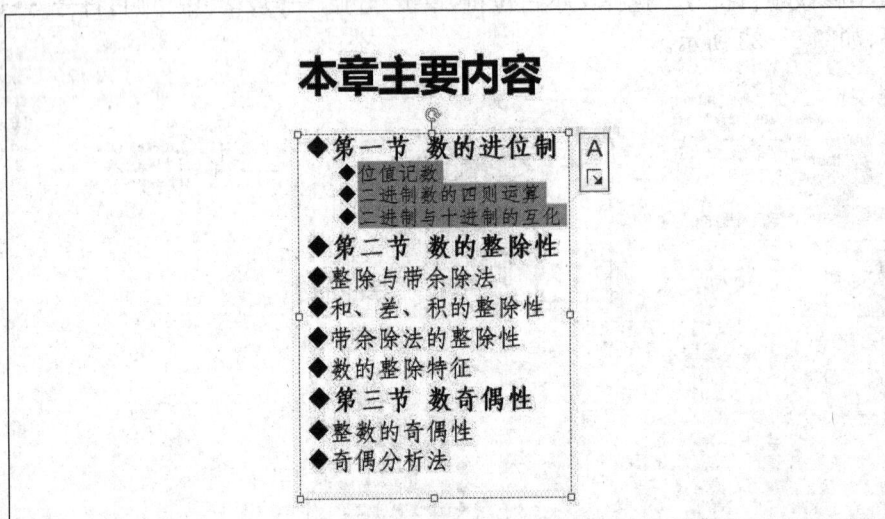

图 2-35　按"Tab"键

　　步骤 5:修改二级项目符号。在没有取消选中的状态下,再次选择"段落"中的"项目符号"→选择"√"项目符号,如图 2-36 所示。完成效果如图 2-37 所示。

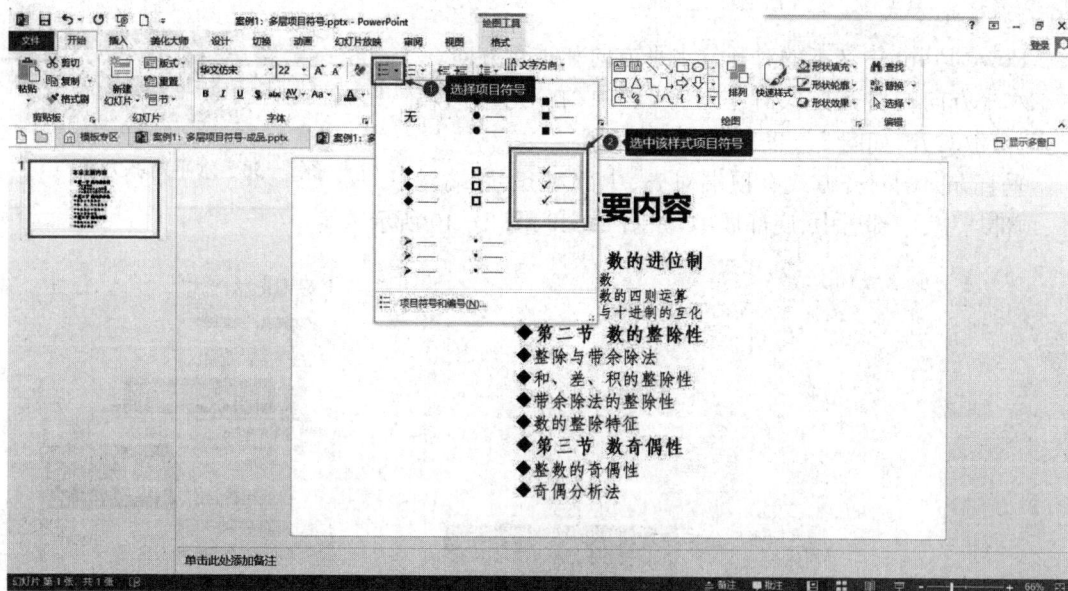

图 2 - 36　修改二级项目符号

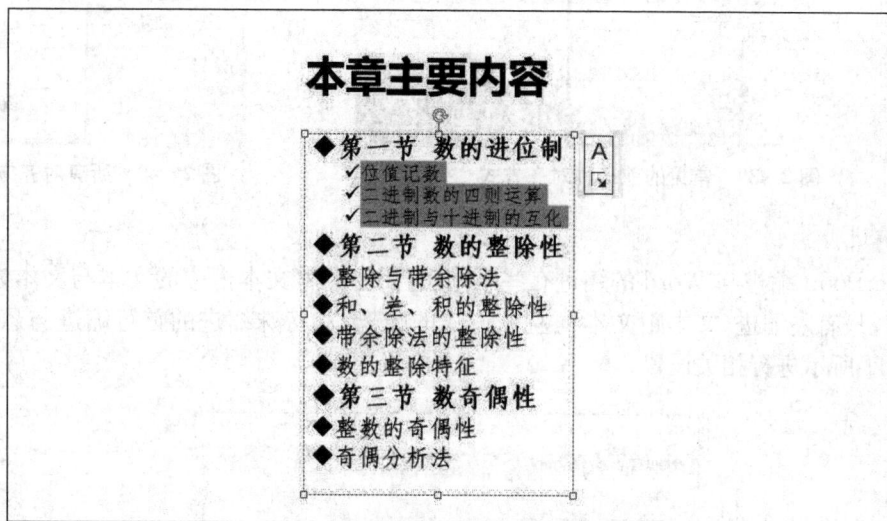

图 2 - 37　修改成功的二级项目符号

操作同步骤 4～5，分别再选中"第二节"和"第三节"下面所包含的文本，按"Tab"键并修改项目符号为"√"符号。

注：这里可以使用"格式刷"来简化操作步骤。

"格式刷"是 Microsoft Office 的一个工具。PowerPoint 2016 的格式刷位于"开始"选项卡的"剪贴板"功能组中。格式刷的作用就是快速地将指定的段落或文本的格式沿用到其他段落或文本上，减少格式方面的重复操作，其使用方法见教学资源包内微课视频。

2. 对齐方式

PowerPoint 中文本的对齐分水平方向和垂直方向。

水平方向的对齐方式有左对齐、居中、右对齐、两端对齐、分散对齐，如图 2-38 所示。

图 2-38　水平对齐方式

垂直方向的对齐方式有顶端对齐、中部对齐、底端对齐、顶部居中、中部居中、底部居中，如图 2-39、图 2-40 所示。

图 2-39　常见的前三种对齐方式

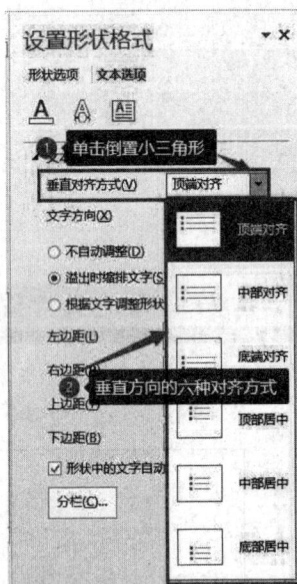

图 2-40　所有对齐方式

3. 缩进

PowerPoint 缩进与 Word 的缩进有些不同，它用于调整文本框中的文本与文本框边线之间的距离，只有左缩进（文本距文本框左侧边线的距离）和特殊缩进的首行缩进与悬挂缩进。如图 2-41 所示进行相关设置。

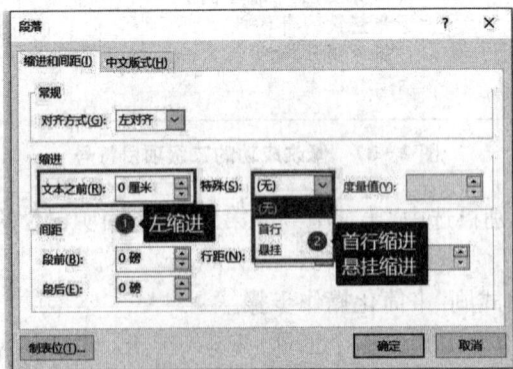

图 2-41　不同缩进设置

4. 行间距

行间距是指行与行之间的垂直距离。不建议用按"Enter"键插入空行的方法来增加文字行与行之间的间距。

（1）段落对话框设置具体值法

步骤1：单击"开始"选项卡→"段落"功能组右下角的箭头图标 ，如图 2-42 所示。

步骤2：弹出"段落"对话框，单击"行距"后面的倒置三角形，根据需要设置行距大小，如图 2-43 所示。

图 2-42　打开段落窗口按钮

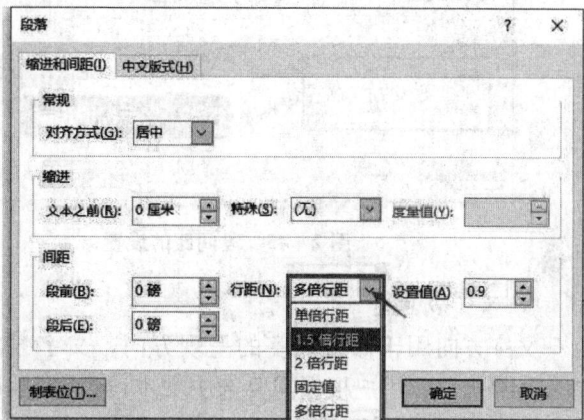

图 2-43　"段落"对话框——具体行距值设置

注：固定值和多倍行距可继续根据需要给出具体设置值的大小。其中固定值单位为磅，表示调整行距的具体磅数值；多倍行距则表示调整行距为当前行的倍数，无单位。两者均可设置为整数值和小数值。

（2）"段落"功能组设置行距倍数法

直接单击"开始"选项卡→"段落"功能组中的"行距"按钮，如图 2-44 所示。

图 2-44　"段落"功能组——倍数行距值的设置

5. 段间距

段间距是指段落与段落之间的距离。有段前距离和段后距离，段前距离是指本段与前一段之间的距离，段后距离是指本段与后一段的距离，如图 2-45 所示。

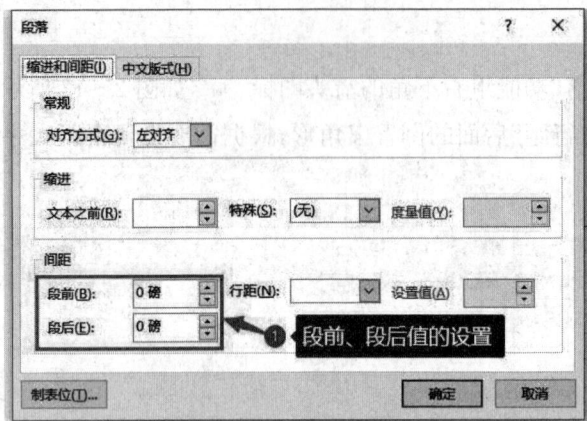

图 2-45　段间距的设置

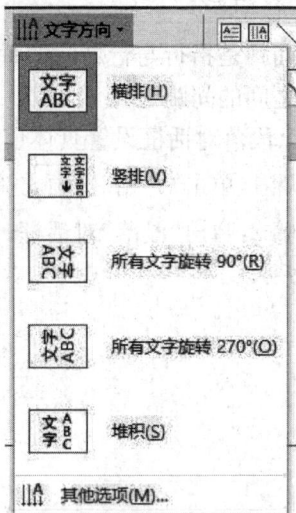

图 2-46　文字方向

6. 文字方向

文字方向用于修改文字的呈现方向。文字方向类型如图 2-46 所示。用户根据需要选中文本,再选择"开始"选项卡→"段落"功能组中的"文字方向"按钮,在出现的下拉列表中选择所需的文字方向即可。

7. 分栏

分栏用于将文本分成多栏排版。一般使用于文本字符比较多的情况。分栏类型如图 2-47 所示。用户根据需要选中文本,再选择"开始"选项卡→"段落"功能组中的"分栏"按钮,在出现的下拉列表中选择所需的分栏即可。

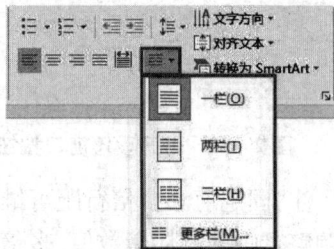

图 2-47　分栏

案例:

将《悯农·锄禾》进行排版,效果参照图 2-48 所示。

涉及知识点:版式、主题、字体、字号、字形、字体颜色、字间距、行间距、对齐方式的设置。

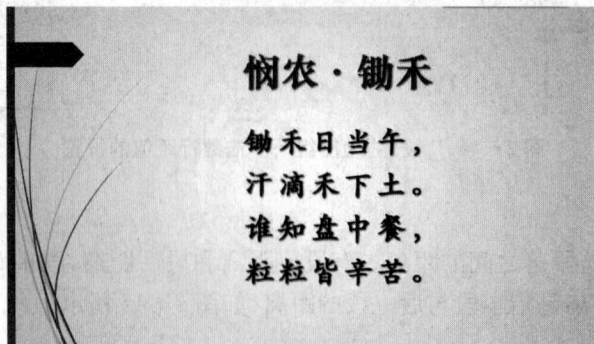

图 2-48　案例参照效果图

操作步骤如下：

步骤 1：改版式。打开 PowerPoint 2016，右击左侧幻灯片窗格中的第 1 张幻灯片，选择"版式"中的"空白"版式，如图 2-49 所示。

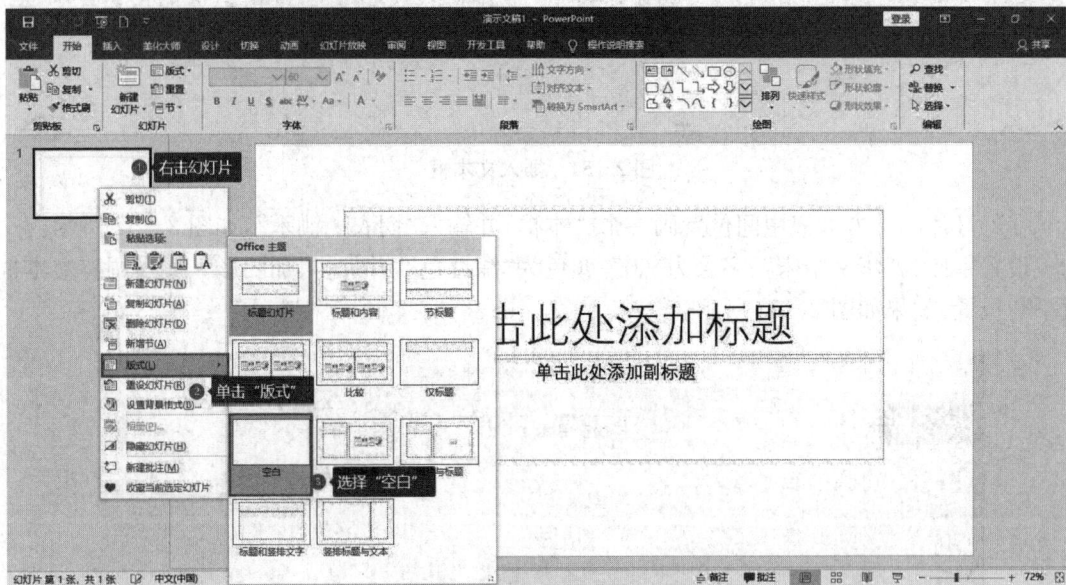

图 2-49　改幻灯片版式为"空白"

步骤 2：改主题。单击"设计"选项卡→选择"主题"中的"环保"，如图 2-50 所示。

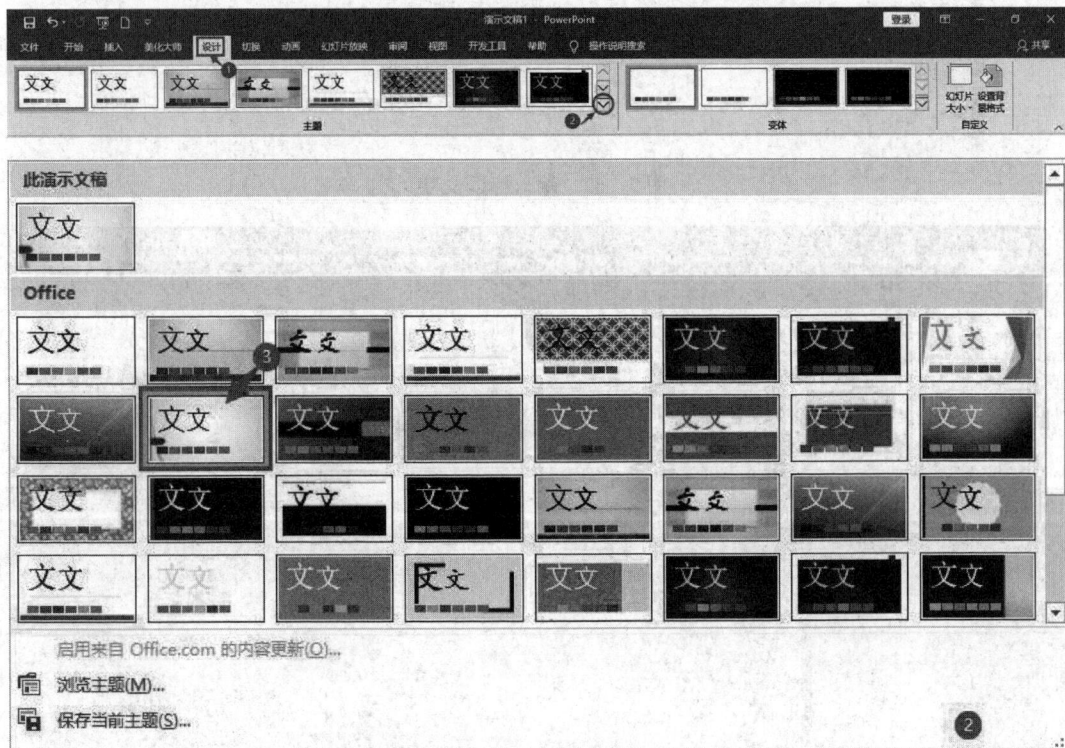

图 2-50　改主题为环保

步骤3:绘制文本框,输入标题文字,改字体格式。单击"开始"选项卡→单击"绘图"功能组中的横排"文本框"图标,如图2-51所示。

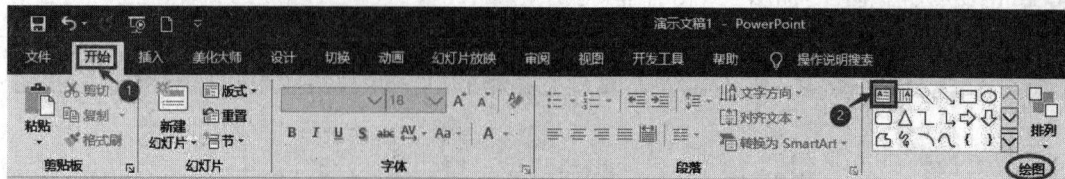

图2-51　插入文本框

在幻灯片的上方大概中间位置画一个文本框,并输入"悯农·锄禾",如图2-52所示。

设置字体为"华文中宋"、字号为"60"、颜色为"深红色",并加粗、加阴影。适当调整文本框大小与位置,效果如图2-53所示。

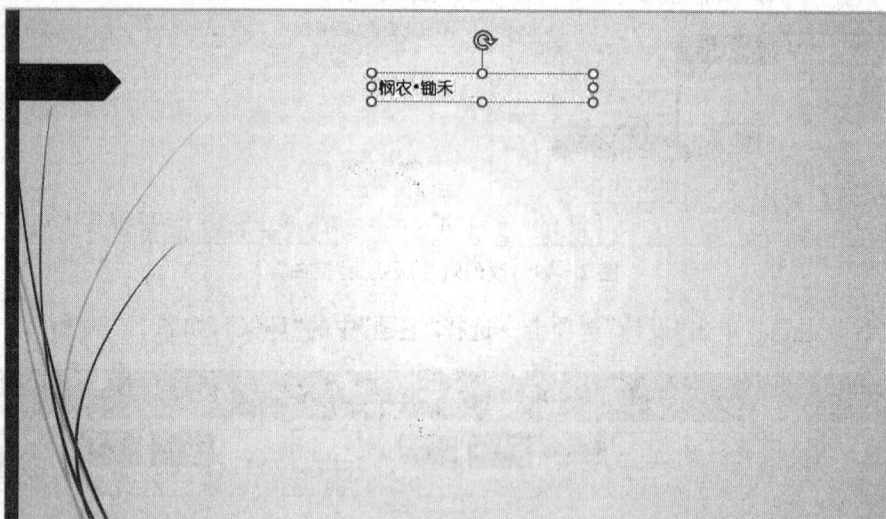

图2-52　输入标题文字

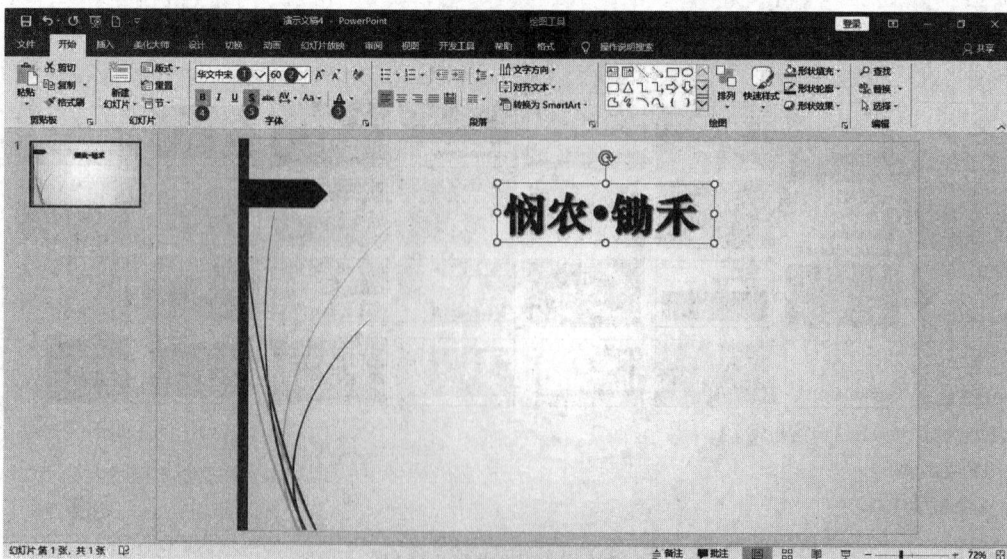

图2-53　改字体格式

步骤 4：绘制文本框，输入正文文字，改字体段落格式。同上再画一个横排文本框，依次输入"锄禾日当午，汗滴禾下土。谁知盘中餐，粒粒皆辛苦。"绘制文本框操作同上，输入完显示如图 2-54 所示。设置字体为"华文楷体"、字号为"48"，并加粗、加阴影，字符间距设置"很松"，如图 2-55 所示。

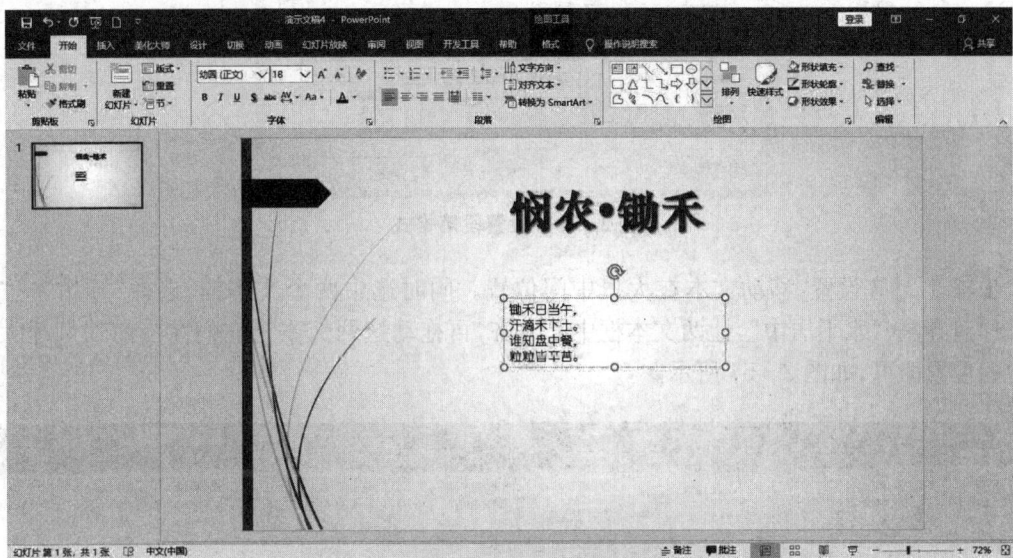

图 2-54　输入正文文字

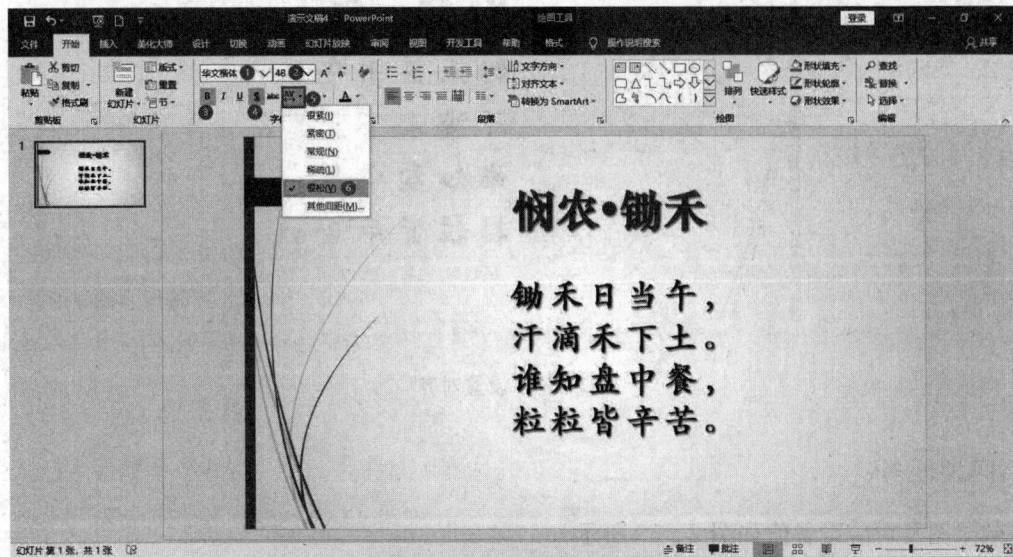

图 2-55　改正文字体格式

打开"段落"对话框，设置"常规"中"对齐方式"为"居中"，设置"行距"为"多倍行距"，设置值为 1.2，单击"确定"即可，如图 2-56 所示。

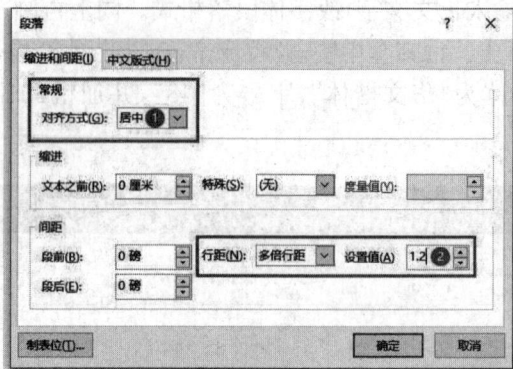

图 2-56　设置段落格式

步骤 5：对齐设置，移动文本在大概中间位置。同时选中两个文本框，选择"开始"→"排列"→"对齐"→"水平居中"，让两文本框中心对齐，再拖动这两文本让它们在当前幻灯片大致居中的位置即可，如图 2-57 所示。

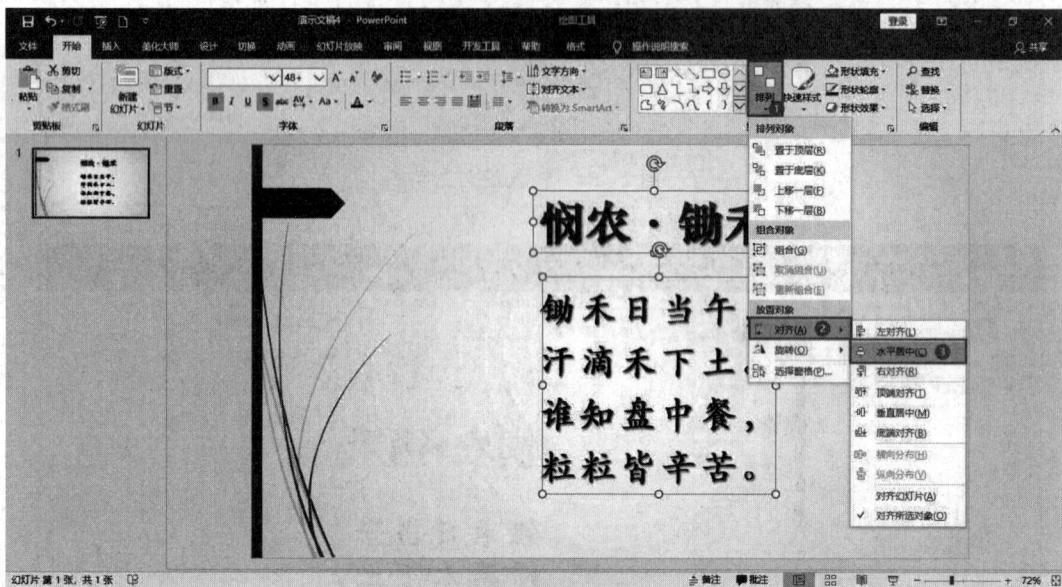

图 2-57　设置对齐

实训任务：

效果图及对应设置值如图 2-58 所示。

考查知识点：字体、字号、字形、字体颜色、行间距、段间距、首行缩进的设置。

● [成语故事] 狐假虎威

老虎抓住一只狐狸，准备吃掉它。

狐狸说："我是天帝派来的百兽之王，你敢吃我，会受到上天的惩罚。"

见老虎不信，狐狸又说："你跟着我到森林里走一趟，就知道野兽们都怕我。"

由于有老虎在身边，野兽们见了，纷纷逃命。

老虎信以为真，就放了狐狸。

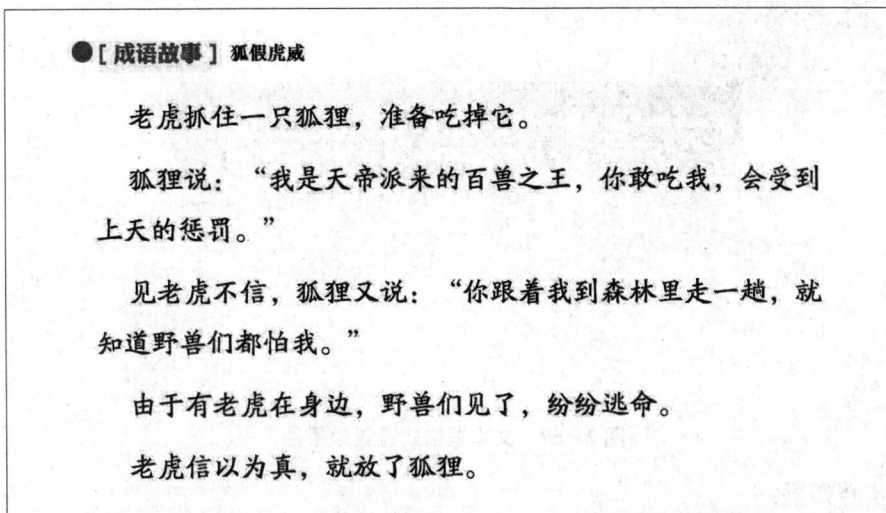

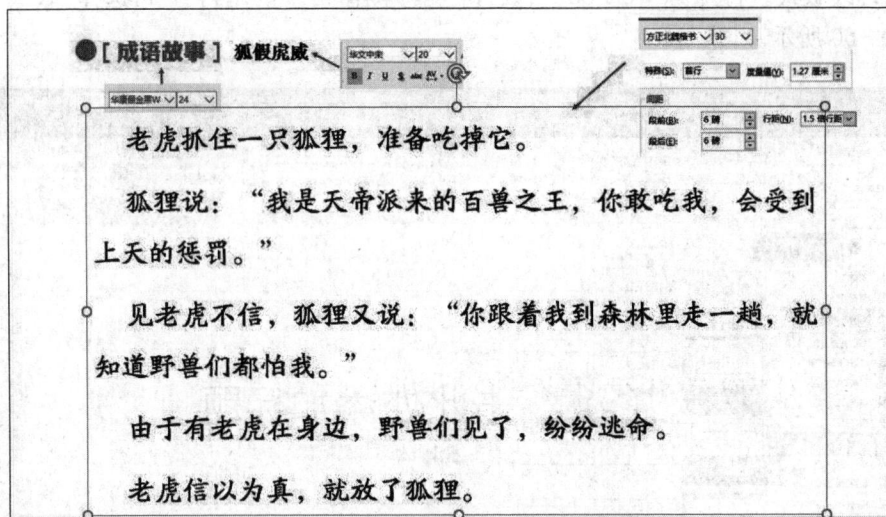

图 2-58 实训任务排版参考

三、文本框格式

对文本进行排版时，除了通过对文字本身的格式进行必要的设置之外，还可以通过对文字所在的文本框进行格式设置来美化文本。如：对文字加边框、底色、倒映等其他效果。

文本框格式设置包括：形状填充、形状轮廓、形状效果（预设、阴影、映像、发光、柔化边缘、棱台、三维旋转），相关知识会在"项目四 PowerPoint 图形处理"章节里详细讲述。这里通过下面案例先简单了解一下如何设置文本框的格式来美化文本。

案例：

将"六一儿童节快乐"设置为如图 2-59 所示效果图。

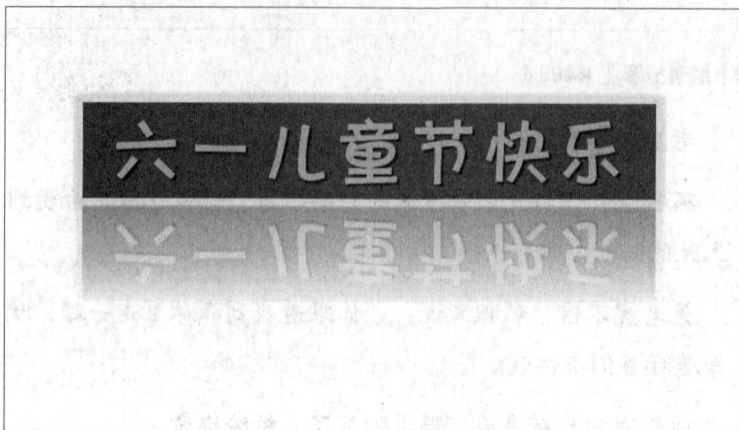

图 2-59　文本框格式设置效果图

操作步骤如下：

步骤1：改版式。打开 PowerPoint 2016，右击左侧窗格中的幻灯片1，选择"版式"中的空白，如图2-60所示。

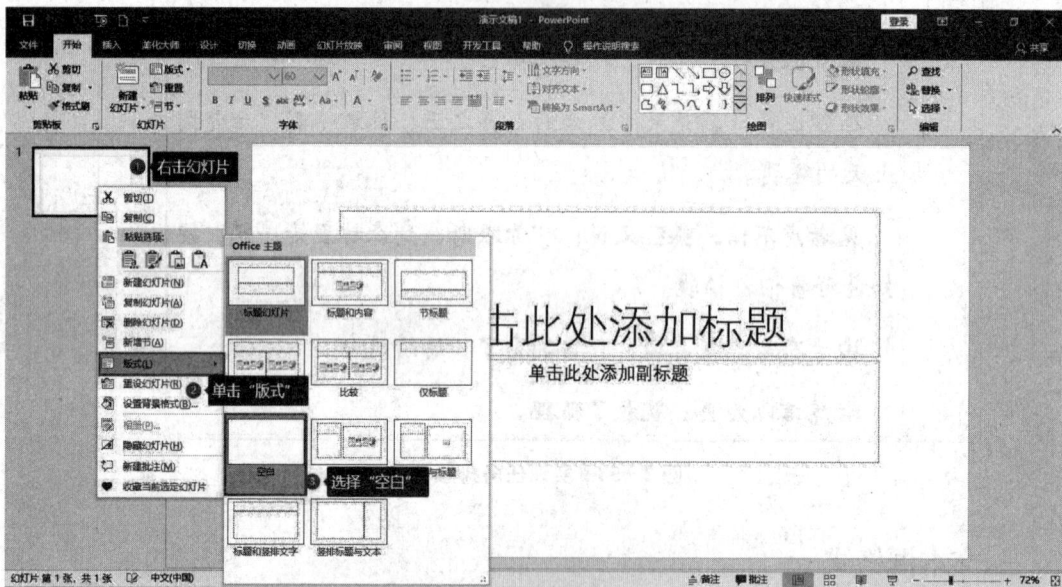

图 2-60　修改幻灯片版式

步骤2：绘制文本框，输入文字，改字体格式。单击"开始"选项卡→单击"绘图"功能组中的横排文本框图标，如图2-61所示。

图 2-61　插入文本框

在幻灯片大概中间位置画一个文本框,并输入"六一儿童节快乐",设置字体为"方正卡通简体",字号为"72",并加粗、加阴影,颜色为"绿色"(选择"其他颜色"→"自定义"→设置"红色0、绿色255、蓝色0"→"确定"),如图2-62、图2-63所示。

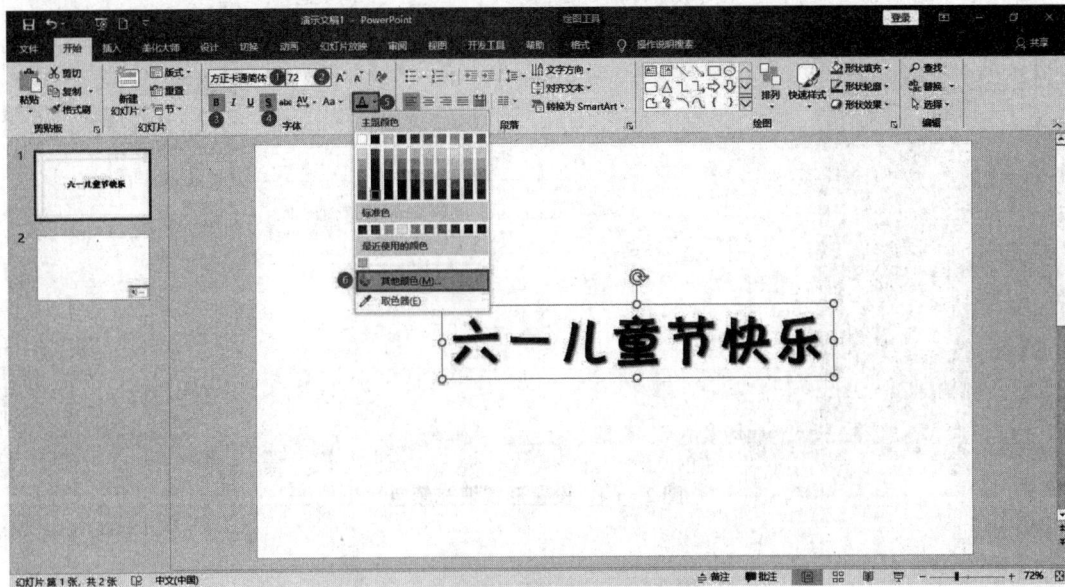

图 2-62 改字体格式

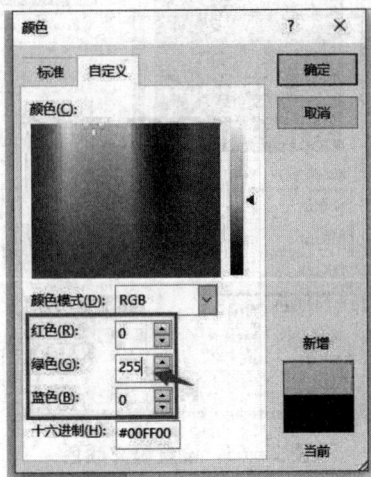

图 2-63 选字体颜色

步骤3:改文本框格式——形状填充、轮廓、效果。选中文本框,在"开始"选项卡下的"绘图"功能组中单击"形状填充",在出现的下拉列表框中选择"其他填充颜色",如图2-64所示;弹出"颜色"对话框,单击"自定义"→设置"红色250、绿色60、蓝色120"→单击"确定",如图2-65所示。

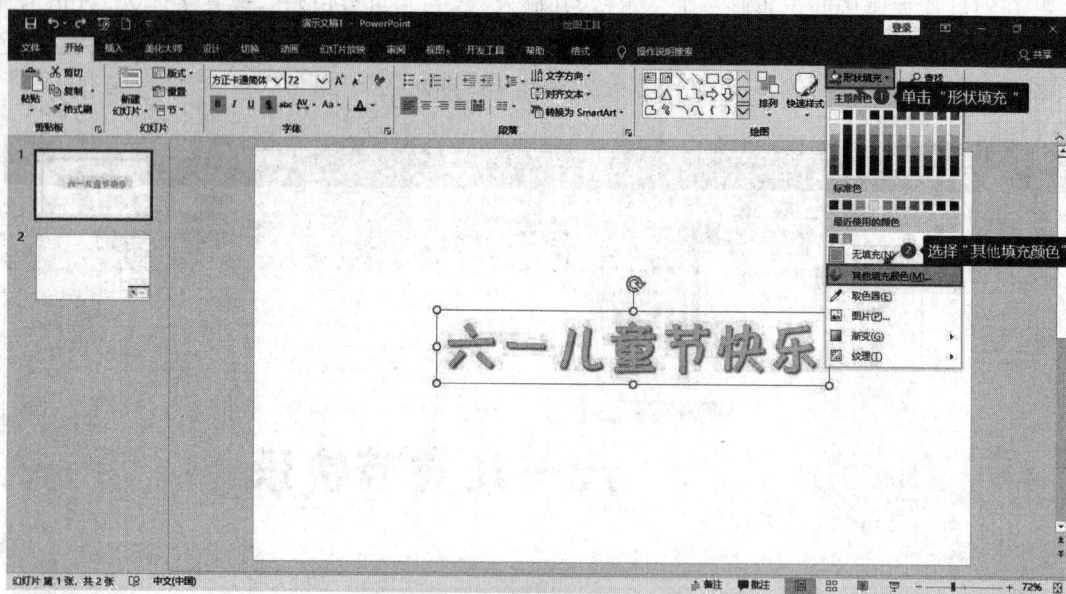

图 2-64　设置形状填充颜色

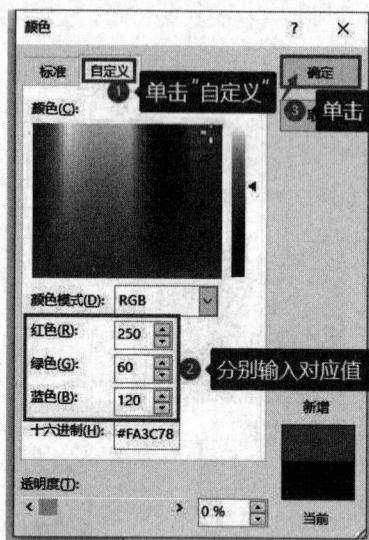

图 2-65　设置填充颜色

在"绘图"功能组中单击"形状轮廓"→标准色中的"黄色",再将粗细设为"3 磅",如图
2-66 所示。

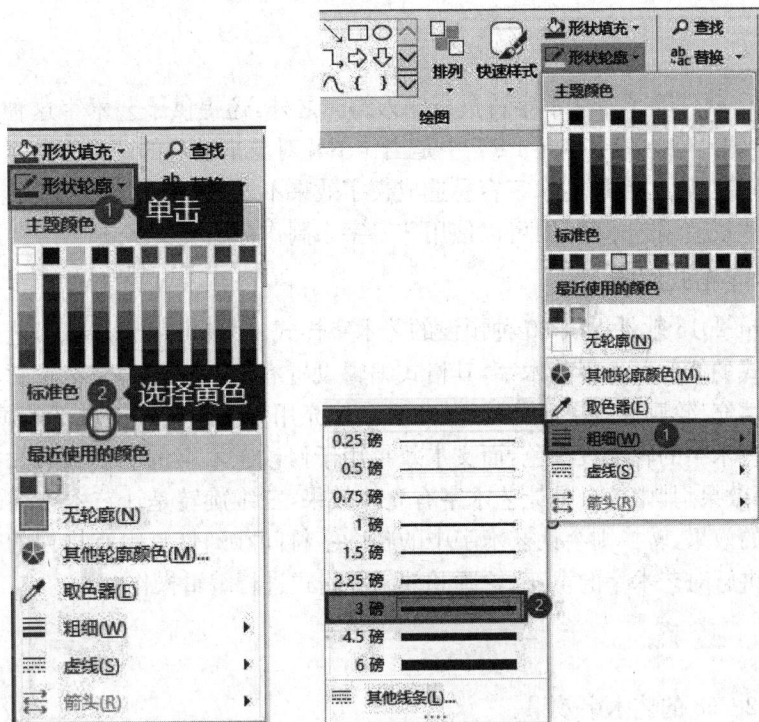

图 2 - 66 设置轮廓颜色和粗细

在"绘图"功能组中单击"形状效果"→选择"映像"中的"全映像,接触"→再选择"发光"中的"其他亮色"中的"黄色",如图 2 - 67 所示。

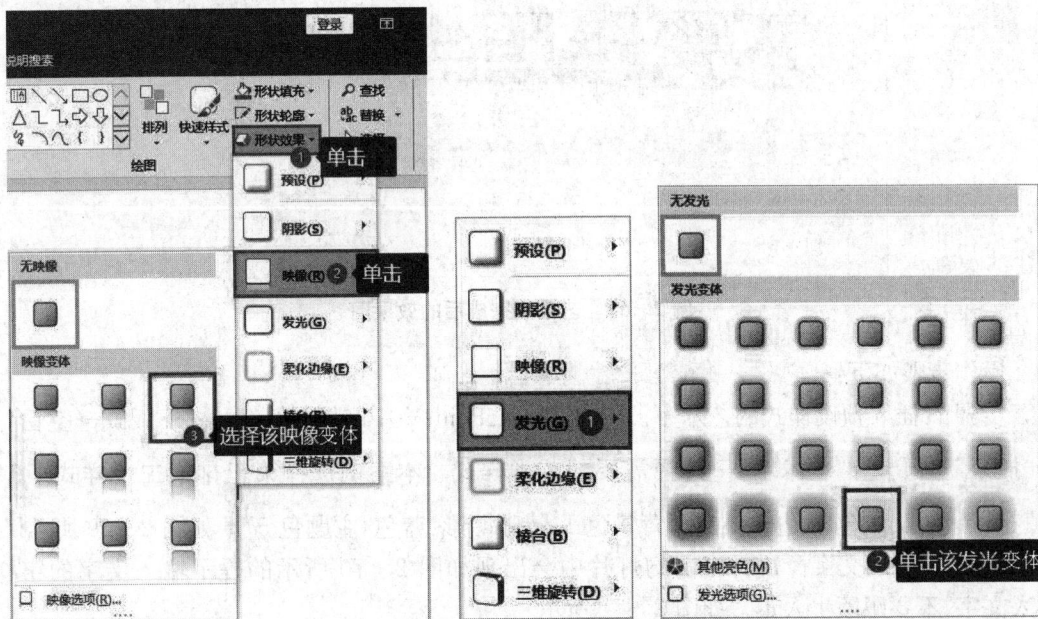

图 2 - 67 设置映像与发光效果

最后将该文本框移到幻灯片大致居中位置即可。

四、艺术字

PowerPoint 软件除了对文本字符进行输入编辑之外，还提供了艺术字这种特殊效果的文字，它之所以特殊是因为艺术字在 PPT 中是当作图片对象来呈现的。由于艺术字的风格与普通文字效果差别比较大，使用艺术字容易造成文字效果不统一，建议慎重选择艺术字效果。所以正文文字不建议使用艺术字，但可以使用艺术字来制作标题类文字。

（一）艺术字格式编辑

PowerPoint 2016 软件提供 20 种预设的艺术字样式，用户可以通过编辑艺术字的格式来对艺术进行样式的修改。选择艺术字，其格式编辑设置有：文本填充、文本轮廓、文本效果（特别注意与形状填充、轮廓和效果区分）。其中文本填充用于修改艺术字内部的填充颜色，文本轮廓用于修改艺术字的轮廓线颜色，而文本效果用于修改艺术字的阴影、映像、发光、棱台、三维旋转、转换等效果，其中棱台是让艺术字有立体效果，三维旋转是让艺术字在幻灯片中的位置有三维旋转的效果，转换则会让艺术字中的各个字符间在幻灯片中有排列的效果。下面通过一个案例来讲解对艺术字的填充、轮廓和效果等格式进行编辑操作。

案例：

制作如图 2-68 的艺术字效果。

图 2-68　艺术字完成后的效果图

操作步骤如下：

步骤 1：插入预设样式的艺术字。打开 PowerPoint 2016，右击幻灯片 1→版式→空白；选择"插入"选项卡→"艺术字"→选择需要的艺术样式。本案例选择第三排第二个样式 **A**，"填充：黑色，文本色 1；边框：白色，背景色 1；清晰阴影：蓝色，主题色 5"。如图 2-69 所示。

步骤 2：输入文字。这时当前幻灯片中会出现如图 2-70 所示的提示输入文字的字样。输入文字"不要跟陌生人走"，如图 2-71 所示。

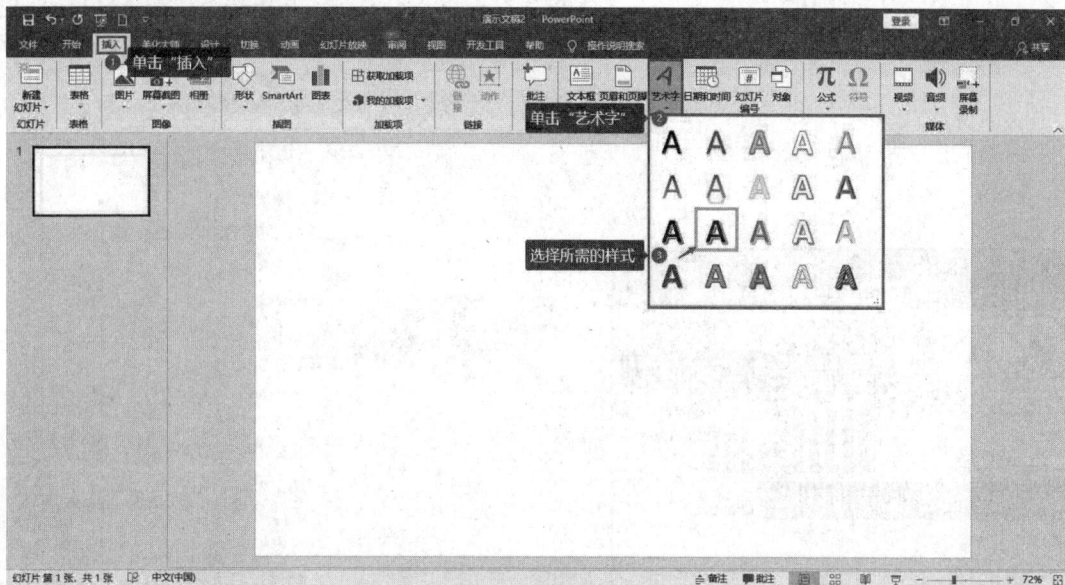

图 2-69　插入所需样式艺术字

图 2-70　提示输入文字

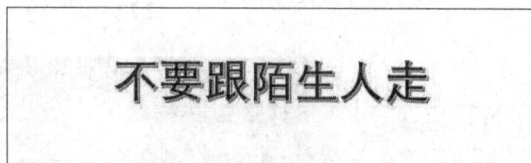

图 2-71　输入所需文字

步骤 3：修改艺术样式，包括文本填充、文本轮廓、文本效果。选中该艺术字，选择"格式"选项卡→"艺术字样式"右侧的"文本填充"→选择标准色中的"蓝色"，如图 2-72所示。接着选择"文本轮廓"→主题颜色中的"橙色，个性色 2，深色 50%"，如图 2-73所示。

再选择"文本效果"→"转换"→"槽形：下"，如图 2-74 所示。单击"文本效果"下的"阴影"→选择"透视"下的"透视：右上"，如图 2-75 所示。

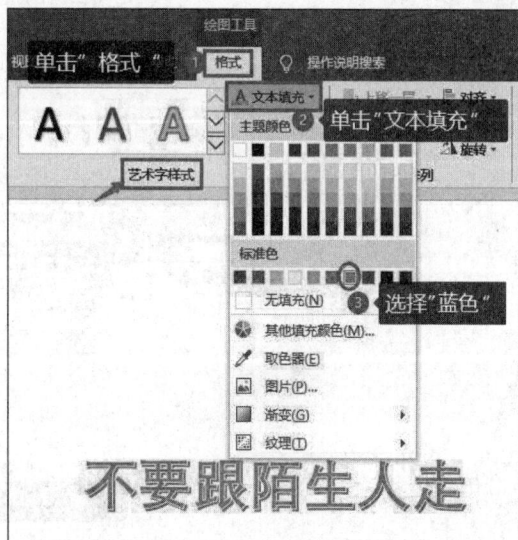

图 2-72　修改艺术填充颜色

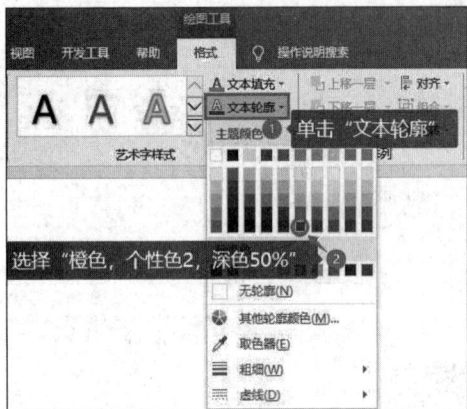

图 2-73　修改艺术轮廓颜色

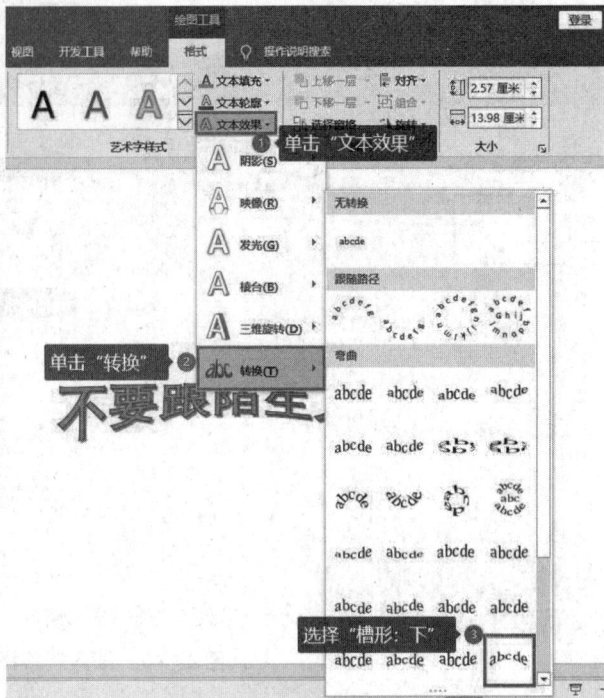

图 2-74　修改艺术字排列样式

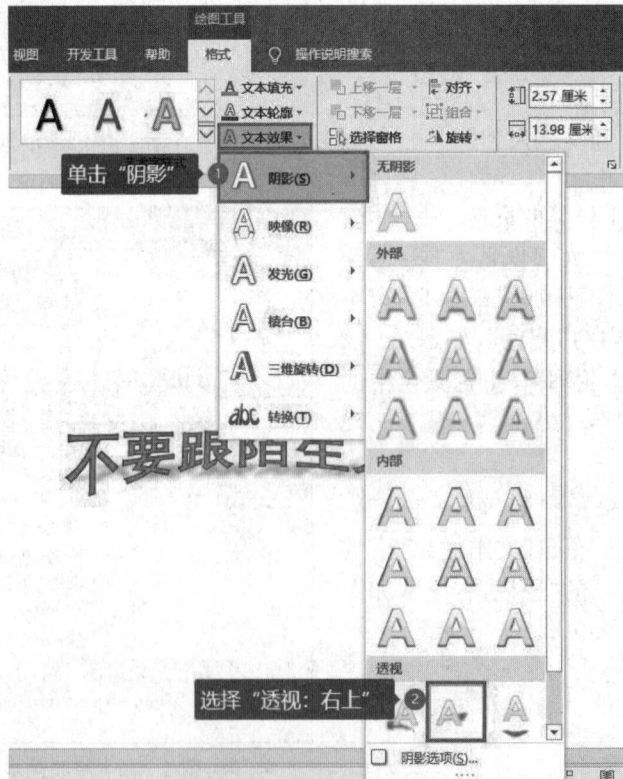

图 2-75　修改艺术字阴影效果

单击"文本效果"下的"映像"→选择"全映像，接触"，如图 2-76 所示。

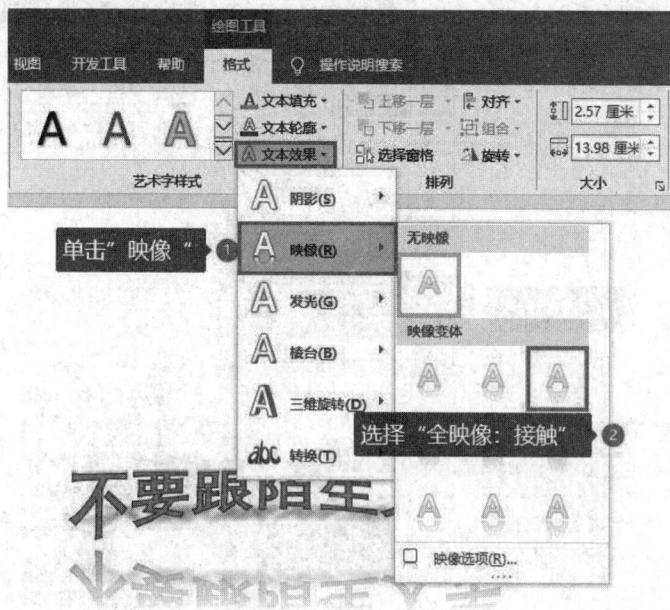

图 2-76　修改艺术字映像效果

单击"文本效果"下的"发光"→第一行第四列"发光：5 磅；金色，主题色 4"，如图 2-77 所示。

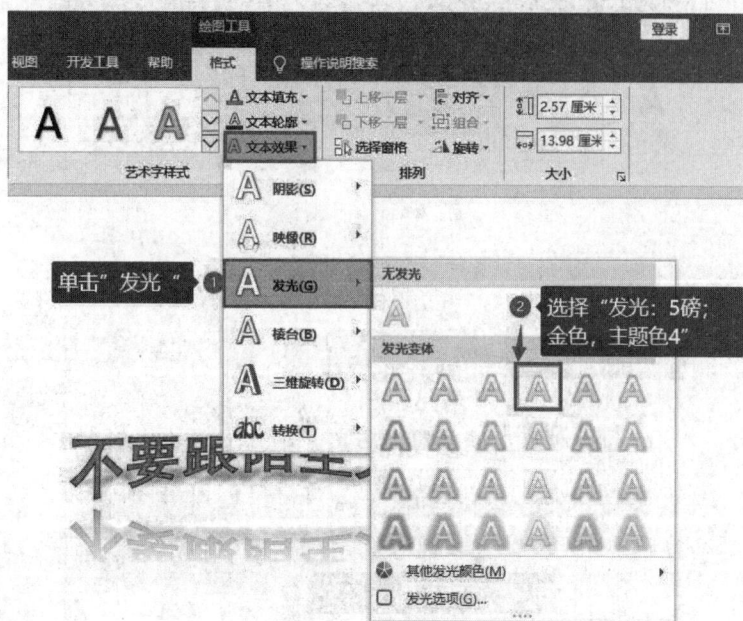

图 2-77　修改艺术字发光效果

单击"文本效果"下的"棱台"→选择"柔圆"，如图 2-78 所示。
单击"文本效果"下的"三维旋转"→选择"透视：适度宽松"，如图 2-79 所示。

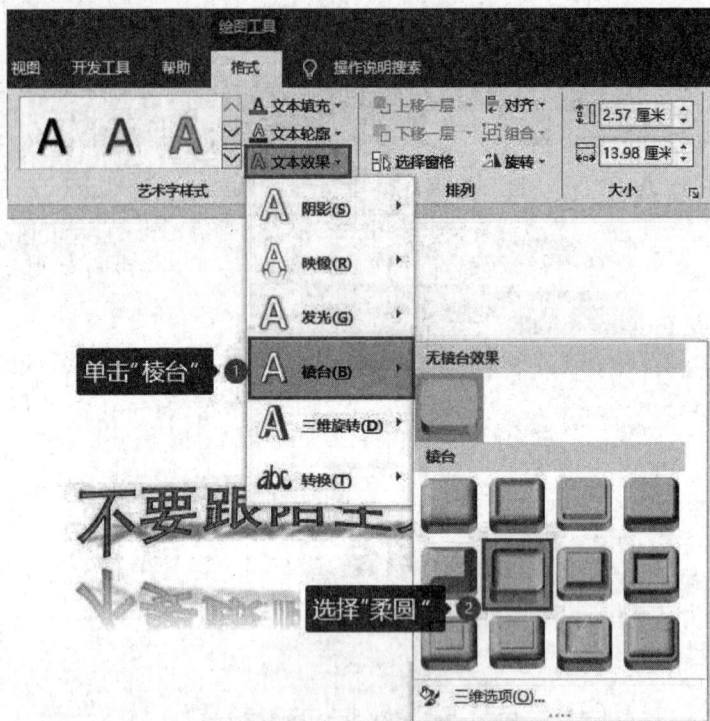

图 2-78　修改艺术字棱台效果

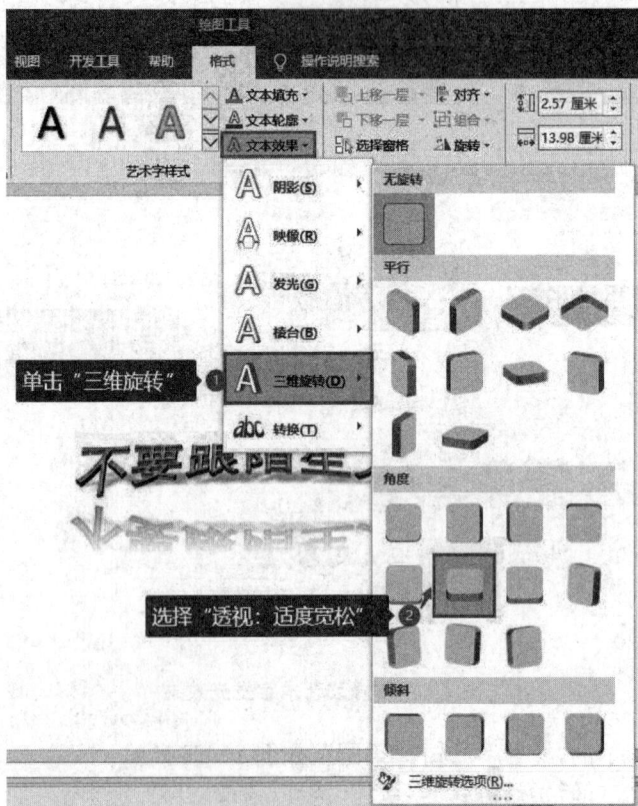

图 2-79　修改艺术字三维旋转效果

步骤 4:调整艺术字大小及位置。选中该艺术字,按住"Shift"键,鼠标对准艺术字其中一个顶点,将该艺术拉动到适当大小,放开"Shift"键,再将艺术字移动到幻灯片大致居中位置即可。效果如图 2-80 所示。

图 2-80　调整艺术字大小及位置后的效果

(二) 艺术字应用

1. 双色字制作

利用艺术字还可以制作一些特殊效果的文字,比如双色字。双色字是指一个字两种颜色。此种文字经常应用于标题文字,以美化标题效果。

案例:

制作"双色字"标题效果。

PowerPoint 软件本身是无法将一个文字设置成两种颜色的,要想达到双色字的效果,实际是将两个颜色的字重合在一起,然后将上面的字裁切掉一部分。关键是要把处于上层的文字转换为图片,再使用裁切工具将图片裁剪掉一半。

操作步骤如下:

步骤 1:修改版式和背景色。打开 PowerPoint 2016,右击左侧幻灯片窗格中的第 1 张幻灯片,选择"版式"中的"空白"。

单击"设计"选项卡→单击"设置背景格式",右侧出现"设置背景格式"→选择"纯色填充"→颜色下拉列表中,选择"深蓝",如图 2-81 所示。

图 2-81 设置背景颜色

步骤2：插入艺术字并修改艺术字样式。选择"插入"选项卡→"艺术字"→选择艺术字样式为"填充：白色；边框：橙色，主题色2；清晰阴影：橙色，主题色2"（第三排第四列），输入"中国崛起"，如图2-82所示。

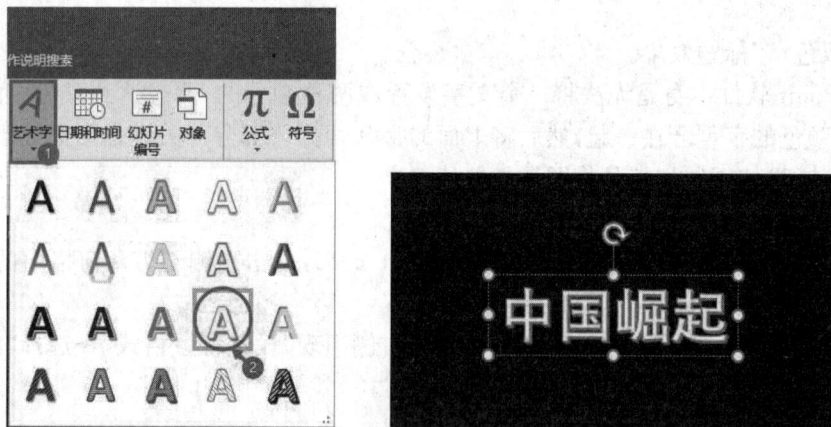

图 2-82 插入预设样式的艺术字

选择"格式"选项卡→在"艺术字样式"功能组中，分别将艺术字的"文本填充"设置为"红色"，"文本轮廓"设置为"黄色"，如图2-83所示。

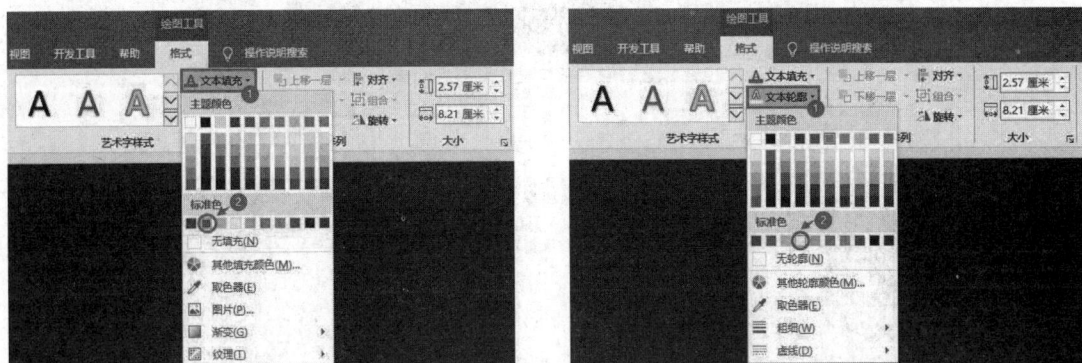

图 2-83　修改艺术字填充及轮廓颜色

步骤 3：修改艺术字字体、字号和文字方向。选择艺术字，单击"开始"选项卡→将"字体"设置为"方正剪纸简体"，字号设置为"120"；单击"段落"功能组中的"文字方向"→选择"竖排"，如图 2-84 所示。

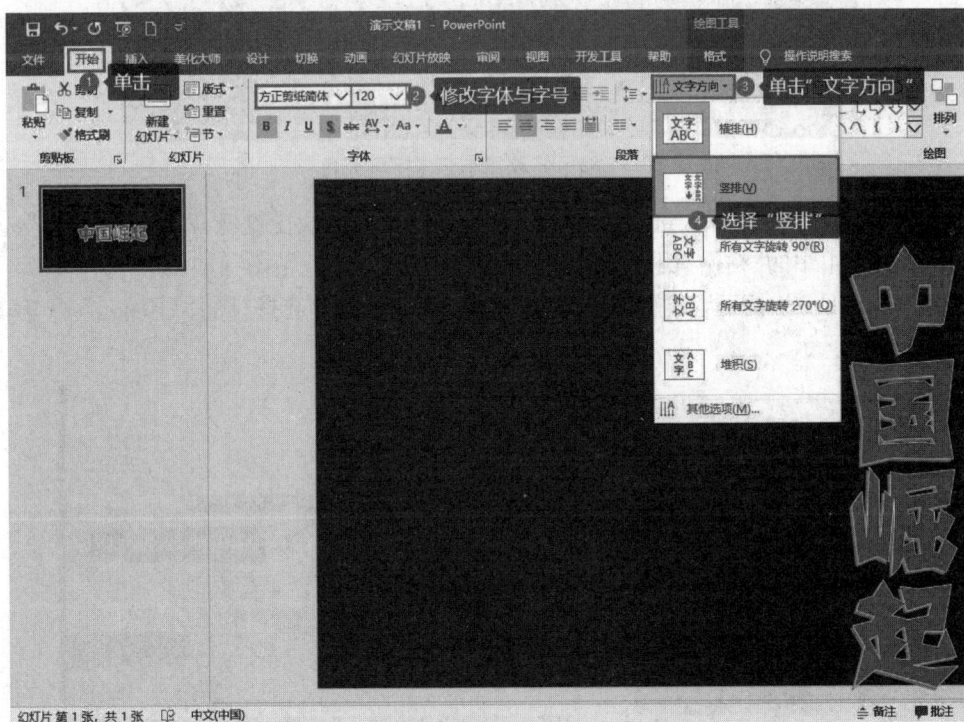

图 2-84　修改艺术字字体、字号及方向

步骤 4：复制艺术字改填充色。选中该艺术字，移动到适当位置，再按"Ctrl"键同时拖动鼠标复制一个，将其"文本填充"改为"黑色"，如图 2-85 所示。

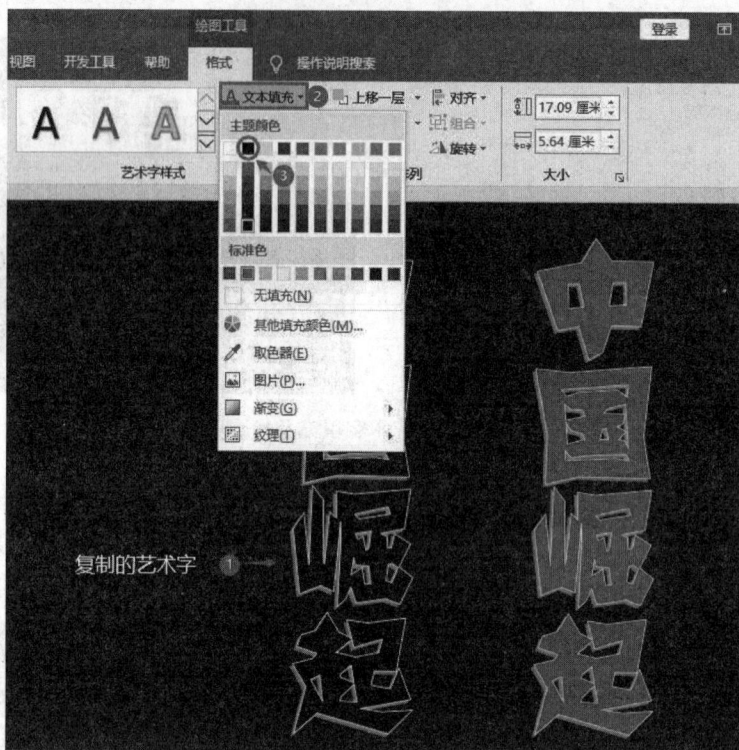

图 2-85　修改复制艺术字填充色

步骤 5：变艺术字为图片。选中黑色艺术字，按"Ctrl+X"快捷键剪切，单击 "开始" 选项卡下"剪贴板"功能组中的"粘贴"倒置的小黑三角形，选择"选择性粘贴"，如图 2-86 所示。或直接按"Ctrl+Alt+V"快捷键，在弹出的"选择性粘贴"对话框中选择"图片（PNG）"→单击"确定"，如图 2-87 所示。

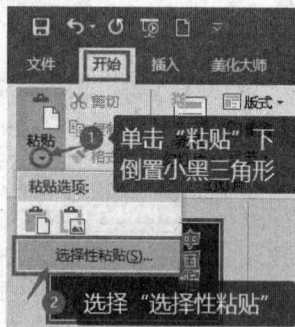

图 2-86　选择"选择性粘贴"

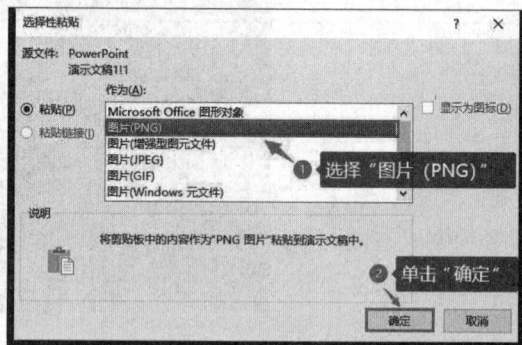

图 2-87　选择性粘贴为图片（PNG）

步骤 6：裁剪图片艺术字。将黑色图片艺术字与红色艺术字重叠放一起，如图 2-88 所示。选中黑色字，选择"格式"选项卡下的"裁剪"命令，拉动右侧的裁剪标志大致到字中间位置，单击图片外面任意位置即可，如图 2-89 所示。裁剪后效果如图 2-90 所示。

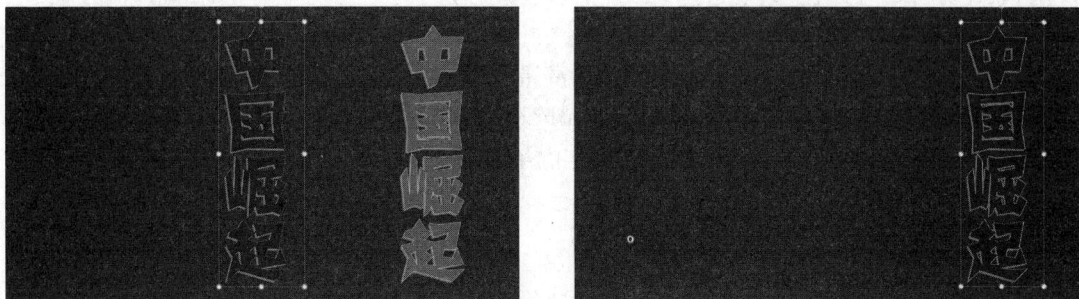

图 2 - 88　叠放前后对比

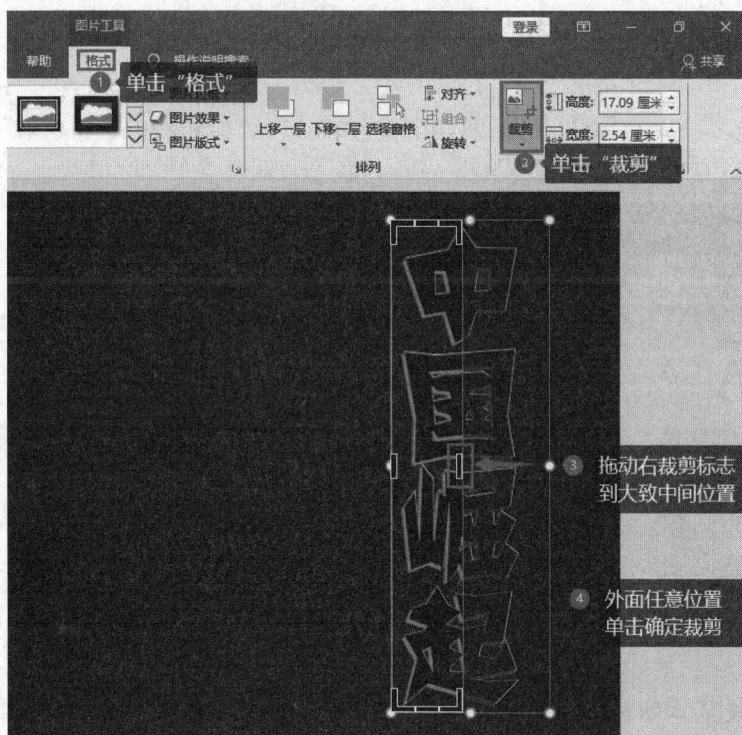

图 2 - 89　裁剪黑色字

图 2 - 90　裁剪后效果图

2. 拆分汉字成笔画

在小学语文学科教学课件制作过程中,常常需要演示汉字的笔画书写顺序,但汉字在 PPT 中显示是一个整体,我们可以利用 PowerPoint 2016 中艺术字与图形的拆分关系将艺术字拆成一个一个的笔画,这样就可以实现汉字的笔画书写顺序。下面通过一个案例来学习将字拆成笔画的操作过程。

案例:

拆分汉字成笔画。

操作步骤如下:

步骤 1:修改幻灯片版式。打开 PowerPoint 2016,右击左侧幻灯片窗格中的第 1 张幻灯片,选择"版式"中的"空白"。

步骤 2:插入艺术字。选择"插入"选项卡→"艺术字"→选择艺术字样式为"填充:白色;轮廓:蓝色,主题色 5;阴影"(第一排第四列),输入"忍"字,如图 2-91 所示。

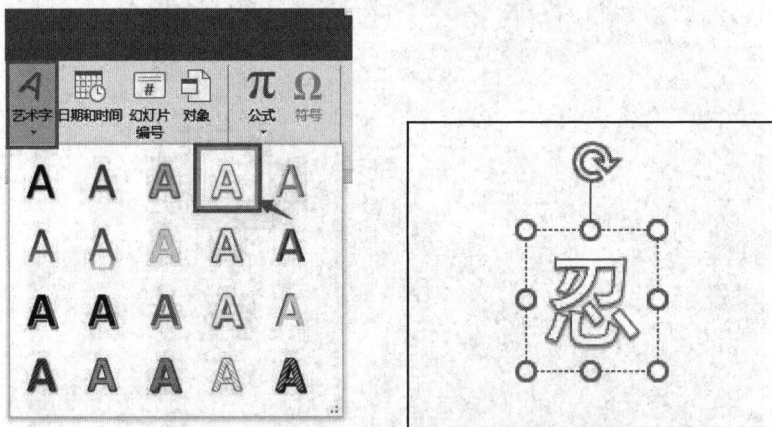

图 2-91　插入艺术字

步骤 3:修改艺术字字体、字号。选择艺术字,单击"开始"选项卡→将字体设置为"楷体_GB2312",字号设置为"200",如图 2-92 所示。

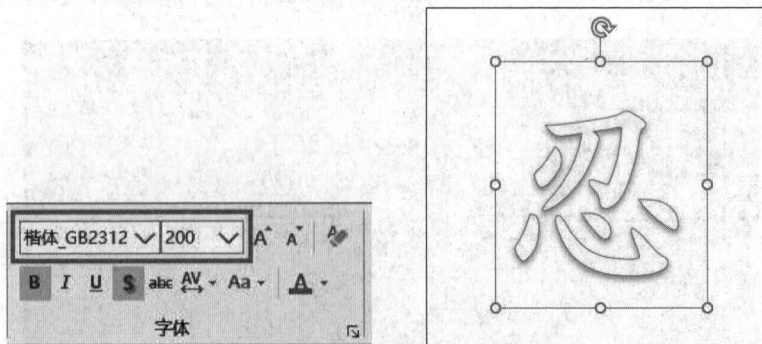

图 2-92　修改艺术字字体与字号

步骤 4:绘制形状覆盖艺术字。单击"开始"选项卡下的"绘图"功能组中的"矩形",如图 2-93 所示。绘制矩形完全覆盖住艺术字,如图 2-94 所示。

图 2-93　选择"开始"下"绘图"中的矩形

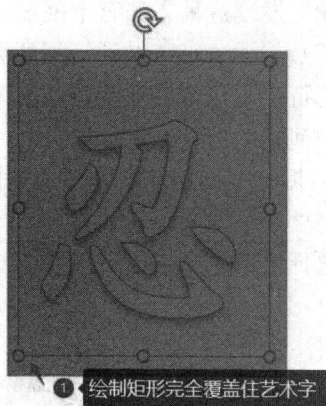

图 2-94　绘制矩形覆盖艺术字

步骤 5:拆分笔画。框选住艺术字和矩形,单击"格式"选项卡下"插入形状"功能组中的"合并形状"→选择"拆分",如图 2-95 所示。拆分后显示如图 2-96 所示。

图 2-95　将艺术字和形状拆分

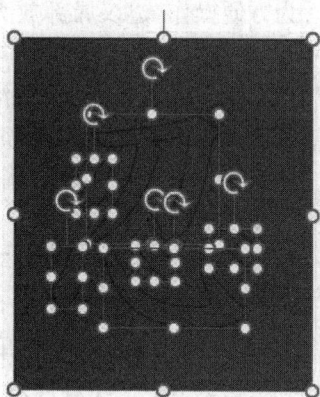

图 2-96　拆分后效果

外面空白处单击取消全部选中,再单击上面的矩形,移动到一旁,如图 2-97 所示。这时可以看到艺术字被拆成了笔画,可分别单击选中各个笔画,此时选中的就不再是艺术字整体了。比如图 2-97 所示选中的是"卧勾"这个笔画。

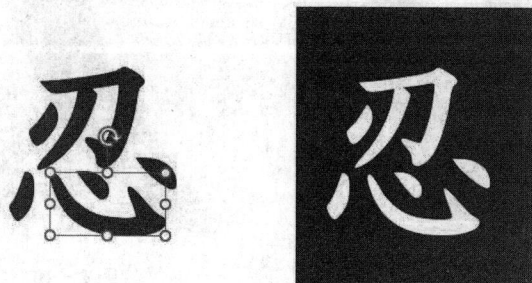

图 2-97　拆分得到笔画

这时我们发现这种方法有个问题,就是如果该汉字存在一些笔画连接在一起(如图2-97所示的"刀"),就无法真正做到笔画的拆分,还需进一步进行拆分,拆分原理与上面一样,只是需要用户自行绘制与笔画形状相似的图形,用来遮挡住需要继续拆分的那部分笔画。下面我们来学习如何继续拆分连接笔画。

步骤6:拆分连接的笔画。为了方便继续拆分及保证原汉字结构不被打散,在这里,我们选中"刀"按"Ctrl"键并拖动,复制一个放旁边,如图2-98所示。

继续选择"开始"选项卡下的"绘图"功能组中的"任意多边形:形状",如图2-99所示。

图 2-98　复制需继续折分的笔画

图 2-99　选择任意多边形:形状

为方便操作,建议局部放大需要绘制图形的笔画,选中"刀",按住"Ctrl"键的同时向上滚动鼠标滚轮,局部放大"刀"到适当位置停止滚动;沿着其中一笔画轮廓,绘制与笔画大致相似的任意多边形,如图2-100所示。

注意要完全覆盖住该笔画,且注意衔接部位的平滑,如"丿"与上面的横的衔接处。

框选住任意多边形和"刀",如图2-101所示。同图2-95的操作,继续选择"合并形状"的"拆分",结果显示如图2-102所示。此时就可单独选中"丿"外面多余的图形移到旁边,如图2-103所示,后再删除掉就可以了。这时也可验证是否拆分成功,如果可单独选中"丿"则表示已拆分成功。

图 2-100　绘制任意多边形覆盖笔画

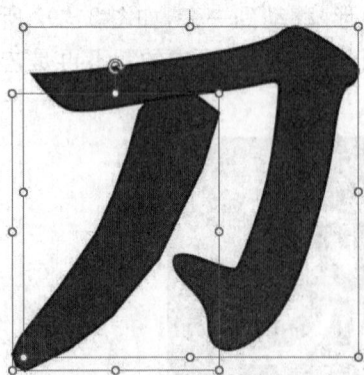

图 2-101　框选两对象

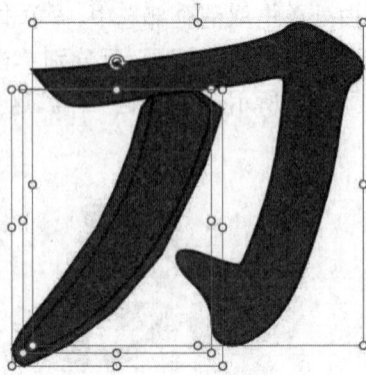

图 2-102　拆分

注意衔接处平滑，要与笔划的走向一致

图 2－103　拆分成功后

　　步骤 7：移回拆分笔画。为了保证原汉字结构，需将拆分好的笔画重新移回到原位置。选中拆分好的笔画拖动鼠标，如图 2－104 所示，移动当上下左右出现虚线框时表示与原位置重叠，即可放开鼠标。

图 2－104　拆分的笔画移回原位置

　　步骤 8：删除没拆分部分。最后，还需将原先留下的没拆分的"刀"删除，选中已拆分的"刀"，右击选择"置于底层"，如图 2－105 所示。这时会看到没拆分的"刀"显示在上层，单击选中它按"Delete"键删除。

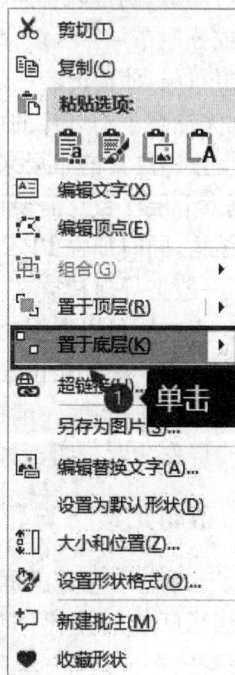

图 2－105　将没拆分的部分置于上层

任务二　文本的排版美化

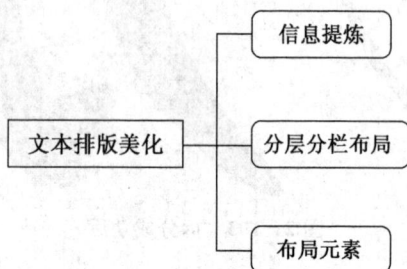

```
                              ┌─── 信息提炼

        文本排版美化 ──────────┼─── 分层分栏布局

                              └─── 布局元素
```

为了避免干巴巴地将文字直接放入 PPT 中,我们除了对文本进行上述各种格式编辑达到文本本身的美化效果之外,还应对课件里的文本进行合理的布局排版,从而提高文本的整体美观效果。下面主要从信息提炼、分层分栏布局、采用布局元素三个方面来简述。

一、信息提炼

为了达到整体的排版美观度,首要任务是对要放入幻灯片的内容进行结构化梳理,对信息进行提炼,关键要提炼出核心观点、关键信息、结论或关系等。根据提炼的信息关系及数量再考虑如何进行合理布局。

二、分层分栏布局

经过提炼,确定内容逻辑结构关系后,就可在幻灯片页面中对要放置的内容进行横向对调或纵向或分栏布局。一般来说对文本按标题(或多级标题)和正文进行分层,正文与正文之间进行分栏布局,使得内容的展示更有条理性,更加结构化,不仅体现了知识结构层次感和美观度,还大大提高了幻灯片的可阅读性。

从一张幻灯片的布局来看,一般主要有导航栏、正文栏、图片栏等。导航栏放置章、节标题,根据章节层次数目需要可多层、多个位置划分布局,其作用是帮助读者快速了解整个 PPT 的框架结构,同时加强 PPT 的整体感。导航栏的位置选择是搞定导航栏的基础,按阅读的视线习惯,一般把导航栏放在页面的上方或左侧位置。如果章节层次多,还可划分不同区域来综合布局。正文栏可以根据内容的意义不同进行分栏放置,根据内容的多少来决定分栏的数目,一般放在页面的中间层位置。当 PPT 中需要图片来进行装饰或辅助内容的理解时,还需考虑为图片划分放置位置,一般视情况决定位置。像封面或广告类幻灯片的装饰图片可放页面的边角或全屏作为背景图,而作为辅助内容的理解图片,一般可与正文并排或层叠放置。

三、布局元素

为了达到标题与正文间进行分层,正文与正文之间进行分栏效果。就需要充分利用图形元素来构造点、线、面(常叫色块),从而对文本进行结构布局的划分,以达到文本排版美化的作用。

如图 2－106 所示,从整体布局来分析,主要是通过同色系深浅不同的色块将内容进行分层。从横向看共分上、中、下三层。上层为导航栏,分了一级、二级标题;中层为正文栏,分左、中、右三栏,中间放置图片,左右放置正文文字;下层可视为信息栏,放置有 logo(可以具体化为学校或学科 logo)、所处章节与页码等信息。

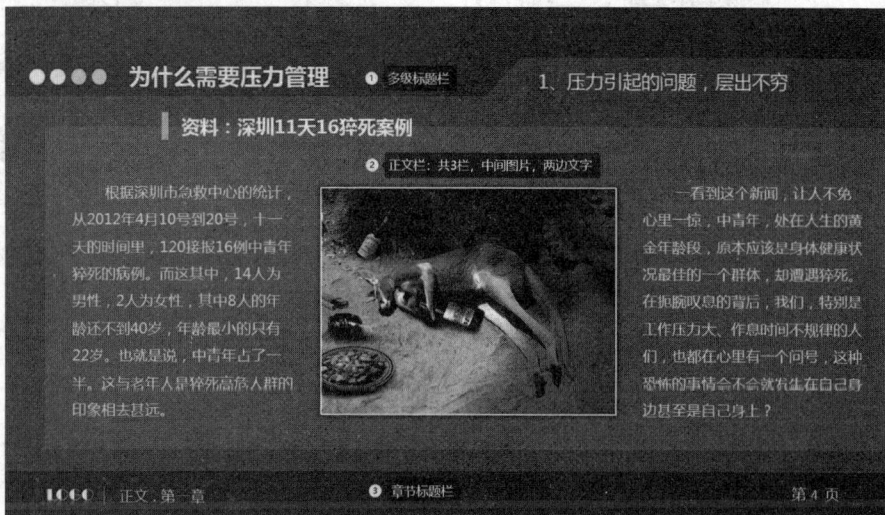

图 2-106　排版布局案例分析

　　文本排版布局方式根据实际情况灵活多变,整体来说就是先分析内容模块,再充分利用点、线、面等元素来构建布局结构。下面借助一组精美排版案例图示来启发我们对布局的学习与理解运用,如图 2-107 所示。

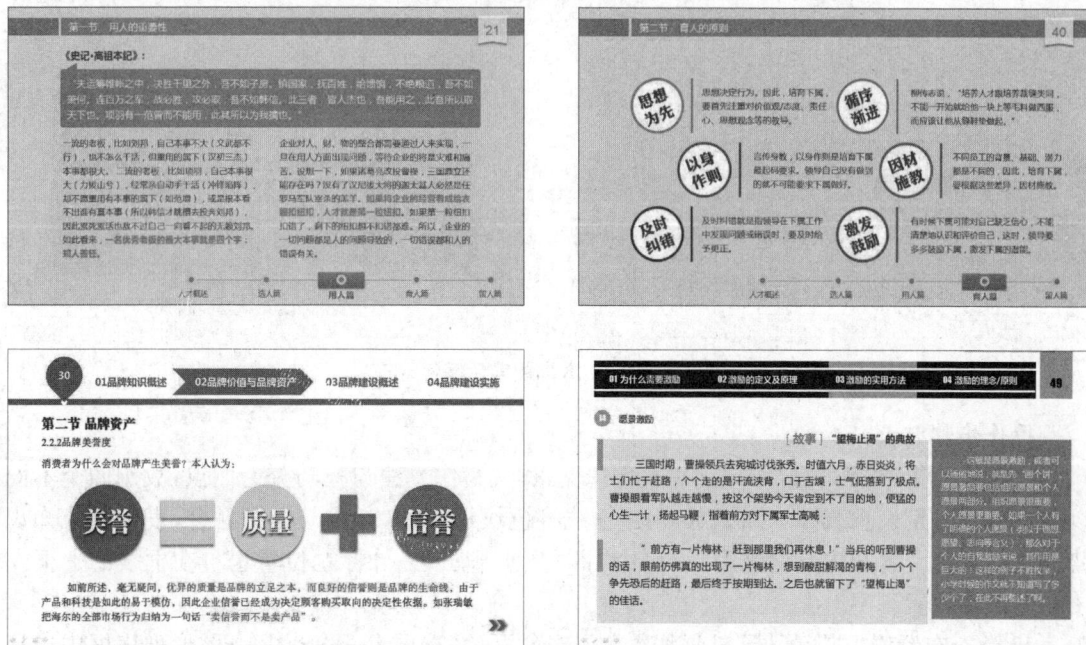

图 2-107　排版案例欣赏

图 2 - 107(续)　排版案例欣赏

案例：

参照图 2 - 108 对文字进行排版，体会线与色块的运用。

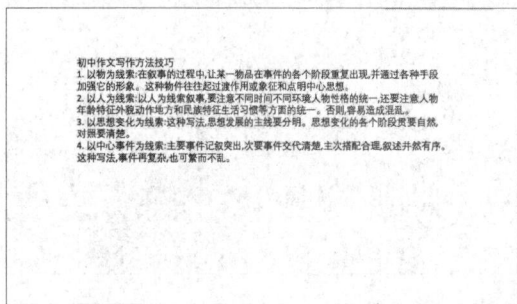

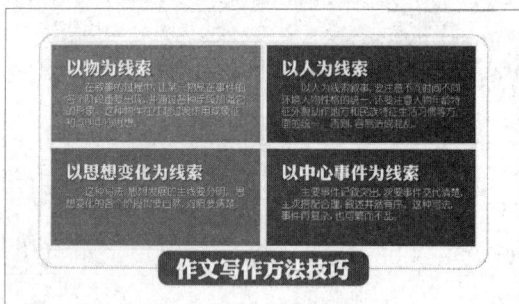

图 2 - 108　文本排版前后案例对应

操作步骤如下：

步骤 1：分析内容，决定布局。本案例思路：作文写作方法与技巧分为四点，故用四个不同颜色的色块分别来承载四个知识点，再用框线将色块框为一体，并与标题融合，表示四个知识点归属于标题。各知识点标题用不同字体字号突出显示，另外标题位置也可在框线的上下左右位置灵活放置。

步骤 2：布置线框与色块。外框线绘制：选择"开始"选项卡→"绘图"→图形列表框中选择"圆角矩形"，参照样例，在幻灯片适当位置绘制适当大小的圆角矩形；将"形状填充"改为"无填充"；"形状轮廓"改为"白色，背景 1，深色 50％"；"粗细"为"0.75 磅"；"虚线"为"圆点"。操作依次如图 2 - 109 所示。

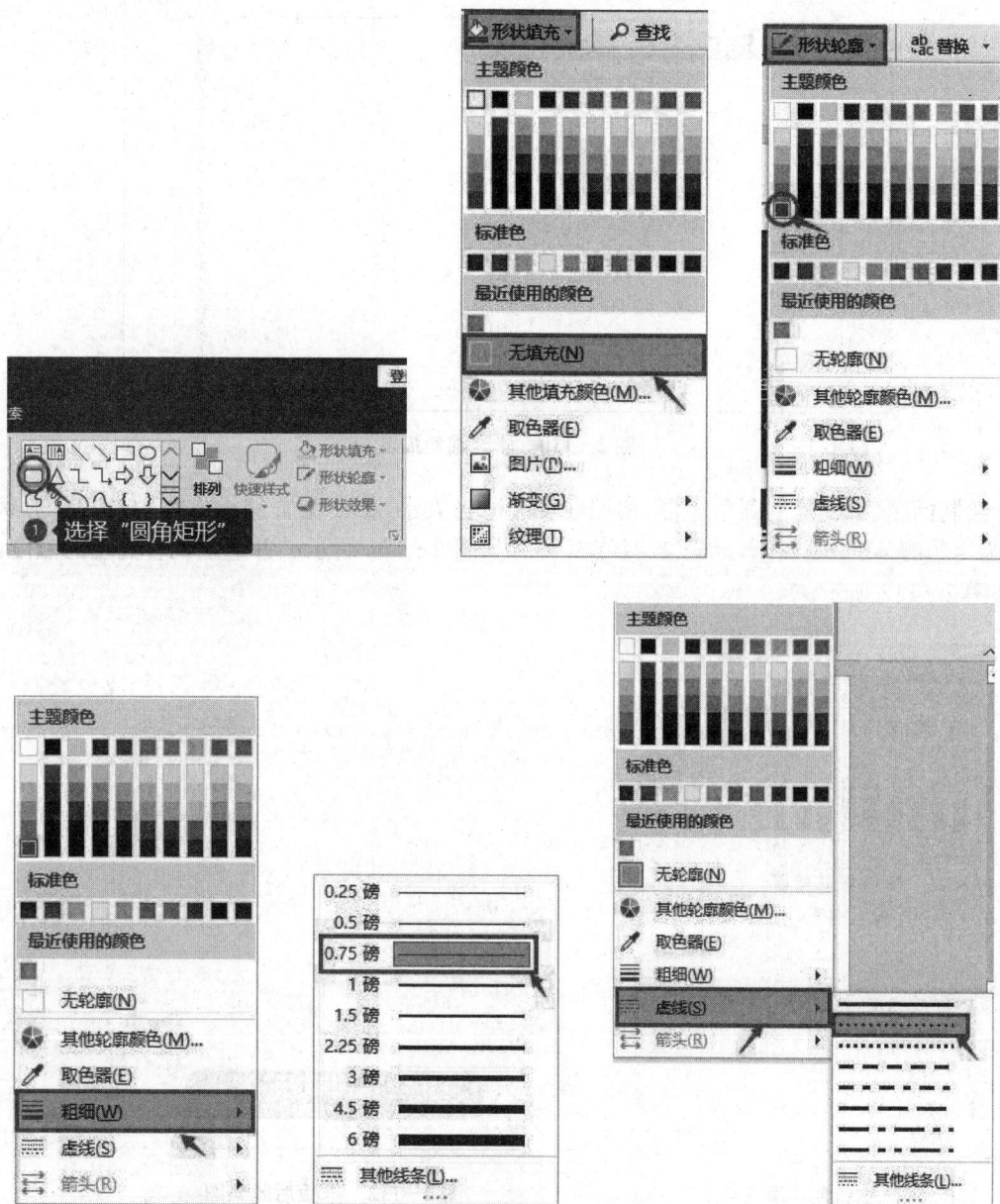

图 2 - 109 绘制圆角矩形并修改相关格式

选中绘制的圆角矩形左上角的黄色小圆圈,拖动鼠标修改圆角的弧度到适当效果,如图 2 - 110 所示。

图 2 - 110　修改圆角弧度

　　绘制标题色块：复制圆角矩形，参照样例改适当大小，移动位置到承放标题处，改"形状填充"为主题颜色的"浅灰色，背景 2，深色 50％"，如图 2 - 111 所示。并适当调整圆角的弧度，结果如图 2 - 112 所示。

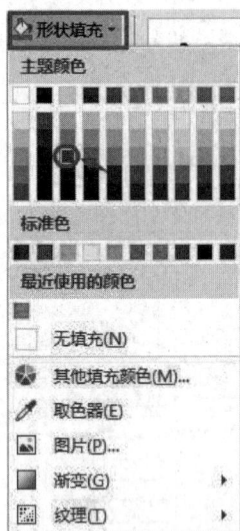

图 2 - 111　修改主题色块填充色

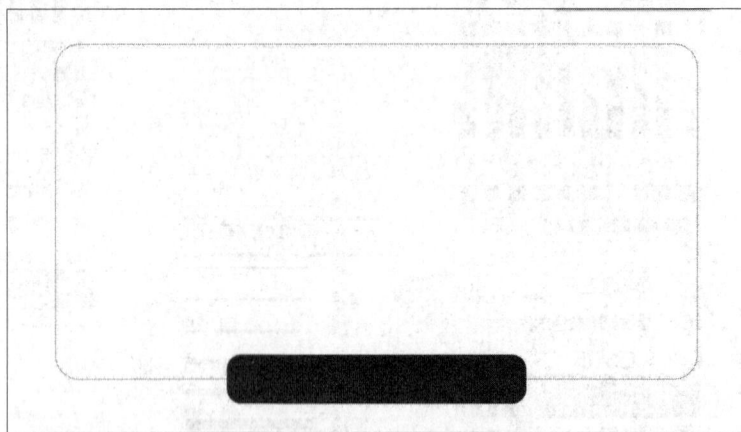

图 2 - 112　排版后效果图

　　正文色块绘制：单击"绘图"→图形列表框中选择"矩形"，参照样例，在幻灯片适当位置绘制适当大小的矩形；将"形状填充"改为标准色的"浅蓝"；"形状轮廓"改为"无轮廓"；再按"Ctrl"键拖动复制三个同样的色块，分别改"形状填充"为标准色的"深红""绿色""蓝色"。参照样例排列整齐，操作如图 2 - 113 所示。绘制修改后效果如图 2 - 114 所示。

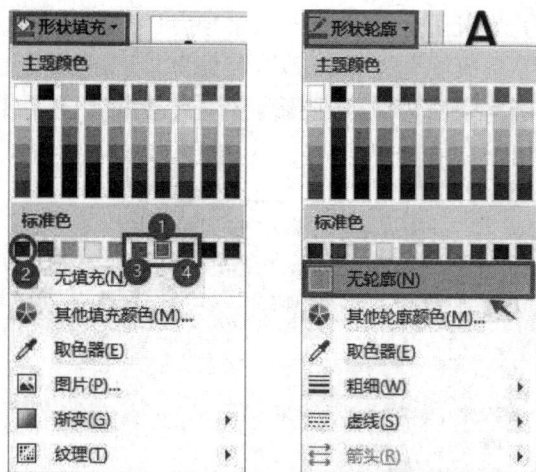

图 2－113　修改填充色与轮廓

图 2－114　排列整齐后效果图

　　步骤 3：放置文本并改格式。绘制文本框，分别输入标题文字和正文文字。这里需要注意的是，需在外框线及色块之外空白处绘制文本框，否则会将外框线或色块当作文本框承载文本，不方便文本的排版，如图 2－115 所示是对标题的文本框绘制与输入。正文文本的文本框绘制与输入图片略。

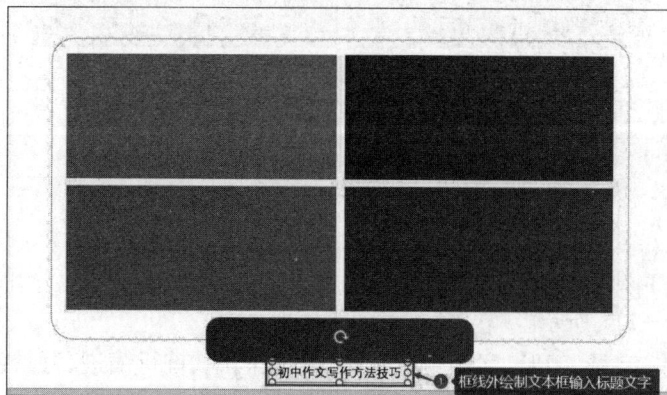

图 2－115　标题文本框绘制与输入

设置标题文本字体为"华康俪金黑 W8(P)",字号为"40",加粗,阴影,字体颜色为"白色"。

设置正文标题字体为"华康俪金黑 W8(P)",字号为"32",阴影,字体颜色为"白色"。

设置正文字体为"幼圆",字号为"18",阴影,字体颜色为"白色",并设置首行缩进,段前 6 磅,分别如图 2-116 所示。

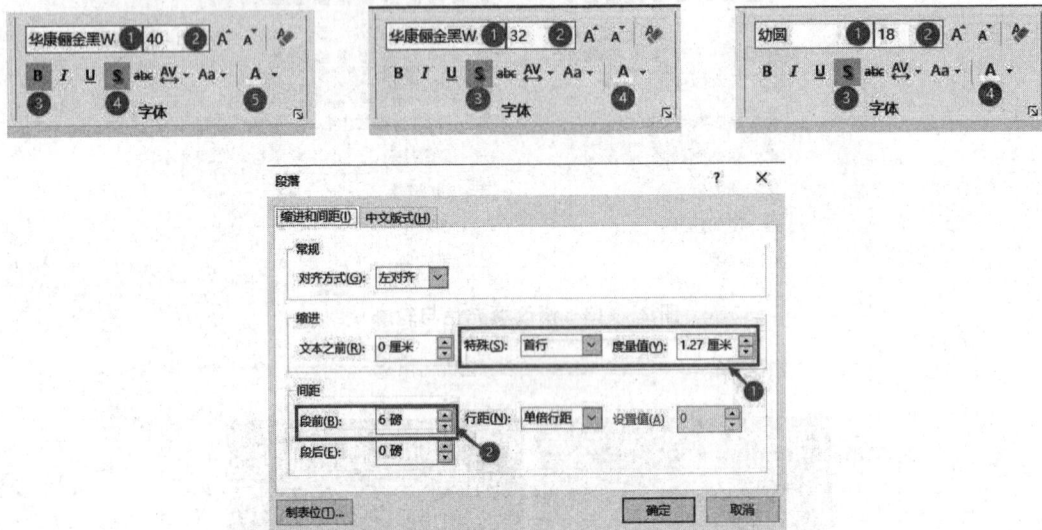

图 2-116　各字体格式设置

输入并设置好以上所有文本的字体格式,并分别将文本移到对应位置排版整齐,效果如图 2-117 所示。

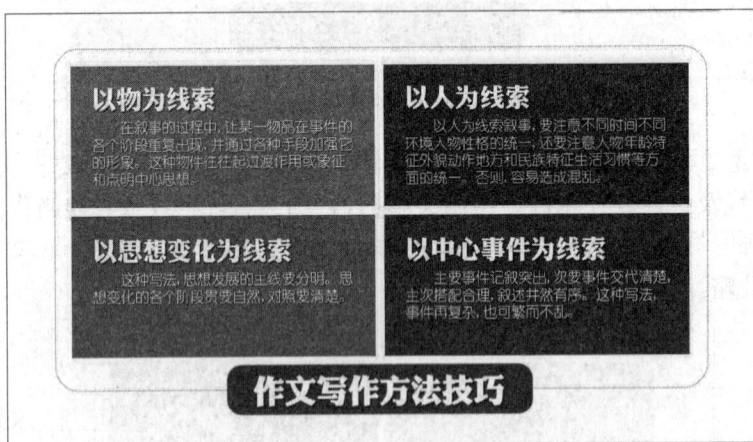

图 2-117　最终效果图

实训任务:

1. 效果如图 2-118 所示。

基本知识:字体、字号、字形、字体颜色、行间距、段间距、首行缩进、背景色的设置。

排版思维:分析内容进行层次划分,框线与色块的运用。

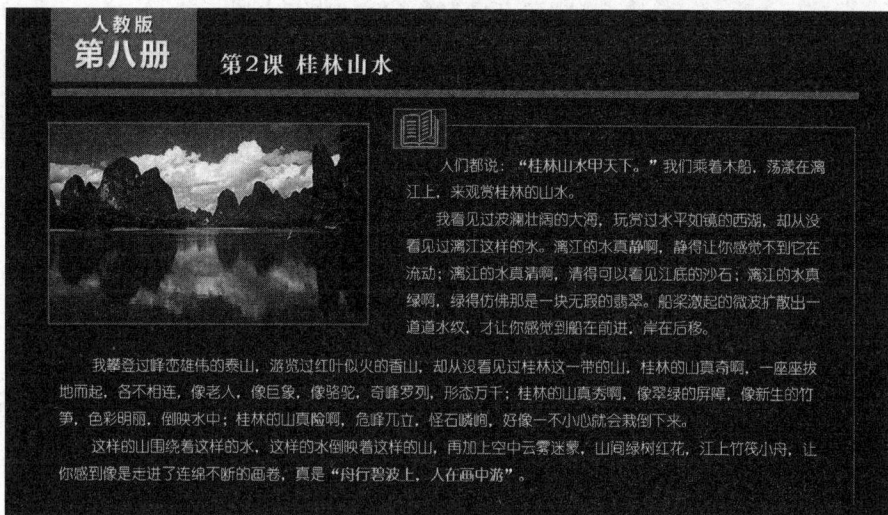

图 2－118　排版对照效果图

2. 效果如图 2－119 所示。

基本知识:字体、字号、字形、字体颜色、行间距、首行缩进、背景色的设置。

排版思维:分析内容进行层次划分,框线与色块的运用。

图 2－119　排版对照效果图

项目三　PowerPoint 图片处理

任务一　图片的格式设置

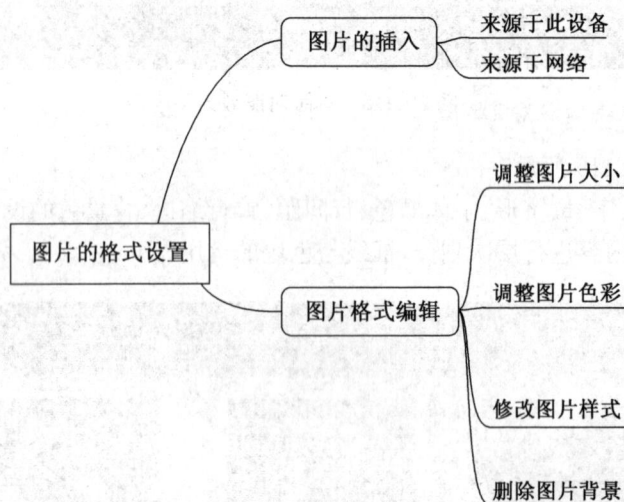

```
                                    ┌─── 来源于此设备
                        ┌─ 图片的插入 ┤
                        │            └─── 来源于网络
                        │
                        │            ┌─── 调整图片大小
            图片的格式设置 ┤            │
                        │            ├─── 调整图片色彩
                        └─ 图片格式编辑 ┤
                                     ├─── 修改图片样式
                                     │
                                     └─── 删除图片背景
```

　　图片是制作 PPT 时必不可少的最常用媒体素材之一,有时一张匹配恰当的图片不仅生动阐释了幻灯片的内容,增强展示内容的生动性,同时还让幻灯片的媒体形式多样化,内容的展示形式更丰富更美观。与传统教学资源相比,多种媒体的展示形式让学习者更感兴趣、更容易学习,尤其是教师所做的教学 PPT,为了增强课件的可视性和教学需要,更应想办法借助多种媒体形式表达教学内容,提高教学效果。特别是面向学前儿童的教学活动,相比文字而言,应该更多地借助图片类媒体帮助幼儿认知事物。因此,掌握如何在 PowerPoint 2016 软件中添加图片并对图片进行编辑是一项基本操作。

　　常见的图片格式有:bmp,jpeg,jpg,gif,tiff,png,emf,wmf,wmz,emz,svg,ico,psd,cdr,tga,exif,dxf,raw,webp 等。

　　制作幻灯片时最常用的图片格式有 jpg 或 jpeg、png、gif 三种格式。jpg 或 jpeg 是应用最广泛的静态图片格式。png 有着透明背景,更容易融入幻灯片当中起装饰作用。gif 格式的图片一般是指动态图,插入幻灯片中在放映时会动,能让幻灯片更生动,有利用于辅助对知识内容的理解。

　　下面就对 PowerPoint 2016 中图片的插入、图片的格式编辑和美化进行阐述。

一、图片的插入

PowerPoint 2016 的图片可来源于此设备和联机图片。此设备是指插入的图片来源于本机磁盘上存储的图片。联机图片是指图片来源于网络，有微软的必应图像搜索和微软的 OneDrive 云存储用户申请的个人账户。必应图像搜索可以帮助用户不用另外打开网页就可在 Web 中搜索到丰富的优质联机图像。

下面详细介绍如何插入图片。

（一）来源于此设备

（1）选择要插入图片的幻灯片，单击"插入"选项卡→单击"图片"命令下的"此设备"命令，如图 3-1 所示。

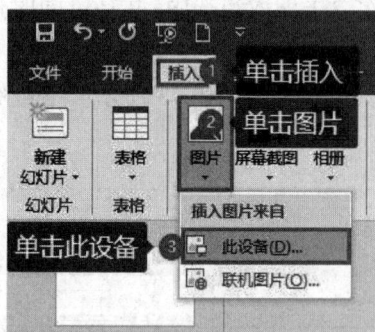

图 3-1　插入来自此设备的图片

（2）弹出"插入图片"对话框，在本机定位到需要插入图片所在的文件夹（即图片的路径，不同电脑可能路径不同，根据本机图片所在实际位置去选择），选中相应的图片文件单击"插入"按钮即可（或选中图片双击），如图 3-2 所示。

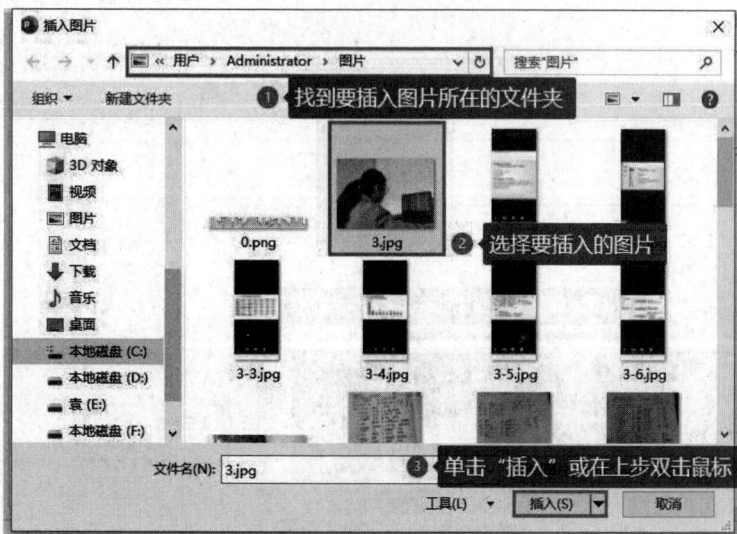

图 3-2　插入选中的本机图片

（二）来源于网络

（1）选择要插入图片的幻灯片，单击"插入"选项卡→单击"图片"命令下的"联机图片"命令，如图3-3所示。

在弹出的对话框中可选择必应图像搜索或OneDriver-个人（申请有OneDrive云存储的个人账户者可用）。

下面介绍必应图像搜索查找图片。

（2）单击"必应图像搜索"后面的文本框输入所需图片的类型，比如人物，如图3-4所示。

图3-3　插入来自联机图片

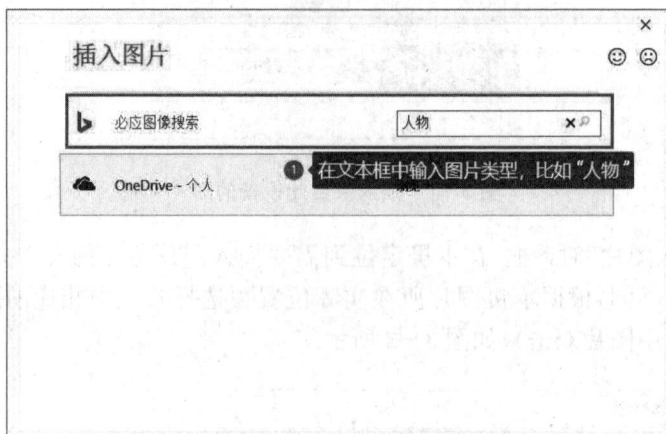

回车得到搜索结果，单击某张图片即选中（图片右上角出现 ☑ 表示选中状态），再次单击即取消选中，并且可同时选中多张，如图3-5所示选中了本行的第2和第5张。

单击"插入"，弹出正在下载对话框，如图3-6所示。下载完毕即成功插入图片到当前幻灯片。

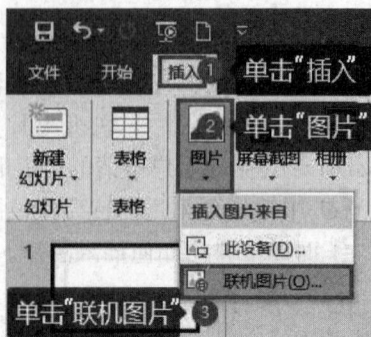

图3-4　文本框输入图片类型名称

图3-5　选择需要的图片

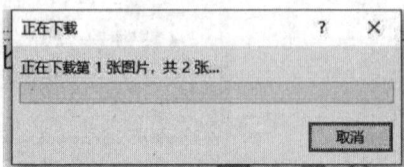

图3-6　正在下载必应上选中的图片

二、图片格式编辑

插入的图片为达美观效果,常常还需要对其进行必要的格式编辑。图片的格式编辑将主要从调整图片大小、调整图片颜色、修改图片样式、删除图片背景等几个方面进行介绍。

(一) 调整图片大小

插入的图片大小往往与我们预期的大小不一样,为满足排版需要,常常要对图片进行放大或缩小。调整图片大小可以归纳为三种方法,即拖动鼠标调整、设置参数调整、裁剪图片调整。下面将对以上三种方法进行具体的介绍。

1. 拖动鼠标

拖动鼠标的方法适合大幅度调整,也是最常用、最直接的一种方法。当图片被选中,图片的四个顶点和四条边的中点位置会出现控制点(小圆圈 ⭕),拖动图片上的控制点即可调整图片大小。

操作方法:选中图片,移动鼠标对准边线或顶点上的控制点,当鼠标出现双向箭头时按下左键沿鼠标箭头的方向拖动即可改变图片大小。

拖动鼠标调整图片大小需注意的几个问题:

(1) 不建议拖动四条边上的控制点来改变图片的大小,因为这样很容易导致图片变形,让原本比例协调的图片因纵横比的改变而变形。

(2) 当插入的图片没有锁定纵横比,这时拖动顶点上的控制点也不能按比例缩放,此时可按"Shift"键的同时拖动鼠标,将图片按比例缩放。

(3) 如果不想改图片的中心位置,可按"Ctrl"键的同时拖动鼠标,将图片按中心缩放。

2. 设置参数

有时为了改变图片大小达到某个精确值,则可以通过设置图片的"宽度"与"高度"的具体数值来精准调整图片大小。

操作方法:选中图片,选择"格式"选项卡,在"大小"功能组中的"高度"与"宽度"对应位置输入数值,如图 3-7 所示。

图 3-7　设置图片"宽度"与"高度"精准值

设置参数调整图片大小操作过程会出现这种情况：

根据给定的宽度或高度参数值，不管输入哪个值，另一值总是自动改变，使两者始终无法达到按给定值进行设置，造成这种情况的原因就是图片锁定了纵横比，取消"锁定纵横比"前面复选框里的"√"就可以了。但这样有可能会改变图片的纵横比导致图片变形。相反，有时为不改变纵横比，则需锁定纵横比，即需勾选"锁定纵横比"前面的复选框。具体操作如图 3-8 所示。

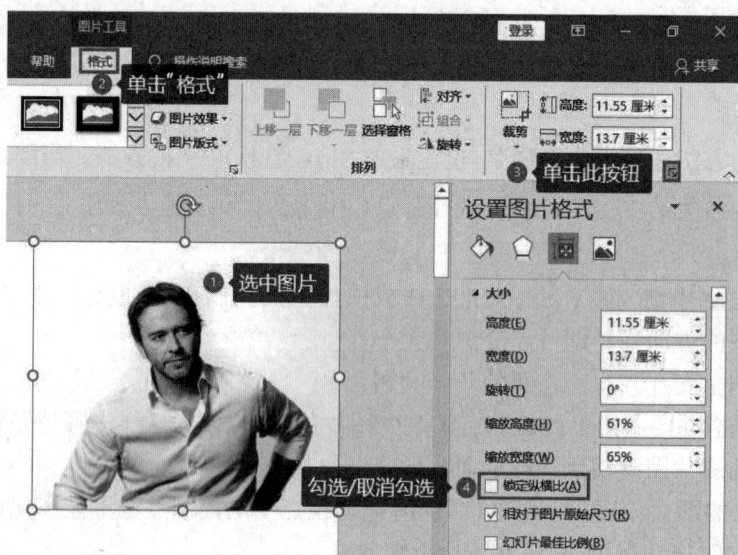

图 3-8　勾选/取消锁定纵横比

3. 裁剪图片

裁剪图片是改变图片大小最灵活的一种方法，当多图片需要排版美化时，裁剪成了最实用的工具，为排版图片增添不少美观的效果。

图片的裁剪方式有裁剪、裁剪为形状、纵横比、填充、适合，如图 3-9 所示。

其中，裁剪可以随意裁剪图片大小，由用户自由裁剪决定。

纵横比可以对图片按不同的比例裁剪，能很好地用来截取原图片不同比例的局部，更方便于图片的排版布局。

裁剪为形状可以将图片裁剪为某种形状，用于实现对图片进行外形上的造型，提高了图片的艺术美感。

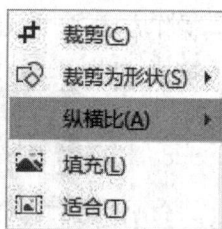

图 3-9　图片的裁剪方式

填充、适合都是先给裁剪框定一个范围，再次选择对应命令时，原图片将自动移动位置、调整大小来适应框定的大小。二者的区别是：

填充是让原图片保持原始纵横比的同时平铺充满整个框定的区域范围，而超出框定区域范围之外的图片区域将被裁剪。

适合是让原图片保持原始纵横比的同时在框定的区域范围内显示整个图片，如果框定区域范围的纵横比与原图片纵横比不一致，图片自动适应横向或纵向居中显示，不够的区域范围留空白。

下面通过一个案例,进行常用裁剪操作演示。

案例:

打开素材包的"案例 1. pptx",分别对幻灯片 1~4 依次做自由裁剪、按纵横比裁剪、裁剪为形状操作。最终效果如图 3-10 所示。

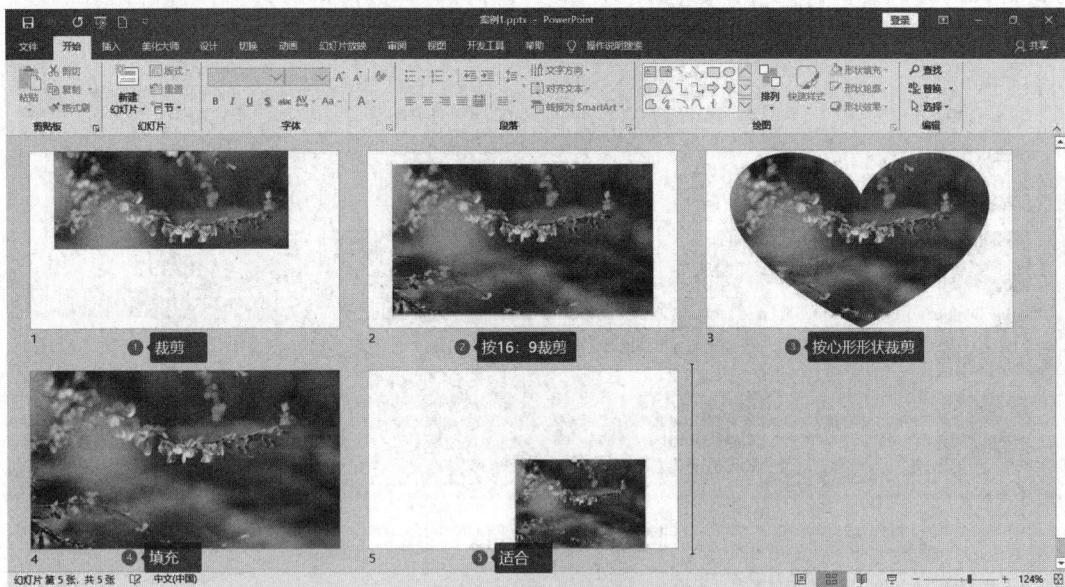

图 3-10　各剪裁方式效果图

1. 自由裁剪

步骤 1:选中图片→单击"格式"选项卡(注:若是直接在插入图片动作后继续操作,"格式"选项卡会自动出现,此步可省略)→选择"剪裁"下拉框中的"裁剪"命令,如图 3-11 所示。

图 3-11　裁剪

步骤2:此时图片四条边与四个顶点出现剪裁控制标识,如图3-12所示。将鼠标对准边线上裁剪控制标识,鼠标变T字形;或对准顶点的裁剪控制标识,鼠标变成黑粗直角形时,按鼠标左键拖动到要裁剪的图片大小放开鼠标,如图3-13所示。

图3-12 裁剪控制标识

图3-13 对准右下角顶点后拖动

步骤3:单击原图片之外的任意位置,如图3-14所示,确定裁剪操作,结果如图3-15所示。

图 3-14　原图片外

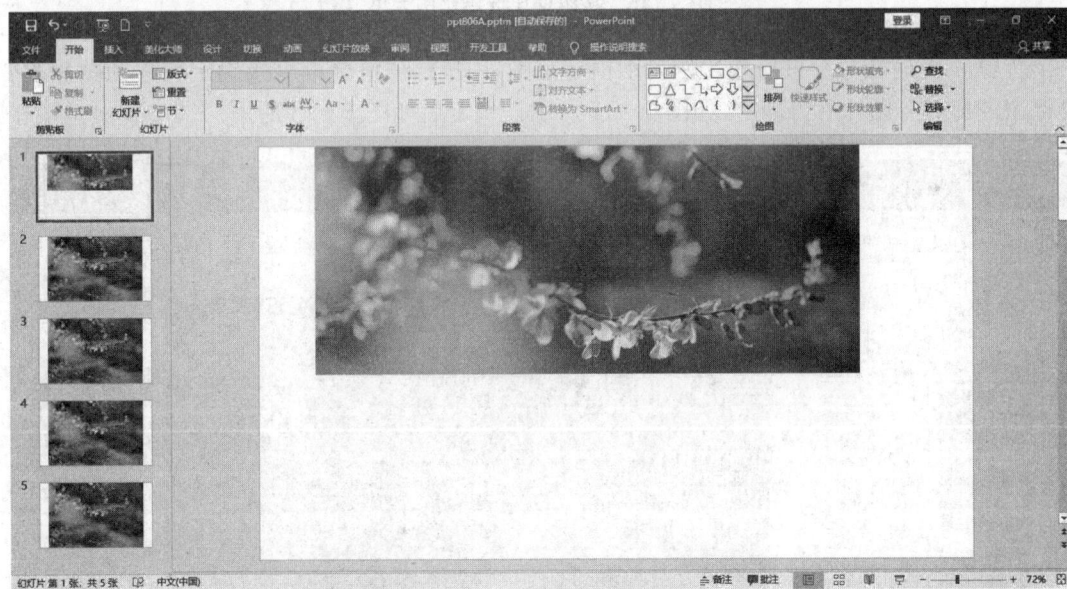

图 3-15　裁剪确认后

裁剪需注意的问题：

（1）框线范围内是指希望保留下来的图片，框线外灰色部分是指被裁剪掉的；

（2）如果需改变要保留的那部分图片，此时需选择图片并移动确保希望保留的部分在框线内再确定；

（3）确定裁剪操作，一定要单击原图片以外的位置。

2. 按纵横比裁剪

步骤 1：同"自由裁剪"步骤 1，此时"剪裁"下拉框中选择"纵横比"命令，在出现的下级列表选择需要的比例,比如 16∶9,如图 3-16 所示。

图 3-16　按纵横比选择比例大小

　　步骤 2:此时图片会按所选比例自动框定范围,用户根据情况可直接确定或移动图片改变要保留的那部分图片后再确定,如图 3-17 所示。确定后如图 3-18 所示。

图 3-17　按情况决定比例中要保留的图片部分

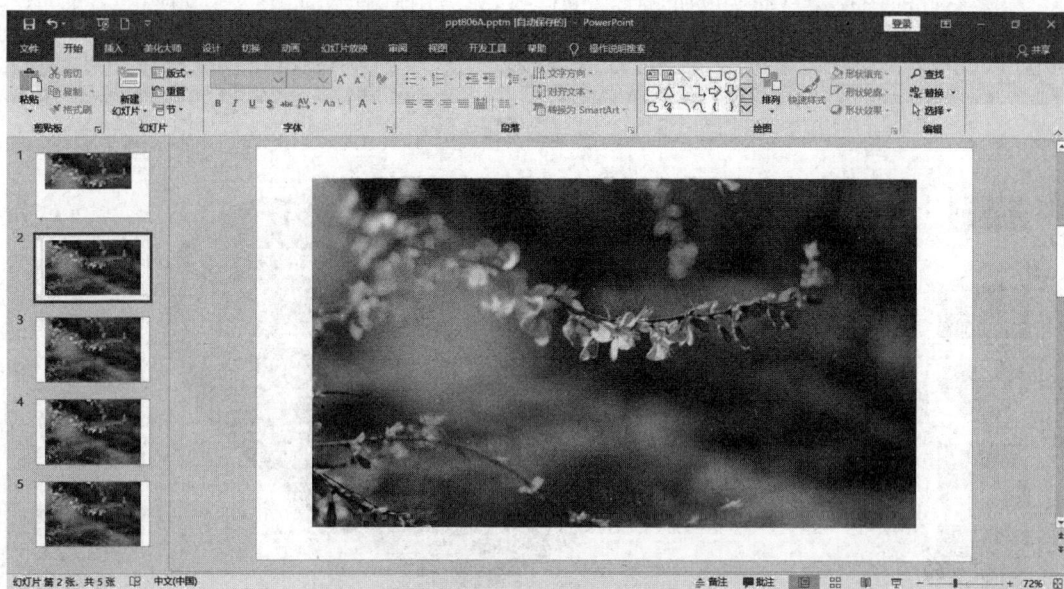

图 3-18 按 16:9 比例裁剪确定后

3. 裁剪为形状

步骤 1：同"自由裁剪"步骤 1，此时"剪裁"下拉框中选择"裁剪为形状"命令，在出现的下级列表选择需要的形状，比如心形，如图 3-19 所示。

图 3-19 按裁剪为形状选择所需形状

步骤2：此时图片会自动变成所选形状的样式，无需用户确定，如图3-20所示。

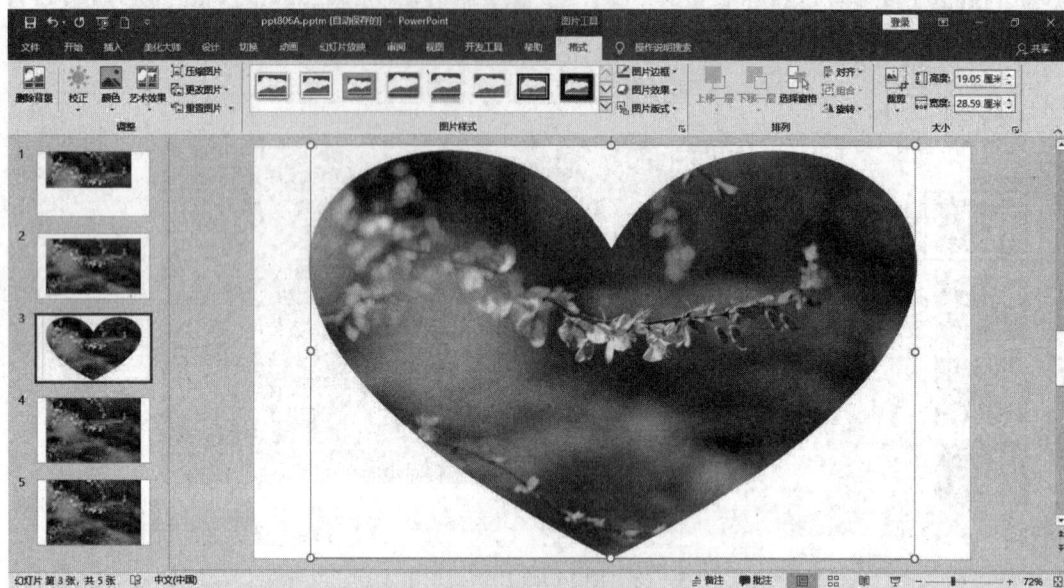

图3-20 裁剪为心形

(二) 调整图片色彩

图片的色彩主要从校正、颜色、艺术效果等三个方面进行调整。

1. 校正

图片的校正主要是从锐化/柔化和亮度/对比度进行调整，如图3-21所示。

2. 颜色

图片的颜色主要是从饱和度、色调、重新着色、其他变体、设置透明色和图形颜色选项等六个方面进行调整，如图3-22所示。

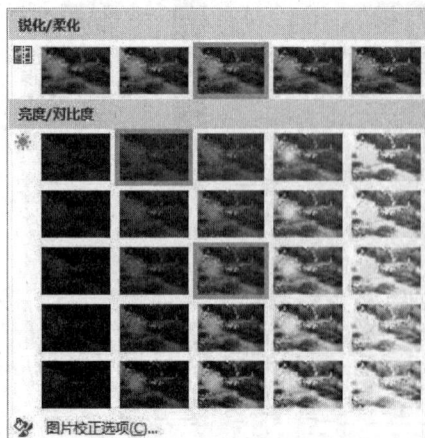

图3-21 锐化/柔化和亮度/对比度

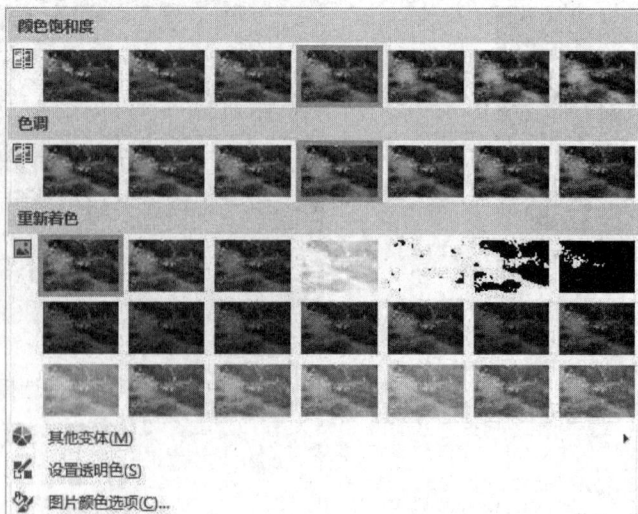

图3-22 颜色饱和度/色调/重新着色

3. 艺术效果

艺术效果其实就是一种滤镜效果，PowerPoint 2016 软件预设了 23 种滤镜效果，如图 3-23 所示。如果滤镜效果不够，用户还可以选择预设滤镜后再自定义该滤镜对应参数来调整。

下面通过一个案例对上述功能进行操作演示。

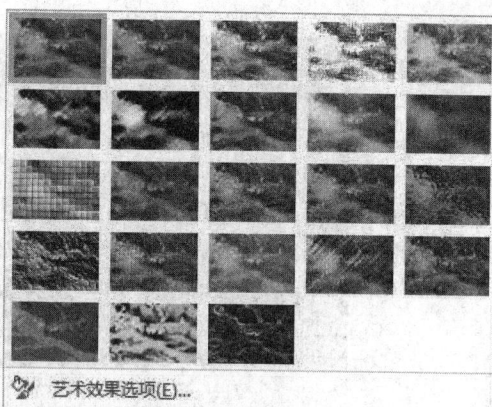

图 3-23 艺术效果

案例：

打开素材包中的"案例 2. pptx"，分别对幻灯片 1~3 中的大图依次做校正、颜色和艺术效果的调整。最终效果分别参考图 3-24、图 3-25、图 3-26。

图 3-24 校正效果与原图的对比

图 3-25 颜色效果与原图的对比

图 3-26　艺术效果与原图的对比

操作步骤如下：

步骤 1:校正设置。选中幻灯片 1 的大图→选择"格式"选项卡→选择"调整"功能组中的"校正"→选择"锐化/柔化"下的"锐化 50%"→再次选择"校正"→选择"亮度/对比度"下的"亮度:+20%,对比度:+40%",如图 3-27 所示。

图 3-27　校正"锐化/柔化"与"亮度/对比度"设置

步骤 2:颜色设置。选中幻灯片 2 的大图→选择"格式"选项卡→选择"调整"功能组中的"颜色"→选择"颜色饱和度"下的"33%"→再次选择"颜色"→选择"色调"下的"色温:11200k"→再次选择"颜色"→选择"重新着色"下的"灰色,个性色 3 深色"(注:重新着色还可利用"其他变体"由用户自己来调色),如图 3-28 所示。

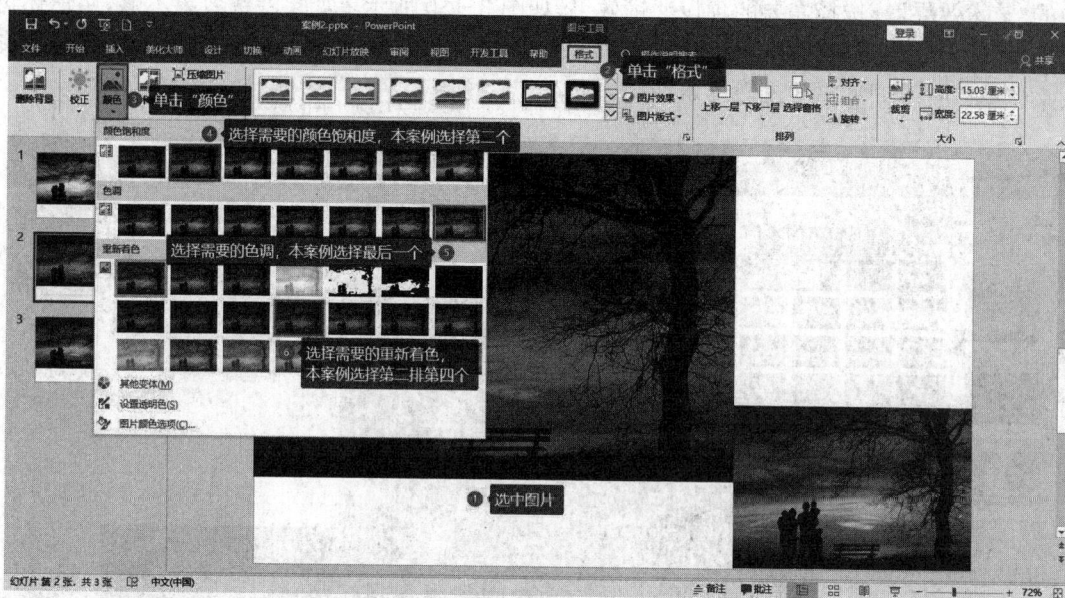

图 3 - 28　"颜色饱和度""色调""重新着色"设置

以上操作还可分别选择"图片校正选项"和"图片颜色选项"命令,窗口右侧会出现"设置图片格式"任务窗格,在这里可由用户自由进行各项参数值的设置,如图 3 - 29 所示。

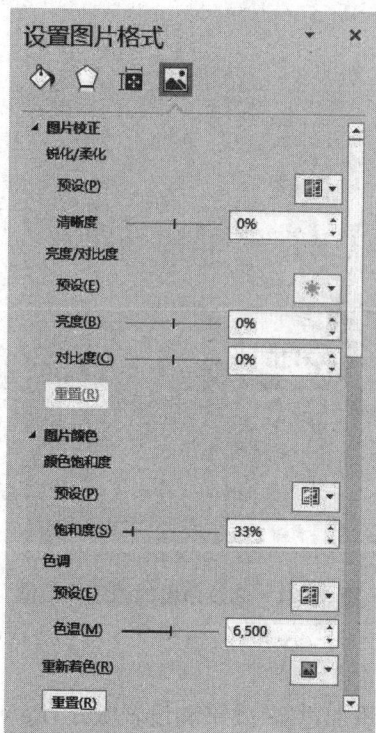

图3 - 29　"设置图片格式"窗格——各项参数值的设置界面

步骤3:艺术效果设置。选中幻灯片 3 的大图→选择"格式"选项卡→选择"调整"功能组中的"艺术效果"→选择需要的预设滤镜效果,如图 3-30 所示。如果滤镜效果不够,用户还可以选择"艺术效果选项",在窗口右侧出现"设置图片格式"任务窗格,再自定义预设滤镜对应参数来调整(注:不同滤镜的参数项不一样),如图 3-31 所示。

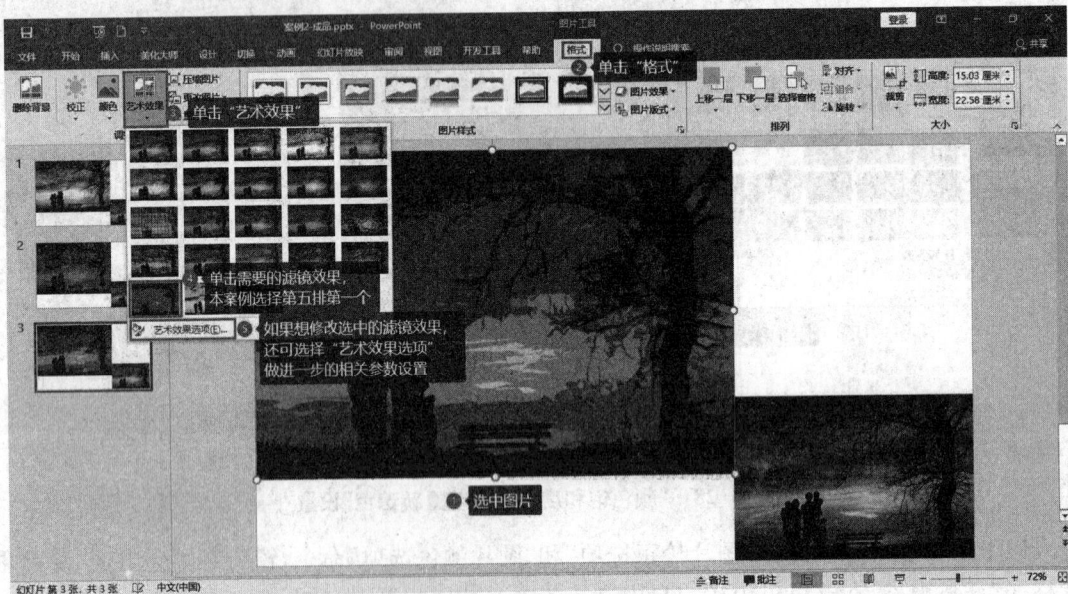

图 3-30　艺术效果设置

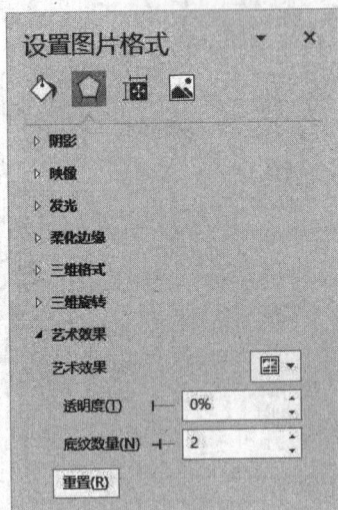

图 3-31　修改预设的滤镜参数值

(三) 修改图片样式

图片样式主要是指对图片添加边框、效果和设置版式,PowerPoint 2016 软件提供了 27 种预设的图片样式,如图 3-32 所示。用户可以直接套用,也可以通过图片样式中的图片边框、图片效果命令自由设置或对已选的预设效果进行修改。而图片版式是将选中的多张图片转换为 SmartArt 图形,这样就可轻松地对多图进行排列,并且可以添加相应标题、调整图片大小。

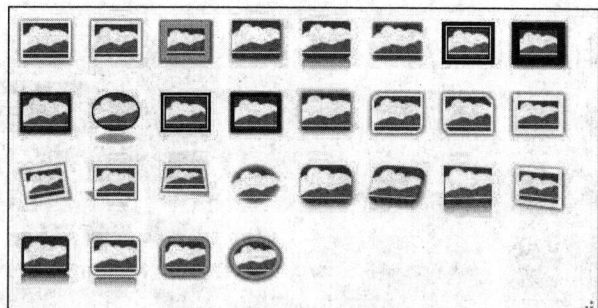

图 3-32 软件预设的图片样式

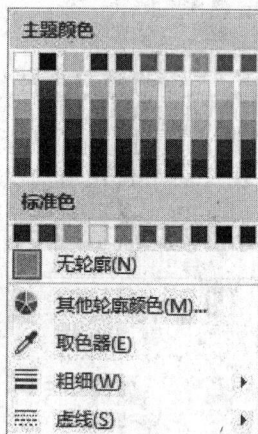

图 3-33 图片边框相关属性设置

1. 图片边框

默认情况下,插入的图片是不带边框的。图片边框是对图片添加边框效果,主要从边框的颜色、线条粗细、线条样式设置,如图 3-33 所示。其中主题颜色、其他轮廓颜色和取色器均可用来设置边框的颜色;无轮廓表示图片不设置边框;粗细与虚线分别是用来设置边框线条的大小与样式的。

2. 图片效果

图片效果主要是对图片设置阴影、映像、发光、柔化边缘、棱台、三维旋转等效果,另外也可直接套用软件提供的预设图片效果,依次如图 3-34 所示。

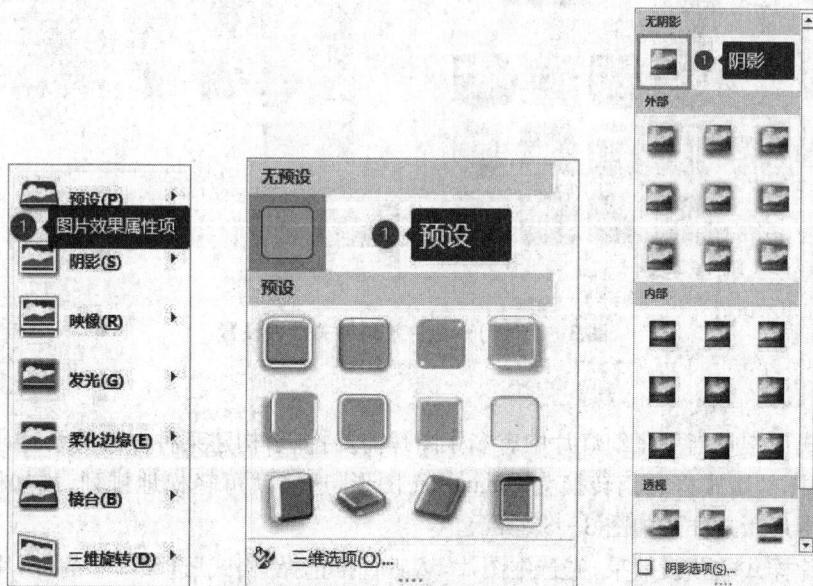

图 3-34 图片效果相关属性设置

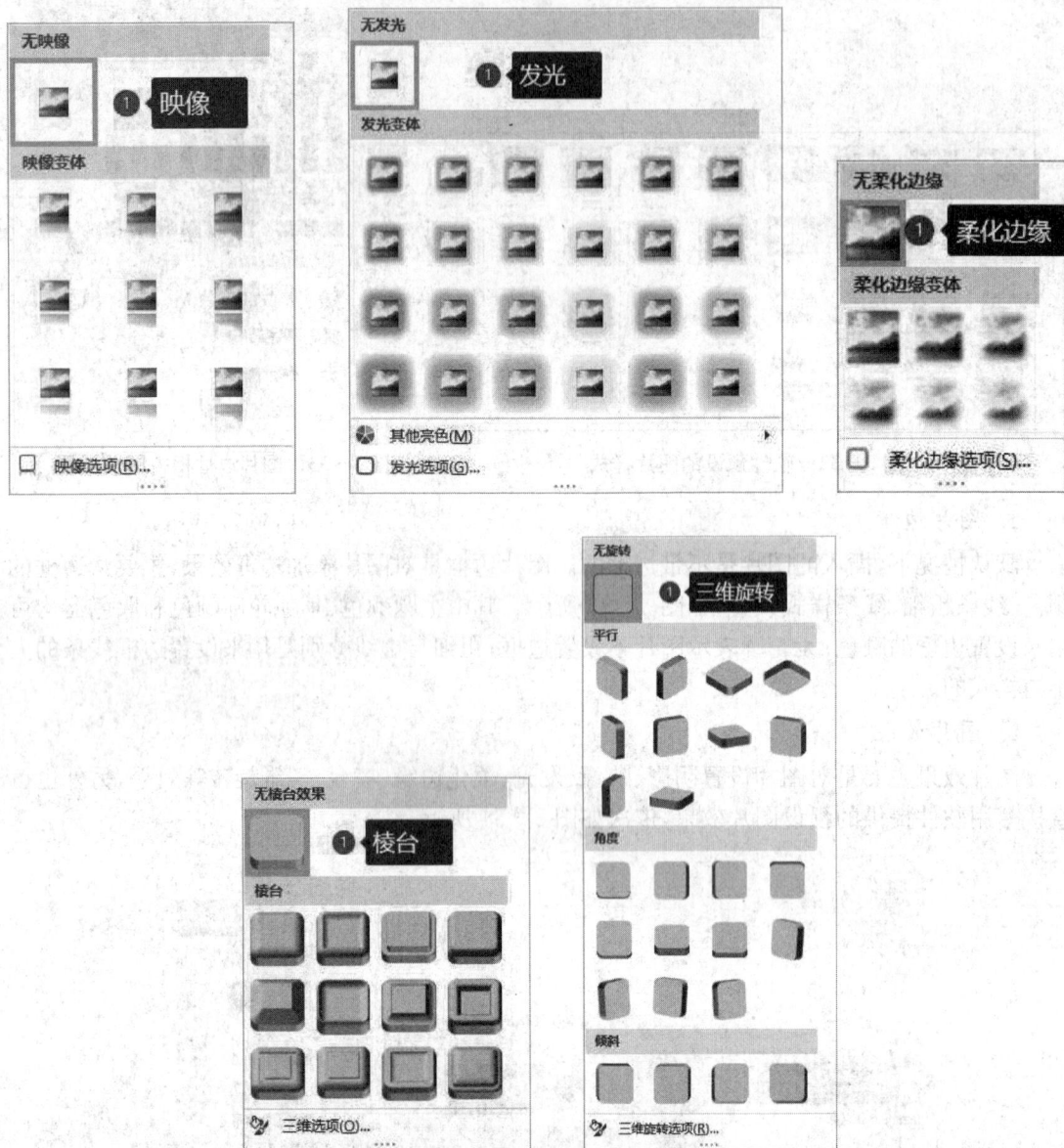

图 3 - 34(续)　图片效果相关属性设置

3. 图片版式

图片版式通常是当一张幻灯片中有多张图片需要排版,构建某种框架关系时,则可选中这些图片,利用图片版式将它们转换为 SmartArt 图形,这样就可轻松地排列、添加标题和调整图片大小。图片版式样式如图 3 - 35 所示。

套用图片样式的预设效果,先选中图片,然后直接选择"格式"选项卡下的"图片样式"中想要的预设效果就可以了,操作简单不做详述。下面通过一个案例分别对图片边框、图片效果及图片版式进行相关操作演示。

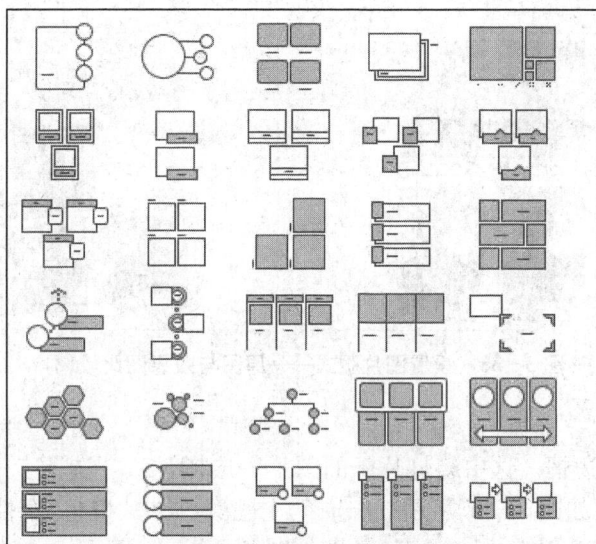

图 3-35　图片版式样式

案例：

打开素材包中的"案例 3. pptx"，分别对幻灯片 1~3 中的图片依次设置图片边框、图片效果和图片版式。最终效果分别参考图 3-36、图 3-37、图 3-38。

图 3-36　设置图片边框——原图与效果图比较(1)

图 3-37　设置图片效果——原图与效果图比较(2)

图 3-38 设置图片版式——原图与效果图比较(3)

操作步骤如下：

步骤 1：设置图片边框。选中幻灯片 1 的图片→选择"格式"选项卡→选择"图片样式"功能组中的"图片边框"(如图 3-39 所示)→选择"主题颜色"中"橙色，个性色 2，深色 50％"→选择"粗细"下的"1 磅"→选择"虚线"下的"圆点"，如图 3-40 所示。

图 3-39 图片边框命令

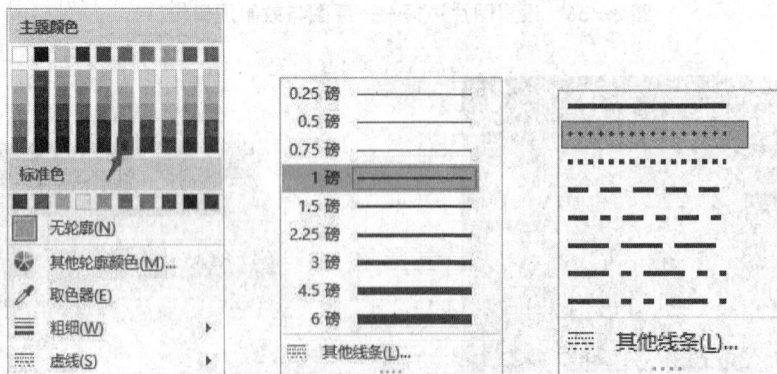

图 3-40 图片边框线条颜色、粗细、样式

　　步骤2:设置图片效果。选中幻灯片2的图片→选择"格式"选项卡→选择"图片样式"功能组中的"图片效果",如图3-41所示→选择"阴影"下的"外部"的"偏移:中"→选择"映像"下的"映像变体"的"紧密映像:接触"→选择"发光"下的"发光变体"的"发光:8磅;橙色,主题色2"→选择"棱台"下的"十字形"→选择"三维旋转"下的"角度"的"透视:宽松",如图3-42所示。

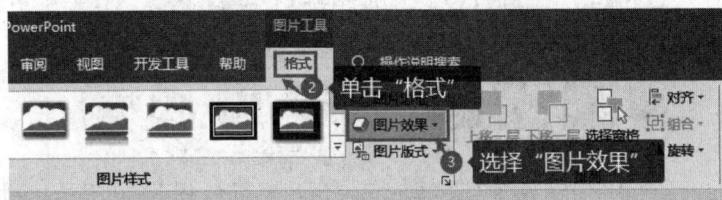

图3-41　图片效果命令

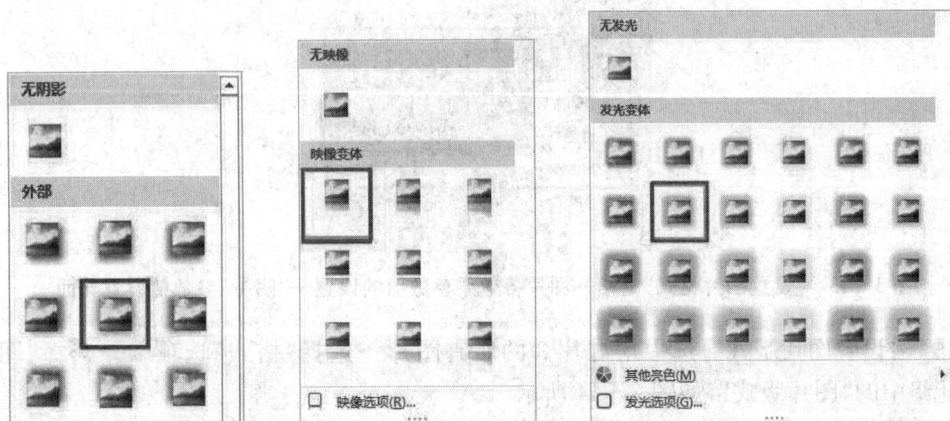

图3-42　图片效果阴影、映像、发光、棱台、三维放置

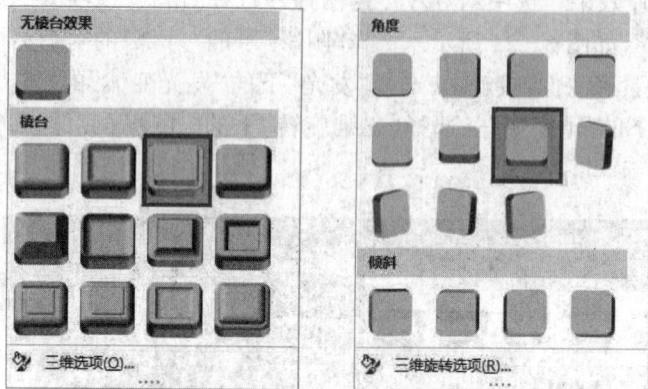

图 3-42(续)　图片效果阴影、映像、发光、棱台、三维放置

注:以上操作中,如果对各预设的效果不满意,还可分别选择各效果列表框中最底部对应"＊＊＊选项"命令,在窗口右侧会出现对应的"设置图片格式"任务窗格,如图 3-43 所示。由用户进一步做相关项参数值的设置。每个不同功能对应参数值不同,在此不做详述。

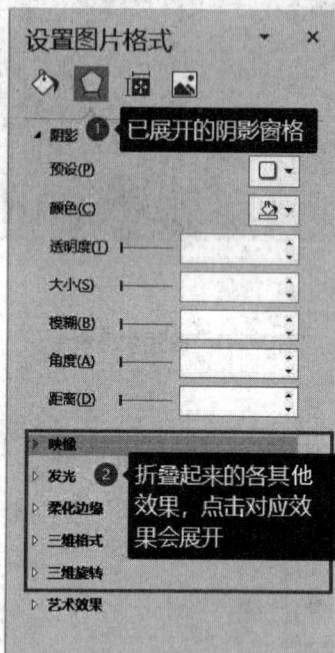

图 3-43　"设置图片格式"窗格—图片各效果参数值的设置—"阴影"参数值设置界面

步骤 3:设置图片版式。选中幻灯片 3 的所有图片→选择"格式"选项卡→选择"图片样式"功能组中的"图片版式",如图 3-44 所示。

图 3-44　"图片版式"命令

选择"图片重点块",如图 3-45 所示。

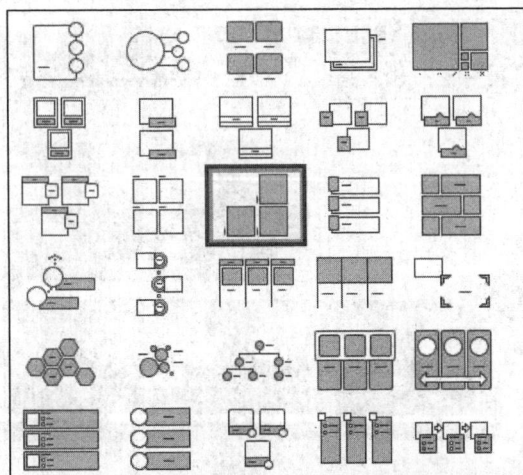

图 3-45　"图片重点块"版式样式

选择"设计"选项卡→选择"更改颜色"列表下的"彩色-个性色",如图 3-46 所示。

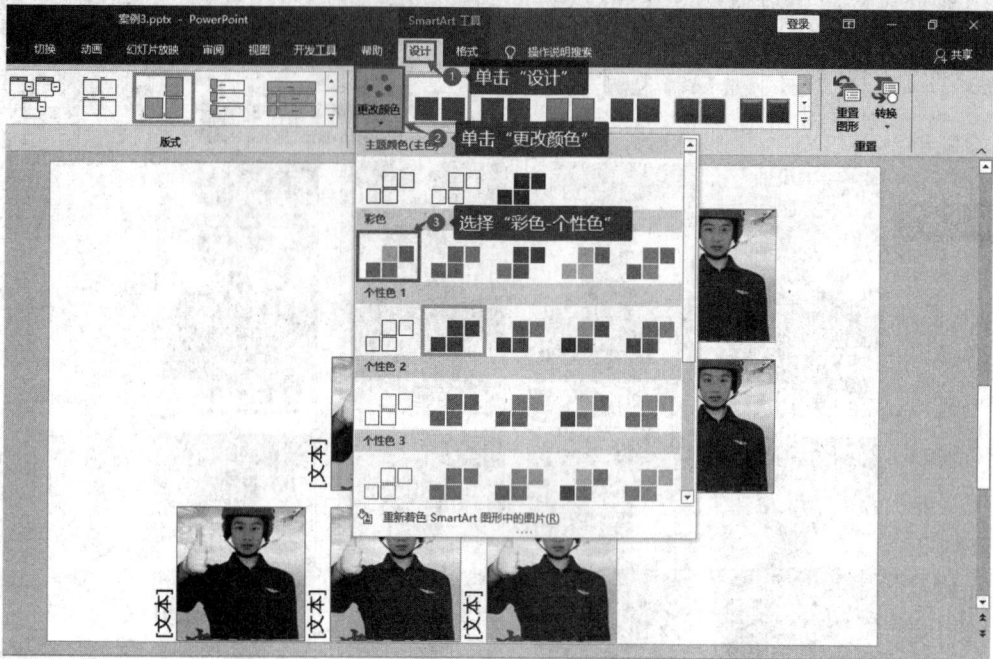

图 3-46　版式的颜色样式

单击"SmartArt 样式"中的"其他"外观样式按钮,如图 3-47 所示,选择"砖块场景"三维效果,如图 3-48 所示。更改 SmartArt 图形样式。

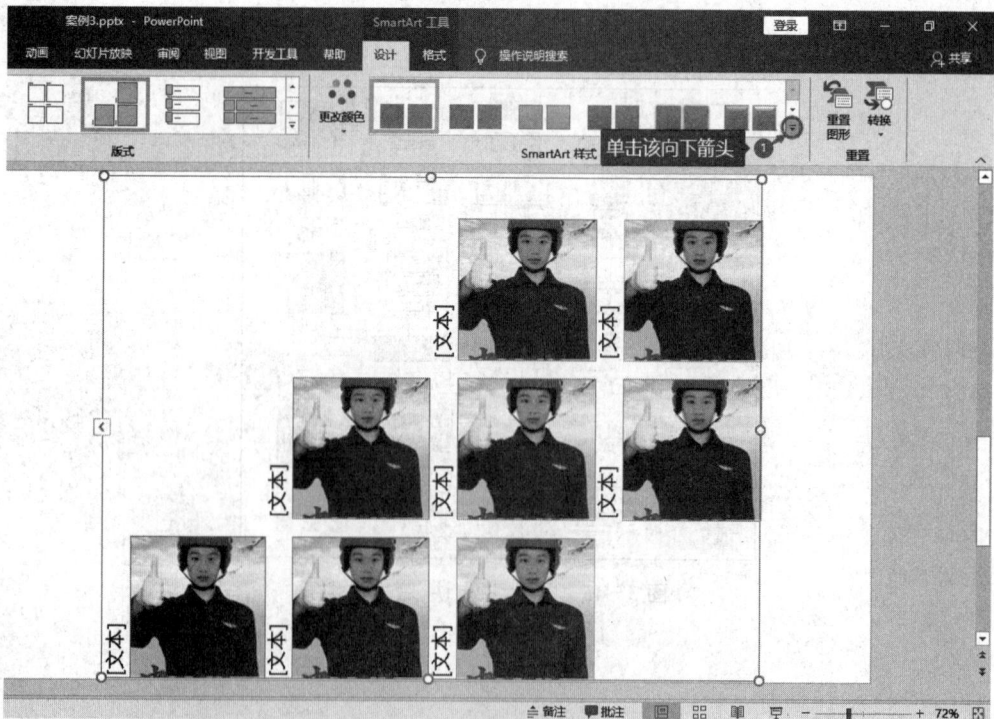

图 3-47　单击 SmartArt 图形其他外观样式

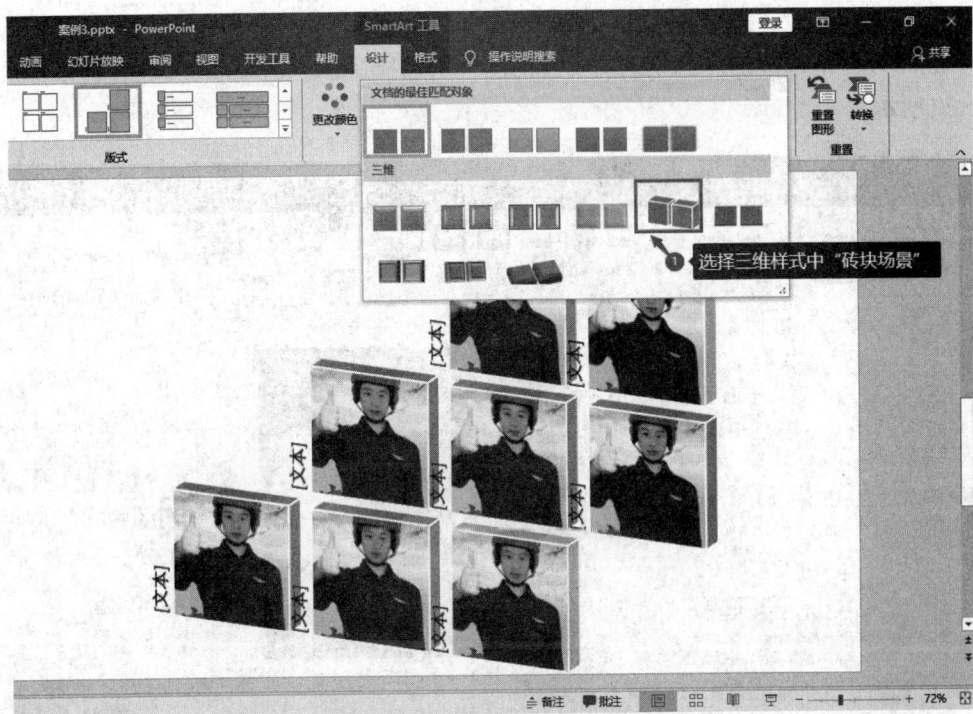

图 3-48　选择"砖块场景"三维效果

(四) 删除图片背景

为了让图片更自然地融入 PPT 当中,我们常常将图片的背景删除,形象点说就好比拿把剪刀沿着图像的轮廓边缘剪掉多余的部分,相当于把 JPG 图片变成 PNG 图片,所以一般是带有纯色背景的图片更容易删除掉背景。

案例:

打开素材包中的"案例 4. pptx",分别对幻灯片 1~2 中的图片删除背景。最终效果参考图 3-49 所示。

图 3-49　删除背景前后效果比较

操作步骤如下：

步骤 1：改变框选范围。选中幻灯片 1 的图片→选择"格式"选项卡→选择"删除背景"，如图 3-50 所示。

图 3-50 "删除背景"命令

出现如图 3-51 所示状态，拖动删除范围的框线直到框住所有图案位置，单击图片之外任意位置确定背景删除。背景删除效果如图 3-52 所示。

图 3-51 框住图案

图 3-52　背景删除后效果

　　步骤 2:标记保留或删除的区域范围。选中幻灯片 2 的图片→选择"格式"选项卡→选择"删除背景",出现如图 3-53 所示状态,其中光亮状态表示被保留的图案,玫红色覆盖状态表示被当背景删除的图案。

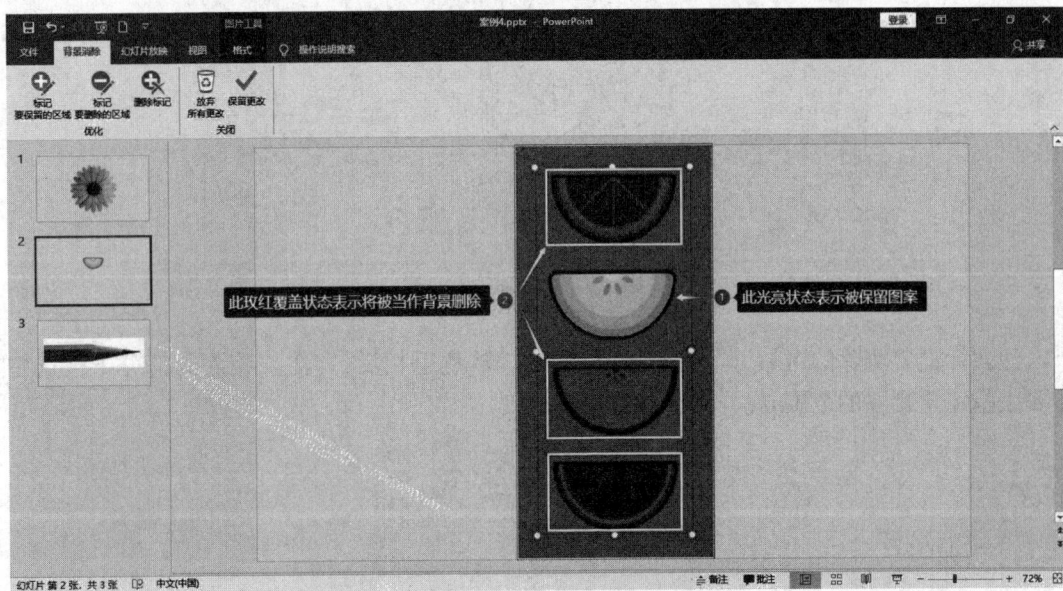

图 3-53　误当背景删除的图案

　　这时选择"背景消除"下的"标记要保留的区域",在需要保留的图案上按鼠标左键拖动,拖动时让鼠标痕迹尽量覆盖住要保留的范围,让图案呈保留状态显示,个别图案需多次细致操作。选好后在图片外任意位置单击确定删除,如图 3-54 所示。确认后效果如图 3-55 所示。

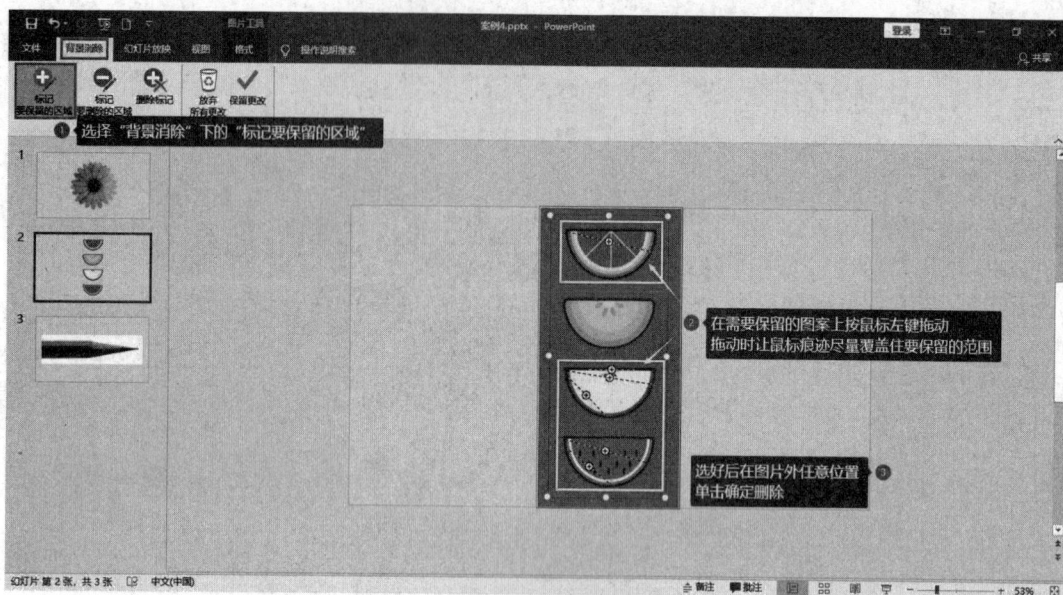

图 3-54　标记要保留的区域

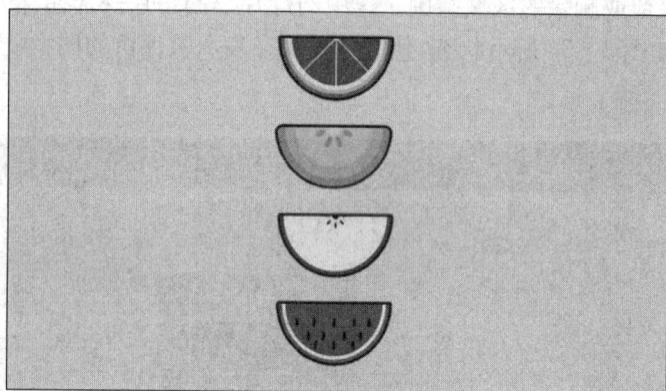

图 3-55　删除背景后效果

注："标记要删除的区域"同"标记要保留的区域"意思相反，即需要删除的部分未被选中，需要去指定要删除的范围，操作同上，在此省略。

任务二　图片的排版美化

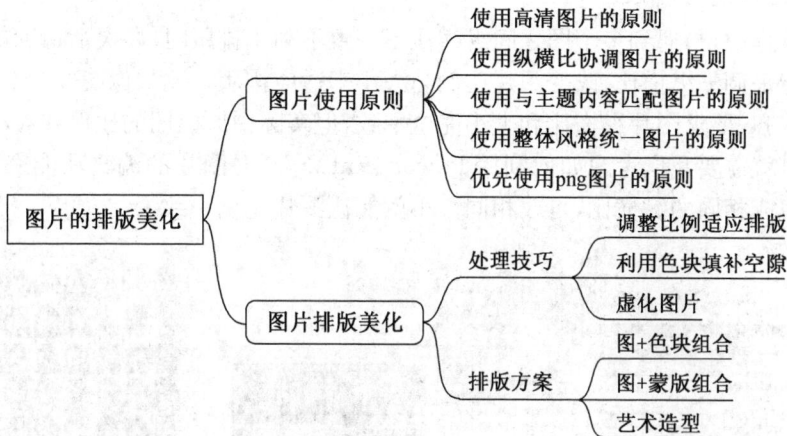

```
                        使用高清图片的原则
                        使用纵横比协调图片的原则
              图片使用原则 使用与主题内容匹配图片的原则
                        使用整体风格统一图片的原则
                        优先使用png图片的原则
图片的排版美化
                              调整比例适应排版
                        处理技巧 利用色块填补空隙
              图片排版美化        虚化图片
                              图+色块组合
                        排版方案 图+蒙版组合
                              艺术造型
```

一、图片使用原则

PPT 制作中,图片是最常使用的元素之一,为确保图片的排版美观,图片的选择至关重要。选择图片时,一定要选择合理合适的优质图片,一般要遵循下面几点原则。

1. 使用高清图片的原则

这是幻灯片中使用图片的最低要求,确保使用的图片在 PPT 放映状态下,图片无马赛克的色块,不产生锯齿边缘。

2. 使用纵横比协调图片的原则

如果纵横比不协调,学会利用按比例裁剪图片的方法裁剪图片不致图片被拖拽变形。

3. 使用与主题内容匹配图片的原则

即不滥用图片,幻灯片插入图片主要有两大目的,一是用来装饰丰富画面;二是用来辅助理解演讲主题与演讲内容。所以千万不要为想用图片而使用图片,适得其反的图片宁可不用。

4. 使用整体风格统一图片的原则

在一个 PPT 演示文稿中,最好使用一种风格的图片,比如使用卡通画就全部使用卡通画,使用 3D 小人就全部使用 3D 小人,使用手绘类就全部使用手绘类图片,不要混搭。如果没法保证整个演示文稿统一,至少要保证同一页幻灯片中只有一种风格的图片。

5. 优先使用 png 图片的原则

png 格式的图片因为其透明背景的优势能更好地融合在 PPT 当中,特别是用来丰富画面,起装饰作用的图片,更以选择 png 格式图片为先。

二、图片排版美化

在熟练掌握图片基本格式设置后,有了优质的图片,运用布局思维,加上点艺术创作,才能真正实现图片的排版美化。图片的排版根据实际情况灵活多变,平时可以多浏览一些网站、杂志、广告等,留心欣赏,学习借鉴它们排版中的亮点,开拓自己思维。

下面将从图片排版的处理技巧、排版方案两个方面进行讲解。

(一) 处理技巧

1. 调整比例适应排版

在排版过程中,当遇到多个图之间纵横比不一致不利于排版时,要灵活借助前面学的按比例裁剪等功能来调整纵横比,改变图片比例与大小来适应排版。比如像图3-56中,这类图片排版时为了整齐,要求图片纵横比和大小完全一致,但实际中原始图的比例和大小大部分是不一样的。这时就需要我们考虑如何利用 PowerPoint 2016 对图片的编辑功能来处理了,先利用按比例裁剪成相同的纵横比,再改相同大小就能让图片完全一致了。

图3-56 图片按比例调整大小案例

2. 利用色块填补空隙

有时图片大小不一,参差不齐,但又不希望通过裁剪去掉了图片原有的表现力,即使借助错位方式排版布局,还是不能满足需求,这时最好的办法就是添加与图片相同色系的色块来填补空隙,用以达到整洁、协调、美观的效果,如图3-57所示。

图3-57 加色块和没加色块对比

3. 虚化图片

利用图片艺术效果中的虚化滤镜,将图片进行虚化,同时结合颜色和校正进行调整,让背景由深变浅,淡化复杂的背景画面,减少图片的干扰,从而突显出图片上的文字或图片中的重要部分,如图 3-58 所示。

图 3-58　背景图片虚化案例

(二) 排版方案

当有图且有文本时(主要是指以图为主、以文为次的案例,即图多文少的情况。文多图少的情况见前面文本排版美化部分),可采用的排版布局方案大致可归类成三种方式:

1. 图+色块组合

图与色块相互之间的布局方式可并排、可错位、可层叠。这里的色块既可用来给文本预留位置,还可用来补充空隙,亦可减弱背景的干扰。

若图文数量相同,图片纵横比例及大小较一致时,可采用并排或错位的方式,如图 3-59 所示。

若图文数量不相同或图片纵横比例及大小相差较大时,则宜采用错位的方式,如图 3-60 所示。

若图片背景干扰比较大,为减弱干扰,突显文字,宜采用层叠的方式,如果适当地在色块上添加一些线条,更能增强设计感,如图 3-61 所示。

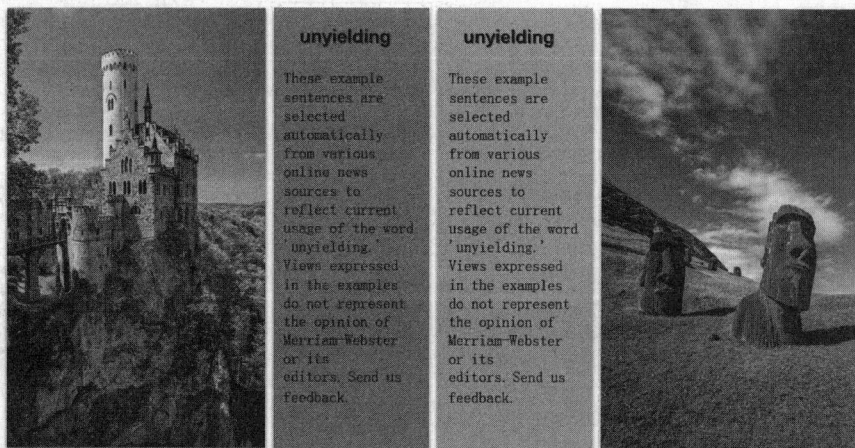

图 3-59　图文一致并排方式

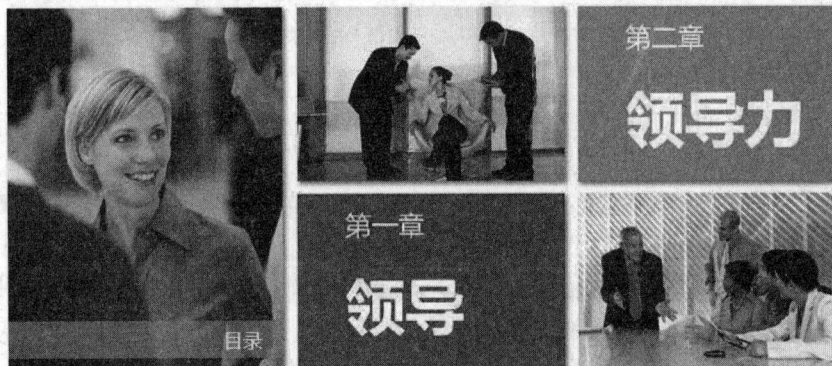

图 3-60 图文不一致借位排版方式

图 3-61 突显文字层叠排列方式

2. 图＋蒙版组合

比如封面类,整张图片作为背景,当图片画面比较复杂,线条感比较强时,可在整张图上添加蒙版(或渐变蒙版)弱化背景,达到突显标题文字的作用;而有些是图片加少量解释性的文字,则可在图片某个部分位置上加蒙版,让文字置于蒙版上,相当于给文字添加蒙版,既突显了文字,又让图片展示不被遮挡,如图 3-62 所示。

图 3-62　图与蒙版排版方式

3. 艺术造型

有时为了追求艺术感,可以将图片进行多次裁剪再拼接,或将图片裁剪为形状,或将图片与形状进行布尔运算(比如自由曲线不规则裁边)等来构造带有艺术感图片。还可以利用图形版式中的 SmartArt 图形来构造,如图 3-63 所示。

图 3-63　艺术造型排版方式

通过欣赏借鉴以上精美排版方案图例,希望能启发我们对图片排版布局的学习与理解运用。下面通过一个案例进行操作演示。

案例:

参考图 3-64 添加蒙版的效果。图片在"案例素材\3 项目三 素材\图片素材\动物"文件夹里。

图 3-64　文字添加蒙版案例效果图

操作步骤如下:

步骤 1:打开软件,改幻灯片版式为空白。双击桌面 PowerPoint 2016 图标打开软件,自动创建演示文稿 1,选择第一张幻灯片右击,弹出快捷菜单,选择"版式"中的"空白"。操作演示图略。

步骤 2:插入图片,按比例裁剪,排版整齐。单击"插入"选项卡→单击"图片"→ 选择"此设备"→找到图片所在本机路径→按"Ctrl"键同时分别单击所需的 4 张动物图片→单击"插入",

如图 3 - 65 所示。

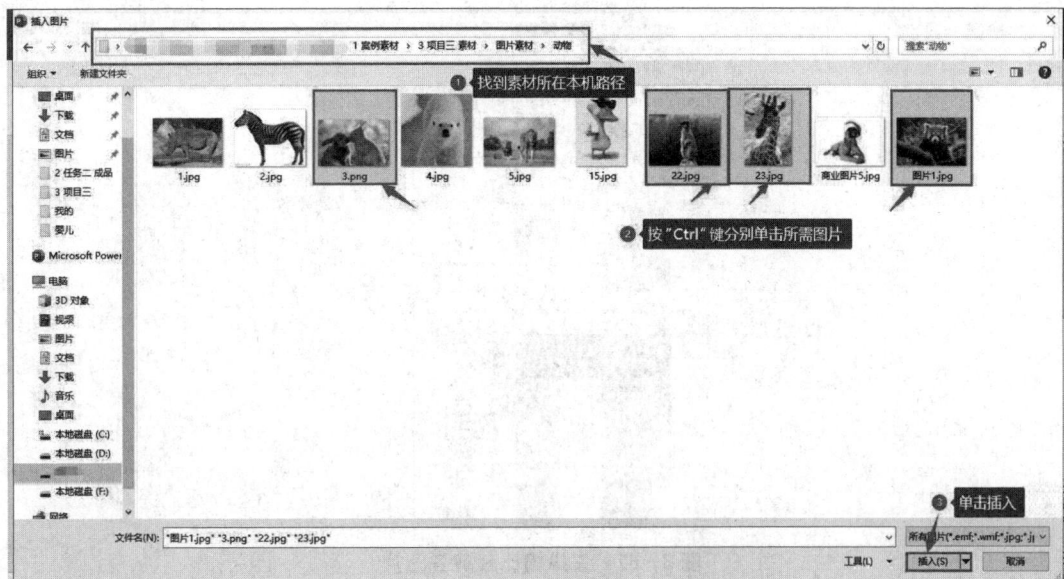

图 3 - 65　按"Ctrl"键选中多张不连续图片

先将插入的图片用鼠标拖动对角线的方式调整一下大小,大致按照图 3 - 64 的效果图排版,如图 3 - 66 所示。

图 3 - 66　大致排版

分别选中中间两张图片,按纵横比 5∶3 裁剪;选中两边图片按纵横比 3∶5 裁剪。

选择"格式"选项卡→单击"裁剪"→选择"纵横比"→选择"横向"中"5∶3"/"纵向"中"3∶5",如图 3 - 67 所示。

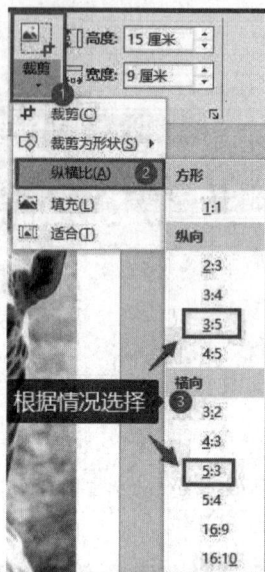

图 3-67 按纵横比裁剪各图片

裁剪后移动图片,利用智能对齐方式将图片排版整齐,如图 3-68 所示。

图 3-68 利用智能对齐排版整齐后效果

步骤 3:绘制矩形,设置透明度变成蒙版。

单击"开始"选项卡→在"绘图"功能组中选择"矩形"形状,在任意一图片上绘制一大小合适的矩形;在"格式"选项卡的"形状样式"功能组设置"形状填充"为"黑色"→设置"形状轮廓"为"无轮廓"→单击"设置形状格式"按钮 ⟐ ,在右侧窗格中设"透明度"为"50%",如图 3-69 所示。这时可看到原矩形就有透视感,给人一种给图上添加了一层蒙版的感觉。复制该矩形到其他图片上,并设置对齐,如图 3-70 所示。

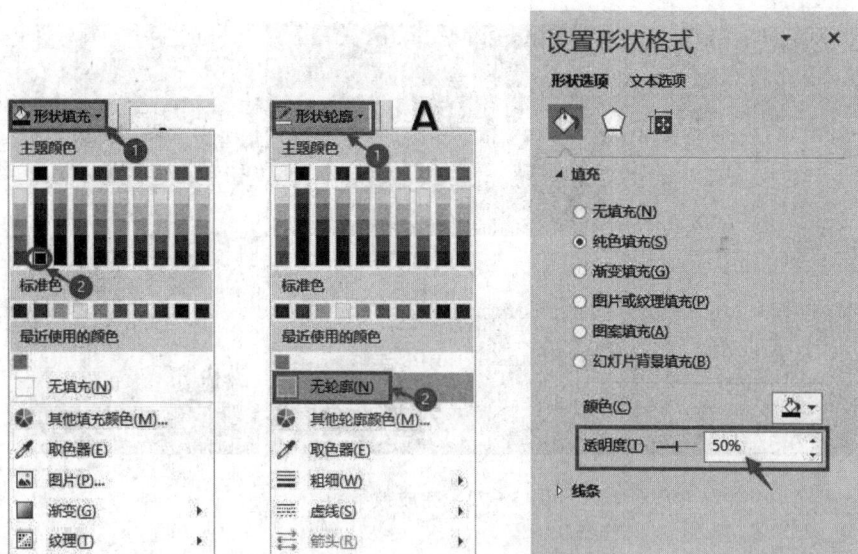

图 3‑69　设置矩形格式

图 3‑70　复制并对齐后的矩形蒙版效果

步骤 4：输入文字，改字体。

在各矩形框分别输入对应文字"土拨鼠""浣熊""兔子""长颈鹿"，设置字体为"方正毡笔黑简体"，字号为"24 号"，加阴影，字体颜色"白色"，如图 3‑71 所示。完成效果如图 3‑72 所示。

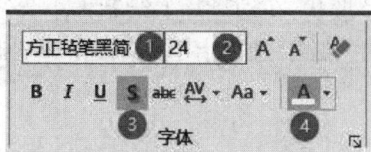

图 3‑71　设置文字格式

图 3-72　完成效果图

案例：

参考图 3-73 制作宝宝相片集的效果。

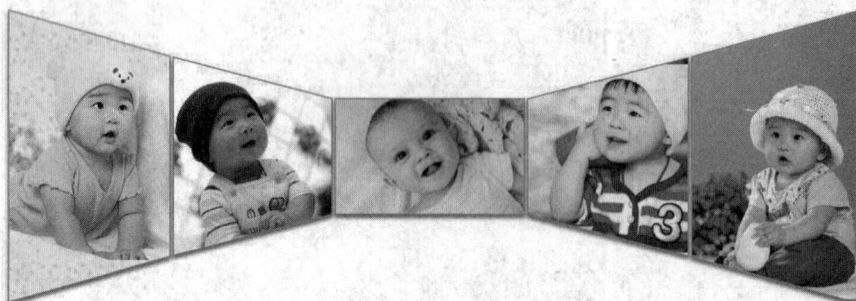

图 3-73　艺术造型案例效果图

操作步骤如下：

步骤1：打开软件，改幻灯片版式为空白。双击桌面 PowerPoint 2016 图标打开软件，自动创建演示文稿1，选择第一张幻灯片右击，弹出快捷菜单，选择"版式"中的"空白"。操作演示图略。

步骤2：绘制矩形、梯形，调整方向与大小，横向水平对齐。单击"开始"选项卡→在"绘图"功能组中分别选择"矩形""梯形"形状，在幻灯片上绘制大小合适的矩形和梯形，假定是在矩形右侧绘制的梯形，选中梯形，单击"格式"选项卡下的"旋转"→"向左旋转"，这时可看到梯形上底朝向了左边，如图3-74所示。

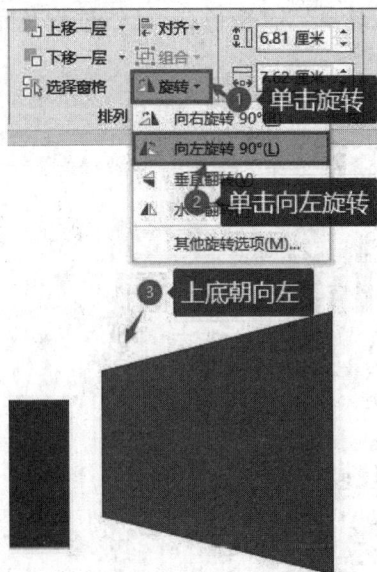

图 3-74 旋转梯形

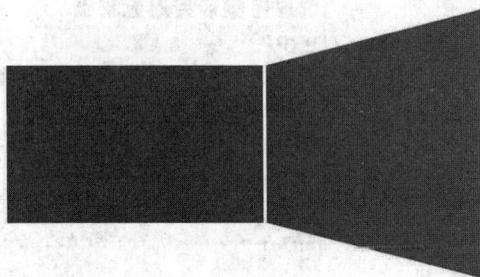

图 3-75 梯形与矩形对齐

调整梯形大小,让上底刚好与矩形的宽一致,并移动到与矩形水平对齐的适当位置,如图 3-75 所示。

复制一梯形,改变大小,让其上底与原梯形下底一致,调整到与前面形状水平对齐,并且间距一致的位置,如图 3-76 所示。

同时选中两梯形按"Ctrl+G"快捷组合成一个图形,将其复制放到矩形左侧,将复制得到的图形水平翻转,利用智能对齐的虚线

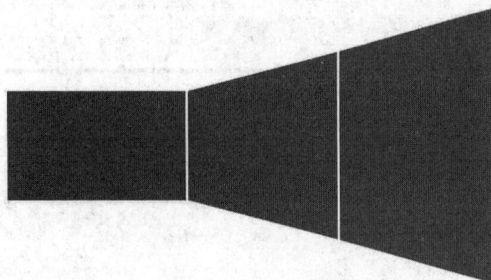

图 3-76 复制梯形并改变适当大小并对齐

提示,移动复制图形到与之前的图形水平对齐且间距一致的位置,按"Ctrl+Shift+G"取消组合即可,如图 3-77 所示。

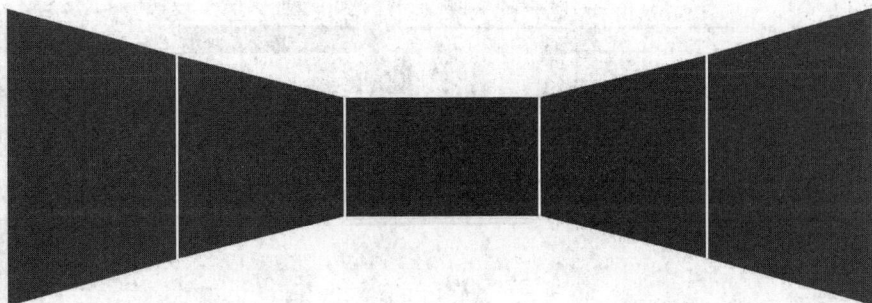

图 3-77 复制右边两梯形到左边改变方向并对齐

步骤 3:为所有形状设置图片填充。选择矩形,选择"格式"选项卡下"形状样式"功能组→设置"形状填充"为"图片"→在弹出对话框中选择"从文件 浏览"→找到图片所在本机的路径,

双击图片,这时所选图片填充到矩形形状中→设置"形状轮廓"为"橙色"。操作过程及完成后效果图依次如图 3-78 所示。

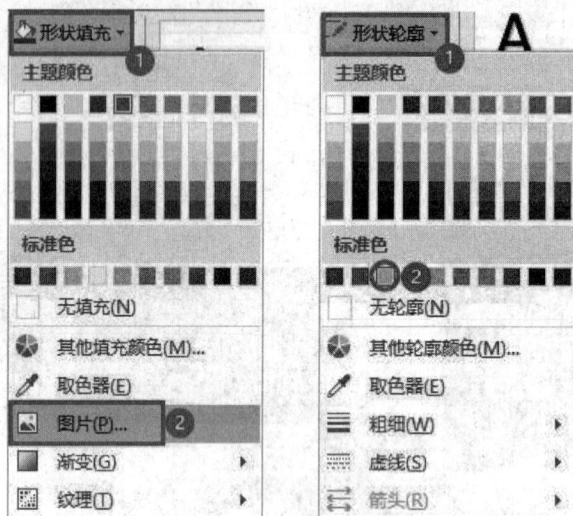

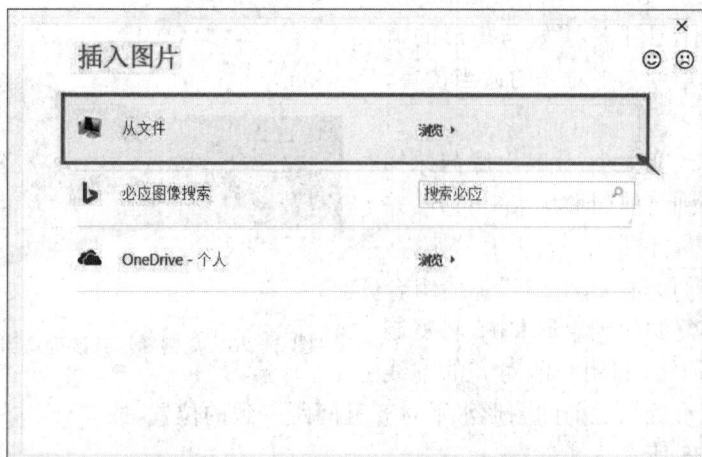

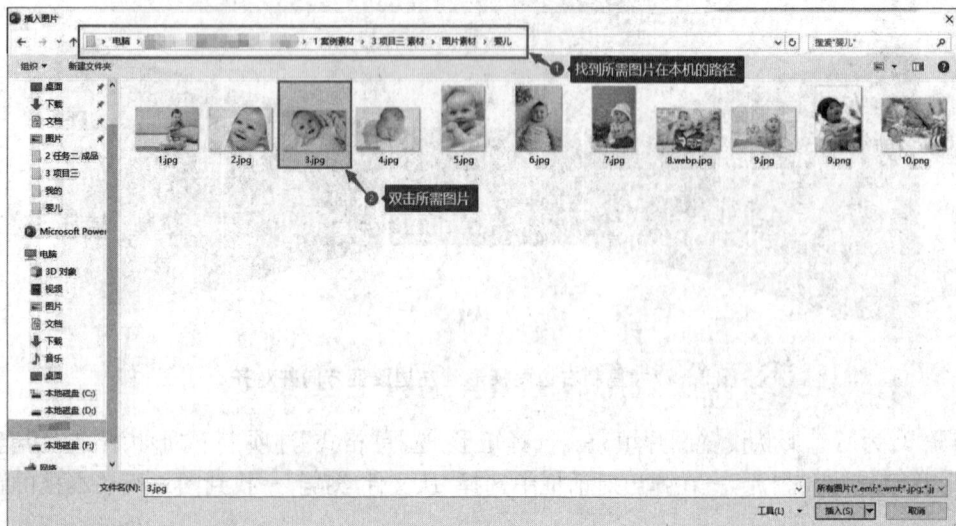

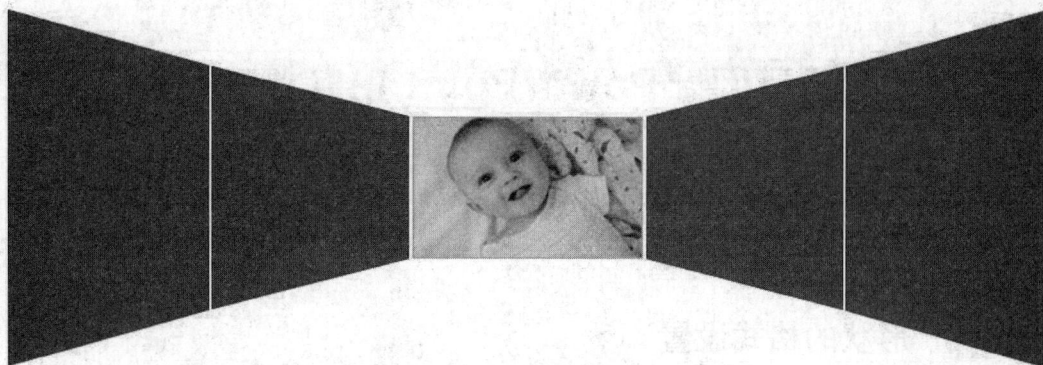

图 3 - 78　为矩形填充图片

选中其中一梯形,同上操作选择一图片填充,假定选中右边第一个梯形,则如图 3 - 79 所示。

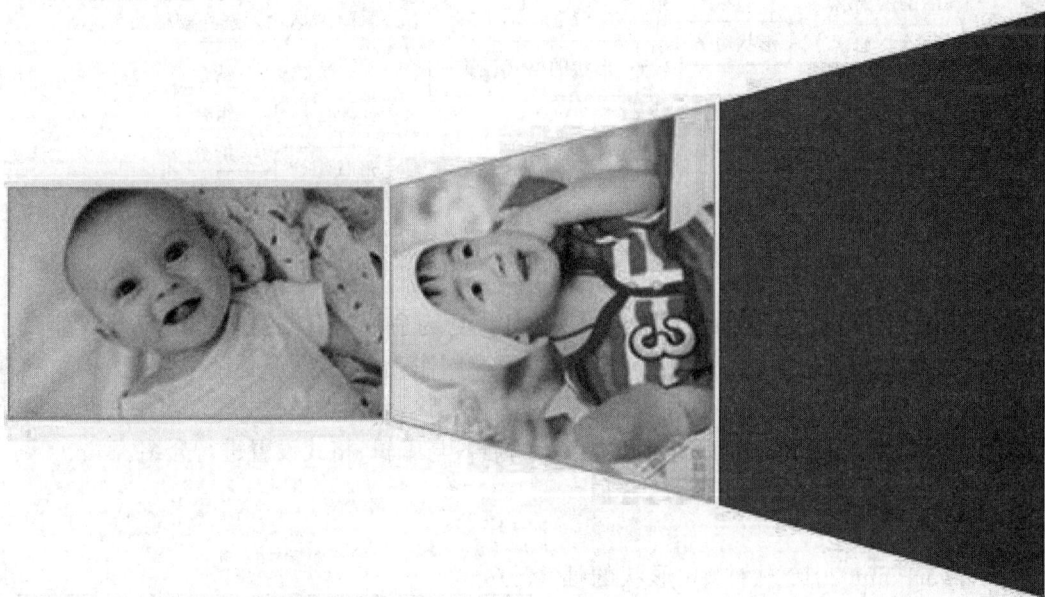

图 3 - 79　为梯形填充图片

这时我们发现图片填充不能如我们所愿。这就需要我们对图片填充的一些属性进行修改。具体操作方法见教学资源包内微课视频。

实训任务:

1. 收集全班相片,仿图 3 - 56 中的照片墙,制作本班的照片墙。
2. 仿图 3 - 58 样例的虚化效果制作一张幻灯片,突显图片关键元素,配上恰当文字。
3. 仿图 3 - 62 样例中最后一幅图,为图片添加渐变的蒙版。
4. 仿图 3 - 63 的第二幅图(名人)制作班级的今日之星(至少三人)。

项目四 PowerPoint 形状处理

任务一 形状的格式设置

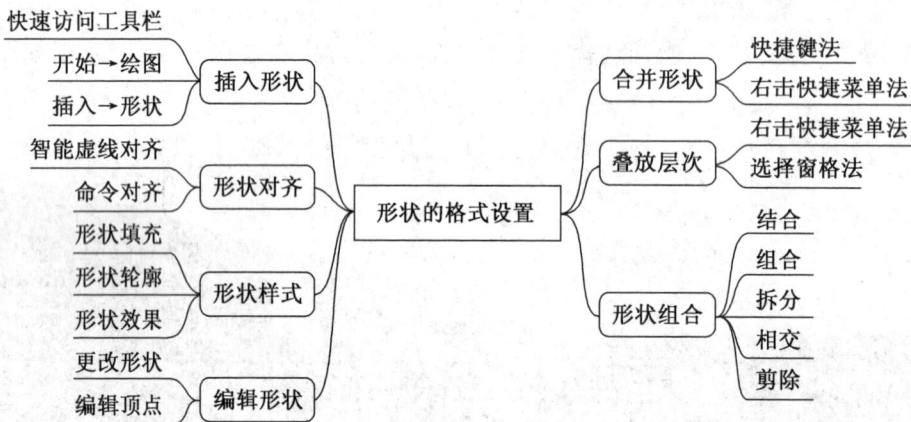

```
                              快捷键法
快速访问工具栏          合并形状
 开始→绘图     插入形状          右击快捷菜单法
 插入→形状                      右击快捷菜单法
                      叠放层次
智能虚线对齐                    选择窗格法
 命令对齐      形状对齐   形状的格式设置      结合
 形状填充                       组合
 形状轮廓      形状样式   形状组合  拆分
 形状效果                       相交
 更改形状                       剪除
 编辑顶点      编辑形状
```

形状是 PPT 设计中常见的元素之一,它既可化身为色块起到烘托、美化、修饰文字的作用,又能设计各种图形,增加页面丰富度。对于 PPT 制作者来说,图形是制作幻灯片时必不可少的素材之一。PowerPoint 软件本身含有很多基本形状,利用这些基本形状,用户可发挥自己的想象创造出新的图形。下面就对基本形状的插入与编辑、格式设置进行介绍。

一、插入形状

在 PowerPoint 2016 软件中,形状的插入通常有三种方法:

1. 快速访问工具栏

单击快速访问工具栏中的"形状"按钮,如图 4-1 所示。

2. 开始→绘图

选择"开始"选项卡的"绘图"功能组中的形状,单击向下箭头有更多形状的选择,如图 4-2 所示。

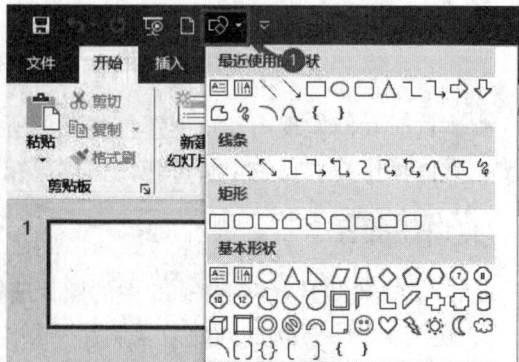

图 4-1 快速访问工具栏中"形状"按钮

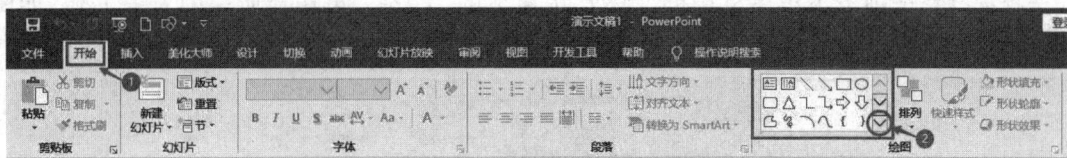

图 4-2　"开始"选项卡下"绘图"功能组

3. 插入→形状

选择"插入"选项卡中的"形状",如图 4-3 所示。

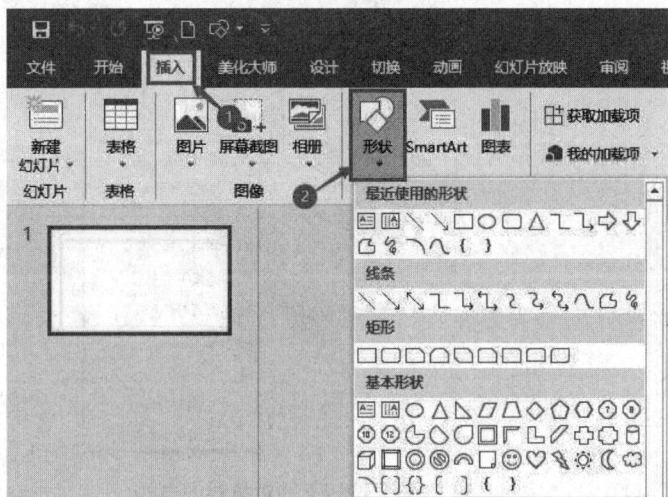

图 4-3　"插入"选项卡下"形状"按钮

二、形状对齐

PPT 课件制作过程中常常需要在一页幻灯片里对一些对象设置对齐。比如用多个形状构造新的图形,操作过程中需要对这些形状进行一定的排列。PowerPoint 2016 软件提供有智能对齐的功能,即当移动一个对象时,会出现一些虚线提示对齐情况,这给我们在排版各对象时提供了很大的帮助。同时软件也提供了一些对齐命令,对齐方式有左对齐、水平居中、右对齐、顶端对齐、垂直居中、底端对齐、横向分布、纵向分布、对齐幻灯片、对齐所选对象等,在需要时,可选中多个对象,再选择"格式"选项卡下"对齐"命令列表下的对齐方式,如图 4-4 所示。

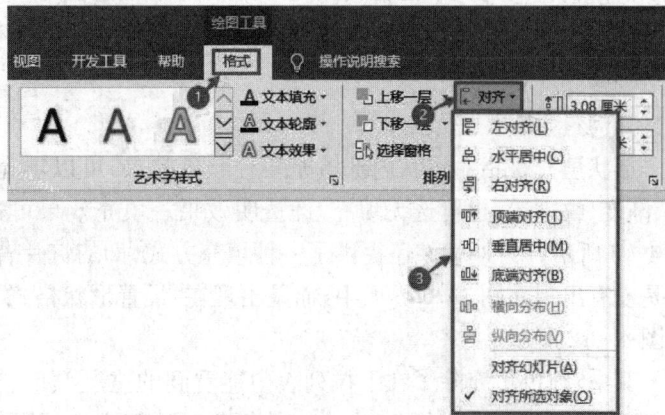

图 4-4　"格式"选项卡下的对象对齐方式

或选择"开始"选项卡下绘图栏中的"排列"按钮下的"对齐",再选择所需的对齐方式,如图4-5所示。

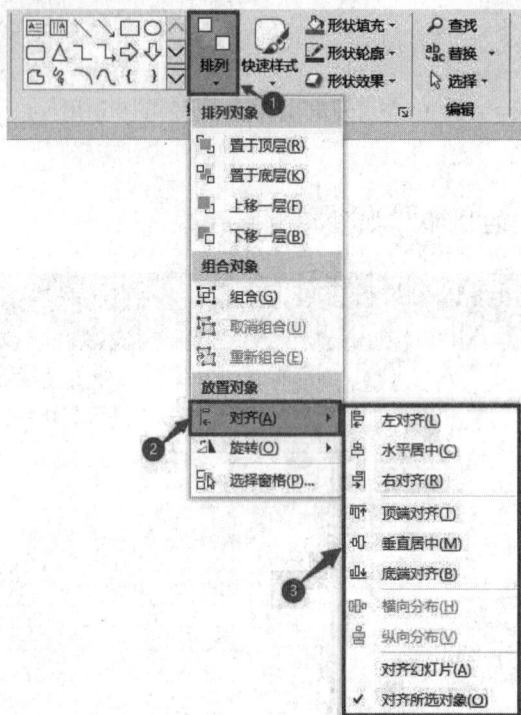

图4-5 "排列"按钮下的对象对齐方式

三、形状样式

形状的样式设置主要是指形状填充、形状轮廓和形状效果三方面的属性设置。在PowerPoint 2016中,软件本身对形状样式设置设有42种主题样式和35种预设样式,用户可直接套用这些样式。也可通过修改这三方面的属性值,自主地对形状的样式做修改。相关操作在前面项目二的文本框格式及文本排版美化的色块的构造已有初步的介绍。因为形状的样式修改主要涉及这三方面,所以在这里对主要功能及界面进行介绍。

1. 形状填充

形状填充是指对形状内部填充某种颜色效果,可以填充纯色、图片、渐变、纹理等;也可选无填充,即透明效果。填充效果可选方式如图4-6所示。另外软件还提供了一种填充方式,即幻灯片背景填充,只是没有出现在图4-6界面中,而是出现在"设置形状格式"窗格中,如图4-12所示。

其中,纯色填充除了在下拉列表中能看到的主题颜色、标准色之外,还可选择其他填充颜色,在弹出的颜色对话框中选择更丰富的颜色,可从标准和自定义两个选项卡去选择,如图4-7所示。另外还可

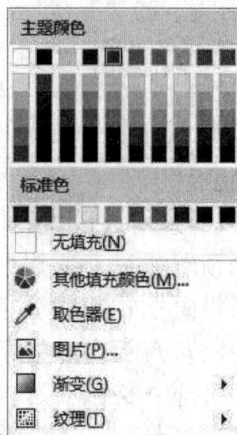

图4-6 形状填充方式

以用取色器在软件内其他位置去吸取喜欢的颜色来填充。这个取色器是 PowerPoint 2013 及以上版本才有的功能。

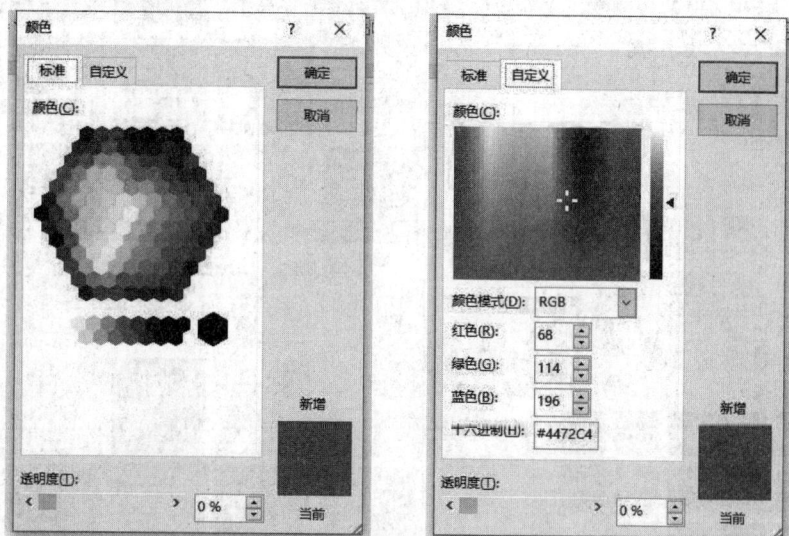

图 4 - 7　其他填充颜色中的标准色与自定义颜色

　　图片填充是指用选定的图片来填充形状内部,这种填充可灵活利用形状与图片结合的方式对图片进行形状上的造型。至于图片来源可从本机和网络中选择,如图 4 - 8 所示。具体操作参照图片的插入,在此不再做叙述。详细相关设置操作见下面"怀表相片"案例。

图 4 - 8　选择填充图片的来源

　　渐变填充是指为形状填充渐变的颜色,即多种颜色逐渐过渡变化的填充方式,如图 4 - 9 所示。

　　纹理填充是指为形状填充不同的纹理图案,如图 4 - 10 所示。

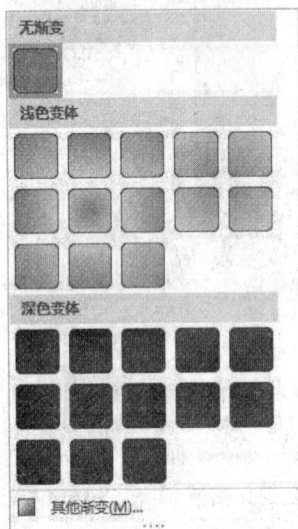

图 4-9　渐变填充

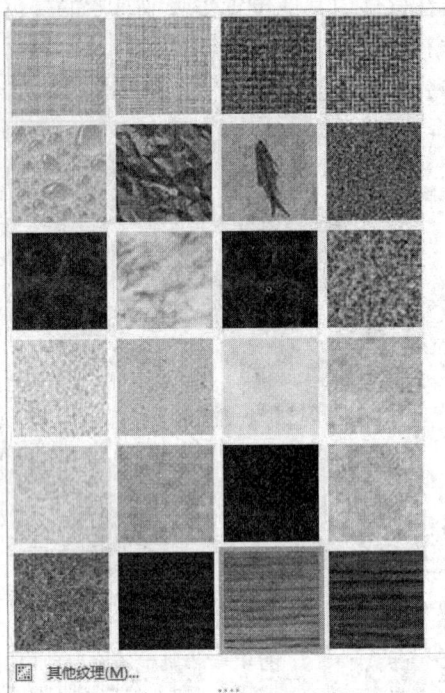

图 4-10　纹理填充

以上所有填充方式还可通过点击"形状样式"功能组中指向右下角的箭头按钮,如图 4-11 所示,打开"设置形状格式"窗格,如图 4-12 所示,再进行其他更具体参数值的设置属性的设置,比如设置填充颜色的透明度等。同样,当需要设置形状轮廓及效果相关的具体参数时,都可打开该窗格来调整对应参数。

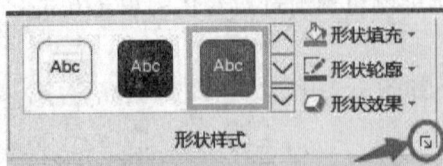

图 4-11　打开"设置形状格式"窗格的按钮

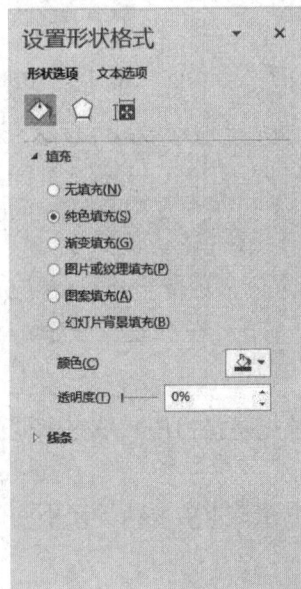

图 4-12　"设置形状格式"窗格

从图 4-12 可看到还有"幻灯片背景填充"功能,这个功能在图形设计中有很好的作用。前面所讲述的纯色填充、图片填充、渐变填充、纹理填充虽然可能涉及的参数较多,例如图 4-13 所示的渐变填充相关的属性设置,需要的操作较为繁杂,由于在 Microsoft office 其他软件中也常用,已有一定的熟悉和了解,故在这里不做详述。在 PPT 的设计制作中,图片填充和幻灯片背景填充在设计方面较为适用,后面将会对这两种填充方式进行案例操作演示。

2．形状轮廓

形状轮廓是指对形状设置边框线,主要从线条的颜色、线条的粗细和线型上进行设置,相关属性如图 4-14 所示。

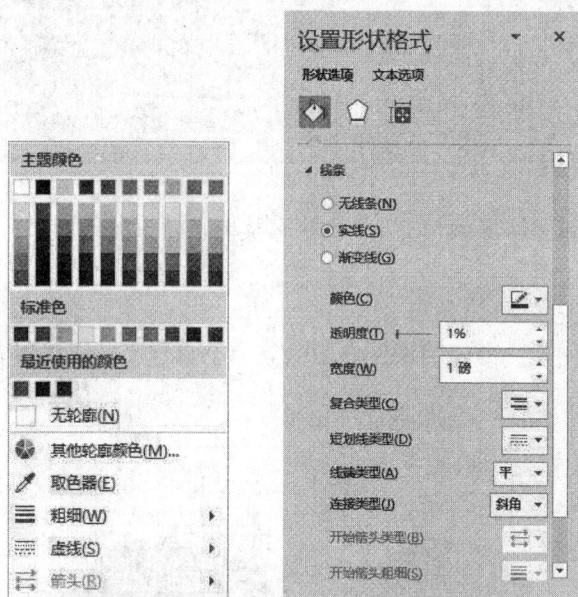

图 4-13　形状渐变填充相关属性

图 4-14　线条可设置的相关属性

3．形状效果

软件对形状效果提供了 12 种预设方案,用户可套用,也可自行设置各效果属性,主要设置有形状的阴影、映像、发光、柔化、棱台、三维旋转等,各自功能即如字面意思,各效果的更多属性设置可在"设置形状窗格"中进行,如图 4-15 所示。其中右图为三维旋转可设置的相关具体属性。

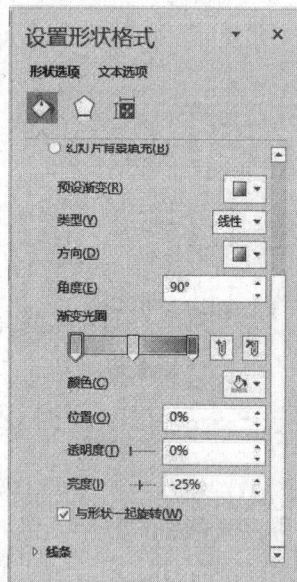

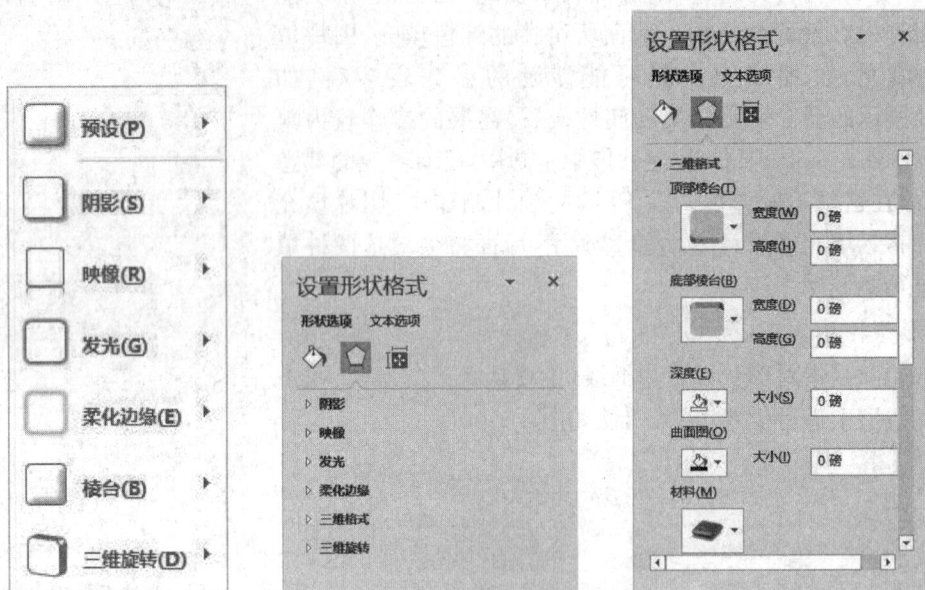

图 4-15　形状效果相关属性

下面通过案例的操作演示来学习和了解形状填充、形状轮廓及形状效果的设置。

案例：

利用形状的图片填充制作一怀表相片。参照图 4-16 中的第一个自定义效果图进行操作演示。

图 4-16　怀表相片效果图

操作步骤如下：

步骤 1：绘制正圆形状。单击"开始"选项卡→单击"绘图"中功能组中的椭圆（如图 4-17 所示），按住"Shift"键的同时，在幻灯片适当位置绘制大小适合的正圆（注：按"Shift"键可画水平或垂直的直线、正圆、正方形、等边三角形、正多边形等）。

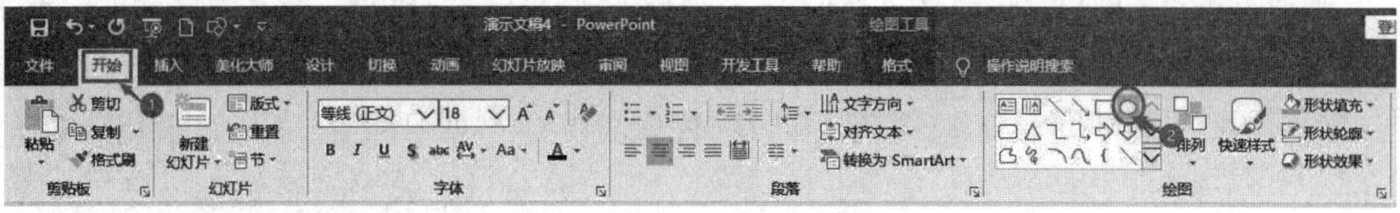

图 4‑17　选择"绘图"中的椭圆形状

　　步骤 2：设置形状填充。选择"格式"选项卡下"形状样式"功能组中的"形状填充"→选择"图片"，如图 4‑18 所示，弹出"插入图片"对话框→单击"从文件浏览"，如图 4‑19 所示，弹出"插入图片"→找到所需图片所在路径，选择所需图片双击，如图 4‑20 所示。完成效果如图 4‑21 所示。

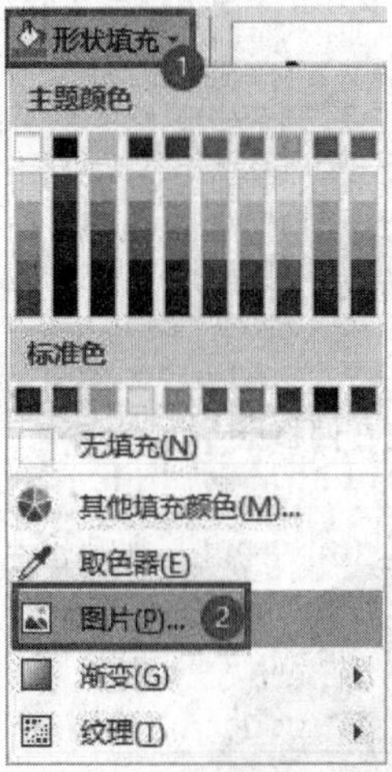

图 4‑18　形状填充为图片

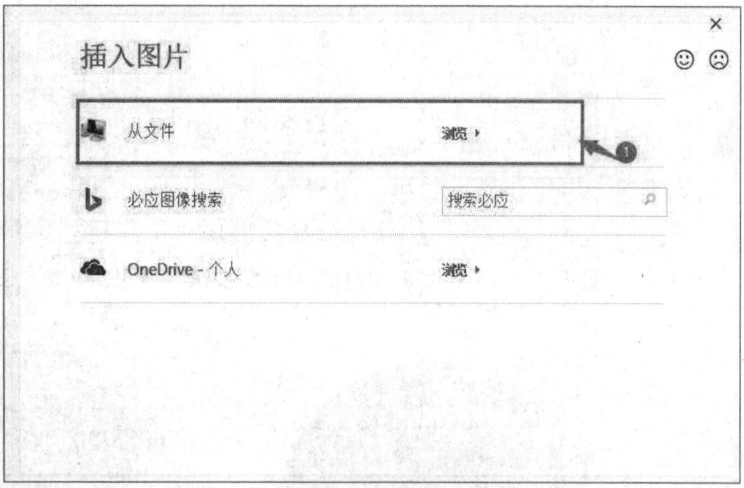

图 4‑19　从文件插入图片

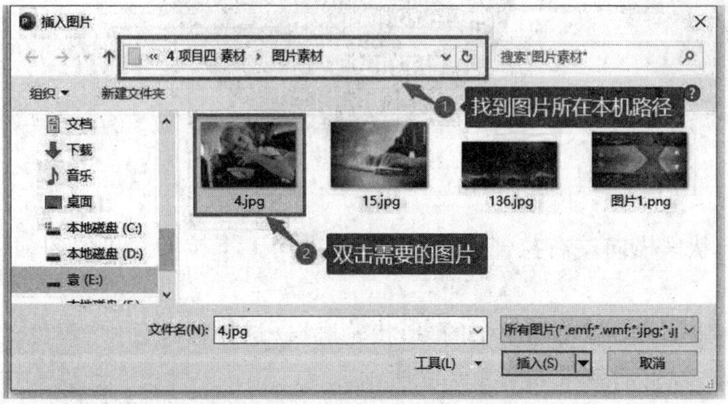

图 4‑20　从本地找到图片双击插入

图 4‑21　填充完图片后的效果

　　为使图片在正圆里显示协调不变形，还需要修改其他参数来调整。操作如下：单击"形状样式"功能组右下角的按钮，如图 4-22 所示，右侧打开"设置图片格式"窗格，如图 4-23 所示，将左右偏移量均设置为－14％。设置前后效果如图 4-24 所示。

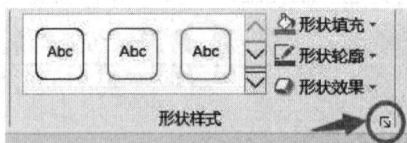

图 4-22　点击"打开设置图片格式"按钮

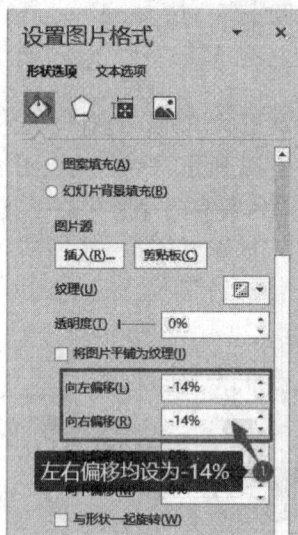

图 4-23　设置左右偏移量

图 4-24　前后对比

　　注：左右偏移量是将图片在形状里横向左右拉伸，上下偏移是纵向上下拉伸。正值内缩，负值外伸。

　　步骤 3：设置形状轮廓。选择"形状样式"功能组中的"形状轮廓"→选择标准色中"黄色"，粗细设为"3 磅"，如图 4-25 所示。设置后效果如图 4-26 所示。

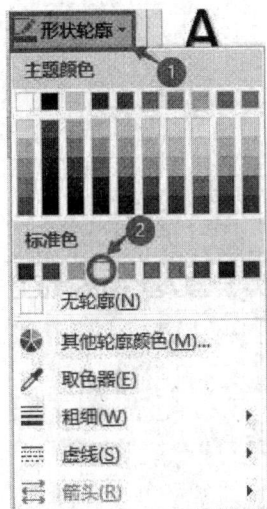

图4-25　设置轮廓颜色与粗细

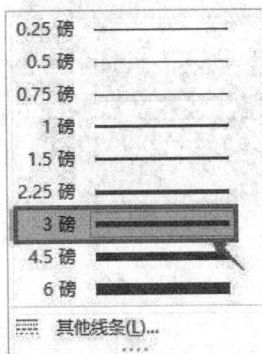

图4-26　设置完轮廓后效果

步骤4:设置形状效果。在"形状样式"功能组中的"形状效果"下依次设置"阴影"为"内部:中"→设置"发光"为"发光:5磅;金色,主题色4"→设置"棱台"为"柔圆",依次如图4-27所示。完成效果如图4-28所示。

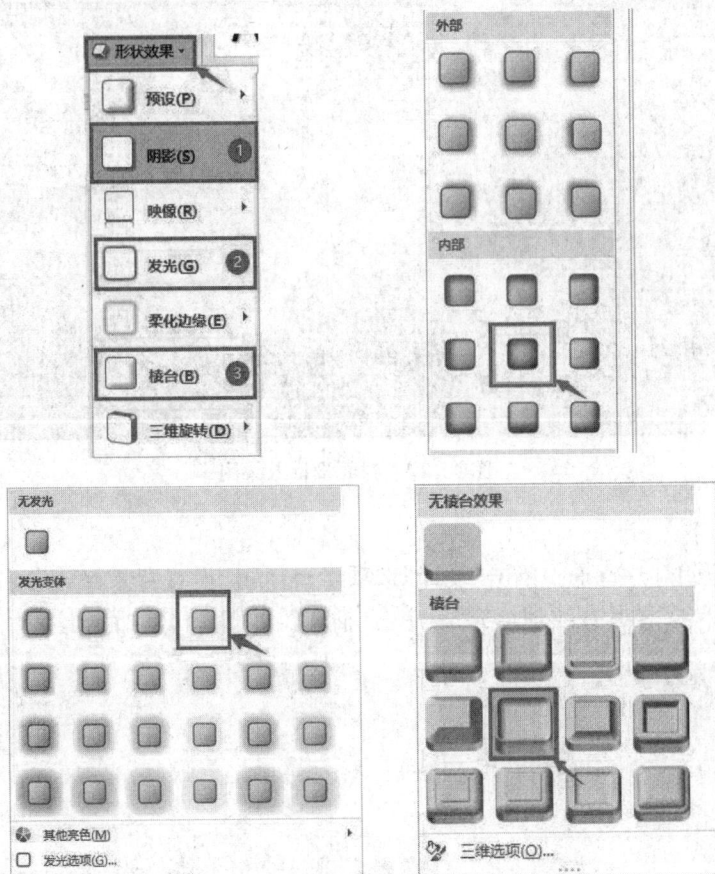

图2-27　设置形状效果的阴影、发光、棱台

图 4－28　完成怀表相片

案例：

利用"幻灯片背景填充"功能制作一 PPT 封面，效果参照图 4－29。

图 4－29　封面设计效果图

操作步骤如下：

步骤 1：设置幻灯片背景。单击"设计"选项卡→单击"设置背景格式"，右侧出现"设置背景格式"窗格→单击"图片或纹理填充"→单击"插入"，如图 4－30 所示。

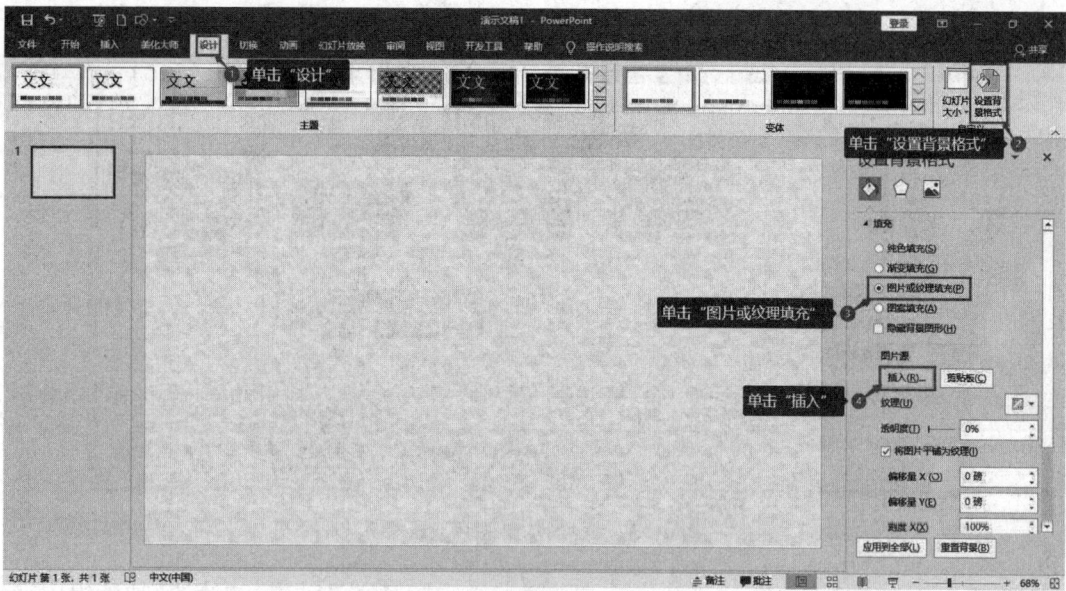

图4-30　设置幻灯片背景为图片

弹出"插入图片"对话框,选择"浏览",如图4-31所示。

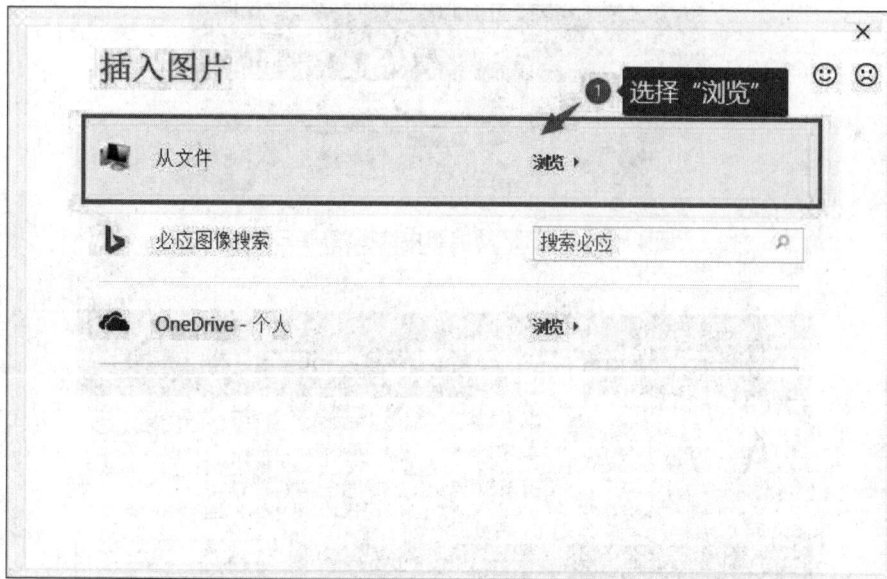

图4-31　从本机文件插入图片

弹出"插入图片"对话框,从本机找到所需图片的路径,找到图片双击,如图4-32所示。

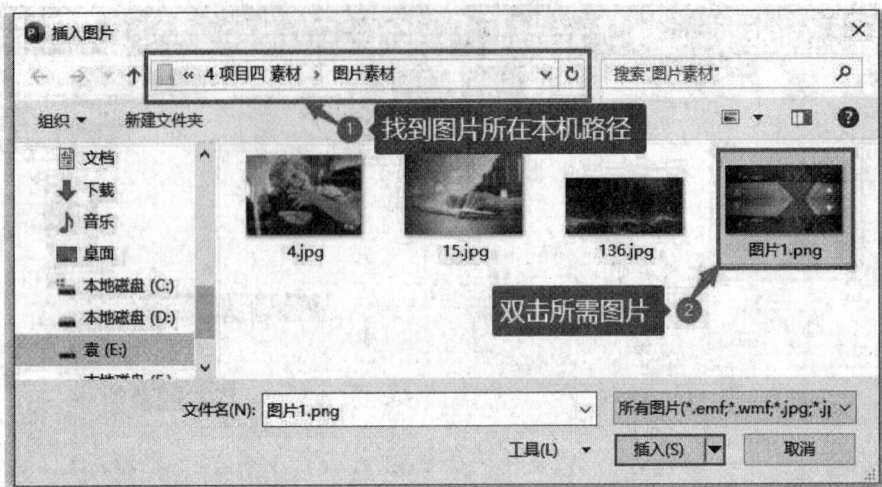

图4-32　找到本机图片双击插入

步骤2:绘制三角形并修改形状填充与轮廓。单击"开始"选项卡→"绘图"功能组中选择"等腰三角形",如图4-33所示,在适当位置绘制大小适当的等腰三角形。选择"格式"选项卡→单击"旋转"→选择"垂直翻转",如图4-34所示。

图4-33　"绘图"功能组中选择"等腰三角形"

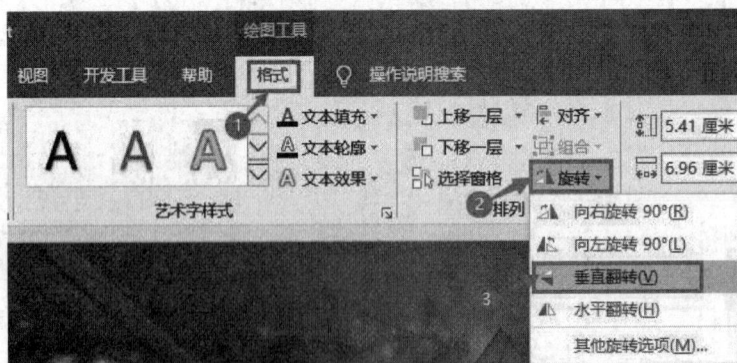

图4-34　将三角形垂直翻转

选择"格式"选项卡→"形状样式"功能组中单击"形状填充",选择"无填充"→单击"形状轮廓",颜色设置为"白色","粗细"选择"其他线条",右侧出现"设置形状格式"窗格,"宽度"设置为"20磅"→单击"形状效果"的"阴影"为"偏移:下",如图4-35所示。设置后效果如图4-36

所示。

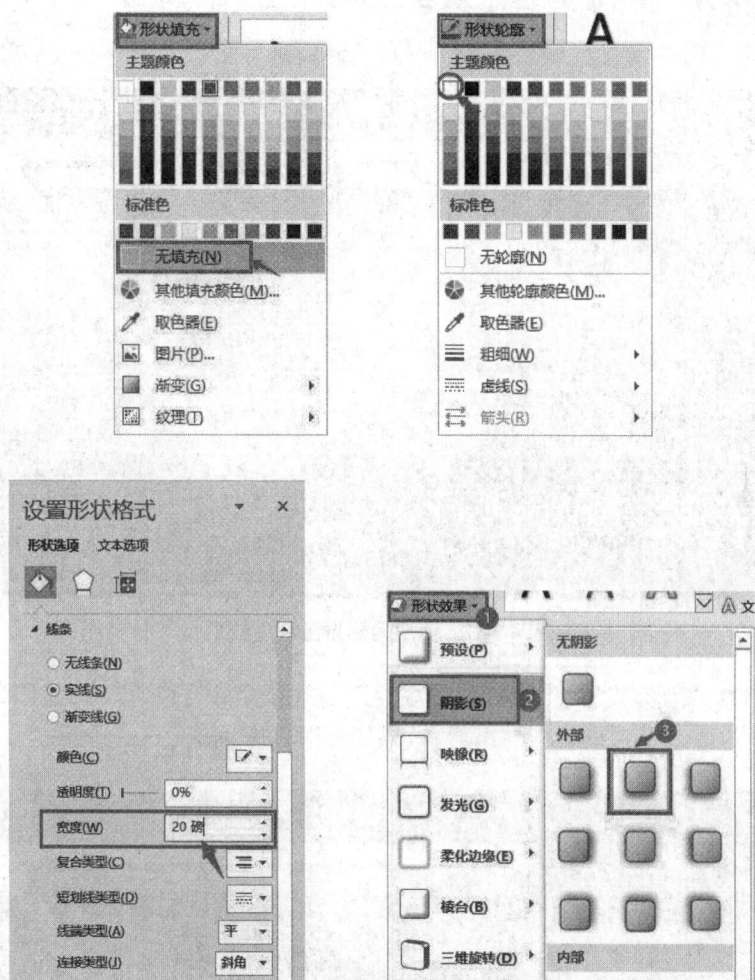

图 4-35　设置无填充、轮廓线颜色与粗细、阴影效果

图 4-36　设置好填充轮廓阴影的三角形

　　按"Ctrl"键复制一个三角形,按住"Shift"键拖动其中一个顶点改变到适当大小,修改"形状轮廓"颜色设置为标准色的"橙色","阴影"为"偏移:上",并移动适当位置,效果如图 4-37 所示。

图 4-37　两三角形排整齐后效果

　　步骤 3:绘制一矩形,设置"幻灯片背景填充"。单击"开始"选项卡→"绘图"功能组中选择"矩形",在适当位置绘制大小适当的矩形,效果如图 4-38 所示。

图 4-38　绘制大小适当的矩形

　　单击"形状样式"功能组右下角的按钮 ⬚ ,右侧打开"设置形状格式"窗格,如图 4-39 所示,填充选为"幻灯片背景填充",修改"形状轮廓"为"无轮廓","阴影"为"偏移:中"。设置完成后效果如图 4-40 所示。

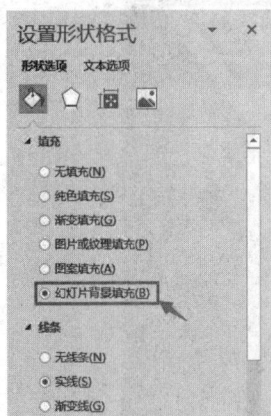

图 4‑39 设置幻灯片背景填充　　　　图 4‑40 设置完各形状样式后的效果

步骤 4：绘制文本框输入文字并设置字体格式。在"开始"选项卡的"绘图"功能组中选择"文本框"，在所有图形外绘制一个文本框，输入"2020 世界科技发展论坛"，再移动文本框到矩形图形上，如图 4‑41 所示。

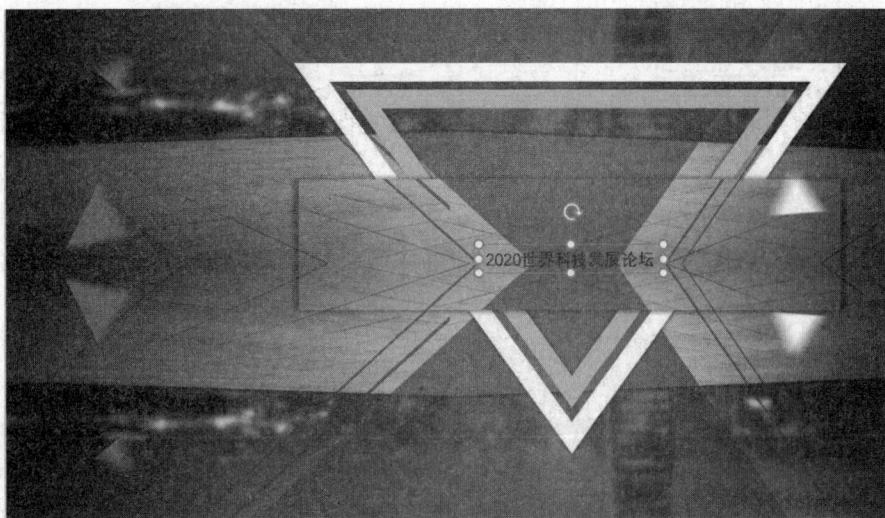

图 4‑41 绘制文本框并输入文字

设置数字与文本的字体格式，参数值如图 4‑42 所示。调整文字到适当位置，效果如图 4‑43 所示。

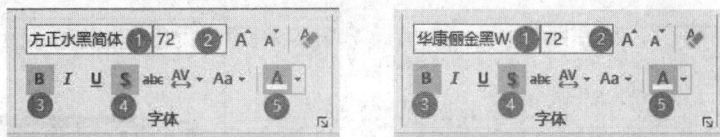

图 4‑42 设置字体格式

图 4-43　完成后的封面效果图

实训任务：

制作如图 4-44 所示的铅笔。

主要考查知识点：形状填充、形状轮廓。

图 4-44　铅笔

四、编辑形状

编辑形状主要指对插入的形状进行更改，可直接更改为其他形状，还可通过编辑形状的顶点进行形状编辑。

1. 更改形状

若想把已插入的形状换成另一种形状，可直接通过更改形状的方式来修改。操作方法如下：

选中形状，单击"格式"选项卡→单击"编辑形状"→单击"更改形状"→选择所需的新形状，如图 4-45 所示。

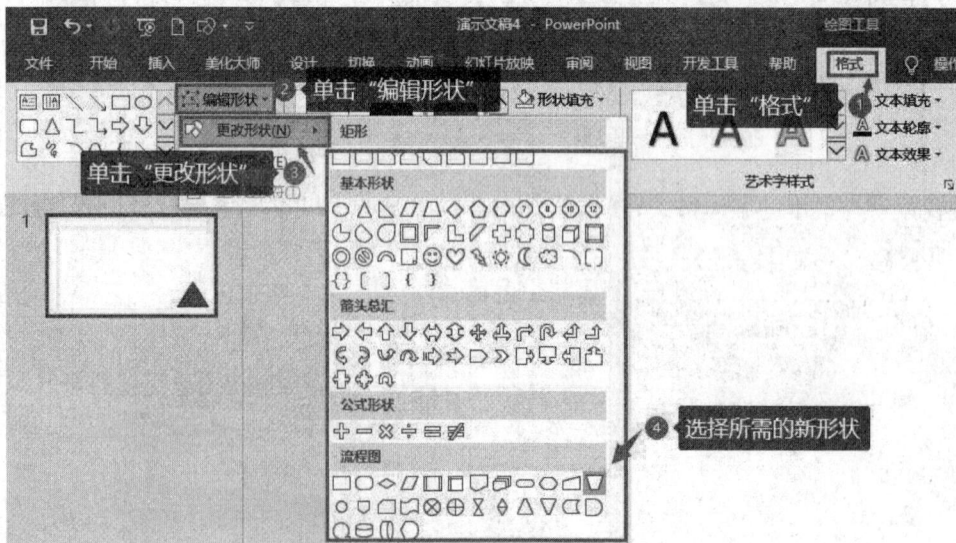

图 4-45　更改形状

2. 编辑顶点

PPT 制作过程中,用户可以通过基本形状编辑顶点来改变形状线条的走向,从而构造出新的图形,如图 4-46 中的树和苹果。

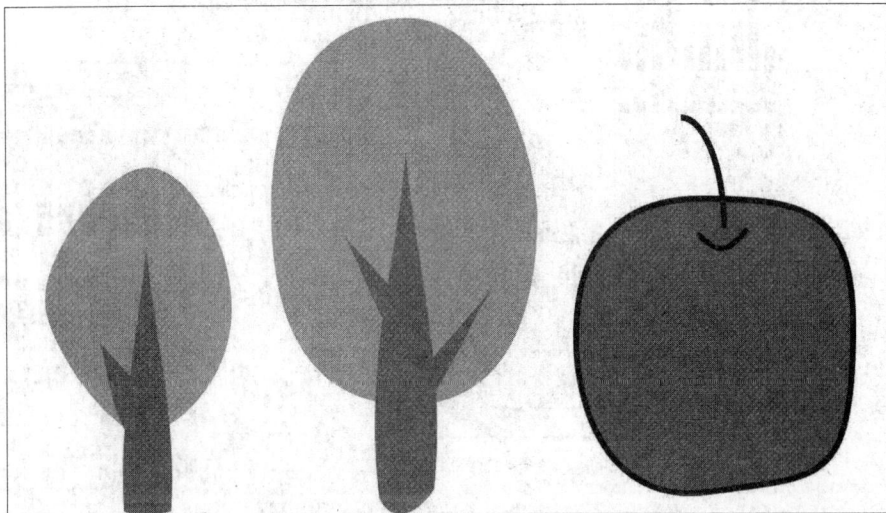

图 4-46　编辑顶点构造新图形

案例:

利用顶点编辑构建图 4-46 中间的树。

操作步骤如下:

步骤 1:绘制椭圆,改填充色。单击"开始"选项卡→单击"绘图"功能组中的"椭圆",如图 4-47 所示,在幻灯片适当位置绘制大小适合的椭圆。

图 4-47　选择椭圆形状

选择"格式"选项卡下"形状样式"功能组中的"形状填充"→选择标准色中的"浅绿",如图 4-48 所示,在"形状轮廓"中选"无轮廓",如图 4-49 所示。

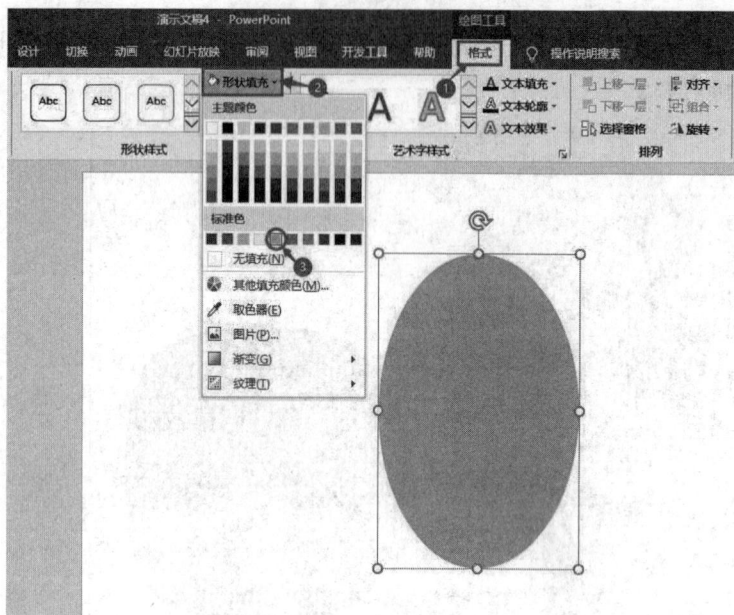

图 4-48　修改形状填充色为"浅绿"

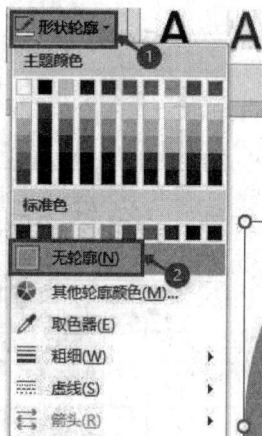

图 4-49　修改形状"无轮廓"

步骤 2：编辑椭圆顶点。右击椭圆，在弹出的快捷菜单中选择"编辑顶点"，如图 4-50 所示，此时椭圆边线上出现了四个小黑方块（控制点），如图 4-51 所示。

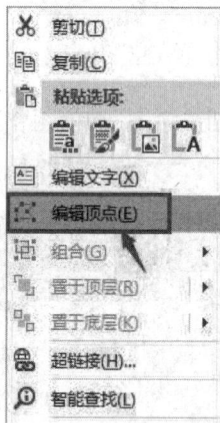

图 4-50　编辑顶点命令

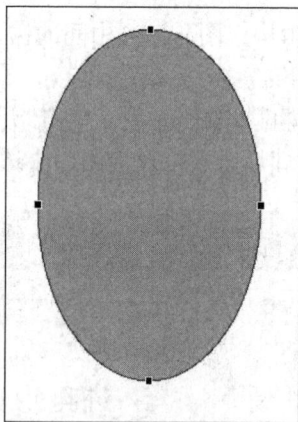

图 4-51　编辑顶点的控制点

移动鼠标对准上方"控制点"，按下鼠标左键不放，拖动虚线到适当位置放手，同时可看到控制点上出现一条直线（控制拉杆），鼠标对准其中一头的空心方块（拉杆控制点），按下鼠标沿着不同的方向拖动，这时可看到椭圆边线成虚线状，拖动鼠标会改变椭圆边线的弧度，观察适当后放手，如图 4-52 所示。注意两次拖动幅度都不要太大，特别对初学者来说，要稳和慢才能掌握控制的诀窍。同样的方法再对左侧控制点稍做调整，如图 4-53 所示。

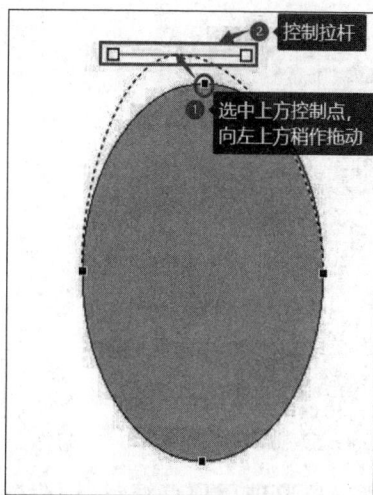

图 4-52　移动顶点控制点

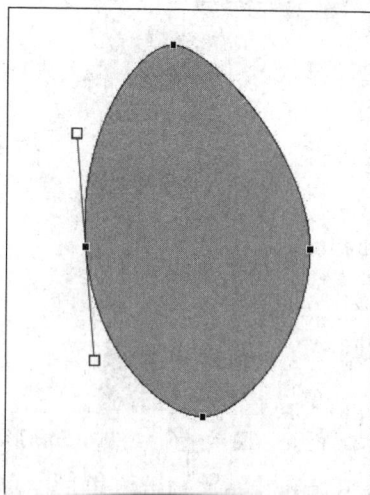

图 4-53　移动控制拉杆的控制点控制弧度

步骤 3：绘制三角形，改填充色。同样在"开始"选项卡单击"绘图"功能组中的三角形，在幻灯片适当位置绘制大小适合的三角形；设置"形状填充"→选择主题颜色中的"橙色，个性色 2，深色 50％"，如图 4-54 所示，在"形状轮廓"中选"无轮廓"。效果如图 4-55 所示。

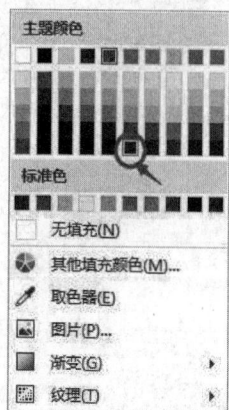

图 4-54　三角形填充颜色

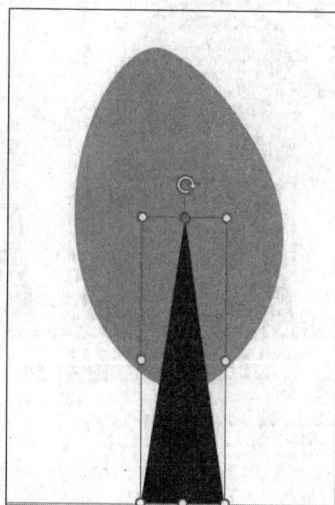

图 4-55　三角形设置无轮廓

同样再绘制另两个小三角形，并用格式刷将大三角形的格式复制给两小三角形，如图 4-56 所示。再各自对准三角形中的旋转控制点旋转两小三角形到适当角度，如图 4-57 所示。

图 4 – 56　绘制小三角形

鼠标对准旋转控制点旋转到
适当位置

图 4 – 57　旋转小三角形

　　步骤 4：编辑三角形顶点。再用同样的方法对这些三角形进行顶点编辑，构造树干和树枝，如图 4 – 58 所示。最终效果如图 4 – 59 所示。

图 4 – 58　编辑三角形顶点

图 4 – 59　完成效果图

实训任务:

制作效果如图 4-60 所示的折纸飞机。

主要考查知识点:形状渐变填充、形状顶点编辑。

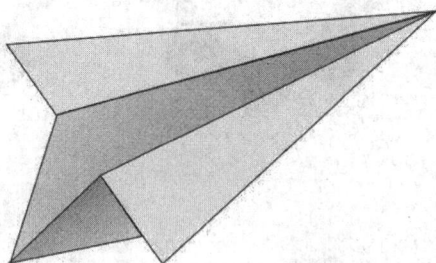

图 4-60　折纸飞机

五、合并形状

　　PPT 的合并形状功能可帮助用户对原基本形状进行重新构建,创建出更多更有创意的新图形。PowerPoint 2016 的合并形状有结合、组合、拆分、相交、剪除这五种不同的功能。现将大小不一的两个圆重叠一部分,并对它们分别做上述五种形状的合并,结果如图 4-61 所示。由此可以看出这些功能除拆分外,其他功能相当于将多个形状做布尔运算。拆分与结合的相同点是最终都是保留下所有的图形的并运算。唯一不同的是结合是将所有保留下的图形融合为一体,而拆分刚好是从相交位置将原图形拆分成多个独立部分,各部分可移动分开。像前面的艺术字拆分成笔画就是利用拆分的这个功能。

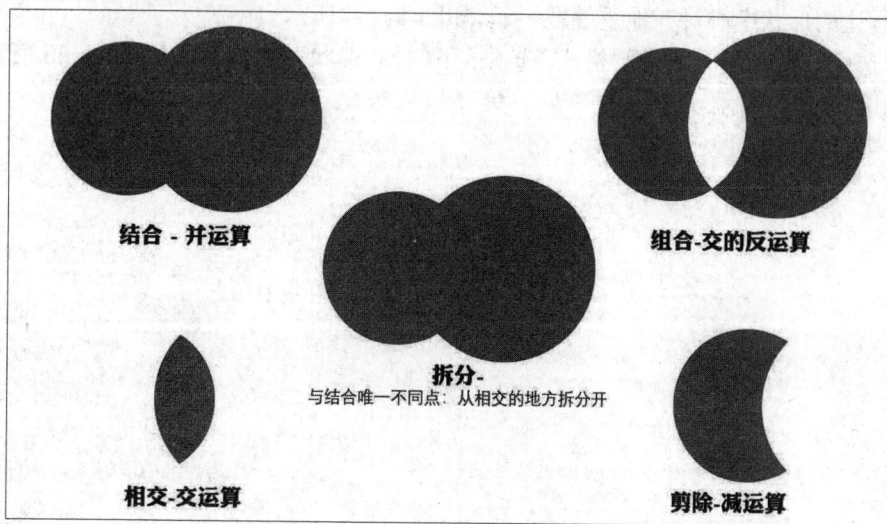

图 4-61　合并形状各功能的区别

如图 4-62 所示的图形都是由基本形状通过合并形状的功能得到的新图形。

图 4-62　合并形状功能的运用

案例：

选择上图的齿轮为例,利用剪除和相交功能来实现。

操作步骤如下：

步骤 1:绘制正八角星形和正圆,做剪除。在"开始"选项卡下"绘图"功能组中分别选择八角星形和椭圆形状,如图 4-63 所示。在幻灯片适当位置,分别按"Shift"键拖动鼠标画正八角形和正圆,让两形状中心对齐地重叠在一起,如图 4-64 所示。

同时选中这两个形状,选择"格式"选项卡下"合并形状"的"剪除",如图 4-65 所示。剪除后效果如图 4-66 所示。

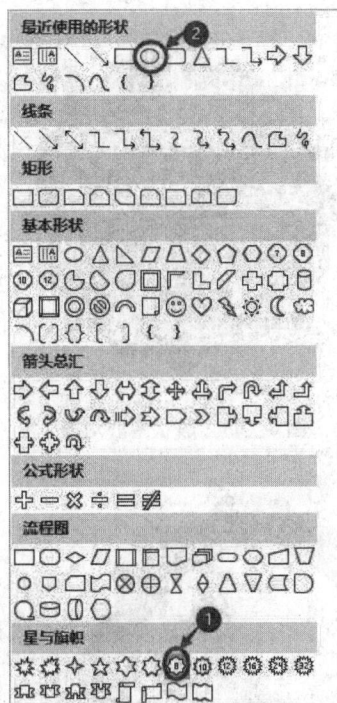

图 4-63　八角星形和椭圆

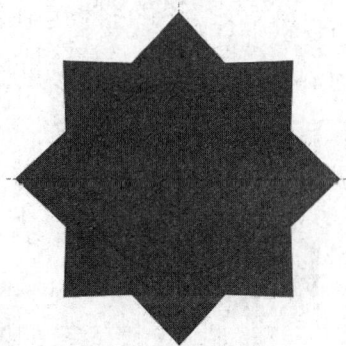

图 4-64　两形状中心重叠

图 4-65　形状剪除

图 4-66　正圆和正八角形剪除效果

步骤 2：绘制一正八边形，做相交。同样在"绘图"功能组中选择"八边形"，如图 4-67 所示。按"Shift"键拖动鼠标画正八边形与前面剪除得到的图形中心对齐地重叠在一起，如图 4-68 所示。选择"合并形状"的"相交"，如图 4-69 所示。结果如图 4-70 所示。

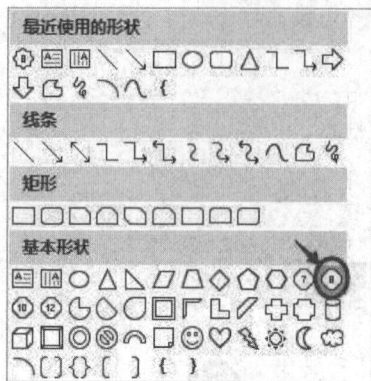

图 4-67 "绘图"中的八边形

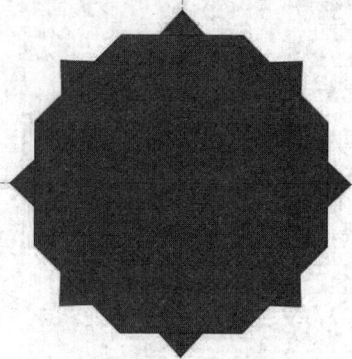

图 4-68 形状中心对齐

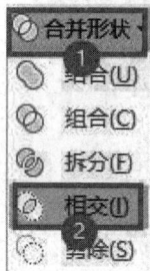

图 4-69 相交命令

图 4-70 相交操作后效果图

步骤3:修改填充色和轮廓。在"格式"选项卡的"形状样式"功能组单击"形状填充"→选择主题颜色中的"橙色,个性色2,深色50%",如图4-54所示,在"形状轮廓"中选"无轮廓"。效果如图4-71所示。

图 4-71 修改完成后效果图

实训任务:

制作如图 4-72 所示的葫芦。

主要考查知识点:形状填充、形状轮廓、编辑顶点、合并形状。

六、叠放层次

叠放层次是指形状与形状间的叠放次序,先画的形状在下层,后画的形状在上层,上层图形会遮挡住下层图形。图形的叠放次序是可以改变的,通常有两种方法。

图 4-72　葫芦案例的效果图

1. 右击快捷菜单法

右击形状,在弹出的快捷菜单中有"置于顶层"和"置于底层"两项选择,此时如果直接选择则表示直接将所选图形快速置顶或置底。如果是需要向上或向下一层一层地移,则需继续点击旁边的小黑三角形,选择下拉菜单中的上移一层或下移一层,而其中又出现的置于顶层与置于底层功能同前,如图 4-73 所示。

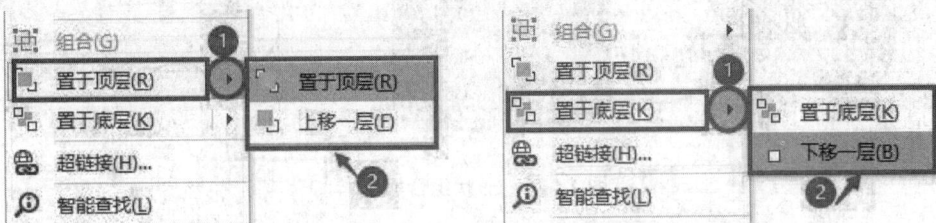

图 4-73　叠放层次

2. 选择窗格法

单击"开始"选项卡最右边"编辑"功能组中的"选择",在下拉菜单中单击"选择窗格",如图 4-74 所示。

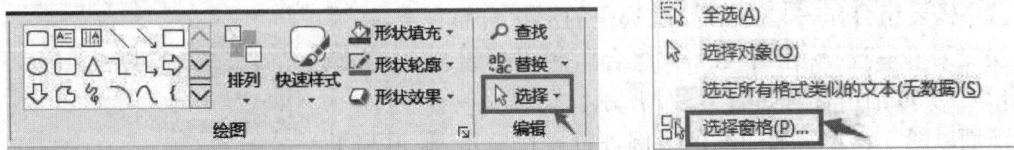

图 4-74　打开"选择"窗格

窗口右侧会打开"选择"窗格,本页幻灯片里的所有对象会按放入的先后顺序由下至上地排列在窗格里,上方的对象会遮挡下方的对象。这时可根据需要先选择对象再按上方的向下或向下的箭头来调整对象的叠放次序,如图 4-75 的所示。

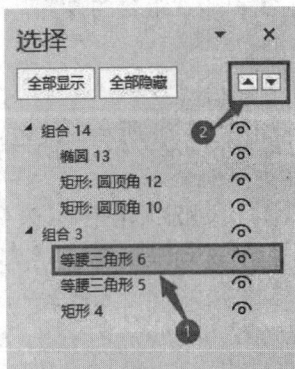

图 4-75　"选择"窗格中调整对象的叠放次序

七、形状组合

我们在利用基本形状构建其他图形时,由于这些图形是由很多基本形状组合而成的(如图 4-76 所示),很多时候好不容易对齐好这些形状的位置或角度,却常常因为不小心拖动了鼠标导致重新对齐。为了防止这种情况的发生,我们可以将所有这些形状选中,并组合在一起形成一个对象。这里说的组合不做布尔运算,只是将所有形状组合在一起形成一个组合对象,组合后还可取消组合,还原成原来一个一个的形状,即使没取消组合也可先选中组合对象,再单击各形状单个选中,对各形状再做修改。而前面合并形状功能中合并是做布尔运算,而且合并后就是一个整体,不能再分解还原。

图 4-76 形状组合案例

形状组合操作方法有以下两种:

1. 快捷键法

选中需要组合在一起的形状,按"Ctrl+G"快捷键即可。按"Ctrl+Shift+G"快捷键可取消组合。

2. 右击快捷菜单法

选中需要组合在一起的形状,在选中的形状内部右击,在弹出的快捷菜单中选择"组合"下的"组合",想取消组合,则选择"组合"下的"取消组合",如图 4-77 所示。

下面以图 4-76 所示的红包为例进行操作演示,学习和了解叠放层次和形状组合的设置。

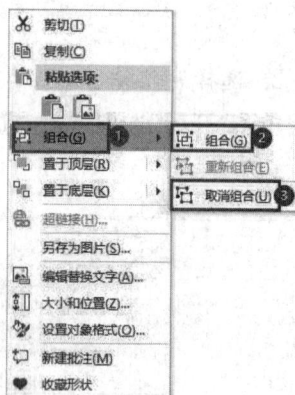

图 4-77 组合与取消组合

案例:

制作如图 4-76 所示的红包,注意形状间的叠放层次,最后将形状组合成一个对象。

操作步骤如下:

步骤 1:绘制圆顶角矩形,改变方向及圆角弧度。

在"开始"选项卡→在"绘图"功能组中选择"矩形:圆顶角"形状,如图 4-78 所示。

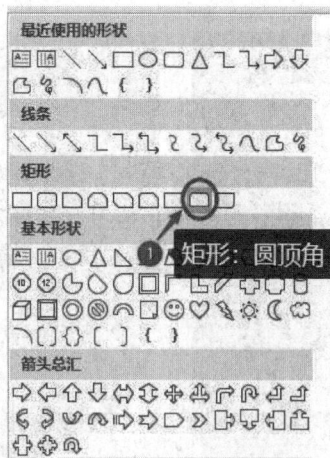

图 4-78　绘制圆顶角矩形

在幻灯片适当位置，拖动鼠标画一大小适当的圆顶角矩形，再选择"格式"选项卡下"旋转"→"垂直翻转"，让圆顶角朝下，如图 4-79 所示。

图 4-79　垂直翻转

复制一圆顶角矩形，并将鼠标对准其改变形状的控制点同时拉动，修改圆顶角弧度，如图 4-80 所示。

图 4－80　修改圆顶角弧度

再将两矩形按水平居中和顶端对齐重叠一起，可利用智能对齐或命令对齐，并调整复制得到的圆顶角矩形高度到适当位置，如图 4－81 所示。

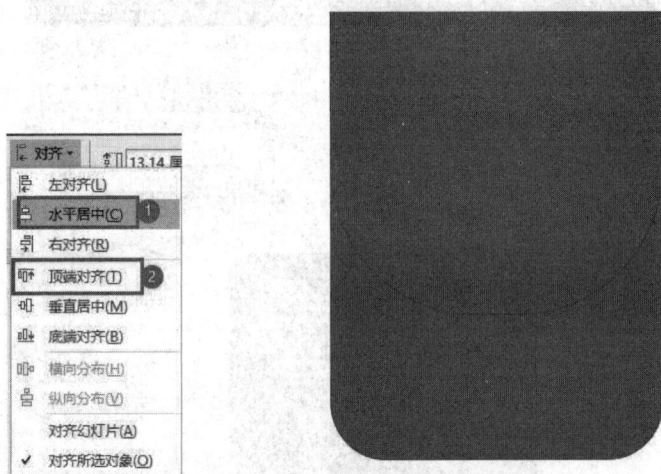

图 4－81　设置对齐并调整高度

步骤 2：修改圆顶角矩形的填充色、轮廓线及阴影效果。分别选中两圆顶角矩形，在"格式"选项卡的"形状样式"功能组中分别设置"形状填充"为"深红""红色"，"形状轮廓"均设置为"无轮廓"，设置上方圆顶角矩形"形状效果"中"阴影"为"偏移：下"，如图 4－82 所示。设置后效果如图 4－83 所示。

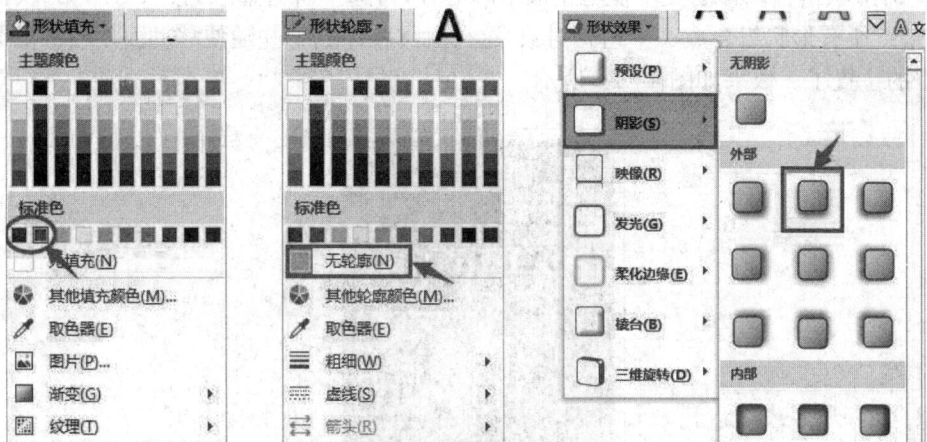

图 4-82 设置图顶角矩形填充色、轮廓线及阴影效果

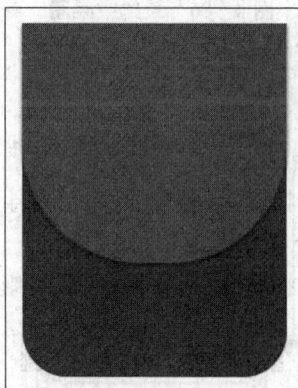

图 4-83 设置形状样式后效果

步骤 3：绘制正圆，修改填充色与轮廓。单击"开始"选项卡→"绘图"功能组中选择"椭圆"，按"Shift"键画适当大小的正圆，移动到如图 4-84 所示的适当位置→在"格式"选项卡的"形状样式"功能组中设置"形状填充"为"橙色"，"形状轮廓"设置为"无轮廓"。效果如图 4-84 所示。

步骤 4：绘制文本框输入文字，改字体格式。单击"开始"选项卡，在"绘图"功能组中选择"文本框"，在图形外绘制一文本框并输入文字"拆红包"，调整字体、字号、字形和颜色，具体可参考图 4-85 所示，字号根据情况自行调整大小。

图 4-84 修改正圆形状样式后的效果

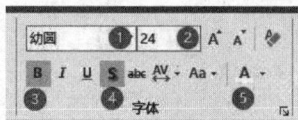

图 4-85 字体格式参考

步骤5：形状组合。移动文本框与正圆中心对齐，再选中所有形状，按"Ctrl+G"快捷键进行组合，最终所有形状组合成一个组合对象，这样就可整体选中并随便移动而不会拆散原各形状对齐好的位置了。效果如图4-86所示。

图 4-86　最终效果图

实训任务：

1. 制作如图4-87所示的叮当猫。
主要考查知识点：形状填充、形状轮廓、叠放层次、形状组合。
2. 制作如图4-88所示的米字格和四线三格。
主要考查知识点：形状对齐、形状填充、形状轮廓、形状组合。

图 4-87　利用基本形状绘制叮当猫

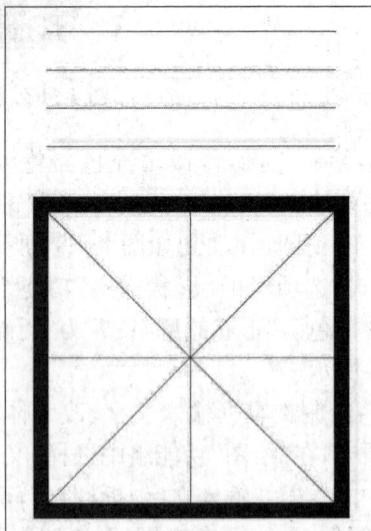

图 4-88　绘制米字格和四线三格

任务二　形状的灵活运用

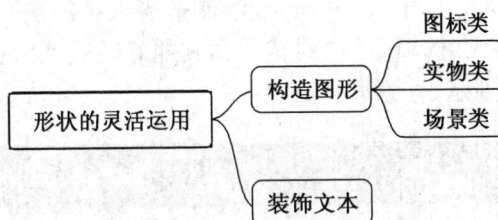

由于软件提供的基本形状不足以满足课件制作的需求,通过任务一的学习,可以利用基本形状灵活地构造我们自己想要的图形。下面主要从在构造图形和充当色块两个方面来介绍形状的灵活运用。

一、构造图形

利用基本形状构造图形可归类成图标类、实物类、场景类。

1. 图标类

幻灯片制作过程中,常常需要一些图标或按钮来装饰或作类型提示等作用。当然网络上有很多这样的资源可以下载,有时如果条件不允许,但又需要图标,完全可以利用基本形状自己绘制,如图 4 - 89 所示。

图 4 - 89　各种按钮和图标

以上这些图标基本上是由多个基本形状组合而成,再通过修改填充色、增加轮廓线、加点阴影、编辑顶点、设置三维效果、旋转一定角度等操作实现。

案例：

绘制如图 4-90 所示的折叠图标。

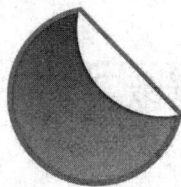

图 4-90　折叠图标效果图

步骤 1：绘制正圆和矩形，两者相拆分。在"开始"选项卡"绘图"功能组中选择"椭圆"，在空白幻灯片中按"Shift"键绘制适当大小的正圆。再绘制一个"矩形"，选择"格式"选项卡→"旋转"→"其他旋转选项"→旋转值设为"45°"，如图 4-91 所示，移到适当位置。

图 4-91　旋转矩形 45 度

框选圆和矩形，选择"格式"选项卡下的"合并形状"→"拆分"，如图 4-92 所示。形状被拆分成如图 4-93 所示的①②③部分，删除编号为③的部分。

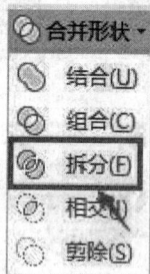

图 4-92　拆分命令

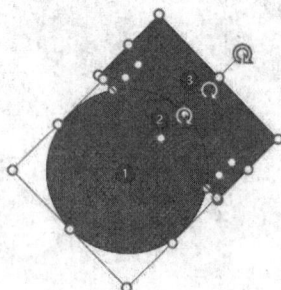

图 4-93　拆分成①②③部分

步骤 2：翻转小弧形与大弧形重叠。选中上图②部分即小弧形，选择"格式"选项卡→"旋转"→"其他旋转选项"→旋转值设为"225°"；右击小弧形，选择"置于顶层"，移动小弧形与大弧形于拆分处重叠。图 4-94 所示为重叠前后对比。

图 4 - 94　旋转后和重叠后

步骤 3：修改拆分后图形样式。选中小弧形，在"格式"选项卡的"形状样式"功能组中设置"形状填充"为"白色"→"形状轮廓"设置为"无轮廓"→"形状效果"里"阴影"设置为"偏移：左下"，如图 4 - 95 所示。

选中大弧形，在"格式"选项卡的"形状样式"功能组中设置"形状填充"为"渐变"→"变体"中的"从左上角"，如图 4 - 96 所示。

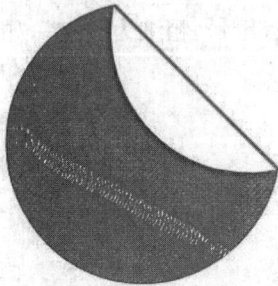

图 4 - 95

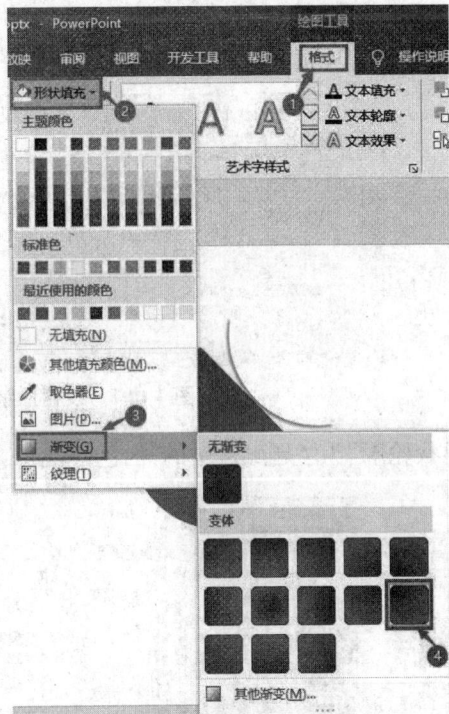

图 4 - 96　设置从左上角渐变填充

点击"设置形状格式"图标，在右侧"设置形状格式"窗格中对渐变颜色做进一步修改，分别从左到右依次选中"渐变光圈"的三个滑块→单击"颜色"→颜色依次设"蓝色""浅蓝""其他颜色-标准"中的"浅青绿"，各颜色依次如图 4 - 97 所示。

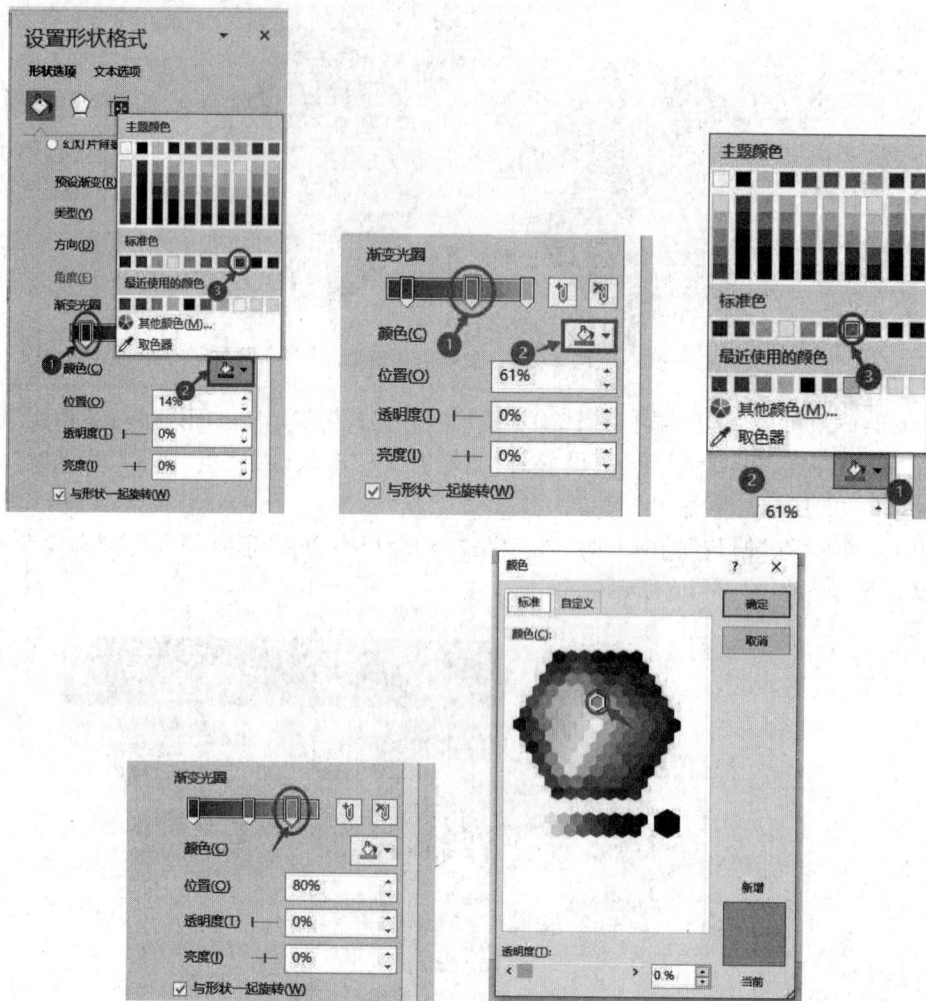

图 4 - 97 设置形状渐变填充

设置"形状轮廓"为主题颜色中的"白色,背景1,深色 35%",粗细为"6 磅",如图 4 - 98 所示。

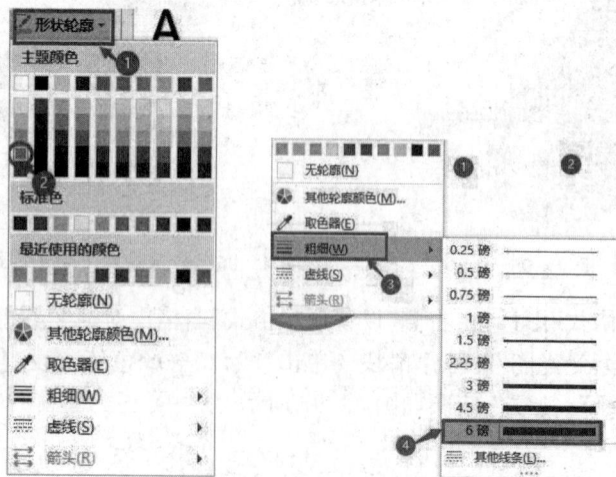

图 4 - 98 设置形状轮廓

"形状效果"→"阴影"→"内部"→"内部：中"，如图 4－99 所示。最后按"Ctrl＋G"快捷键组合，完成效果如图 4－100 所示。

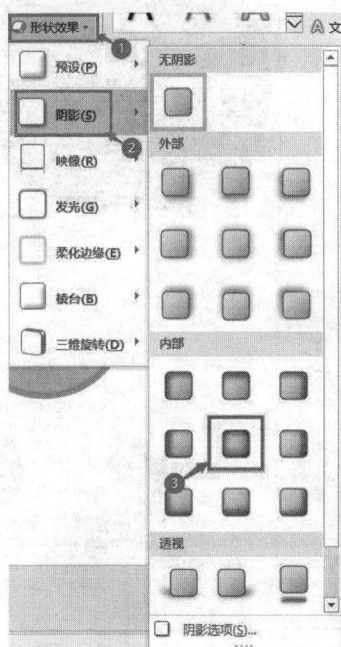

图 4－99　设置阴影效果

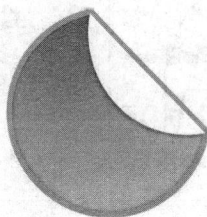

图 4－100　完成效果图

实训任务：

绘制出如图 4－101 所示的电话图标。

图4－101　电话图标效果图

2. 实物类

基本形状还可以制作一些实物，比如水果、人物、动物、花草、树木等，如图 4－102 所示。

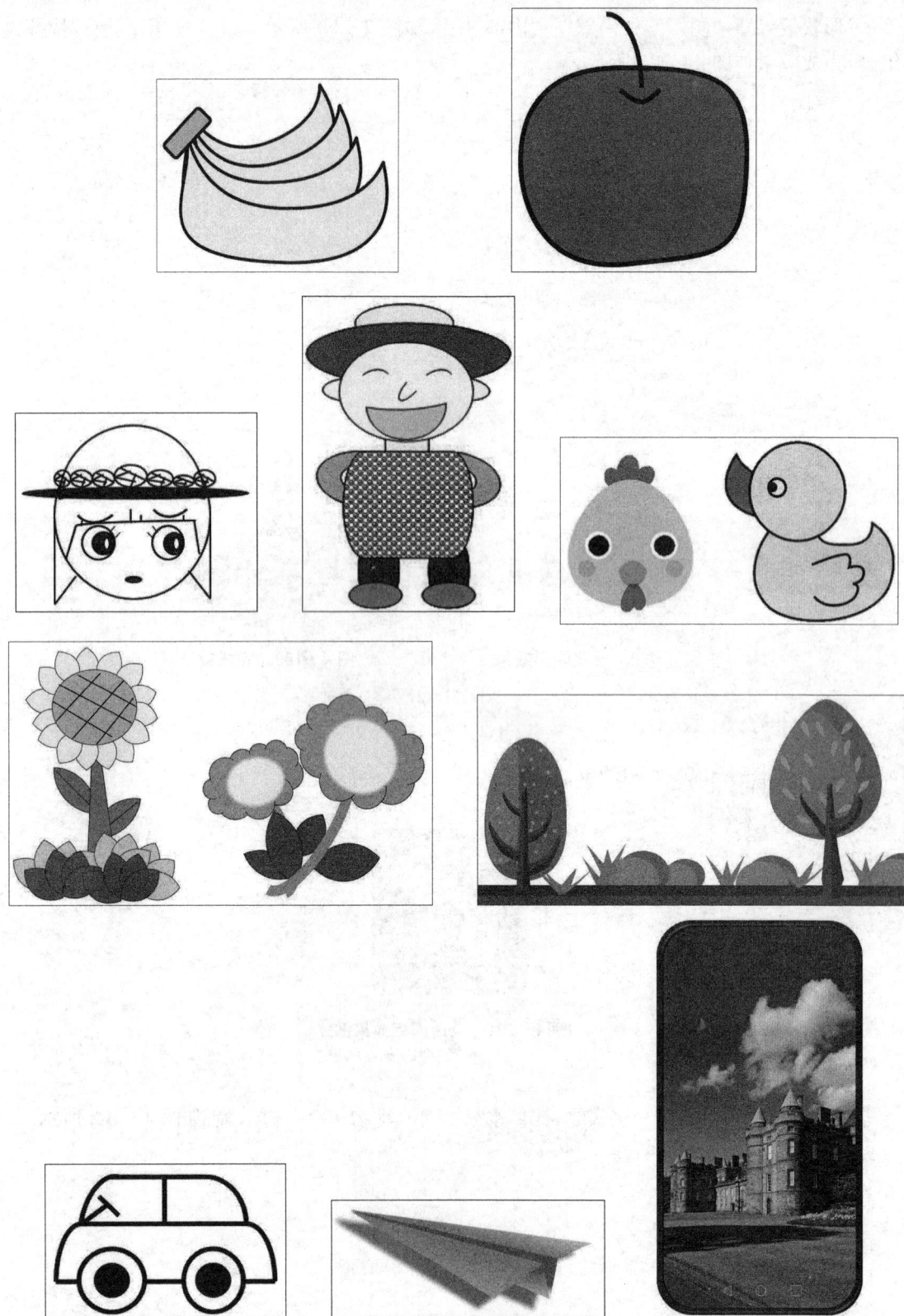

图 4-102　各种实物

案例：

绘制组图 4 - 102 中的手机。

操作步骤如下：

步骤 1：绘制手机外框。选择"开始"选项卡→在"绘图"功能组中选择"矩形：圆角"，在空白幻灯片中绘制适当大小的圆角矩形，按"Ctrl"键复制一个圆角矩形，并拖动其顶点上的控制点稍改小一点，用智能对齐功能让两圆角矩形水平垂直均居中对齐。效果如图 4 - 103 所示。

框选两圆角矩形，选择"格式"选项卡→"合并形状"→"剪除"，如图 4 - 104 所示。

图 4 - 103　对齐两圆角矩形　　　　　　　图 4 - 104　剪除后的形状

选择"格式"选项卡→在"形状样式"功能组中→设置"形状填充"和"形状轮廓"均为"黑色，文字 1，淡色 25％"→"形状效果"中设置"棱台"为"柔圆"，如图 4 - 105 所示。

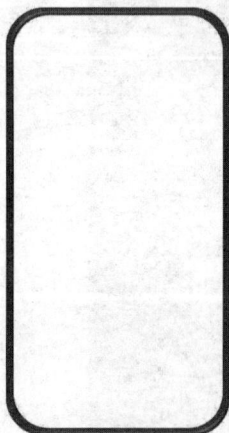

图 4 - 105　设置图样式后　　　　　　　图 4 - 106　插入本地图片

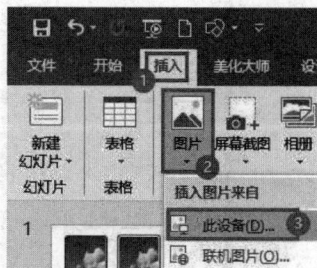

步骤 2：给手机贴图。选择"插入"选项卡→单击"图片"→"此设备"命令，如图 4 - 106 所示；在弹出对话框中找到图片所在本机的路径，双击所需的图片，如图 4 - 107 所示。

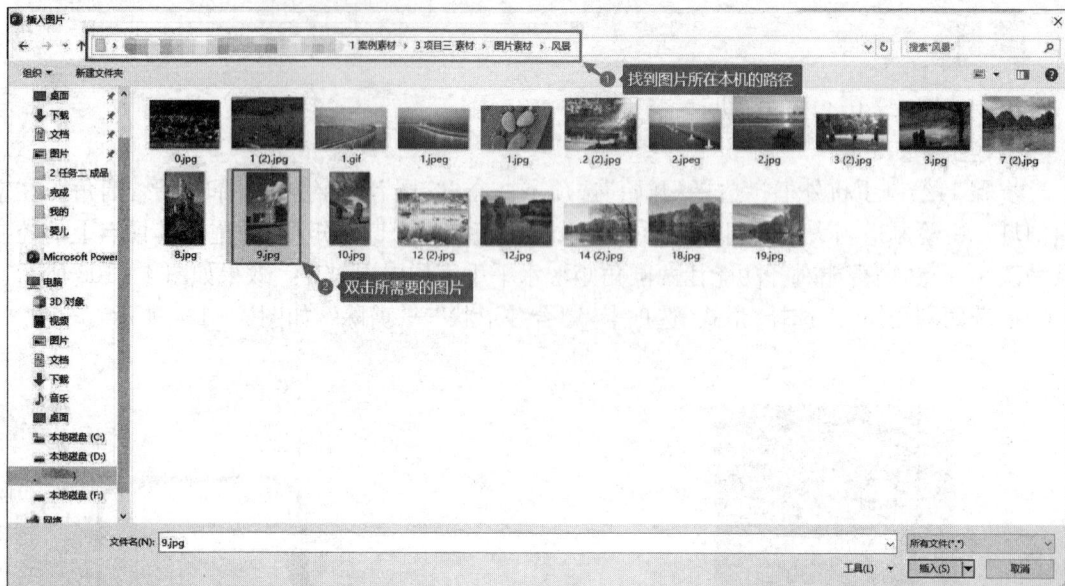

图 4 - 107　插入图片对话框

选择"格式"选项卡→单击"裁剪"，先裁剪掉图片下方有字迹部分，再选择"裁剪"→"裁剪为形状"→选择"圆角矩形"，依次如图 4 - 108 所示。

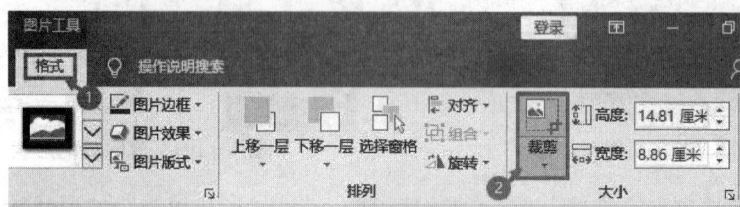

图 4 - 108　裁剪图片

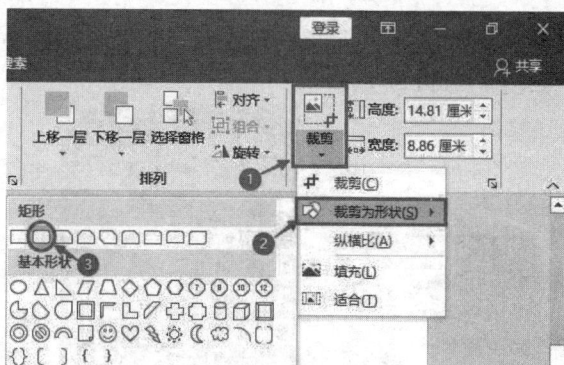

图 4-108(续)　裁剪图片

　　移动图片到手机外框上,拖动图片顶点控制点(小白圆圈)调整图片大小,拉动图片上改变图形形状的控制点(小黄圆圈),改变四角的弧度尽量与手机外框角弧度一致,如图 4-109 所示;调整图片让其与手机外框水平垂直均居中,并右击图片,选择"置于底层";选中手机外框与图片,按"Ctrl+G"快捷键组合成一个图形。

图 4-109　改变图片四角弧度

　　步骤 3:绘制手机按键。选择"开始"选项卡→在"绘图"功能组中分别选择"等腰三角形、椭圆、矩形",均按"Shift"键各画一个大小适当的对应形状;选择三角形,选择"格式"选项卡下"旋转"→"向左旋转 90°",如图 4-110 所示。

图 4-110　绘制手机下方按钮

框选这三个形状,选择"格式"选项卡下"对齐"→设置为"垂直居中"和"横向分布",并按"Ctrl+G"快捷键组合。如图 4-111 所示。

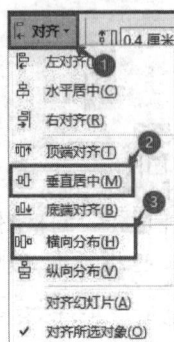

图 4-111　设置按钮对齐方式并组合

选中组合图形,在"格式"选项卡的"形状样式"功能组中设置"形状填充"为"无填充"→设置"形状轮廓"为"白色,背景 1,深色 25%",如图 4-112 中前面两幅图所示;调整组合图形与前面图形水平居中,同时选中两组合图形按"Ctrl+G"快捷键组合,最终完成效果如图 4-112 最后一幅图所示。

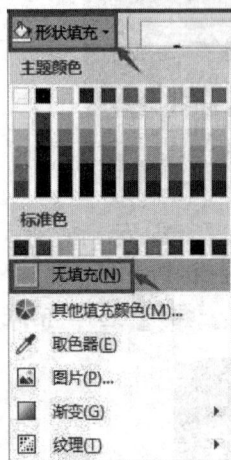

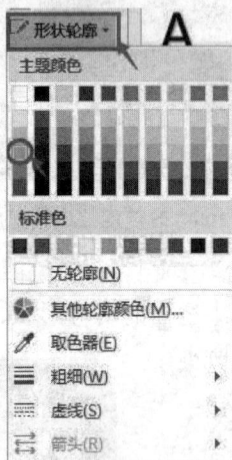

图 4-112　设置形状样式并与之前图形对齐和组合

实训任务:

仿图 4-113 绘制灯泡和手提袋。

图 4 - 113　任务效果图

3. 场景类

当背景素材不够时,还可利用基本形状设计一些简单的场景来作为 PPT 的背景,如图 4 - 114 所示。

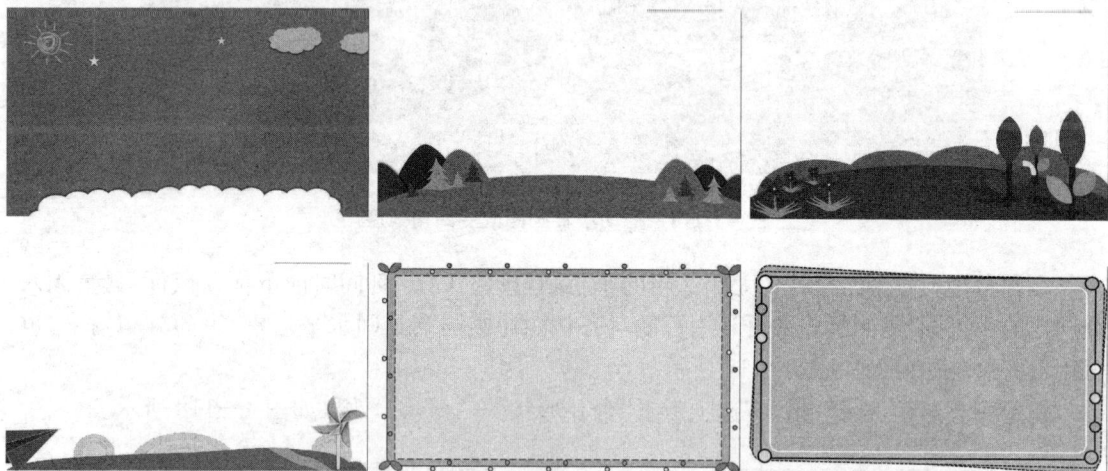

图 4 - 114　各种作为背景的场景

案例:

仿图 4 - 115 制作一翻页纸效果的背景。

图 4 - 115　翻页纸效果图

操作步骤如下：

步骤 1：绘制翻页纸。选择"开始"选项卡→在"绘图"功能组中选择"矩形：圆角"，在空白幻灯片中绘制适当大小的圆角矩形，并拖动形状上改变形状的控制点（小黄圆圈）改变四角的弧度，如图 4 - 116 所示。

图 4 - 116   拖动小黄圆圈改变四角弧度

在圆角矩形左侧绘制一个大小适当的小正圆，按住"Ctrl"键同时向下拖动鼠标，另复制六个同样的小正圆，复制过程中可利用智能对齐功能让圆与圆之间水平居中、纵向分布对齐，也可用对齐命令。效果如图 4 - 117 所示。

框选所有形状，选择"格式"选项卡下"合并形状"→"剪除"，效果如图 4 - 118 所示。

图 4 - 117   复制并调整齐的小正圆

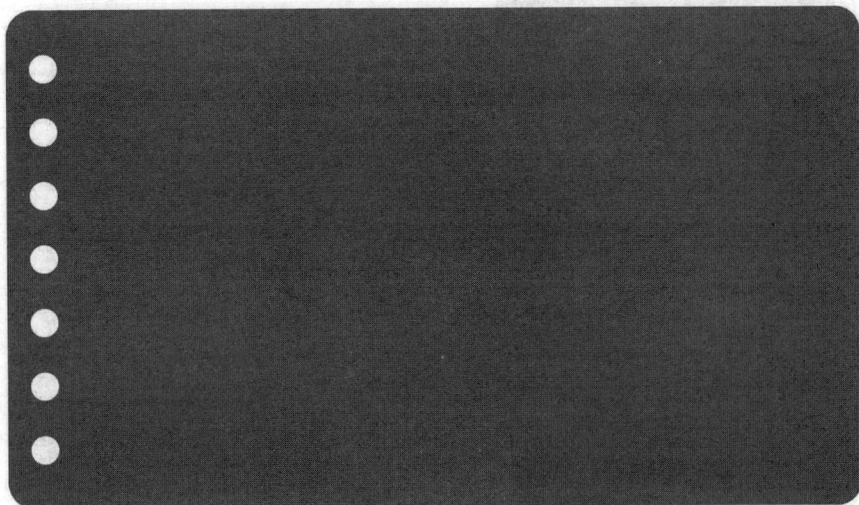

图 4-118　小正圆与圆角矩形相剪除后效果

步骤 2:绘制穿线。同上,绘制一个小圆角矩形,并拖动形状上的小黄圆圈至四角完全变成半圆弧,与第一圆孔对齐;同样复制另外六个,并与其他圆孔对齐,效果如图 4-119 所示。

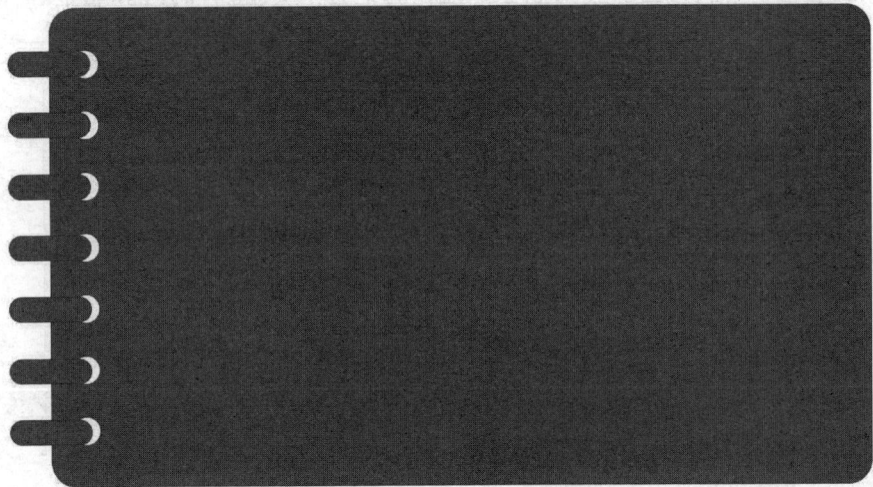

图 4-119　穿线与圆孔对齐效果

步骤 3:调整纸与穿线形状样式。选中代表纸的圆角矩形,在"格式"选项卡的"形状样式"功能组中设置"形状填充"为"渐变"→选择"浅色变体"中的"线性对角-右下到左上",如图 4-120 所示。

点击"设置形状格式"图标,在右侧"设置形状格式"窗格中对渐变颜色做进一步修改,选中"渐变光圈"的第二个颜色滑块向滑杆外任意位置拖放,即丢掉该颜色滑块,如图 4-121 所示。

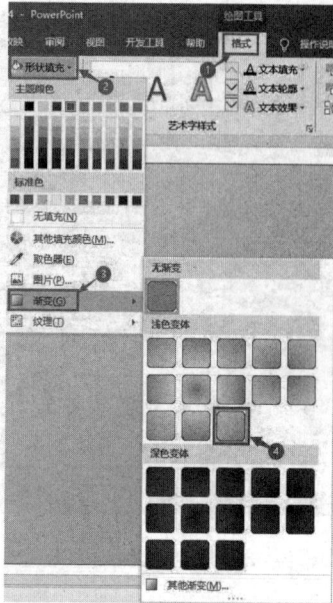

图4-120 设置线性对角—右下到左上渐变　　图4-121 丢掉中间的颜色滑块

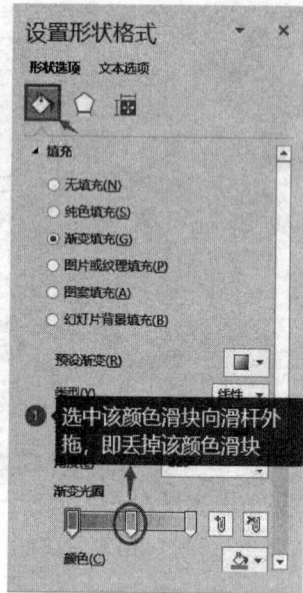

依次选中"渐变光圈"剩下的两个颜色滑块→单击"颜色"→颜色依次设置为"白色,背景1,深色15％""白色",并拉动第二个白颜色的滑块靠近第一个滑块,"角度"改为"215°",如图4-122所示。

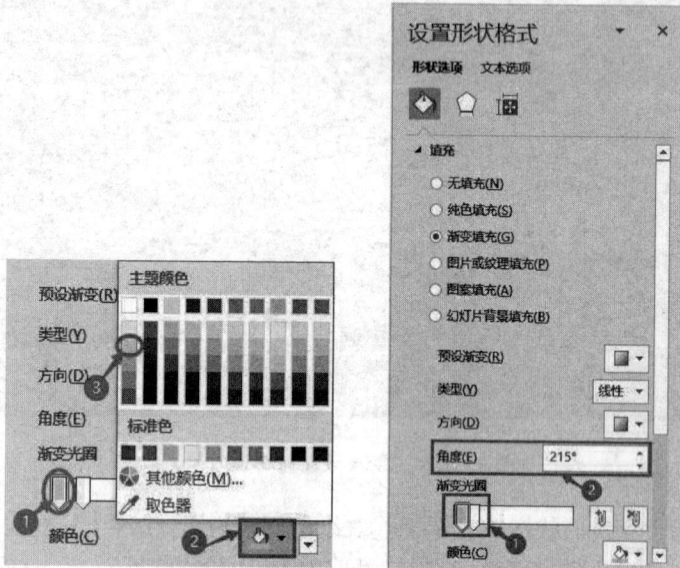

图4-122 重新设置滑块颜色并调整距离

设置"形状轮廓"为"浅灰色,背景2,深色10％"→设置"形状效果"下"阴影"为"偏移:中",并打开"设置形状格式"窗格,在"效果"选项下调整阴影"大小"为"101％",依次设置如图4-123所示。

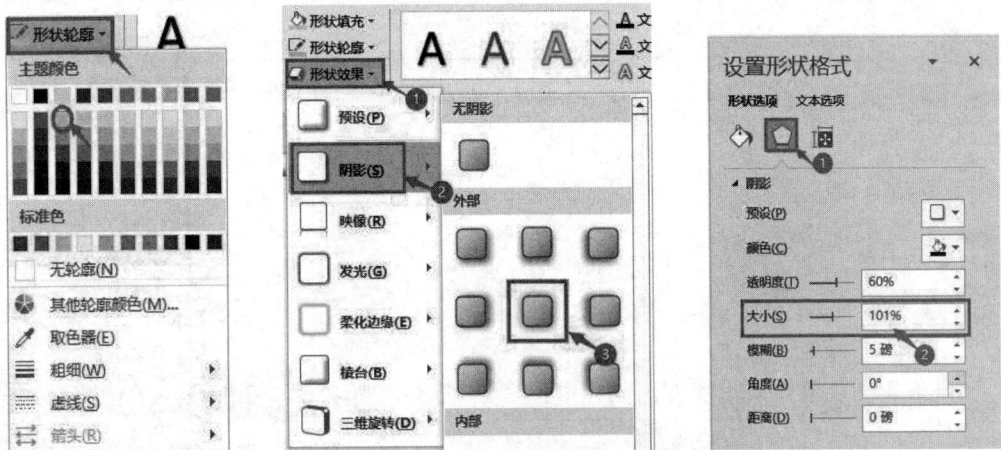
组图 4-123　设置形状轮廓和阴影效果

选中调整好样式的"纸"，单击"开始"选项卡下的"格式刷"，单击第一个代表"穿线"的小圆角矩形，这时可以看到形状样式的效果同"纸"的效果；这时再稍稍调整一下渐变光圈两颜色滑块的距离，看折痕效果；并设置"形状效果"下"阴影"为"偏移：左下"。操作依次如图 4-124 所示，效果如图 4-125 所示。

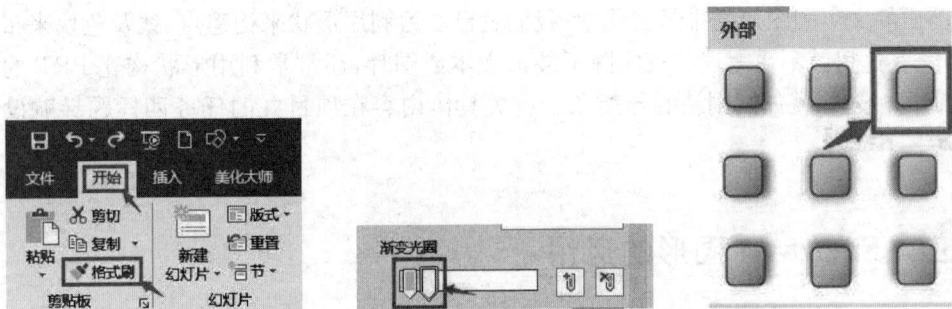
图 4-124　利用格式刷复制形状格式并修改阴影效果

图 4-125　复制并设置好阴影后的效果

双击"开始"选项卡下的"格式刷"，分别单击下面另六个小圆角矩形即完成所有设置，效果如图 4‑126 所示。

图 4‑126　利用格式刷复制形状格式到其他小圆形矩形

实训任务:

完成图 4‑114 中任意一场景图,或自创一幅与某一主题相符的场景图。

二、装饰文本

在前面的文本和图片的排版美化中,我们就已学习利用形状来构建点、线及色块来布局和装饰文本,在这里就不再累述。其实除了装饰文本或图片,还常常利用形状构建 PPT 的标题栏。PPT 的标题栏就如同网站的导航条。有关具体内容在项目九的任务四标题导航设计中进行讲解。

任务三　SmartArt 图形的运用

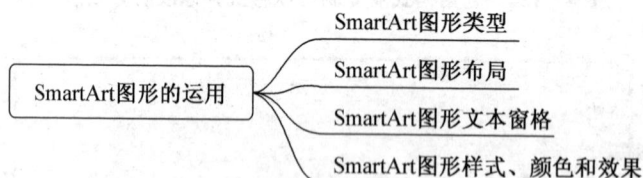

SmartArt 是 Microsoft Office 2007 中新加入的特性,用户可在 PowerPoint、Word、Excel 中使用该特性创建各种图形图表。SmartArt 图形是信息和观点的视觉表示形式。可以通过从多种不同布局中进行选择来创建 SmartArt 图形,从而快速、轻松、有效地传达信息。

我们都知道插图和图形比文字更有助于读者解读信息,所以制作幻灯片时,特别像一些目录或表示要点的内容,除了前面学习的自行设计图形图标之外,其实完全可以借助软件中的 SmartArt 图形帮我们将文字内容转换成具有设计师水准的组织结构图。

一、SmartArt 图形类型

创建 SmartArt 图形时，系统将弹出"选择 SmartArt 图形"对话框让用户从众多图形类型中选择一种布局，PowerPoint 2016 的 SmartArt 图形类型丰富，如图 4－127 所示，有列表、流程、循环、层次结构、关系、矩阵、棱锥图、图片等 8 种，完全满足用户对图形类型的需求。

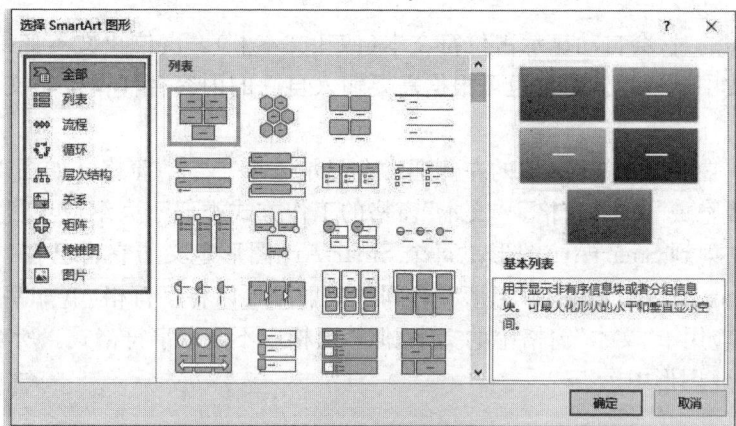

图 4－127　图形类型

二、SmartArt 图形布局

每种不同的类型下又包含有很多不同的布局，图 4－128 为关系布局，为 SmartArt 图形选择布局时，用户可根据内容的逻辑关系、所需的文字量和形状个数关系、所想表达信息风格等条件来选择布局。也可以尝试切换不同类型的不同布局，来找到一个最合适布局。切换布局时，大部分文字和其他内容、颜色、样式、效果和文本格式会自动带入新布局中。

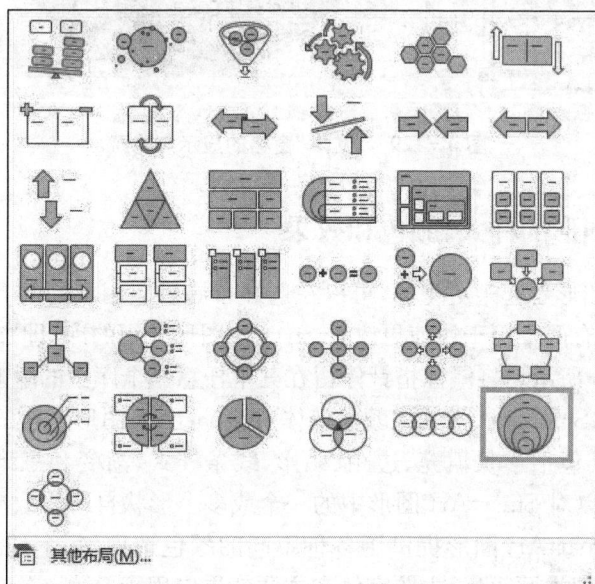

图 4－128　关系类型的不同布局

如果找不到所需的准确布局,可以在 SmartArt 图形中添加和删除形状以调整布局结构。例如,虽然"流程"类型中的"基本流程"布局显示有三个形状,但是你的流程可能只需两个形状,也可能需要五个形状。当你删除或添加形状以及编辑文字时,形状的排列和这些形状内的文字量会自动更新,从而保持 SmartArt 图形布局的原始设计和边框。

三、SmartArt 图形的"文本"窗格

选择一个布局时,会自动显示占位符文本(如"[文本]")。占位符文本如果不输入任何信息是不会在播放中显示的。用户也可根据需要输入自己的内容替代占位符文本,输入后则会显示。

占位符文本在 SmartArt 图形的左侧通常会显示一个"文本"窗格。如图 4 - 129 所示,单击箭头可显示或隐藏"文本"窗格。"文本"窗格的工作方式类似于大纲或项目符号列表,该窗格将信息直接映射到 SmartArt 图形。每个 SmartArt 图形定义了它自己在"文本"窗格中的项目符号与 SmartArt 图形中的一组形状之间的映射。可以将字符格式(如字体、字号、粗体、斜体和下划线)应用于"文本"窗格中的文字,但该窗格中不显示字符格式。所有格式更改都会反映在 SmartArt 图形中。

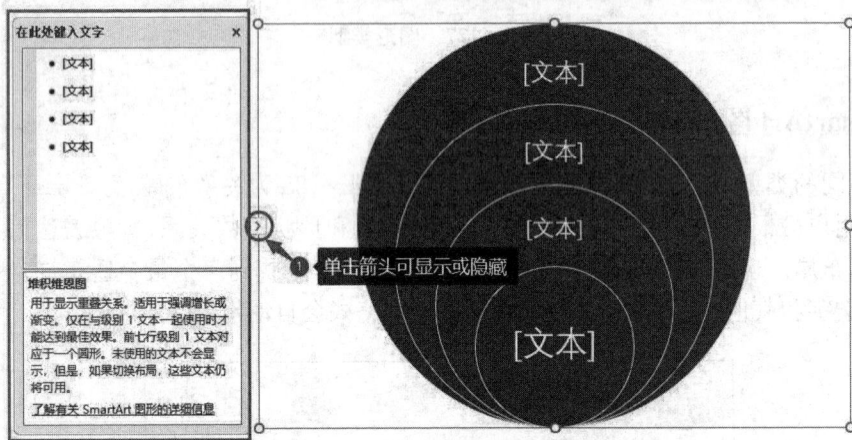

图 4 - 129 "文本"窗格的显示与隐藏

四、SmartArt 图形的样式、颜色和效果

为让 SmartArt 图形看起来更生动,可以在选好布局后应用不同的 SmartArt 样式或颜色变体。软件本身提供有两个用于快速更改 SmartArt 图形外观的库,即"SmartArt 样式"和"更改颜色",如图 4 - 130 所示。将鼠标指针停留在其中任意一个库中的缩略图上时,无需实际应用便可以预览到相应 SmartArt 样式或颜色变体对 SmartArt 图形产生的影响。

"SmartArt 样式"包括形状填充、边距、阴影、线条样式、渐变和三维透视,可应用于整个 SmartArt 图形,还可以对 SmartArt 图形中的一个或多个形状自行修改单独的形状样式。

"更改颜色"为 SmartArt 图形提供了各种不同的颜色选项,每个选项可以以不同方式将一种或多种主题颜色即主题颜色、主题字体和主题效果应用于 SmartArt 图形中的形状。

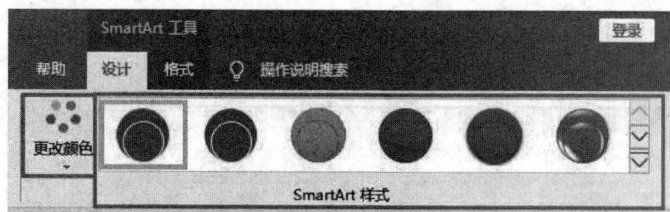

图 4-130　"SmartArt 样式"和"更改颜色"

SmartArt 图形构建组织结构图案例如图 4-131 所示。

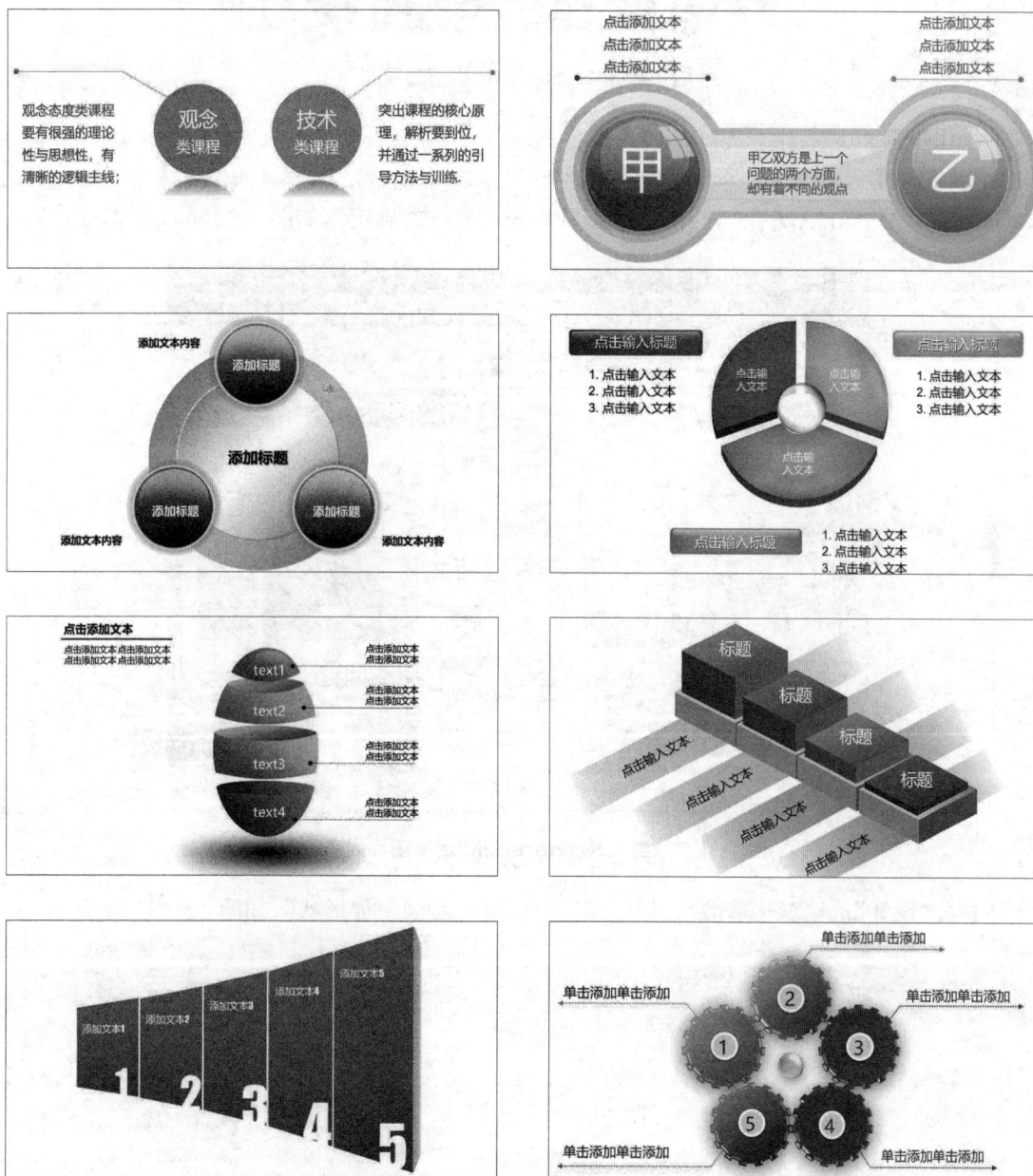

图 4-131　SmartArt 图形构建组织结构图案例

案例：

利用 SmartArt 图形制作如图 4-132 所示的图形。

图 4-132 SmartArt 案例效果图

操作步骤如下：

步骤 1：插入所需的 SmartArt 图形布局，添加形状。选择"插入"选项卡→单击"SmartArt"→单击"图片"→选择"水平图片列表"→单击"确定"，如图 4-133 所示。

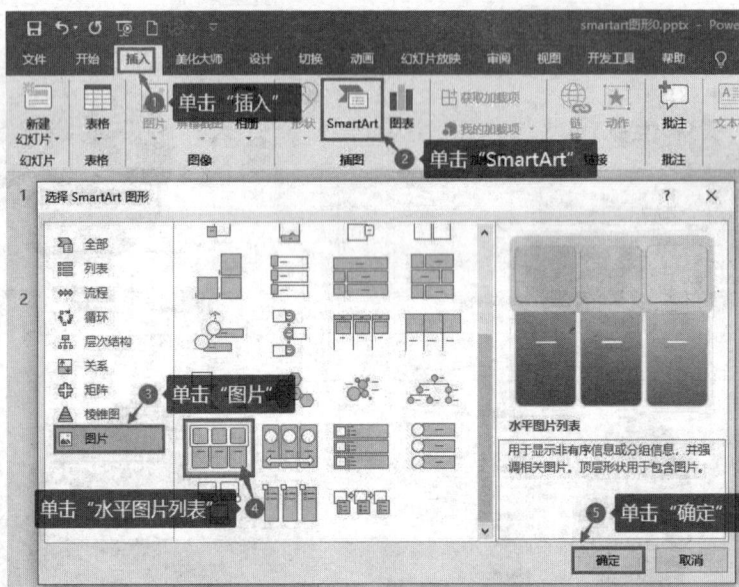

图 4-133 插入 SmartArt 图形"水平图片列表"布局

选择"设计"选项卡→单击"添加形状"→选择"在后面添加形状"，如图 4-134 所示。

图 4 - 134　添加形状

步骤 2：修改形状的大小并移动到适当位置。分别选中所有文本占位符（按"Ctrl"键或"Shift"键，单击各文本占位符）和圆角矩形→单击"格式"→设置高度分别为"2 厘米"和"6 厘米"，如图 4 - 135 所示。

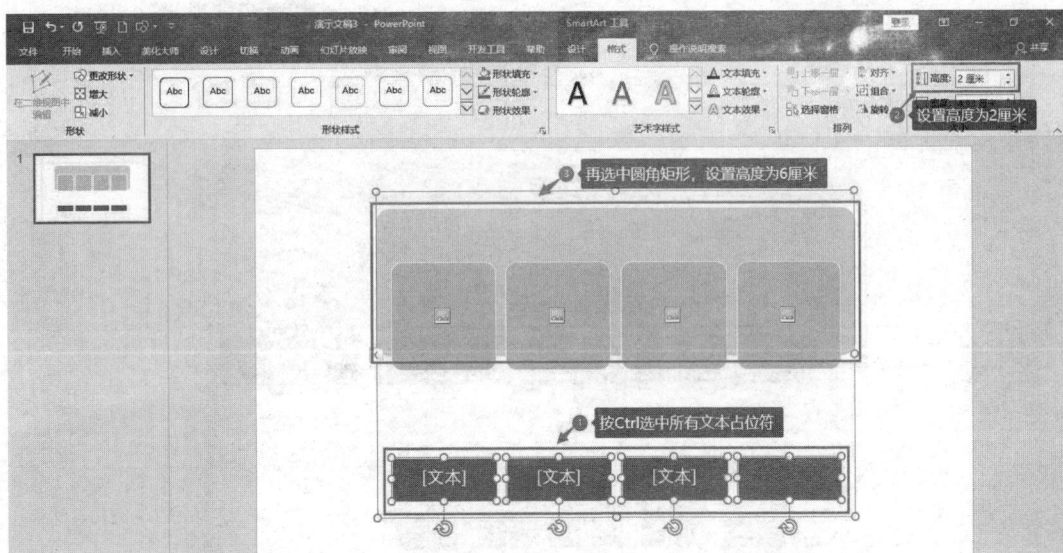

图 4 - 135　设置形状大小

分别选中所有文本占位符和圆角矩形移动到适当位置，如图 4 - 136 所示。

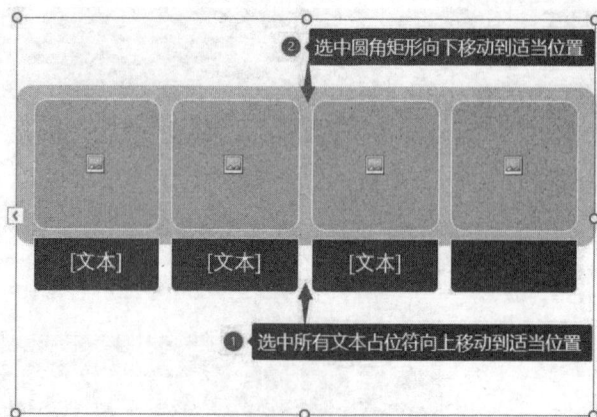

图 4 - 136　移动形状位置

步骤 3：修改 SmartArt 样式。选择"设计"选项卡→单击"SmartArt 样式"的下拉列表按钮→选择"优雅"样式，如图 4 - 137 所示。

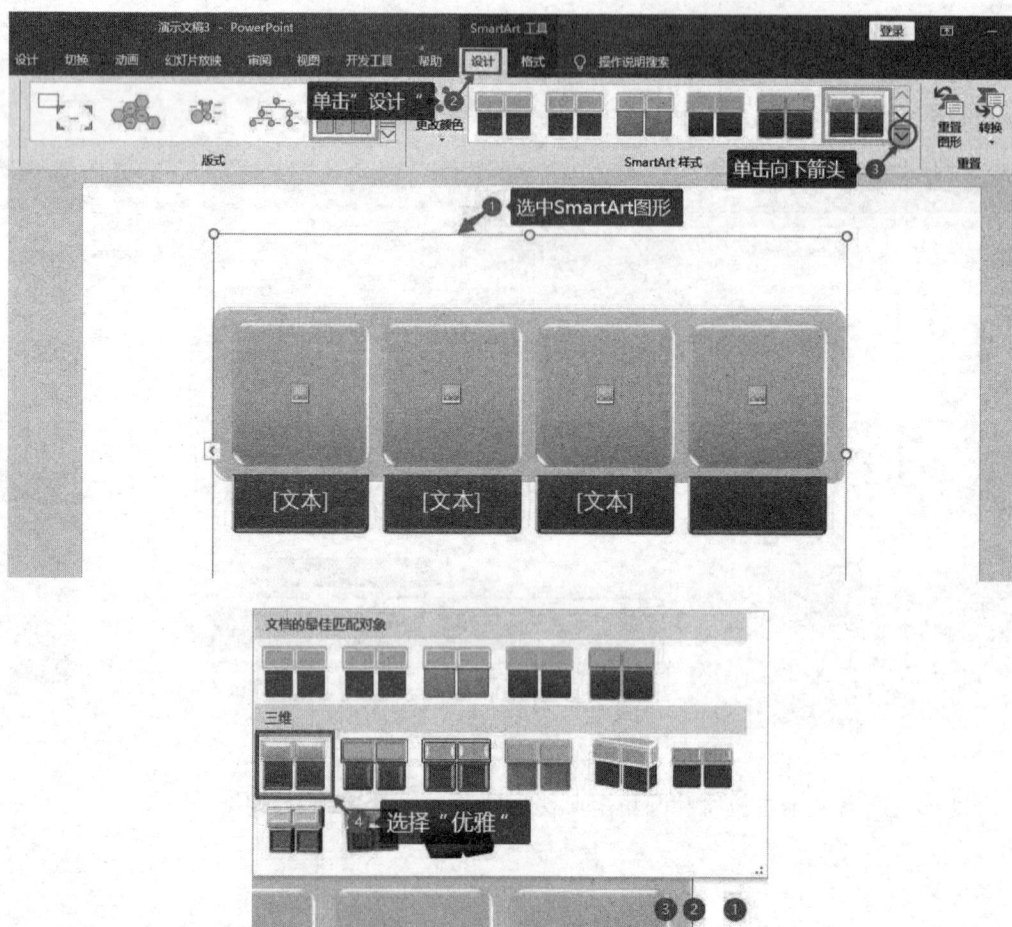

图 4 - 137　选择 SmartArt 样式

选中"圆角矩形",选择"格式"选项卡→单击"形状填充"→选择"浅绿",如图 4-138 所示。

图 4-138 单独修改圆角矩形填充色

选中所有文本占位符,选择"格式"选项卡→单击"形状填充"→选择"绿色,个性色 6,深色 25%",如图 4-139 所示。

图 4-139 修改文本占位符填充色

步骤 4:添加图片,修改图片样式。单击圆角正方形上的"插入图片"图标→弹出"插入图片"对话框→选择"从文件"→找到图片所在本机路径,双击所需图片,如图 4-140 所示。效果如图 4-141 所示。

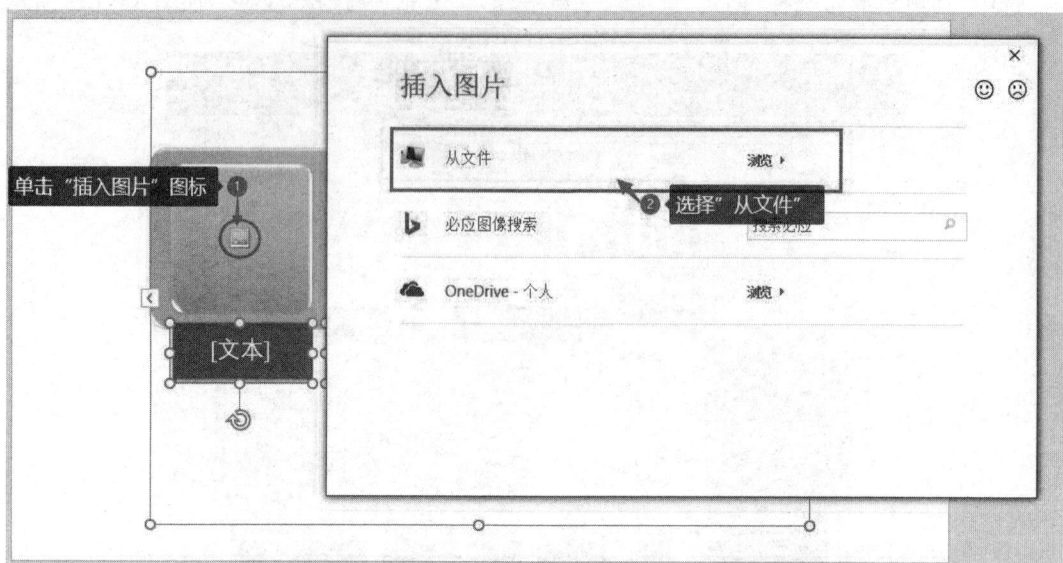

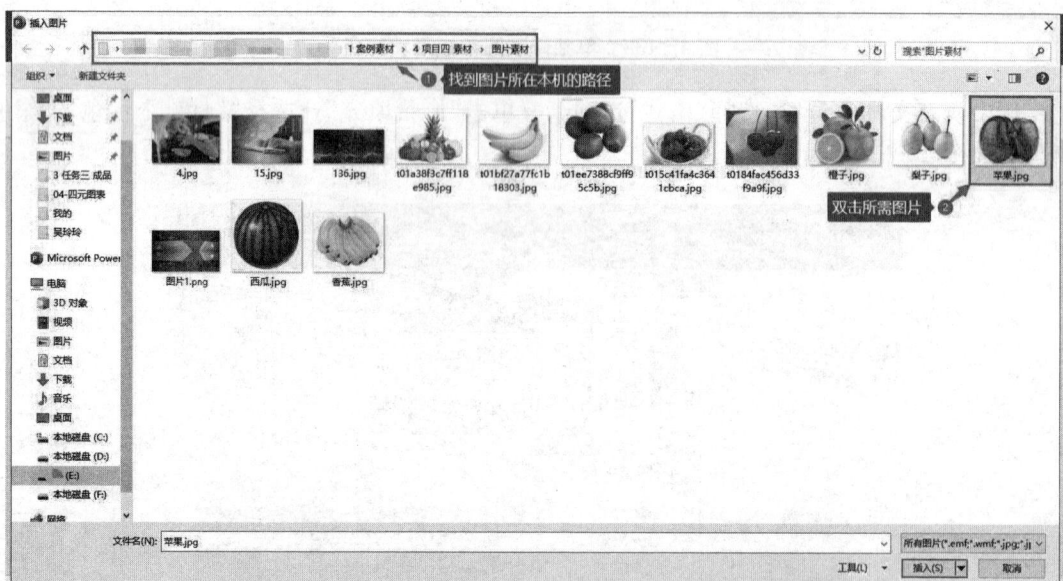

图 4-140　插入图片

图 4-141　插入所有图片后

选中所有图片,选择"格式"选项卡→单击"图片效果"→单击"阴影"→选择"偏移:中",如图 4-142 所示。

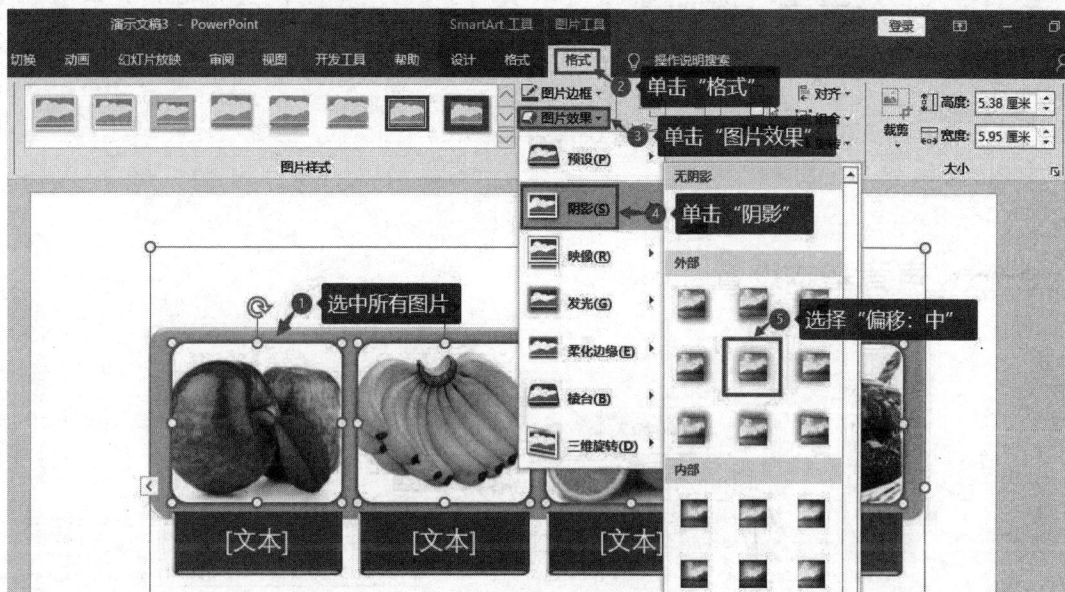

图 4-142 设置图片阴影效果

步骤 5:添加文字,修改字体格式。分别单击文本占位符输入对应文字,并设置字体格式如图 4-143 所示。最终效果如图 4-144 所示。

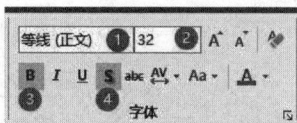

图 4-143 设置字体格式

图 4-144 最终效果图

实训任务:

利用 SmartArt 图形制作图 4-131 中所示的任意一个图形结构图。

项目五　PowerPoint 声音处理

任务一　声音基本设置

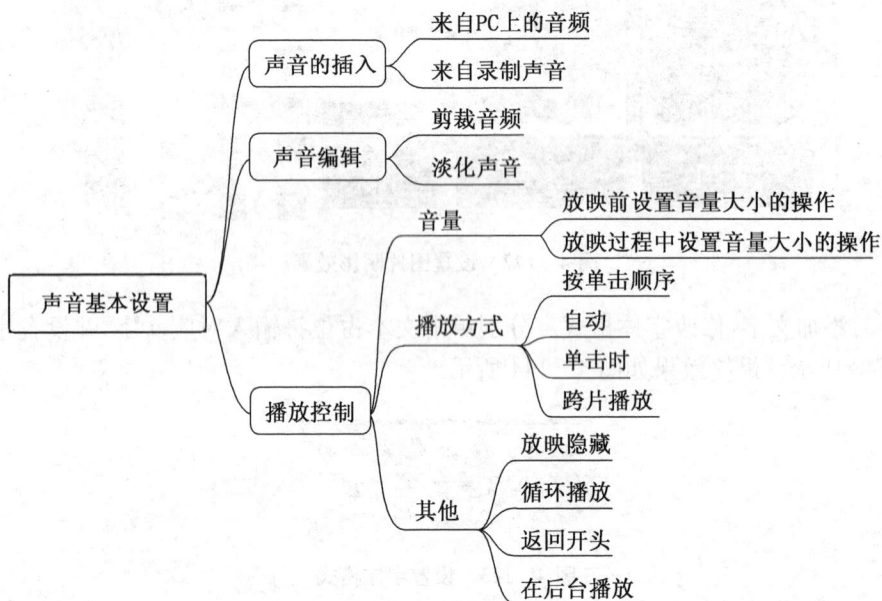

幻灯片的制作过程中,添加声音元素可以为幻灯片增添更多形象生动的色彩。尤其是教学课件,插入与文字匹配的声音,利用声音媒体能让课件达到"声文并茂"的生动效果,更是增添了教学的有效性。PowerPoint 2016 提供了对声音进行插入、编辑、播放控制等功能。

声音以文件的形式存储在计算机中,由于存储的编码方法或声音录制或声音处理软件的不同,会产生不同格式的音频文件。常用音频文件格式有 MP3、WAV、WMA、MIDI、AU、M4A 等。但有时插入声音文件时会出现如图 5-1 所示的提示,则说明该种格式的音频文件由于与 PowerPoint 2016 软件的兼容问题不能成功插入 PPT 中。

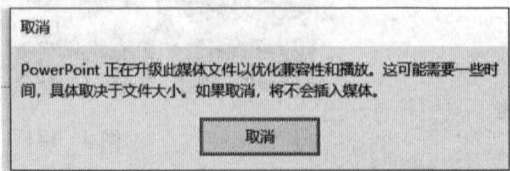

图 5-1　插入声音文件不成功时的提示

实际上 PowerPoint 2016 版本已在低版本上做了更多支持上的更新,能与很多声音格式兼容。如果还是有一些声音格式由于不兼容无法插入,建议利用一些格式转换工具对声音进行格式的转换,一般可转为 MP3、WAV、WMA 这三种最常用的声音格式。

一、声音的插入

PowerPoint 2016 插入的声音可来自 PC 上的音频或录制声音。

1. 来自 PC 上的音频

PC 上的音频是指本机磁盘上存储的声音文件。一般来源于网络下载或其他录音设备或光盘。

操作步骤:

(1) 单击"插入"选项卡→"媒体"功能组中的"音频"→"PC 上的音频",如图 5－2 所示。

图 5－2　插入 PC 上音频

(2) 弹出"插入音频"对话框,先找到声音文件的存储位置,再选择需要的声音文件,单击"插入"按钮或直接双击需要的声音文件即可,如图 5－3 所示。

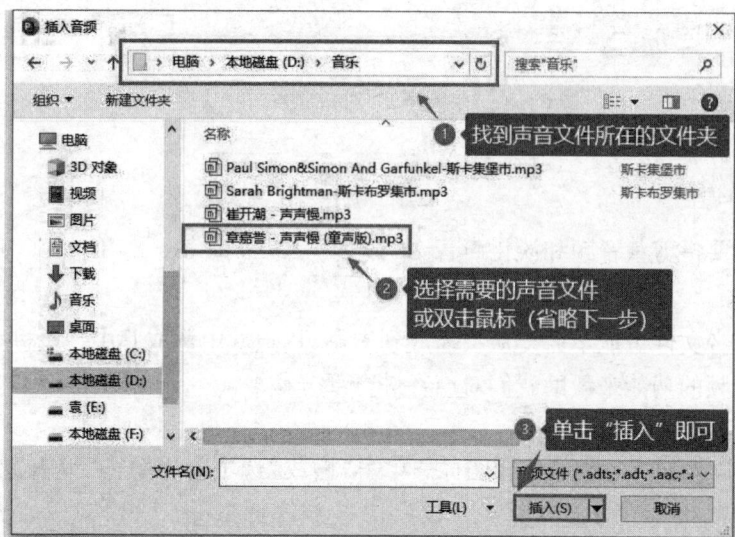

图 5－3　"插入音频"对话框

注:具体选择来自哪里的声音要根据本地声音存储的实际路径进行选择。

2. 来自录制声音

录制声音是指用户现场录制的声音。一般是在需要作者自己对当前幻灯片的内容进行讲解说明的情况下,插入自己录制的声音。

操作步骤:

(1) 单击"插入"选项卡→"媒体"功能组中的"音频"→"录制声音",如图 5－4 所示。

图 5-4　插入录制声音

（2）弹出"录制声音"对话框，单击红色圆点按钮，即开始录制用户的声音。此时中间方形按钮变蓝，点击该按钮则表示停止录音。然后前面的三角形按钮变淡绿，点击则可试听刚才的录音。点击"确定"即确认刚录的声音插入到当前幻灯片中。如图 5-5 所示。

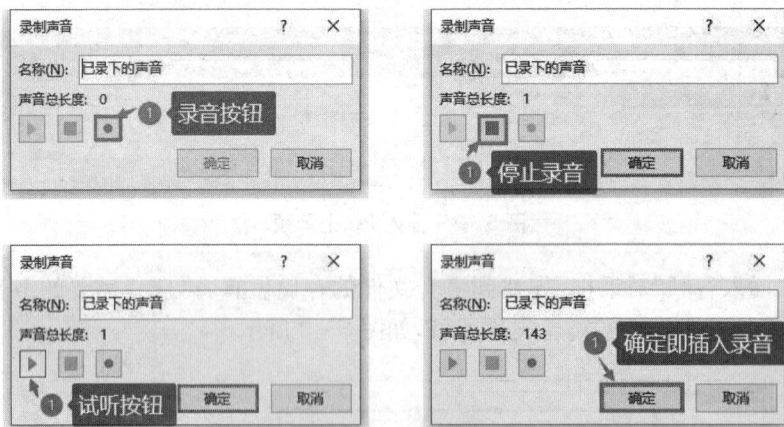

图 5-5　"录制声音"对话框各按钮功能

二、声音编辑

声音编辑主要指剪裁音频和淡化声音。

1. 剪裁音频

有时插入声音文件可能不需要从头播放到末尾，只想从中截取其中一段进行播放，这时就可以通过剪裁音频的功能来帮助我们对声音进行部分截取。

操作步骤：

（1）选中已插入幻灯片中的声音图标→单击"播放"选项卡→单击"编辑"功能组中的"剪裁音频"按钮，如图 5-6 所示。

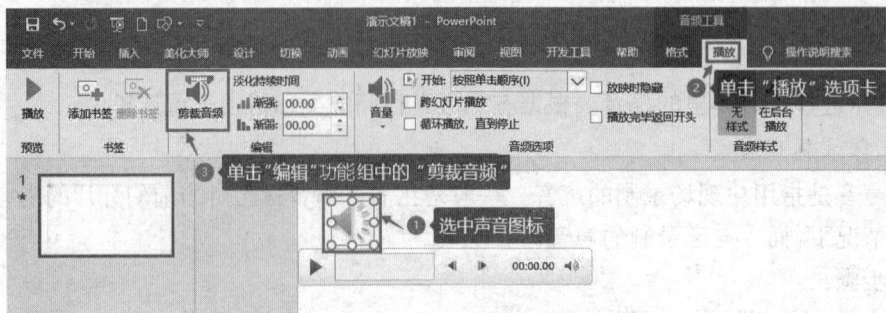

图 5-6　剪裁音频

（2）弹出的"剪裁音频"对话框，时间轴上的两端各有一滑块，绿色表示起始时间，红色表示结束时间。时间轴下面的开始时间与结束时间的微调栏分别对应绿色滑块与红色滑块。剪裁音频可以直接用鼠标分别快速地拖动两头滑块到适当位置进行剪裁，也可在开始/结束时间的微调栏中输入剪裁掉的开始和结束时间值。如图 5-7 所示。

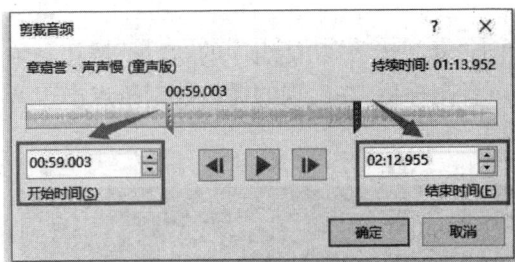

图 5-7　"剪裁音频"对话框

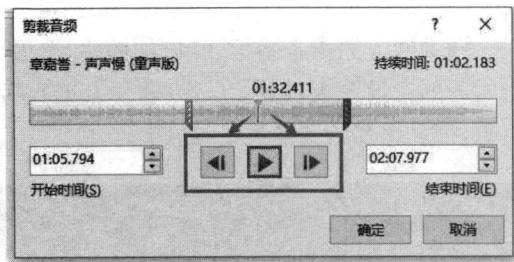

图 5-8　预览声音

滑块下面中间的三个按钮主要用于预览声音。用户可以通过预览试听，判断剪裁声音是否正确或先试听再判断需要剪裁的位置。中间的三角形是播放按钮，两边的是前进或后退一帧，如图 5-8 所示。

2. 淡化声音

淡化声音是指对插入的声音设置淡入和淡出效果的持续时间长短，即声音开始时逐渐增强的持续时间，结束时逐渐减弱的持续时间。

操作步骤：

先选中声音图标，再直接输入渐强渐弱的持续时间或通过上下小黑三角形上下调时间，如图 5-9 所示。

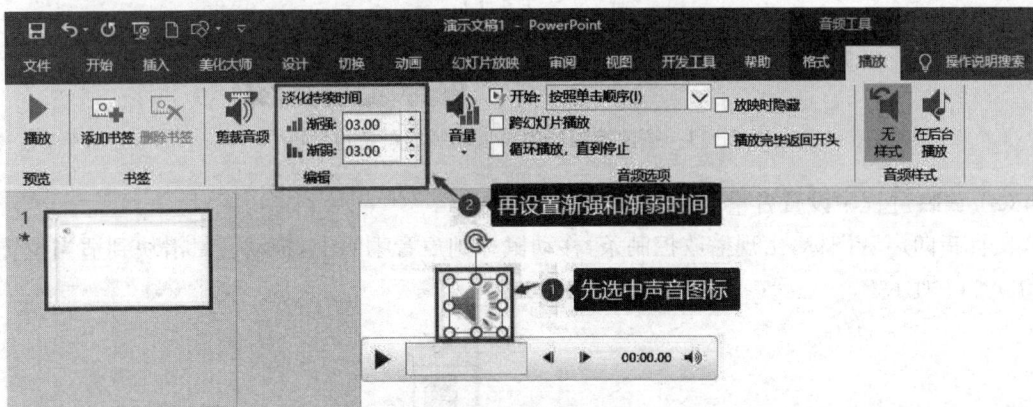

图 5-9　渐强渐弱时间设置

三、播放控制

声音的播放控制主要从播放的音量大小、声音开始播放的方式及播放时声音图标是否隐藏、是否循环播放、是否播放完后从头开始等几个方面进行设置。

1. 音量

播放的音量大小分为低、中等、高、静音四种,用户根据需要选择对应的声音大小。通常作为背景音乐建议低音量,配音选择中高音量,暂且不需要的声音设为静音。播放音量大小的控制既可在放映前设置,也可在放映过程中根据需要随时设置。

（1）放映前设置音量大小的操作

选中插入的声音图标→单击"播放"选项卡→单击"音频选项"功能组中的"音量"按钮→单击所需的音量等级,如图 5‐10 所示。或直接选中声音图标后,在出现的播放控制条点击声音喇叭,拖动想要的音量大小,如图 5‐11 所示。

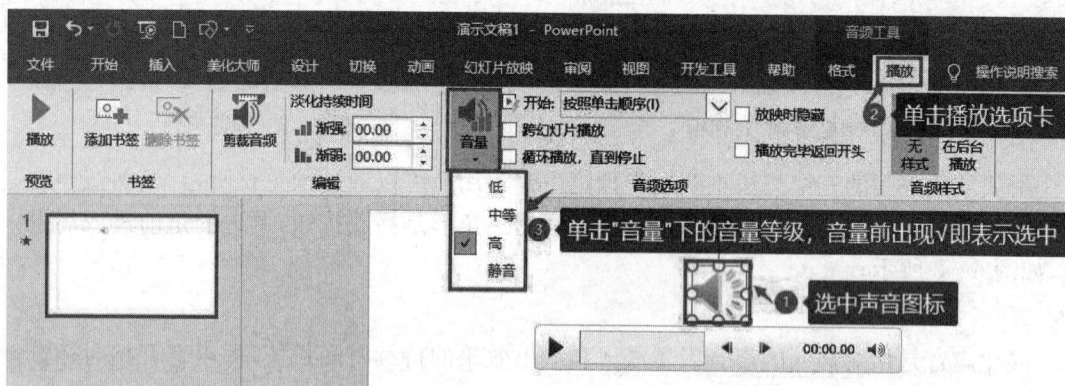

图 5‐10 选项卡中"音量"按钮控制音量大小

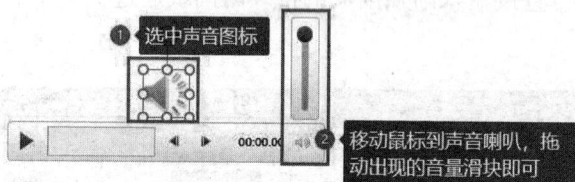

图 5‐11 播放控制条中声音喇叭控制音量大小

（2）放映过程中设置音量大小的操作

鼠标指向声音图标,出现播放控制条,移动鼠标到声音喇叭上,拖动音量滑块到适当位置,如图 5‐12 所示。

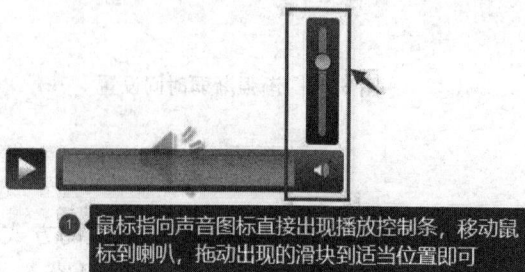

图 5‐12 放映过程中控制音量大小

2. 播放方式

播放方式是控制插入到幻灯片中的声音文件在什么时候开始播放。PowerPoint 2016 版本的声音开始播放有三种方式——按照单击顺序、自动和单击时。另外,不管声音是哪种开始播放方式,可根据需要,将声音设置为跨幻灯片播放,即指声音能从当前插入的幻灯片一直播放到后面的若干张幻灯片。一般背景音乐可设置为跨幻灯片播放。

(1) 按单击顺序

当一页幻灯片中插入多个声音文件时,在放映过程中可根据需要灵活控制播放哪个声音,是 PowerPoint 2016 默认的声音播放方式。

(2) 自动

设置指定的声音文件,在放映时无需点击而自动播放。

(3) 单击时

放映时只有单击该声音时才播放。

操作步骤:选中已插入的声音文件图标→选择"播放"选项卡→单击"开始"后面的下拉列表框,选择所需的方式,如图 5 - 13 所示。

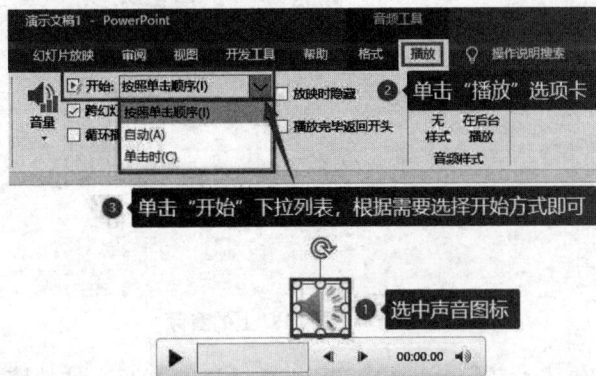

图 5 - 13　设置声音开始播放方式

(4) 跨片播放

一般作为背景音乐的声音常需要从当前幻灯片一直播放到后面的若干张幻灯片。

值得说明的是,默认情况下,跨幻灯片播放是到 999 张幻灯片后,一般情况下一个演示文稿不会有这么多张幻灯片,所以相当于播放到最后一张幻灯片为止。但如果想要控制后面的若干张幻灯片,但又不是最后一张幻灯片,则还需要进一步设置停止播放的幻灯片页码,如图 5 - 14 所示。

下面通过一个案例练习操作,实现指定跨片播放时结束播放的幻灯片。

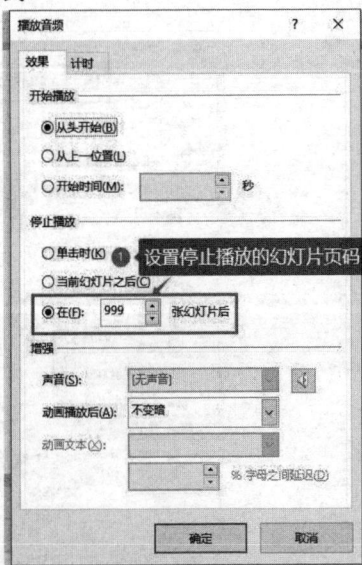

图 5 - 14　设置跨片播放停止播放的页码

案例：

素材包资源：已排版好的《咏鹅》PPT、背景音乐。

要求：在首页插入背景音乐并设为自动播放到倒数第 2 张幻灯片为止。

操作步骤如下：

步骤 1：打开素材包中的《咏鹅》PPT，选择第 1 张幻灯片，单击"插入"→"音频"→"PC 上的音频"，如图 5-15 所示。

图 5-15　插入 PC 上的音频

步骤 2：在弹出的"插入音频"对话框中，找到素材包中声音文件的路径→双击"背景音乐.wma"，如图 5-16 所示。

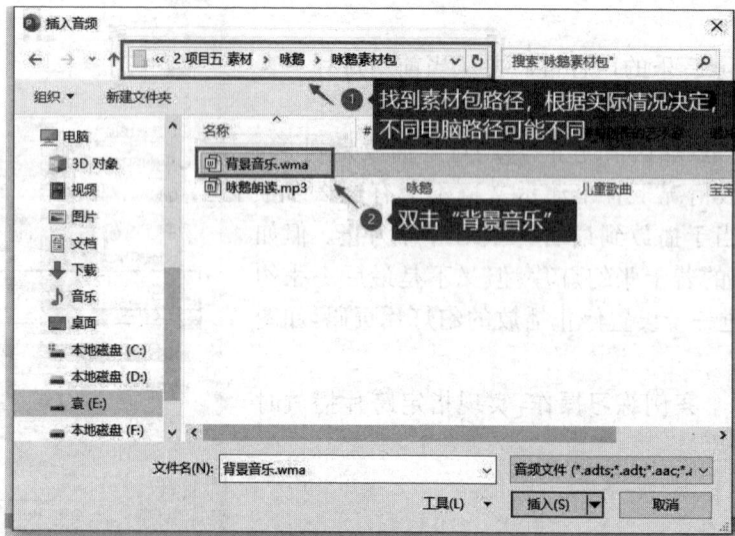

图 5-16　双击素材包中的声音文件

步骤3:移动插入到幻灯片中的声音图标到左下角位置,单击"播放"(已是此界面则不必单击)→选择"开始"下的"自动"→勾选"跨幻灯片播放",如图5-17所示。

图5-17　勾选"跨幻灯片播放"复选框

步骤4:单击"动画"选项卡→单击"动画窗格"→在右侧出现的动画窗格列表中双击"背景音乐"的动画;弹出"播放音频"对话框,在"效果"选项卡中的"停止播放"项中将"在(999)张幻灯片后"默认的999数值改为6,单击"确定",如图5-18所示。

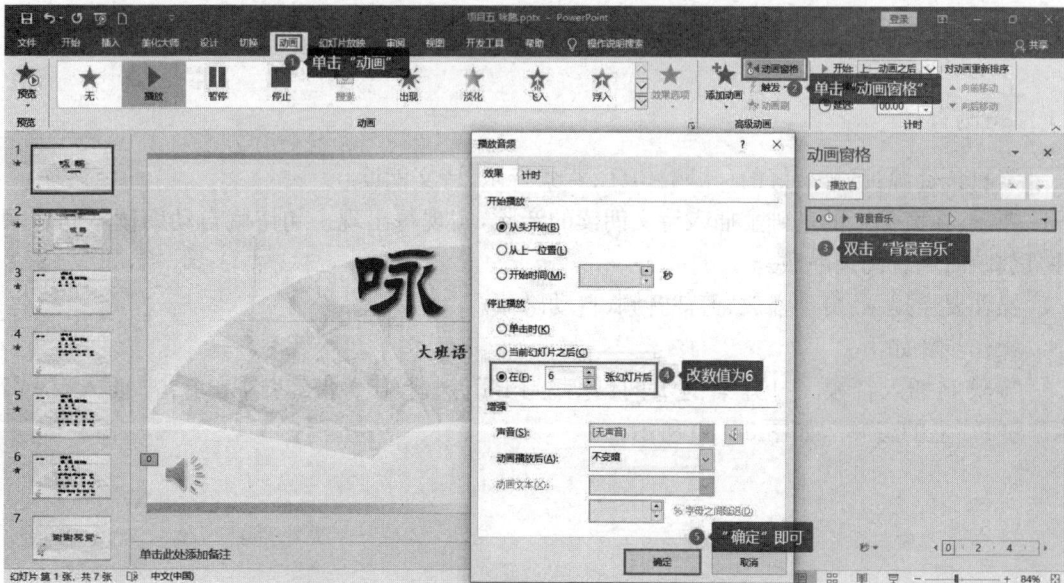

图5-18　设置跨幻灯片播放停止播放页码

3. 其他

幻灯片在放映时对声音的播放常常根据实际情况还有一些其他设置，比如放映时隐藏声音图标、声音播放完后从头播放或循环播放。

（1）放映隐藏

声音放映隐藏是指当放映幻灯片时，声音图标不可见。这样的设置是以防声音图标在放映时影响幻灯片的美观度。通常设置声音自动播放的情况下可以设为隐藏，否则即使插入了声音文件，在放映时也无法播放。

（2）循环播放

循环播放是指当声音播放完后能自动从头重播。通常设置声音自动播放的情况下可以设为放映隐藏，否则即使插入了声音文件，在放映时因看不到声音图标也无法点击播放。

（3）返回开头

返回开头是当声音播放完后，希望能返回开头，则勾选"播放完毕返回开头"。

（4）在后台播放

PowerPoint 2016 还设置了播放音频样式：在后台播放和无样式。其中"在后台播放"会设置开始为"自动"，并勾选：跨幻灯片播放、放映时隐藏、循环播放直到停止。利用在后台播放可以帮助用户一键快速设置声音的播放样式，减少了用户自行设置步骤，如图 5-19 所示。当然用户可以根据情况取消在后台播放中的一些设置。无样式即没做任何的设置，是默认的音频样式。

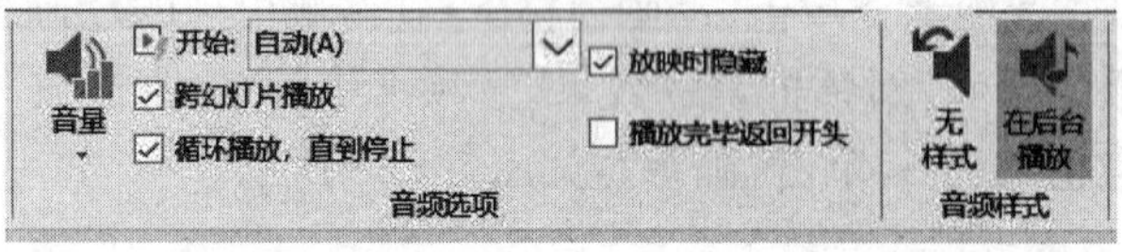

图 5-19　在后台播放

案例：

素材包资源：已排版好的《咏鹅》PPT、背景音乐、诗文朗读。

要求：在案例 1 的基础上插入诗文朗读的音频，实现每出现一句诗就自动朗读本句音频，并且放映时声音图标隐藏。

操作要点提示：自动播放、剪裁音频、自动隐藏。

操作步骤如下：

步骤 1：插入音频。打开案例 1 的《咏鹅》PPT，选择第 2 张幻灯片，单击"插入"→"音频"→"PC 上的音频"，如图 5-20 所示。

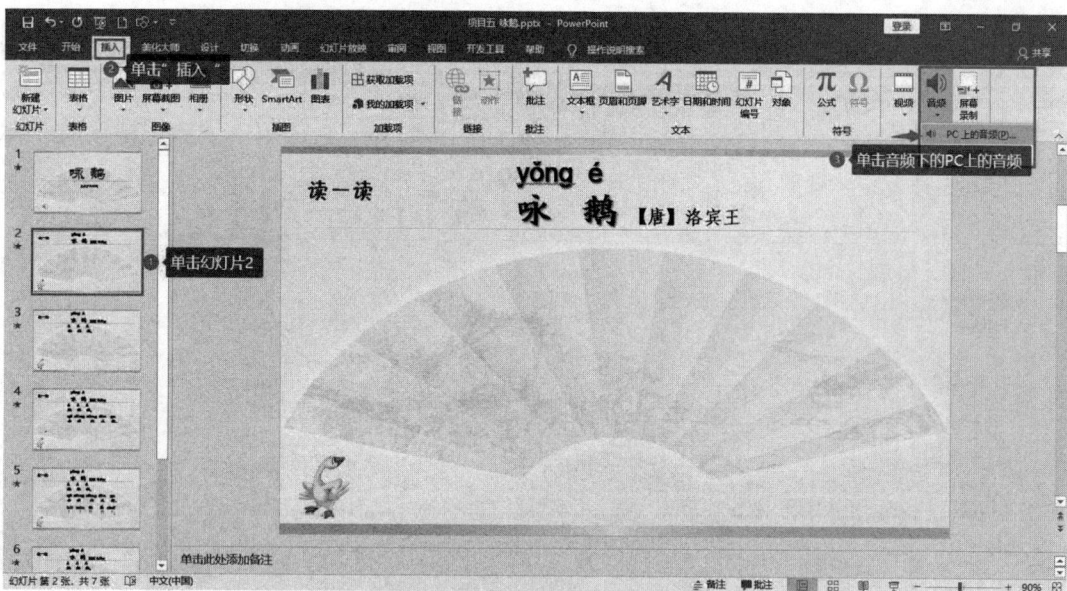

图 5-20   插入 PC 上的音频

在弹出的"插入音频"对话框中,找到本机磁盘素材包文件夹中的声音文件"诗文朗读
. mp3"→双击,如图 5-21 所示。

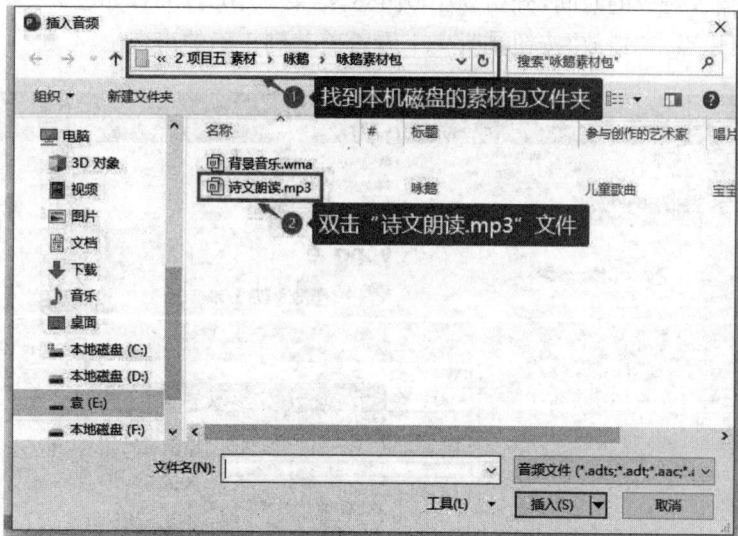

图 5-21   双击"诗文朗读. mp3"文件插入音频

步骤 2:设置自动播放与放映隐藏。移动插入幻灯片中的声音图标到右上角恰当位置,单
击"播放"(已是此界面则不必单击)→设置"开始"为"自动"→勾选"放映时隐藏",如图 5-22
所示。

图 5-22 设置自动播放与放映时隐藏

步骤 3：剪裁音频。在"播放"选项卡界面下的"编辑"功能组中，单击"裁剪音频"命令；在弹出的剪裁音频对话框中拉动时间轴上滑块到恰当位置，或直接通过在"开始时间"与"结束时间"的微调框中输入对应的时间（开始 00:00:688，结束 00:03:755），如图 5-23 所示，单击"确定"（确定前也可以点击"播放"按钮试听一下看否剪裁到正确的声音）。

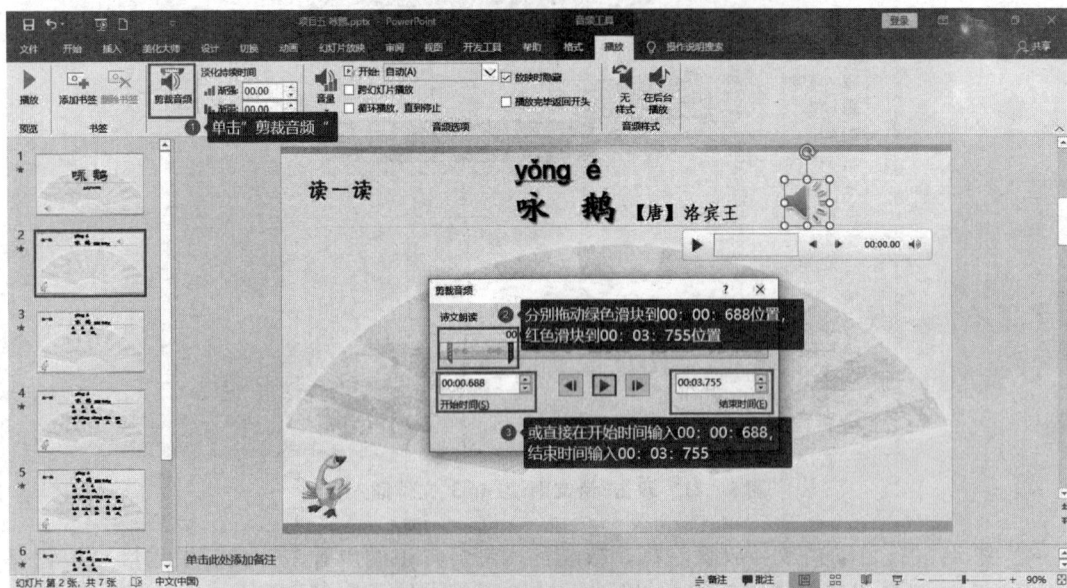

图 5-23 剪裁标题部分的音频

将第 2 张已设置好的声音文件分别复制到 3～6 张幻灯片当中，然后只需要分别去剪裁音频，调整时间轴上的剪裁时间到对应诗句的读音，试听正确即可。

调整第 3～6 张幻灯片的"开始时间"和"结束时间",分别是:

幻灯片 3 开始时间为 00:04:755,结束时间为 00:07:442,如图 5 - 24 所示。

幻灯片 4 开始时间为 00:07:688,结束时间为 00:10:556,如图 5 - 25 所示。

幻灯片 5 开始时间为 00:11:166,结束时间为 00:13:980,如图 5 - 26 所示。

幻灯片 6 开始时间为 00:14:388,结束时间为 00:17:815,如图 5 - 27 所示。

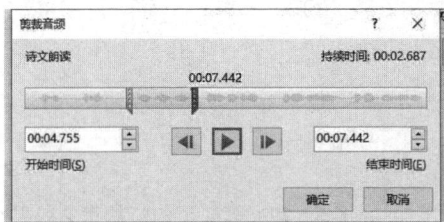

图 5 - 24　幻灯片 3 开始结束时间

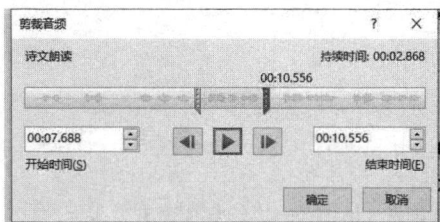

图 5 - 25　幻灯片 4 开始结束时间

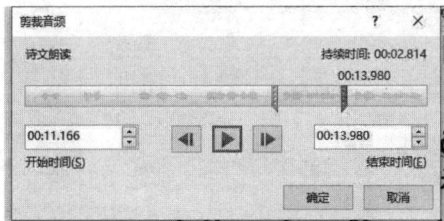

图 5 - 26　幻灯片 5 开始结束时间

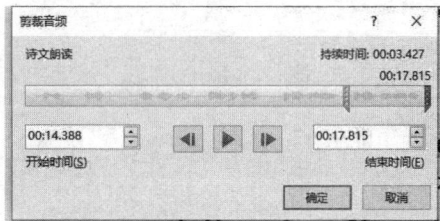

图 5 - 27　幻灯片 6 开始结束时间

实训任务:

素材包资源:已排版好的《龟兔赛跑》PPT。

要求:实现每播放一页幻灯片就自动播放对应的音频。

操作要点提示:插入 PC 上的音频、自动播放、自动隐藏。

任务二　声音的运用

在制作教学 PPT 时,常希望放映时实现声音和文字同步或声音与图片同步,现在通过下面案例进行操作学习。

一、声文同步

案例:

素材包资源:已排版好的《声文同步》PPT,共 4 页幻灯片,放映时每页出现一新词语。

要求:每出现一词语,同时朗读音播放,声音图标隐藏,依次如图5-28、图5-29、图5-30、图5-31所示。放映效果参照素材包中的"声文同步-成品.mp4"视频。

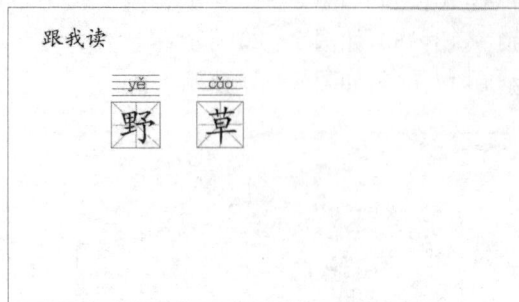

图5-28　第一页幻灯片声文效果

图5-29　第二页幻灯片声文效果

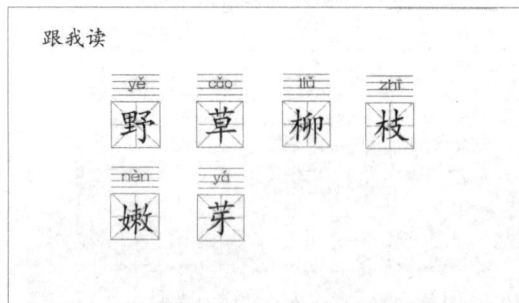

图5-30　第三页幻灯片声文效果

图5-31　第四页幻灯片声文效果

操作步骤如下:

步骤1:录制自己的朗读声音。打开素材包中的《声文同步》PPT,选择第1张幻灯片,单击"插入"→"音频"→"录制音频"。如图5-32所示。

图5-32　录制音频

在弹出的"录制声音"对话框中单击红色圆点即"录音"按钮,开始朗读"野草"朗读完,单击"确定"即将录制的声音插入当前幻灯片中,如图5-33所示。

步骤2:设置自动播放与放映隐藏。移动声音图标到右下角恰当位置,单击"播放"(已是此界面则不必单击)→设置"开始"为"自动"→勾选"放映时隐藏",如图5-34所示。

图5-33　录制声音

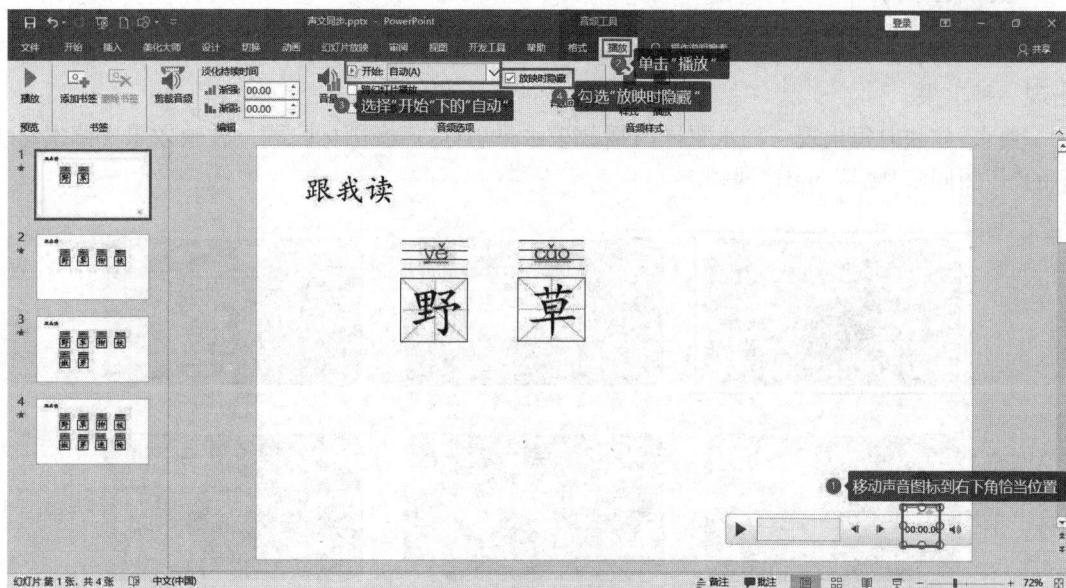

图5-34　设置声音自动播放并隐藏

步骤3:设置声音自动播放的动画与上一动画同时。确保选中声音图标,单击"动画"选项卡→单击"动画窗格"→确保在右侧出现的动画窗格列表中"已录下的声音"动画被选中,选择"开始"下的"与上一动画同时",如图5-35所示。

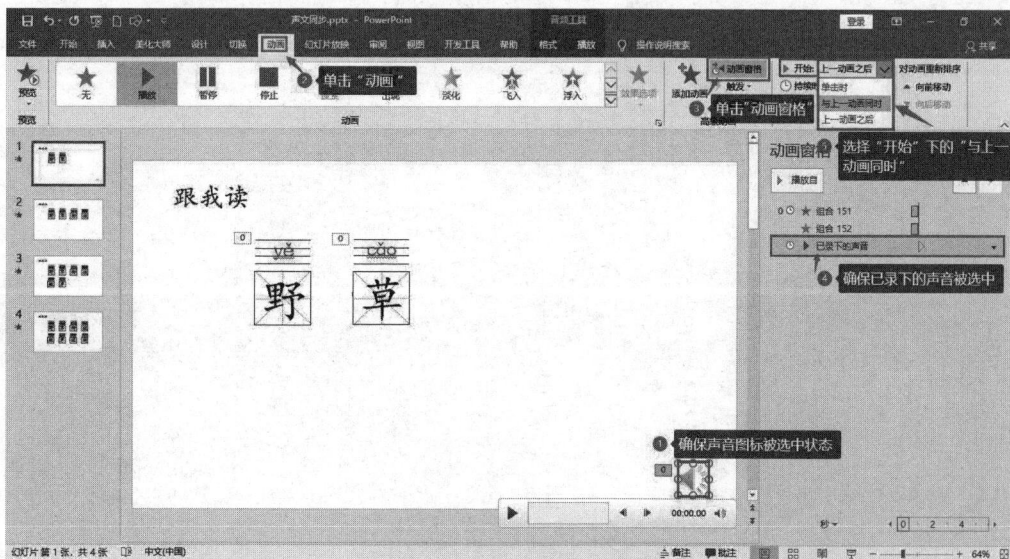

图5-35　设置声音自动播放动画为"与上一动画同时"

同上操作分别选中第 2、3、4 张幻灯片,分别录下本张幻灯片新增词语的朗读声音,并同步骤 2 设置各声音的自动播放与放映隐藏,同步骤 3 设置各声音自动播放的动画与上一动画同时播放。

二、声图同步

实训任务:

素材包资源:已排版好的《声图同步》PPT,共 5 页幻灯片,如图 5-36 所示。放映时每页出现一种水果。

要求:放映时每出现一种水果同时播放该水果名称,声音图标隐藏。放映效果参照素材包中的"声图同步-成品.mp4"视频。

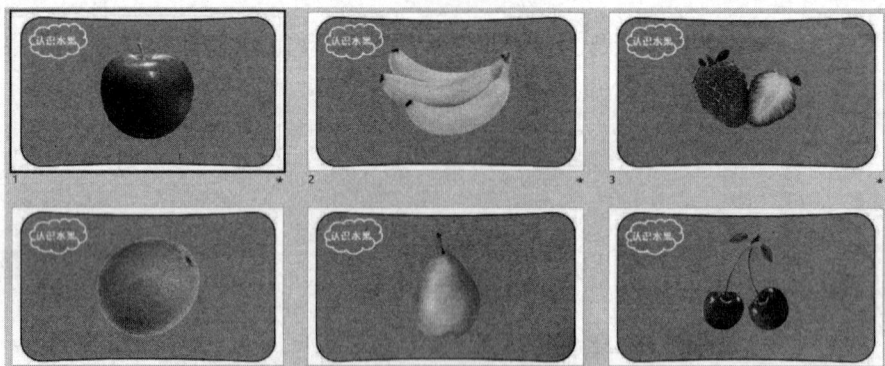

图 5-36　声图同步效果图

项目六 PowerPoint 视频处理

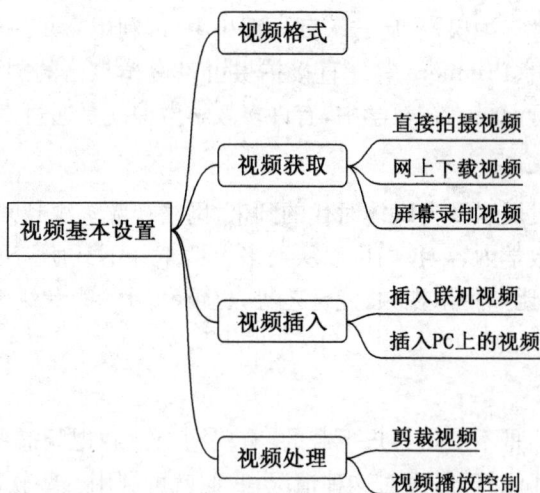

在教学中,视频能比较直观、生动、形象、真实地传达相关教学内容信息。在中小学及幼儿园教育教学中,通过真实有趣的视频素材使教学更加生动有趣,更有感染力,更能激发幼儿及儿童的学习兴趣,可以更快捷地帮助幼儿及儿童对事物进行感知、理解和记忆,有利于增强课堂教学的时效性,深受师生的喜爱。

一、视频格式

视频是各种动态影像的储存格式,一个视频中一般包含有图、文、音像等,具有丰富的信息表达能力。视频以文件的形式存储在计算机中,由于存储的编码方法不同,因此产生不同格式的视频文件。常用视频文件格式有:avi、wmv、mp4、mov、mkv、gif、3gp、3g2、mk3d、m2ts、asf、wm、swf、flv、mpg、vob、ogg、ram、rm 等。

有时在插入一些视频的时候会弹出如图 6-1 所示的提示。

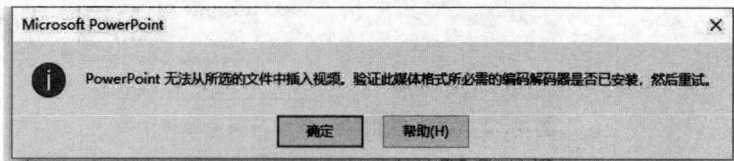

图 6-1 插入视频时出现的提示问题

那么出现这种情况是什么原因呢？这是因为 PowerPoint 是运用 Windows MCI player 来播放演示文稿中的所有视频的，当某视频的格式编码解码方式与 MCI player 不兼容时，插入该类视频时就会出现如图 6-1 所示的对话框提示。

解决办法是可利用一些视频转换工具将视频转换成 PPT 可插入的视频格式，比如 avi、wmv、mp4、mov、mkv、gif、3gp、3g2 等或安装提示需要的对应的解码器。一般常用视频转换工具来转换，简单方便。

二、视频获取

目前在教学中使用的视频，主要获取方式有直接拍摄、网上下载和屏幕录制。

(一) 直接拍摄视频

随着电子产品的发展，视频拍摄在当下已经是一件非常寻常的事情，我们可以利用手机、数码相机以及摄像机等进行拍摄，然后传输到计算机中，再利用一些视频编辑软件进行适当编辑，比如会声会影、爱剪辑、Premiere 等。直接拍摄可以遵循自己的想法和要求，并且可以随时随地地用视频影像进行记录。在教学中，有许多教学微课就是通过直接拍摄的方式完成的。

(二) 网上下载视频

随着互联网的快速发展以及自媒体时代的到来，网络视频资源越来越丰富，大量的优秀视频可以丰富我们的课堂教学内容，我们可以从网络上搜索并下载所需要的视频。一般可在视频网站上直接下载视频，比如腾讯视频、爱奇艺等，也可利用一些专业下载视频的软件进行下载，比如硕鼠、稞麦等。

(三) 屏幕录制视频

网络上一些视频有些是不支持客户下载的，有些网上下载视频需要注册、充值，还有些必须指定对应的播放软件才能打开，面对这种情况，我们就可利用一些软件进行屏幕录制来获取这些视频，比如会声会影、爱剪辑等。还可以直接利用 PowerPoint 2016 进行录制。下面通过案例学习直接用 PowerPoint 2016 录制网络上的视频。

案例：

屏幕录制网上的视频《宝宝巴士》。

操作步骤如下：

步骤 1：网络上搜索《宝宝巴士》视频，例如在腾讯视频搜索，打开要录制的视频，先暂停播放。

步骤 2：打开 PowerPoint 2016 选择"插入"选项卡→"媒体"功能区中选择"屏幕录制"功能，如图 6-2 所示。

图 6-2 媒体功能区选择屏幕录制

步骤3：弹出对话框进行屏幕录制设置，设置是否录制鼠标指针，是否录制音频，根据点开的视频，选择要录制的区域，鼠标变成十字标时，在录制区域拖动鼠标，红色虚线框内为设置好的录制区域，然后点击录制按钮，开始录制，录制完成后，点击停止录制按钮或按"Win＋Shift＋Q"快捷键，完成录制，如图6-3所示。

图6-3 屏幕录制设置

步骤4：结束录制的视频，将自动插入到 PowerPoint 2016 的幻灯片中，在幻灯片中选择视频，点右键，在弹出的选项中选择"将媒体另存为"，将媒体保存到电脑的文件夹中，如图6-4所示。

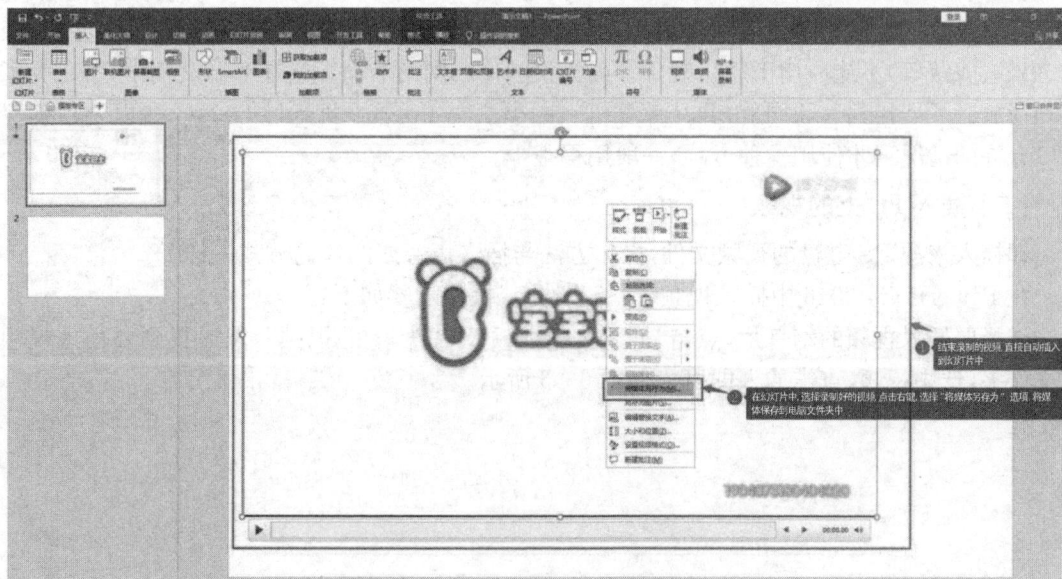

图6-4 结束录制并存储视频

步骤 5：选择视频保存的位置，并对视频进行重命名，然后点击"保存"。

到此，屏幕录制工作全部完成，可到输出的文件夹中打开录制的视频，如图 6-5 所示。

图 6-5　保存视频

三、视频插入

在 PowerPoint 2016 中制作多媒体课件时，常需对视频进行插入、裁剪、播放控制等操作。在 PowerPoint 2016 中，插入视频主要有以下两种方式。

（一）插入联机视频

在 PowerPoint 2016 中，可以使用嵌入代码插入联机视频。然后，可以在演示过程中播放视频。视频直接从网站播放，具有网站的播放、暂停、音量等控件。PowerPoint 播放功能（淡化、书签、剪裁等）不能应用于联机视频。因为视频位于网站上而不是在演示文稿中，所以为了顺利播放必须连接到互联网上，并且计算机上必须具有 Internet Explorer 11。所以要在确保环境允许的情况下才使用这种方式，一般用得很少。

（二）插入 PC 上的视频

即插入来源 PC 磁盘的视频文件，操作方法与插入声音或图片的方式一样。

在 PowerPoint 2016 中插入视频《爷爷去钓鱼》操作步骤如下：

选择要插入视频的幻灯片，点击"插入"→"视频"→"PC 上的视频"，然后找到要插入视频的文件夹，选中视频，点击插入即可。如图 6-6 所示。

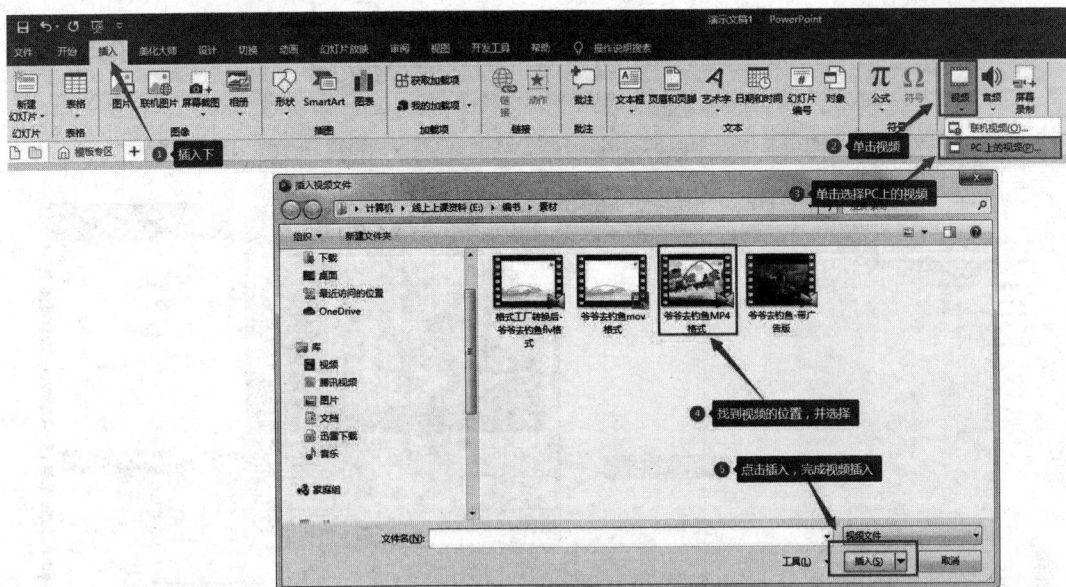

图 6-6　插入视频操作

四、视频处理

对 PPT 中插入的视频,在教学中常常需要做一些适当的编辑处理,例如,剪裁视频、在视频选项中对视频进行播放控制等。

(一) 剪裁视频

在教学过程中常常遇到只需要播放插入课件当中视频的一小段,这时就可直接利用 PowerPoint 2016 对视频剪裁的功能进行截取。不过 PowerPoint 2016 中提供的剪裁视频功能仅能对视频的前后进行剪裁,不能像专业的视频处理软件那样自由地对视频进行剪裁。下面通过一个案例学习 PowerPoint 2016 对视频进行剪裁操作。

案例:

为视频"爷爷去钓鱼带广告版. MP4"进行剪裁,将广告部分剪裁掉,并在片头、片尾处做淡化处理。

操作步骤如下:

步骤 1:在 PowerPoint 2016 中,新建幻灯片,插入视频,点击选择视频,在菜单栏会弹出视频工具,选择"播放"→"剪裁视频",弹出剪裁视频框,在剪裁视频框中,可以看到视频时间线上有绿色裁刀和红色裁刀,绿色代表开始裁切的时间,红色代表结束裁切的时间,也可以通过下面的开始时间和结束时间对裁切时间进行设置,可通过"上一帧""播放""下一帧"三个按钮辅助实现对视频的精准剪裁,最后点击"确定",完成视频的裁切,这时幻灯片中的视频就变成了我们新剪辑后的视频,如图 6-7 所示。

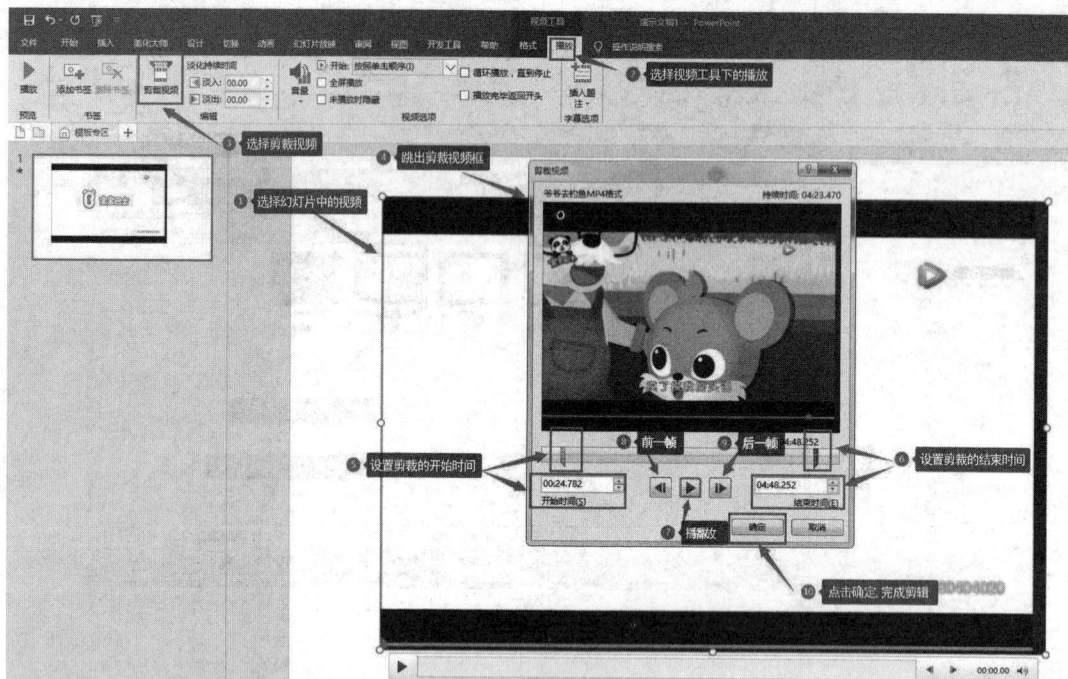

图 6-7　剪裁视频

步骤 2:可以对视频剪辑的前后进行淡化处理,在视频剪辑开始的几秒内使用淡入效果,视频结束的几秒内可使用淡出效果,如图 6-8 所示。

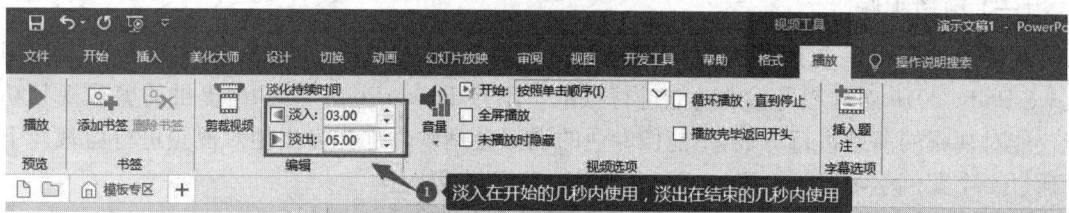

图 6-8　淡化设置

(二) 视频播放控制

在 PowerPoint 2016 中,可以通过视频工具下"播放"选项卡下的"视频选项"功能区进行放映时视频的播放设置,包括视频的音量大小设置、播放视频开始方式设置、是否全屏播放、是否未播放时隐藏、是否循环播放直到停止、是否播放完后返回开头等设置。具体设置如图6-9、图 6-10 所示。

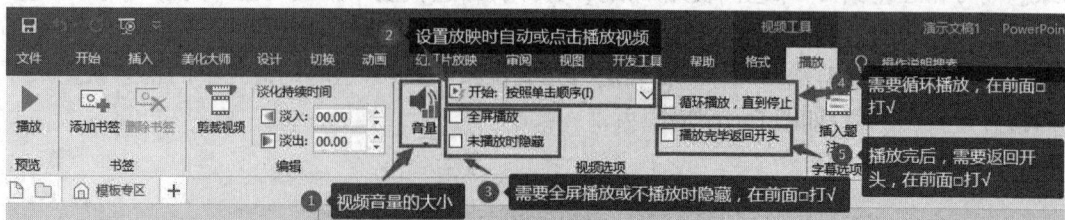

图 6-9　视频选项相关功能设置

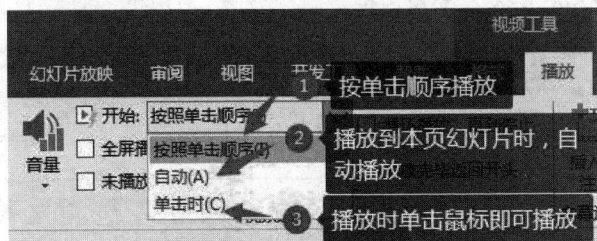

图 6-10　视频播放开始方式

案例：

在《咏鹅》PPT 的第 7 张插入素材包中的视频，只播放诗文解释部分的视频并自动播放。具体操作方法见教学资源包中的微课视频。

操作步骤如下：

步骤 1：打开素材包中的《咏鹅》PPT，选择第 7 张幻灯片，回车插入一张新的幻灯片。

步骤 2：选择"插入"选项卡→选择"视频"下的"PC 上的视频"，找到素材包中的视频文件，双击插入。

步骤 3：选择"播放"选项卡→在"编辑"功能区中单击"剪裁视频"，设置剪裁视频开始时间为 00：51.000，结束时间为 01：28.720，单击"确定"；选择视频选项功能区中的"开始"下的"自动（A）"。

任务二　视频的美化

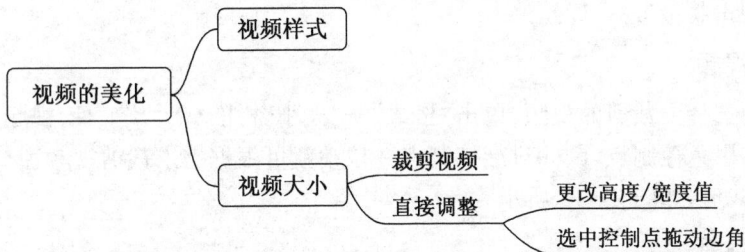

PPT 中插入视频文件后，常常还需要对视频的外观样式进行一定的修饰，让视频在 PPT 中显示较为美观一些。操作与项目三中对图片样式编辑类似，可对视频的图标进行一定格式编辑，一般主要操作有视频样式和视频大小。

一、视频样式

在 PowerPoint 2016 中，对视频外观进行美化设计，既可直接通过"格式"选项卡中的功能，比如套用预设的视频样式或修改右边的"视频形状""视频边框""视频效果"对视频外观进行设计，也可先插入一些电子设备图片，比如电脑、手机等，再将视频融入这些图片上方。不管是哪种方式，都是为了让视频更好地融合到课件当中。

预设"视频样式""视频形状""视频边框""视频效果"对应的属性设置如图 6-11 所示。

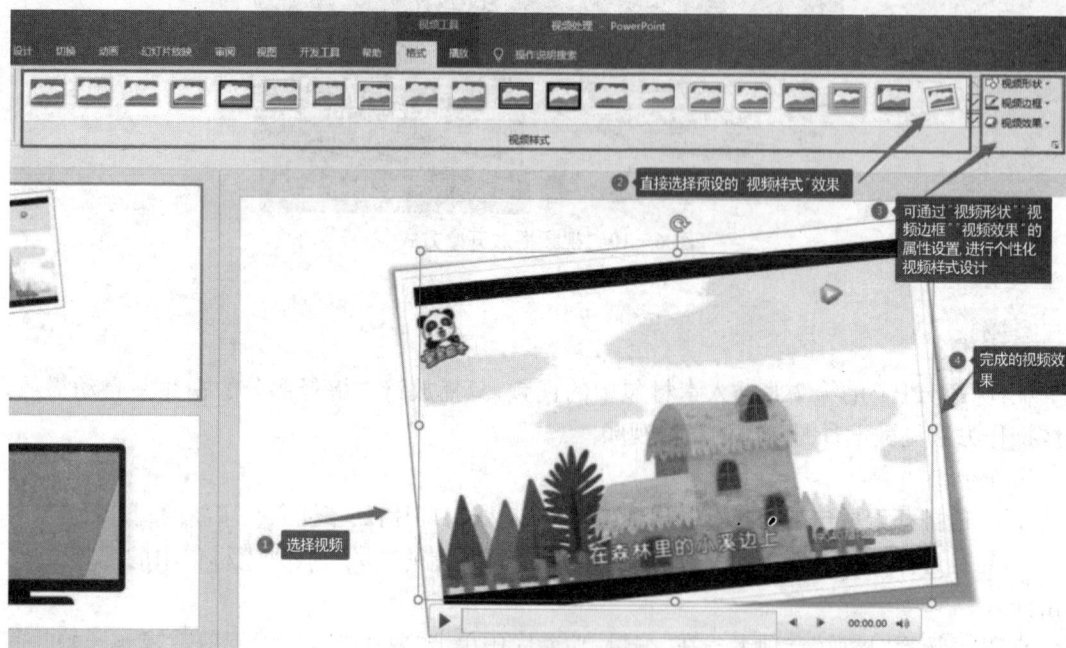

图 6-11　视频样式属性设置

二、视频大小

对于插入幻灯片中的视频,常常需要对视频窗口的大小进行调整。PowerPoint 2016 中对插入的视频进行大小的设置雷同与图片大小的设置,同样是两种方式:一种是裁剪掉窗口中多余的部分,操作同图片的直接裁剪;另一种是直接调整视频的大小,可通过更改高度/宽度值或拖动边角控制点来设置。

(一) 裁剪视频

在幻灯片中选择要裁剪的视频,单击"格式"→"大小"栏的"裁剪"工具,视频顶点与边框会出现不同形状的黑色控制点,鼠标对准控制点并拉动就可根据需求裁剪视频窗口的大小,单击空白处,即完成裁剪,如图 6-12 所示。

(二) 直接调整

直接调整幻灯片中视频窗口的大小有两种方法:

1. 更改高度/宽度值

选择视频,单击"格式"→设置"大小"功能区中的"高度"或"宽度"值,视频会根据值的变化而改变大小。

2. 选中控制点拖动边角

单击视频,这时视频的四个顶点与四条边框显示有小圆圈表示选中状态,将鼠标对齐视频任意一个角,鼠标变成双箭头后,拖拉鼠标到自己想要的尺寸,如图 6-13 所示。

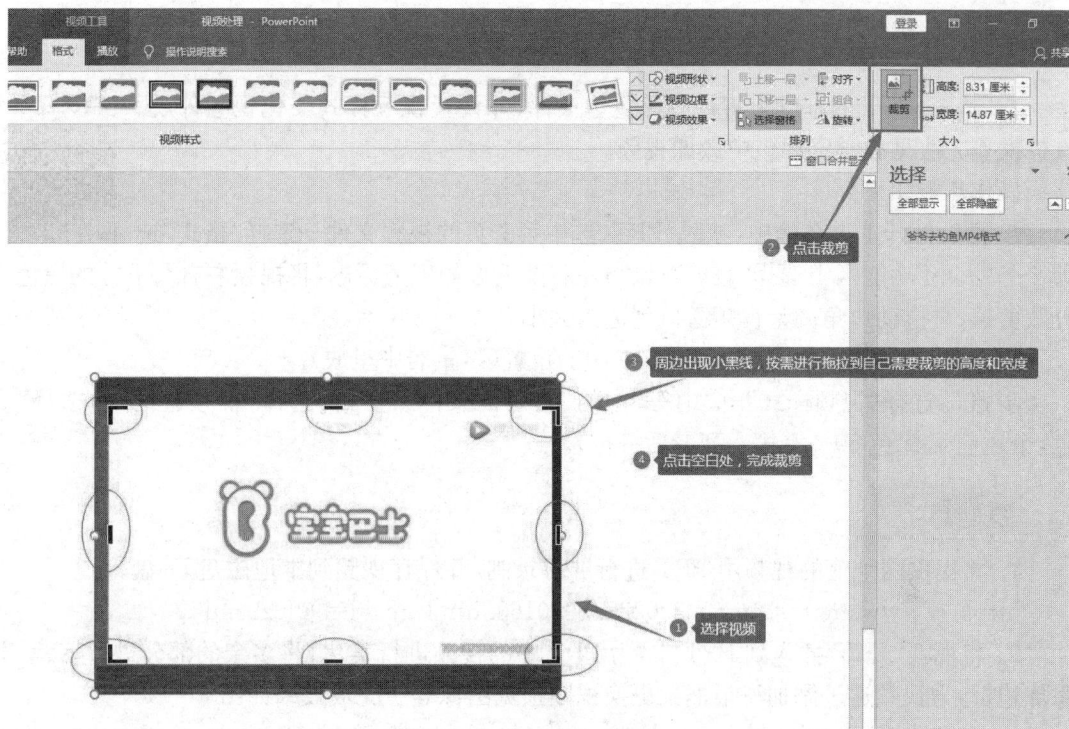

图 6‑12　裁剪视频改变视频大小

图 6‑13　拖动边角改变视频窗口大小

　　注意：以上两种方式中都需注意勾选与未勾选"锁定纵横比"情况的区别，区别同项目三中改变图片大小。如果没有锁定，注意按"Shift"键拖动边角不至于导致视频变形。

案例：

在《咏鹅》PPT 的基础上将视频黑色边去掉，并设置视频样式美化视频外观。具体操作方法见教学资源包中微课视频。

微课视频

操作步骤如下：

步骤 1：打开上个案例中《咏鹅》PPT，选中第 7 页的视频文件→选择"格式"选项卡→"大小"功能区中选择"裁剪"，调整左右及下方的裁剪标志，将视频左右及下方的黑色部分裁剪掉，再拖动边角调整视频窗口到适当大小。

步骤 2：选中视频，调整视频在 PPT 中的位置（尽量居中呈放）。

步骤 3：选择"视频样式"→"中等"中的"复杂框架，黑色"，再选择"视频边框"→选择"金色，个性色 4，深色 50%"（第八列最后一行）。

实训任务：

1. 将提供网址上的视频用 PPT 进行屏幕录制，并保存视频到本地磁盘 D:盘。

https://www.mgtv.com/b/290227/2930163.html? cxid＝90f0zbamf

2. 将视频"开篇"插入到 PPT 中，为 PPT 中的视频进行美化，将多余的部分进行剪裁，并添加边框，为视频通过添加海报框架更换视频预览图像等。完成效果如图 6-14。

3. 将提供的视频素材根据页面设计，插入到"未加视频-素材.PPT"中，并添加边框，设置为"单击时"播放，效果如"参考完成效果.PPT"，图 6-14 为其中一个页面截图。

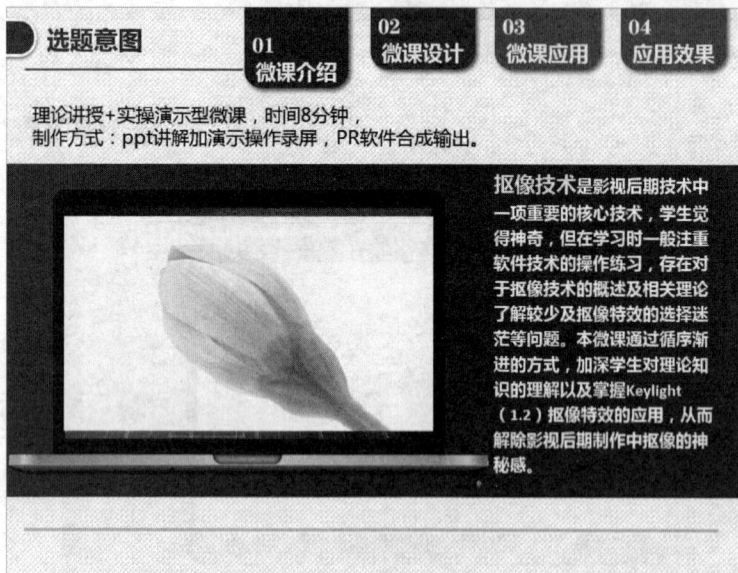

图 6-14 完成效果图

项目七 PowerPoint 动画设置

```
                                        ┌─ 进入动画
                        ┌─ 动画的四种类型 ┤  退出动画
                        │               │  强调动画
                        │               └─ 路径动画
                        │
                        │               ┌─ 动画选项
        基本动画设置 ─────┼─ 高级动画设置 ┤  添加动画
                        │               │  动画窗格
                        │               └─ 动画刷
                        │
                        │               ┌─ 开始的方式
                        └─ 动画计时 ─────┤  持续时间
                                        │  动画延时
                                        └─ 动画顺序排列
```

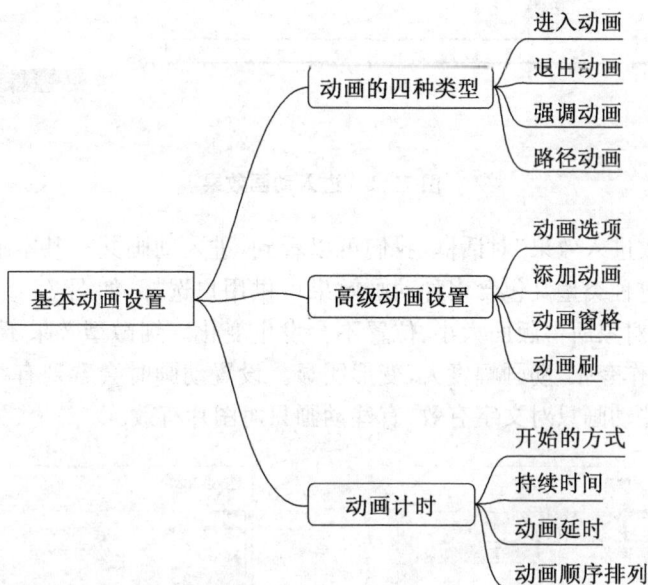

在幼儿园教学课件中,由于幼儿教师教学对象的特殊性,要求多媒体课件的内容不仅要保证正确性和完整性,还要有一定的生动性、形象性、趣味性和互动性等,动画具有视频的直观、形象、生动等特点,并比视频更具有灵活性、趣味性和互动性。在 PowerPoint 2016 中内置了很多动画效果,用于控制幻灯片上的对象出现、显示、消失效果,也能控制对象的运动方向,还可以通过多种动画效果组合在一起制作出多种不同的动画效果。

一、动画的四种类型

在 PowerPoint 2016 中,"动画"选项卡下共包括进入、强调、退出和路径四种类型的动画。这些动画可以组合、叠加使用,控制对象的出现、消失和移动等。

1. 进入动画

进入动画是对象(包括文字、图形、图片、组合及多媒体素材等)从无到有、陆续出现的动画效果。在 PowerPoint 2016 中,单击"动画"选项卡绿色的动画图标就是内置的各种进入动画效果,点击下拉按钮 ⌄ 和 ⌄ 可以看到更多的进入动画效果,如图 7-1 所示。

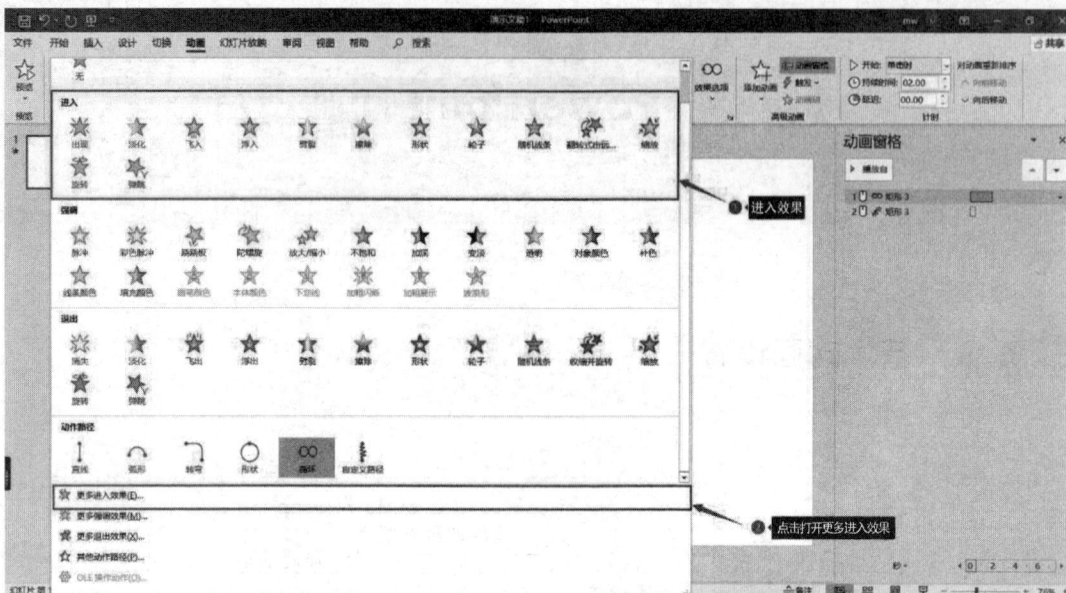

图7-1 进入动画效果

在打开的"更改进入效果"对话框，我们可以看到，进入动画共有基本型、细微型、温和型、华丽型四种类型，每种类型又包含多种动画效果可供用户选择，如图7-2所示。基本型最常用，在动作过程中，对象所占版面大小、位置不会发生变化。细微型效果不太明显。温和型效果适中。华丽型动作夸张，动画幅度大，变形明显。设置动画时会看到有些动画是灰色的，不可选用，是因为有些动画只对文字有效，有些动画只对图片有效。

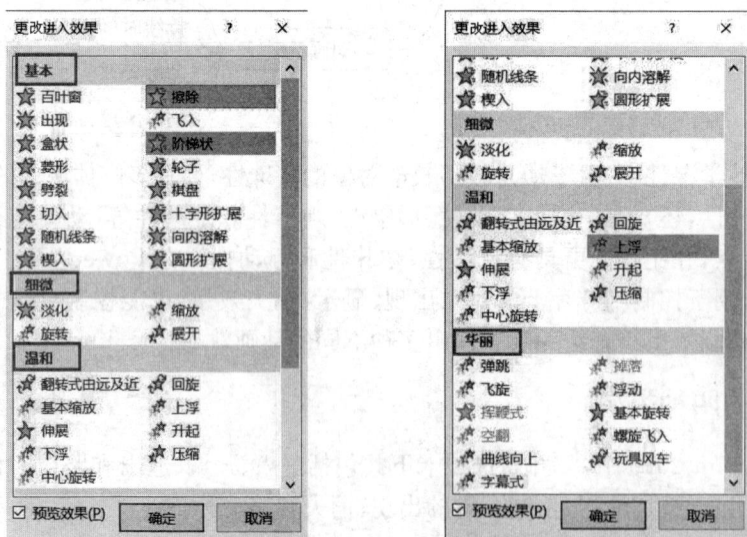

图7-2 "更改进入效果"对话框

在使用时，直接选择幻灯片中的对象，然后点击选择对应的进入动画效果。

2. 退出动画

退出动画是进入动画的逆过程,即对象从有到无、陆续消失的动画过程。在 PowerPoint 2016 中,单击"动画"选项卡红色的动画图标就是内置的各种退出动画效果,点击下拉按钮 ⌄ 和 ⌄ ,可以看到更多的退出动画效果,如图 7-3 所示。

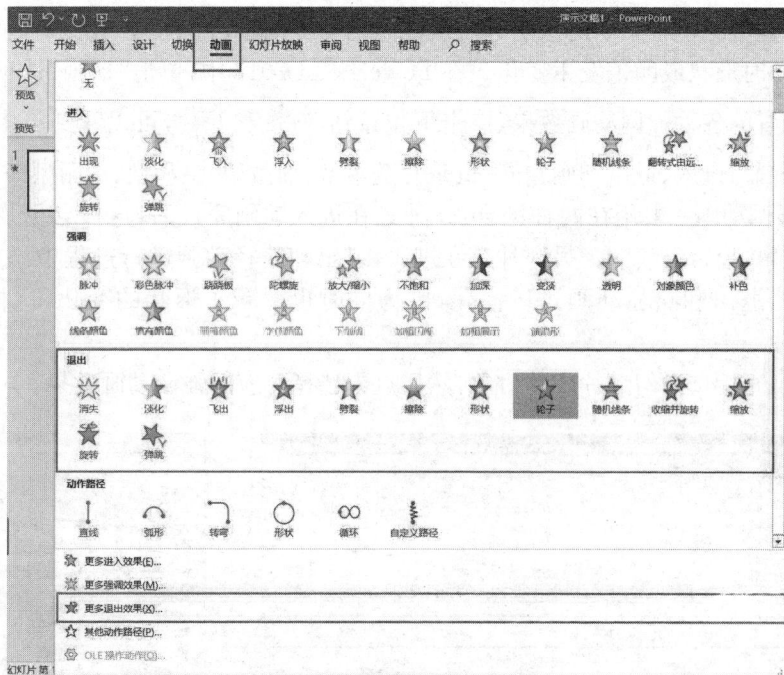

图 7-3　常用退出动画效果

退出动画效果与进入动画完全对应,共有基本型、细微型、温和型、华丽型四种类型,每种类型又包含多种动画效果可供用户选择,如图 7-4 所示。对图形、图片等对象来说,有些进入

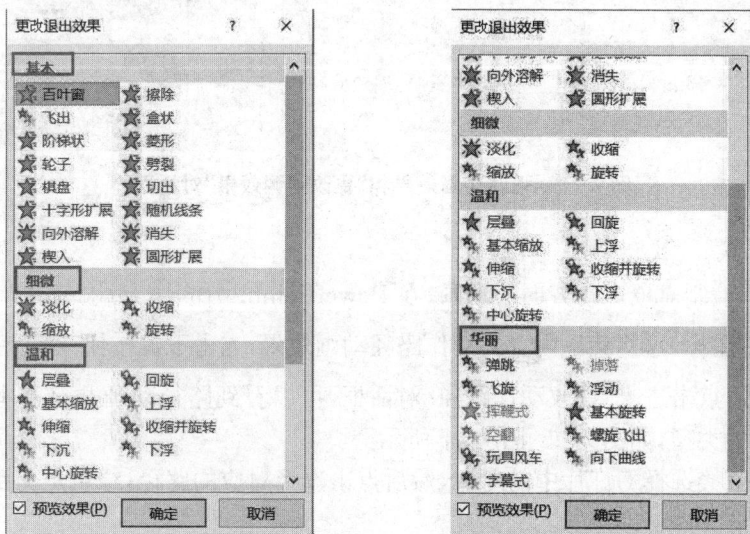

图 7-4　"更改退出效果"对话框

动画不能做,相应的退出动画也做不了。注意设置退出动画时要考虑两个因素:一是注意与该对象的进入动画保持呼应,一般怎样进入的,就会按照相反的顺序退出;二是注意与下一页或下一个动画的过渡,能够与接下来的动画保持连贯。

在使用时,直接选择幻灯片中的对象,然后点击选择对应的退出动画效果。

3. 强调动画

强调动画是放映过程中使对象引起观众注意的一种动画,它不是从无到有,而是一开始就存在,进行动画时形状或颜色发生变化。在 PowerPoint 2016 中,单击"动画"选项卡黄色的动画图标就是内置的各种强调动画效果,点击下拉按钮 ⌄ 和 ⌄ ,可以看到更多的强调动画效果。强调动画与进入、退出动画相同,也是有基本型、细微型、温和型、华丽型四种类型,如图7-5所示。强调动画一般用在两种场合:一种是在进入动画完成后,这样会更加自然。其遵循这样一个逻辑:上台→表演。另一种是在进入、退出和路径动画进行过程中添加强调效果,就不会使进入、退出和路径动画过于僵化,因为同时也赋予了形状的变化,这样更加立体、逼真。

在使用时,直接选择幻灯片中的对象,然后点击选择对应的强调动画效果。

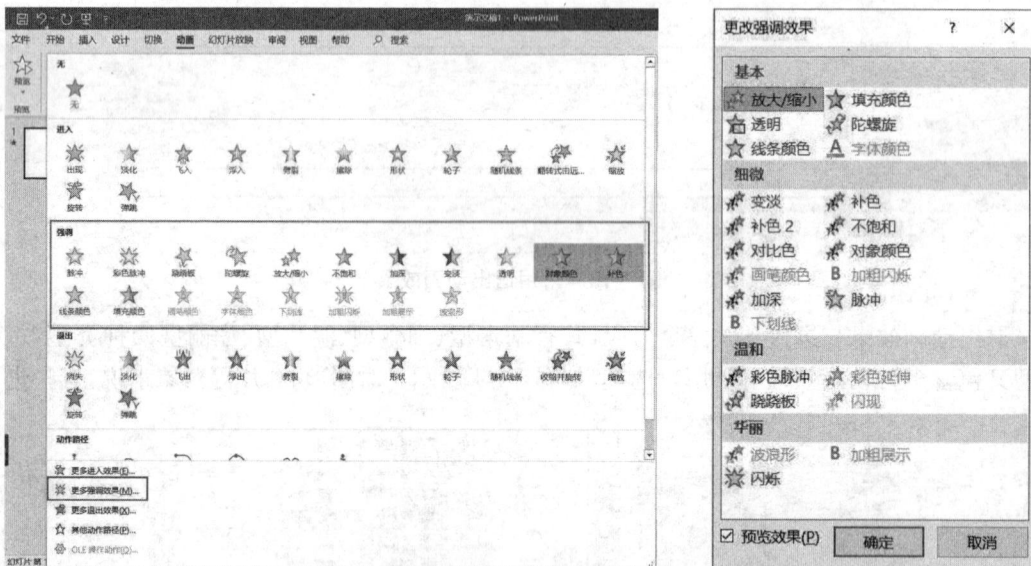

图7-5 强调动画效果和"更改强调效果"对话框

4. 路径动画

路径动画是控制对象运动方向的动画,在 PowerPoint 2016 中,单击"动画"选项卡看到许多路径动画效果图标,这些就是内置的动作路径动画效果,点击下拉按钮 ⌄ 和 ⌄ ,可以看到其他动作路径,点击进入"更改动作路径"对话框,可以看到路径动画共有基本型、曲线和直线型、特殊型三种类型,如图7-6、图7-7所示。

在使用时,直接选择幻灯片中的对象,然后点击选择对应的路径,绿色点为路径起始点,红色点为路径终点。

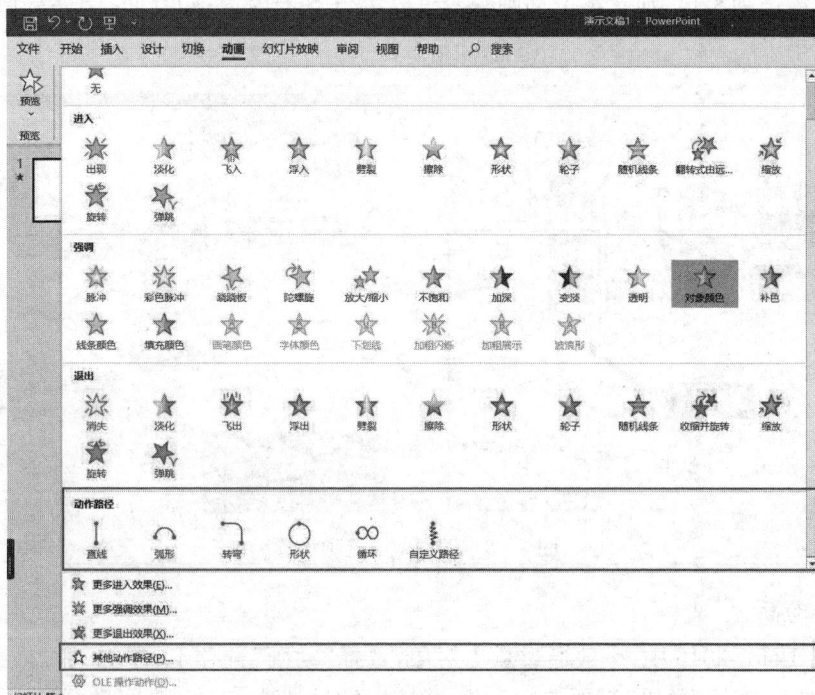

图 7-6　常用动作路径动画效果

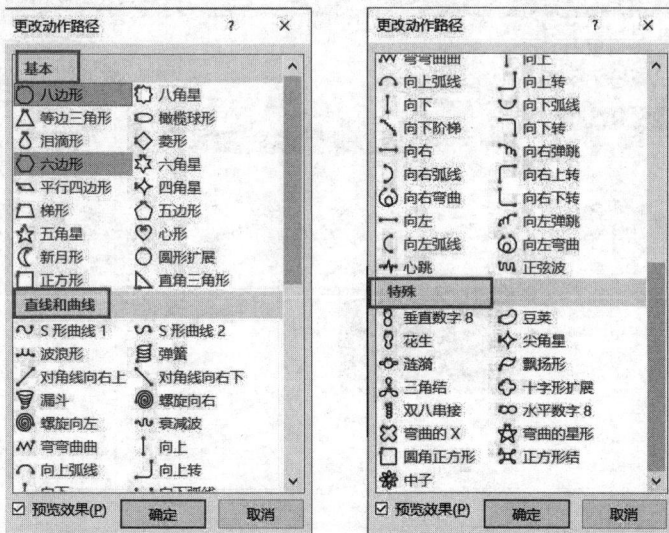

图 7-7　"更改动作路径"对话框

二、高级动画设置

在 PowerPoint 2016 中动画设置的关键点包含动画效果参数和动画计时。

1. 动画选项

在进入、强调、退出、路径动画的应用中,点击对象,添加动画效果后,若右边的灰色"效果选项"图标被激活为彩色,则表示该动画效果可以进行效果设置,如方向、图案等属性的改变,如图7-8所示。

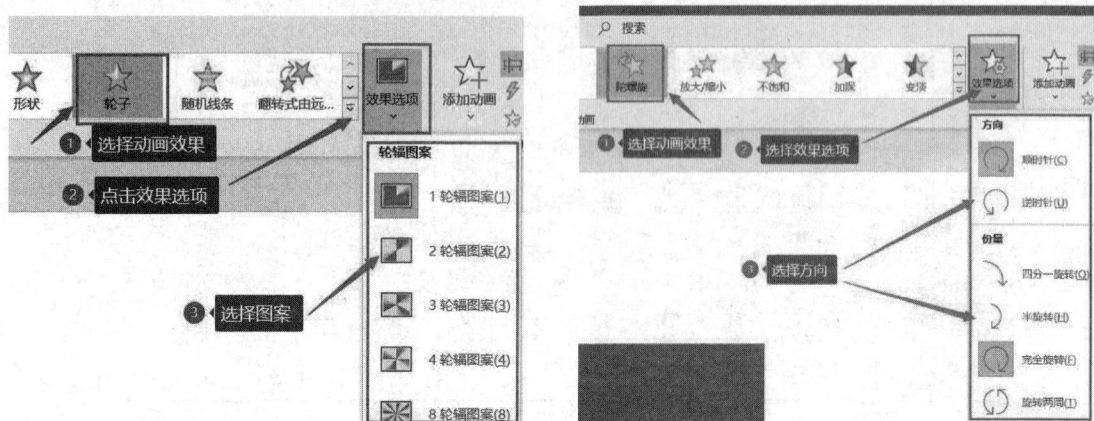

图7-8　动画效果选项设置

2. 添加动画

在 PowerPoint 2016 中,一般通过点击对象,选择"动画"选项卡,添加动画效果。若要为一个对象添加多个动画效果,需要选中对象,单击"动画"选项卡,在"高级动画"功能组的"添加动画"中选择进入、退出、强调、路径动画来叠加动画效果,如图7-9所示。

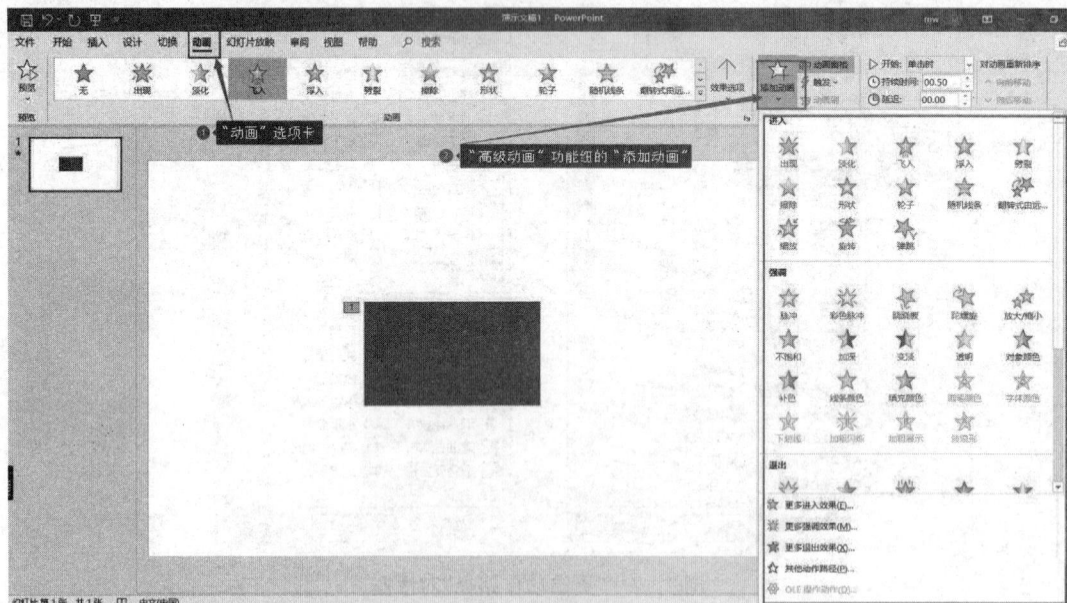

图7-9　添加动画

3. 动画窗格

打开动画窗格可以查看和编辑此幻灯片上的动画日程表,以及可预览设置的动画效果,如图7-10所示。

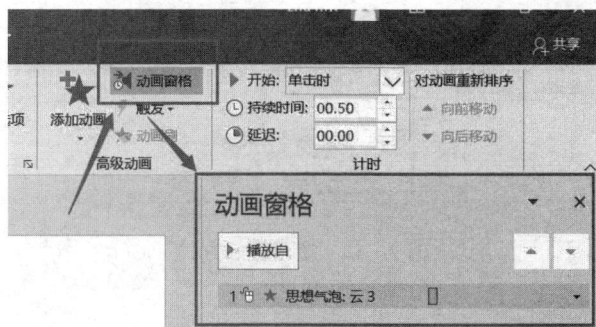

图 7-10　动画窗格

4.动画刷

动画刷可以将已做好的动画效果复制应用到演示文稿中其他的对象上。

操作步骤如下：

选中已做好动画的对象，单击"动画刷"，再选择要自动应用动画的其他内容。再次点击"高级动画"功能组的"动画刷"可取消动画刷。

若要向多个（两个以上）对象应用动画，要双击"动画刷"，如图 7-11 所示。

图 7-11　动画刷的多次使用

三、动画计时

动画还有一个重要作用是控制学习内容的显示速度和顺序。动画计时包括动画开始的方式、延时时间、持续时间和播放的顺序等，可以直接在"动画"选项卡下的"计时"功能组进行相应设置，也可在动画窗格上选择动画日程表上的动画效果，点击右键进行设置。

1.开始的方式

动画的开始方式有三种：单击时、上一动画同时、上一动画之后。如图 7-12 所示。

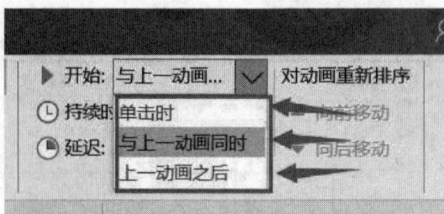

图 7 - 12　动画开始方式

（1）单击时

设置一个动画的开始方式为"单击时"，即表示单击鼠标时，这个动画会开始。

（2）与上一动画同时

设置为"上一动画同时"，如果在这个动画之前有动画，则与前面一个动画同时播放；如果在这个动画之前没有动画，则进入这个幻灯片这个动画就会自动开始播放。

（3）上一动画之后

设置为"上一动画之后"，则要等前一个动画播放完后，这个动画才能开始。

（4）触发器

PowerPoint 2016 中默认的是按单击顺序播放动画，如果想精确控制和改变动画播放次序，使用触发器可以实现。触发器就是一个自定义动画的触发条件，可以利用触发器（有无单击指定对象）来控制幻灯片中的动画播放、视频和声音。在 PowerPoint 中，一个图片、图形、按钮等都可以作为触发器，一段文字或文本框也可以作为触发器，单击触发器时会触发一个指定的操作（播放指定动画、控制声音或视频等）。

触发器的设置：打开"动画窗格"，选择列表中要触发的动画，点击右键，选中"计时"，如图 7 - 13 所示。

2. 持续时间

持续时间是控制指定动画的时间长度，体现为动画的播放速度。设置如图 7 - 14 所示。

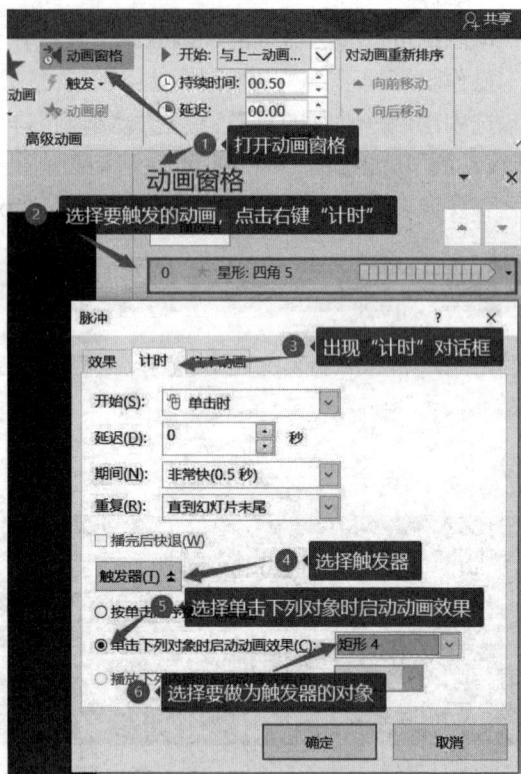

图 7 - 13　触发器的设置

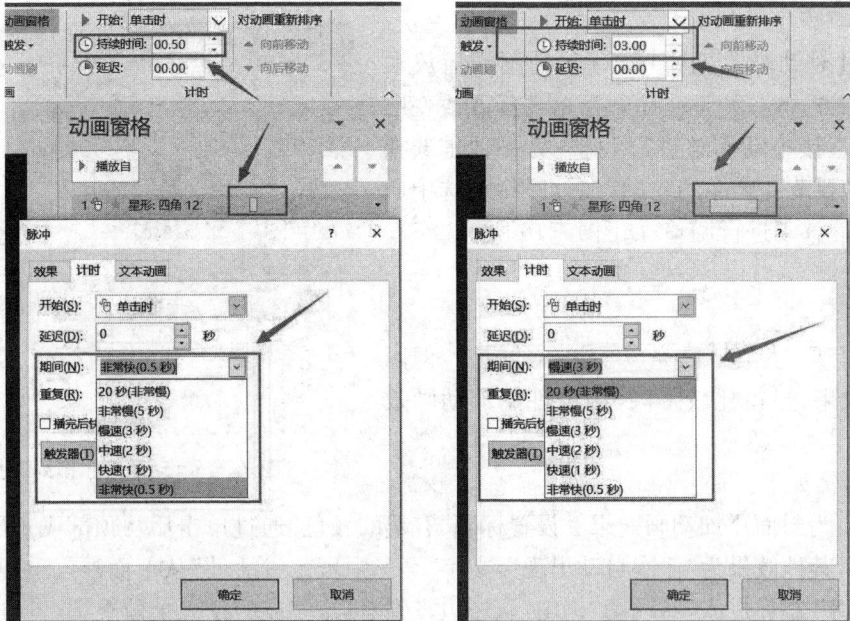

图 7 - 14 持续时间设置

3. 动画延时

用于设置经过几秒后才开始播放动画，设置如图 7 - 15 所示。延迟设置是指如果动画不能等上一个动画结束后再开始，又不能同时开始，则设置"延迟"时间，即过了"延迟"时间后再开始。动画播放的延迟时间以秒为单位。

如果需要设置动画循环播放，可设置"重复"方式为次数或"直到幻灯片末尾"。

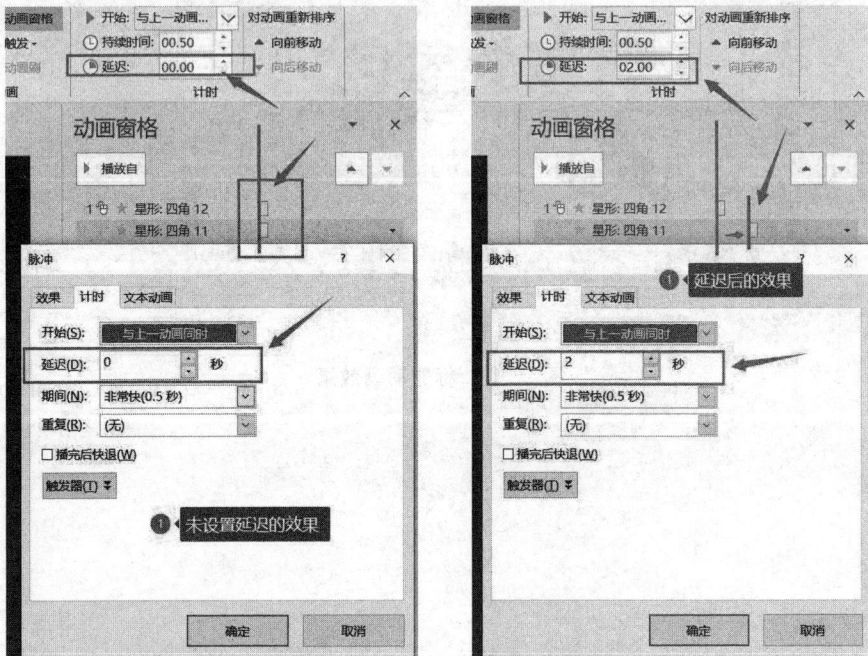

图 7 - 15 设置动画延迟时间

4. 动画顺序排列

可通过对动画重新排序,调整动画的播放顺序。有两种方式:一种是在动画窗格选择要改变顺序的动画,直接拖动调整进行调整;另一种是选择动画窗格中要改变顺序的动画,在计时栏中选中向前移动、向后移动进行调整,如图 7-16 所示。

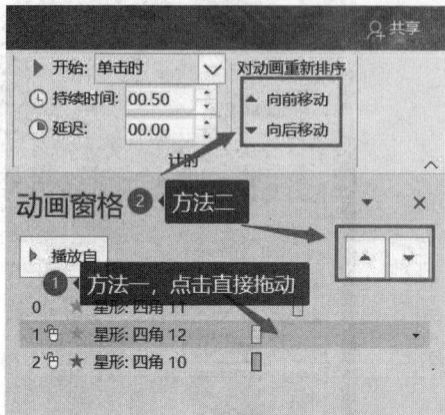

图 7-16　动画顺序排列调整

案例:

课件《有趣的颜色》已完成了初步的设计,但因缺乏动态效果,显得比较平淡,为课件添加动画效果,使其更生动有趣。

操作步骤如下:

步骤1:为封面添加动画效果。设置标题"有趣的颜色"通过单击后从顶部飞入出现,如图 7-17 所示,其他效果为"依次自动出现",文字"——中班艺术活动"从上面浮入出现,如图 7-18 所示,文字"欢迎进入"和动图"蝴蝶"从左边飞到右边,完成的每一个效果都可通过"动画窗格"的播放按钮预览。如图 7-19 所示。

图 7-17　标题动画效果

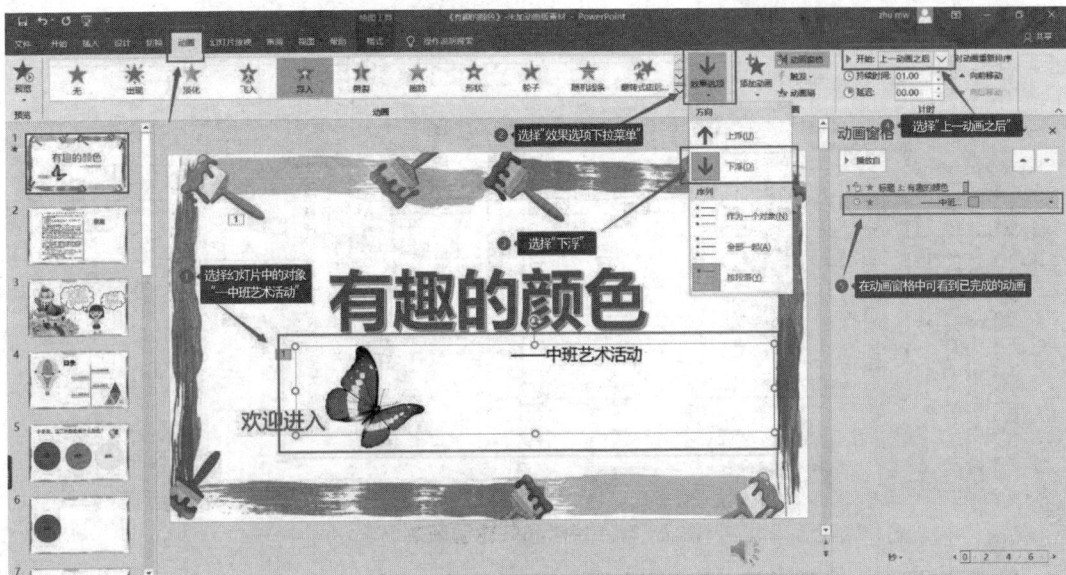

图 7-18　副标题动画效果

图 7-19　欢迎进入和蝴蝶动画效果

　　步骤 2：为第 2 页目录页幻灯片添加动画效果。单击时，让图像"热气球"及文字"目录"从上飞入，如图 7-20 所示。随后，右下角的三角形色块通过进入的"翻转式由远及近"效果，逐个进入，如图 7-21 所示。然后从左侧依次用"擦除"效果出现蓝色的文字目录"01：认识红色—02：认识蓝色—03：认识黄色—04：多种颜色"，如图 7-22 所示。在此因为 01~04 的动画效果是相同的，所以只需要做好"01：认识红色"一个效果，其他可通过双击格式刷实现，操作方式是：选择换灯片中已做好动画效果的对象"01 认识红色"，双击"格式刷"，然后依次在幻灯片中点击对象"02：认识蓝色""03：认识黄色""04：多种颜色"，完成操作，如图 7-23 所示。

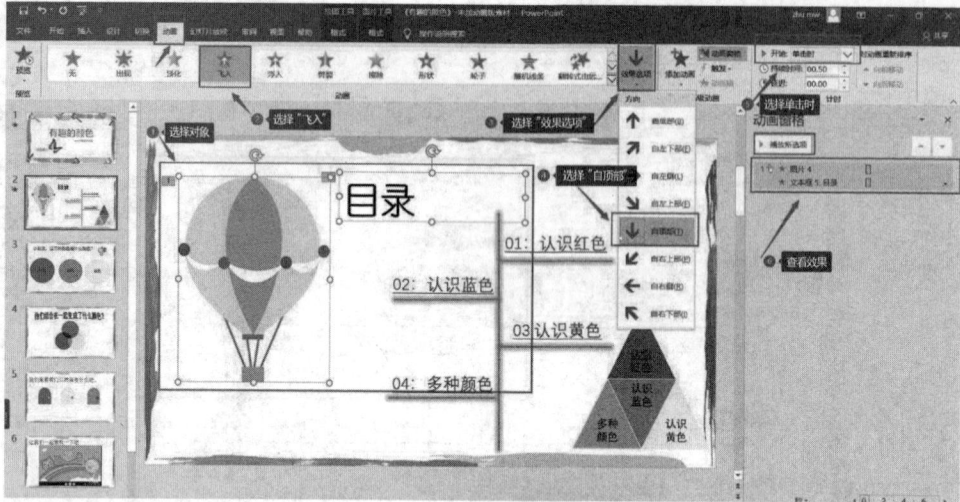

图 7‑20　目录和气球动画效果

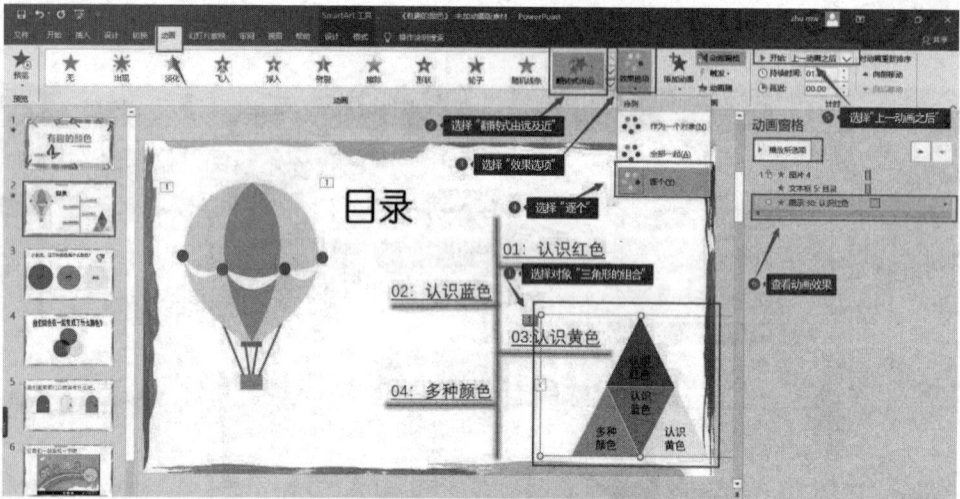

图 7‑21　色块动画效果

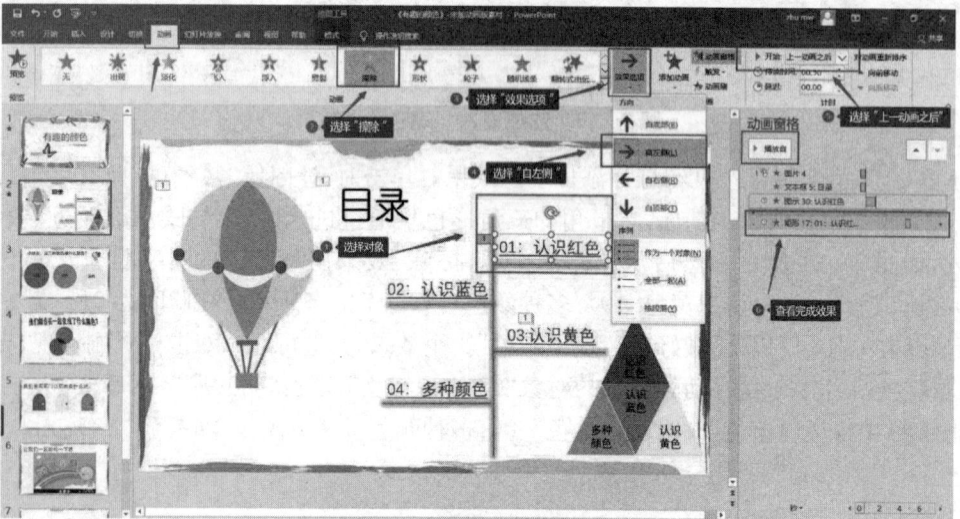

图 7‑22　目录条目动画效果

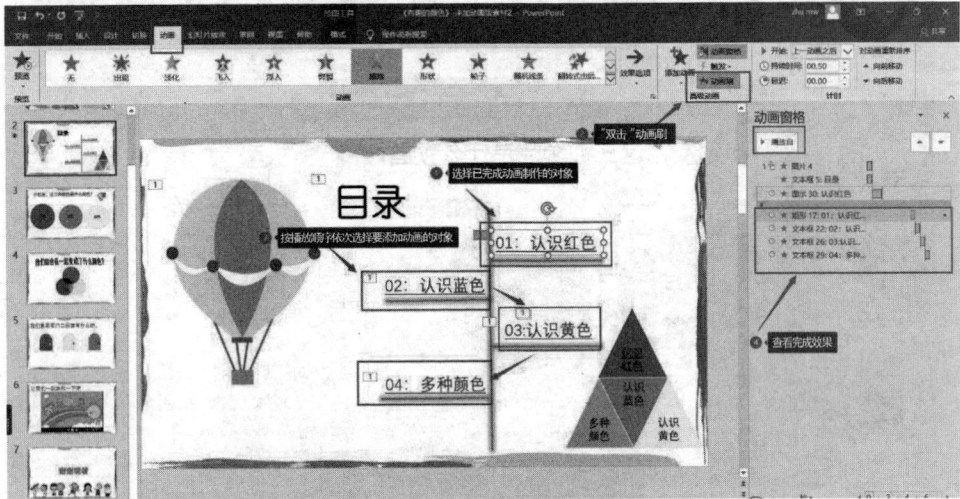

图 7-23　用动画刷复制动画

步骤 3：为第 3 页幻灯片的三种颜色图像制作多种动画效果，依次以单击时以"淡化进入"效果出现，再单击时以"彩色脉冲"效果进行强调，最后单击"淡化"退出。选择红色圆形对象，添加进入的"淡化"效果，如图 7-24 所示。再次选择红色圆形对象，选择"高级动画"功能组的"添加动画"下拉菜单中的"强调"栏"彩色脉冲"效果，如图 7-25 所示。然后再次选择红色圆形对象，选择"高级动画"功能组的"添加动画"下拉菜单中的"退出"栏的"淡化"效果，如图 7-26 所示。选择为蓝色和黄色圆形对象添加相同的动画效果，可用双击动画刷的方法完成制作，最终完成效果如图 7-27 所示。

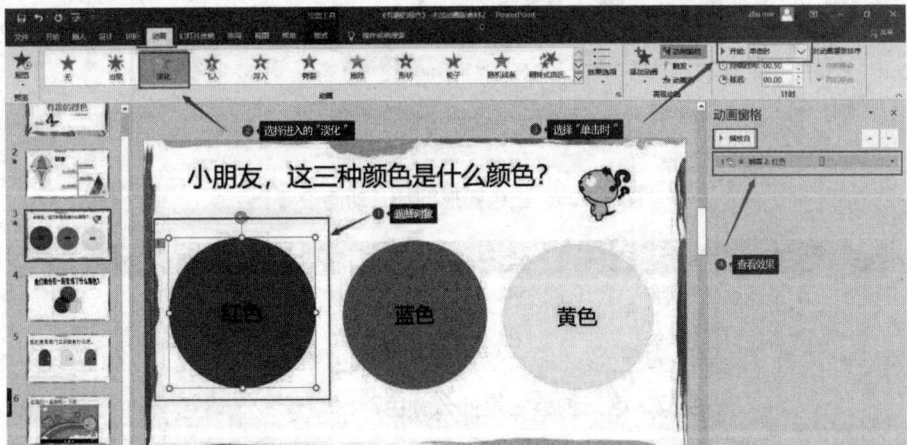

图 7-24　红色圆形"进入"动画效果设置

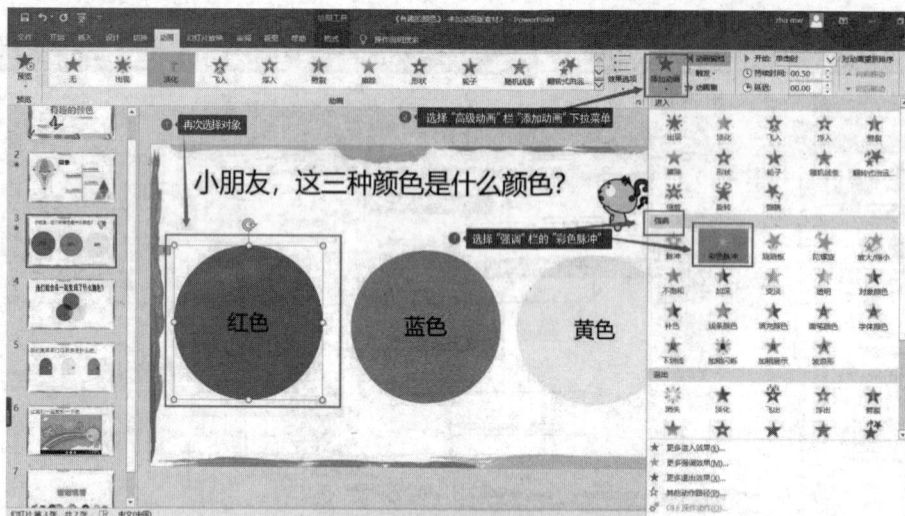

图 7-25　红色圆形"强调"动画设置

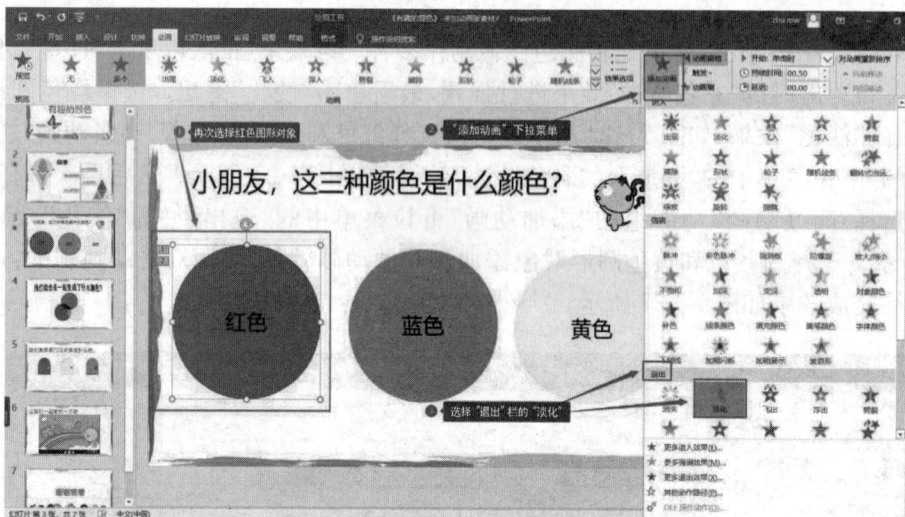

图 7-26　红色圆形"退出"动画设置

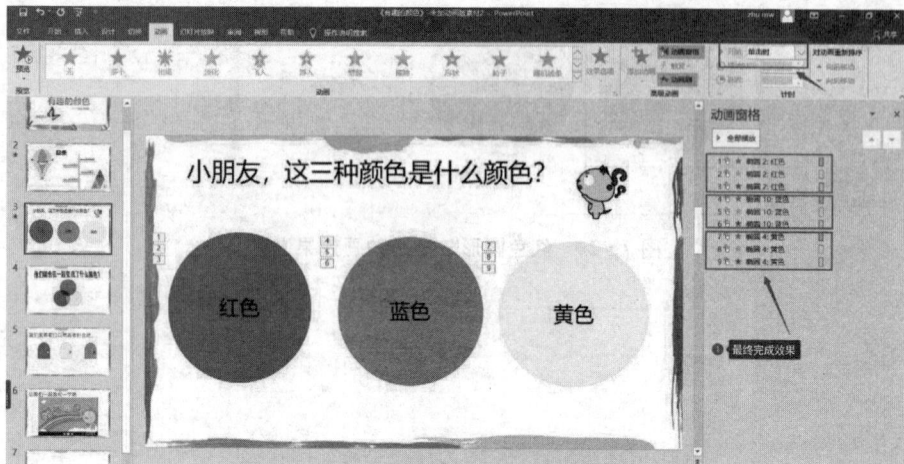

图 7-27　利用动画刷给蓝色和黄色圆形设置动画

步骤 4：为第 4 页幻灯片添加触发器效果，点击上面的颜色，则上面的颜色移开露出底下的颜色。首先，选择对象"红色的门"，添加"直线"路径动画，选择"效果选项"下的"靠左"，可在幻灯片中手动调整红色结束点的位置，完成动画制作，如图 7－28 所示。然后，在打开的"动画窗格"中选择这个动画，点右键打开"计时"对话框，选择"触发器"，选择"单击下列对象时启动动画效果"，选择"组合 20"，点击"确定"，如图 7－29 所示，完成触发器设置。在"动画窗格"中，可在原动画列表上方看到已有设置的"触发器：组合 20"，如图 7－30 所示。

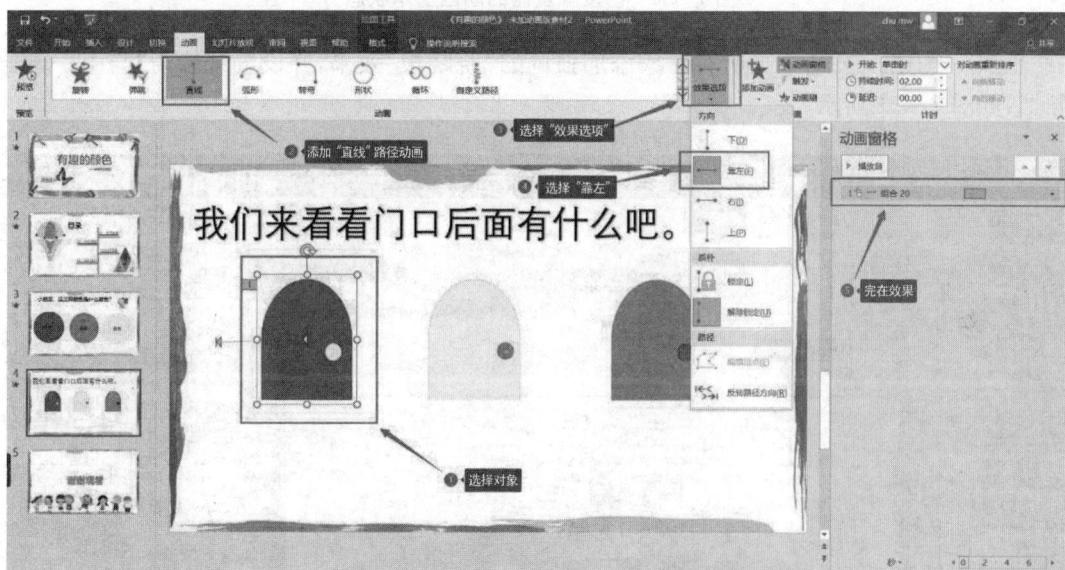

图 7－28　设置"红色的门"路径动画

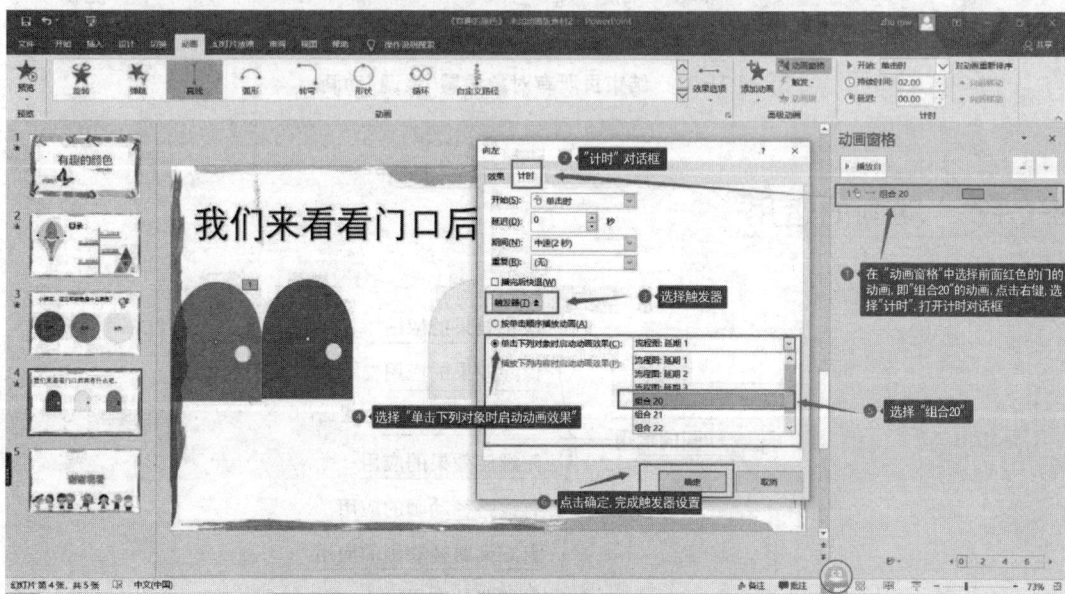

图 7－29　为"红色的门"动画设置触发器

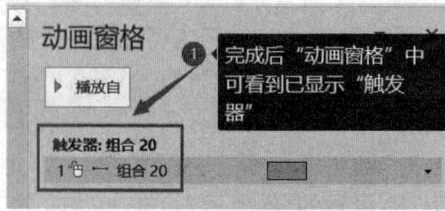

图 7-30　已设触发器的动画显示状态

步骤 5：为第 5 页结束页所有对象添加强调的"跷跷板"效果，并设置开始为"与上一动画同时"，如图 7-31 所示。

图 7-31　结束页所有对象设置"强调"动画

任务二　动画的运用

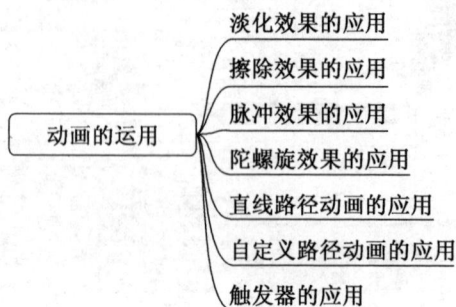

在教学课件中，物体的运动、事情的发展过程、事物之间的相互关系等都可以用动画来表

达。PowerPoint 2016 中的动画可以制作出简化的模型动画,辅助教学。

一、淡化效果的应用

案例:

开关灯动画制作。

制作思路:绘制与窗口大小相同的黄色矩形,通过为黄色矩形添加进入动画的淡化效果制作模拟开灯效果,为黄色矩形添加退出动画的淡化效果制作模拟关灯效果。

操作步骤如下:

步骤 1:打开案例 2 素材,选择"插入→形状→矩形",绘制一个与背景图上的窗口大小相同的矩形,填充颜色为"黄色",线条为"无填充"。然后选择绘制好的黄色矩形,按住键盘的"Ctrl+D"快捷键复制多个黄色矩形,拖到要做开关灯效果的窗口的位置并调整与对应的窗口大小一致,如图 7-32 所示。

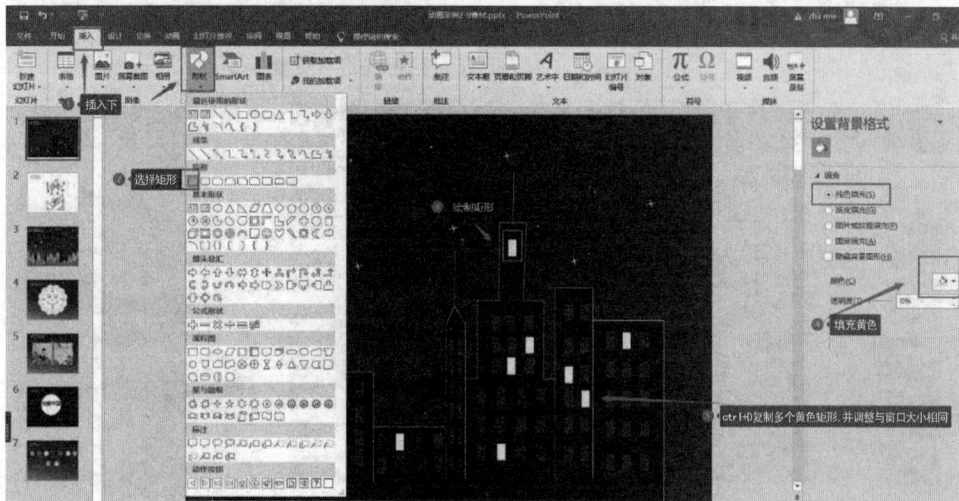

图 7-32　绘制表示灯的黄色矩形

步骤 2:选择其中一个黄色矩形,然后点击"动画"选项卡中"进入"栏的"淡化"效果,选择开始为"单击时",在"动画窗格"中可看到完成的动画并预览动画效果,如图 7-33 所示。

步骤 3:在幻灯片中选择刚做好动画的黄色矩形,双击"高级动画"功能组中的"动画刷",依次选择幻灯片中要做开灯效果的黄色矩形,完成模拟开灯动画的制作,在"动画窗格"中预览,如图 7-34 所示。

步骤 4:关灯动画效果的操作方法与开灯动画效果一样,只是需要用"退出"栏中的"淡化"效果,若在一个窗口上开灯后又关灯,需要通过"高级动画"功能组中的"添加动画"下拉选项选择"退出"栏的"淡化"效果,其他操作相同,在此不做详细叙述,最终完成效果如图 7-35 所示。

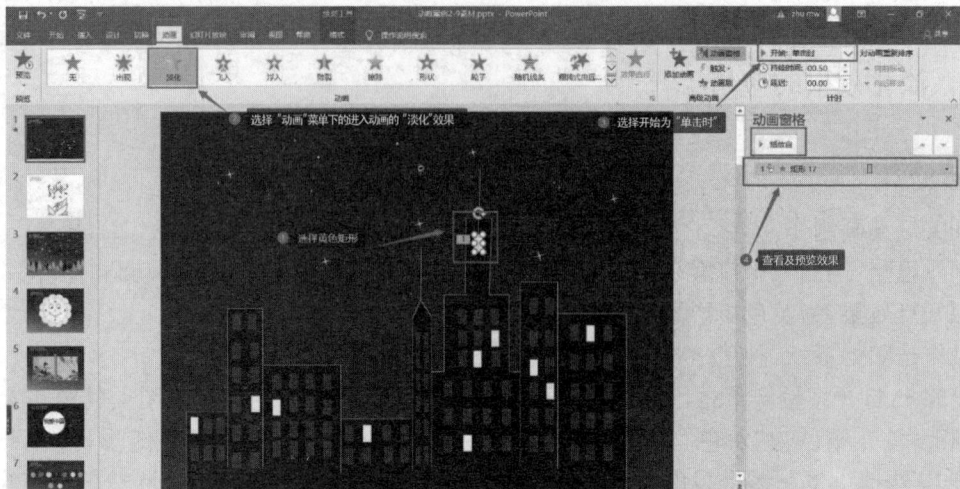

图 7-33　设置"淡化"进入效果

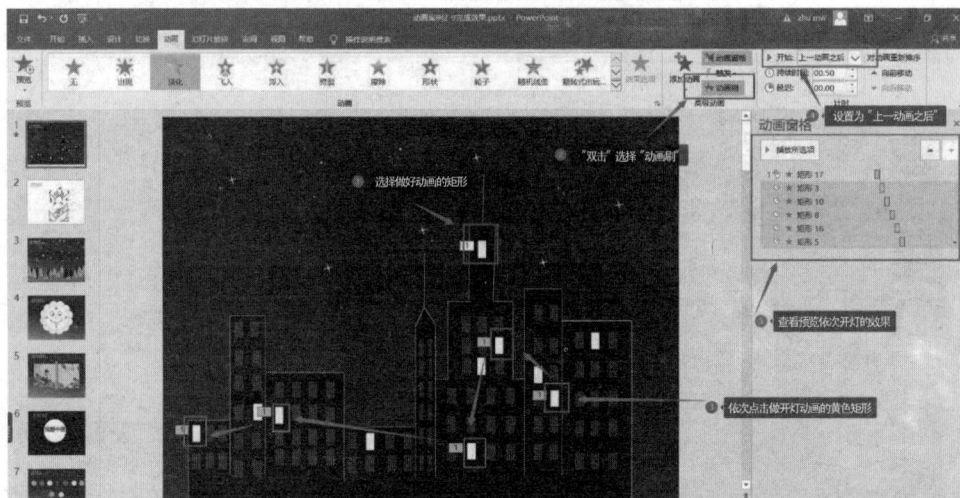

图 7-34　动画刷复制动画

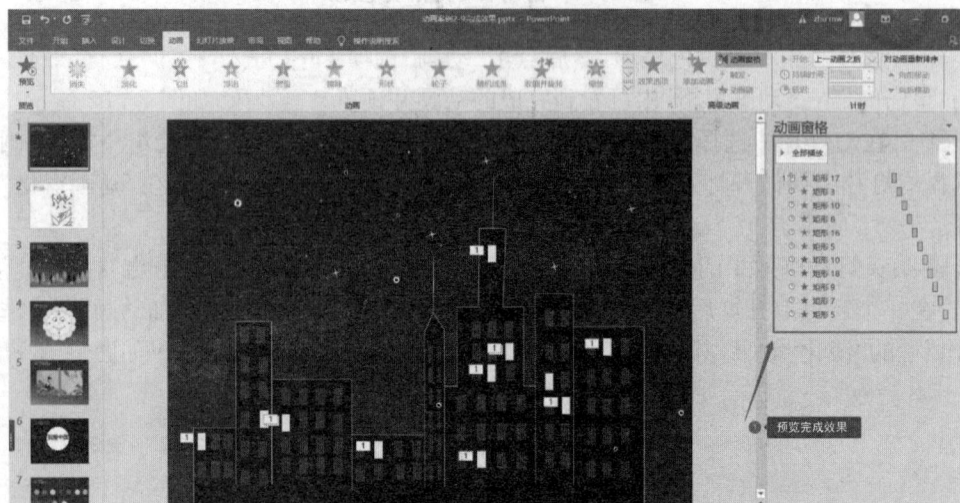

图 7-35　设置"淡化"退出动画

二、擦除效果的应用

案例：

连线题制作。

制作思路：提前将需要绘制的线条画好，然后通过点击鼠标才能依次绘制出来。通过"进入"动画的"擦除"效果制作模拟绘制连线的效果。

操作步骤如下：

步骤 1：打开素材案例 3，将素材中的 1—2，2—3，3—4，4—5，5—6，6—7，7—8，8—9，9—10 依次用"插入"→"形状"→"曲线"绘制连接数字的曲线线条，并在线条上点击右键选择"编辑顶点"，调整线条到跟素材匹配，并设置连接 1—2，2—3，3—4，4—5 的曲线为"绿色"，设置连接 5—6，6—7，7—8，8—9，9—10 的曲线为"蓝色"，如图 7‐36 所示。

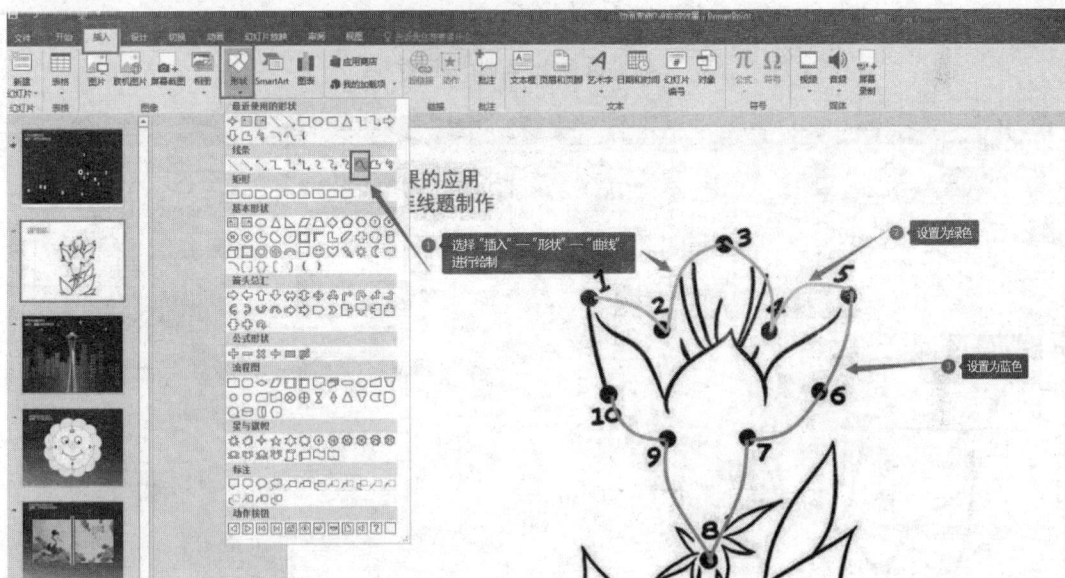

图 7‐36　按数字次序依次绘制曲线线条并改颜色

步骤 2：选择绘制好的连接 1—2 的线条，选择"动画"→"进入动画"→"擦除"，修改效果选项为"自左侧"，设置开始为"单击时"，预览效果，如图 7‐37 所示。

步骤 3：选择做好动画的 1—2 的线条，双击"高级动画"功能组的"格式刷"，然后依次点击连接 2—3，3—4，4—5 的线条，并设置开始为"上一动画之后"，如图 7‐38 所示。

步骤 4：蓝色连线的动画制作与前面绿色连线动画的制作相同，只是将"效果选项"设置为"自右侧"，完成模拟连线题动画设置。

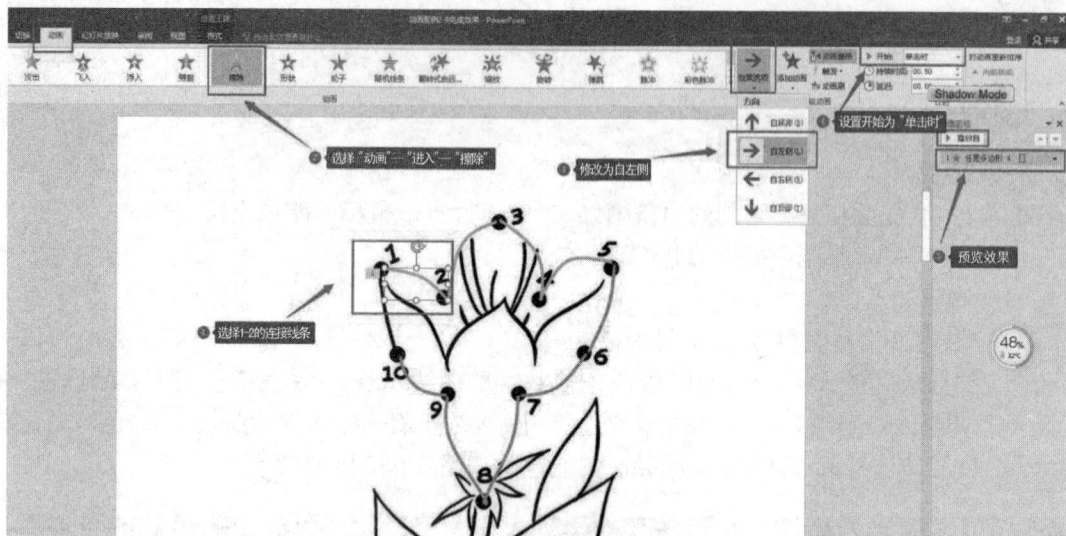

图 7－37　设置 1—2 曲线进入动画

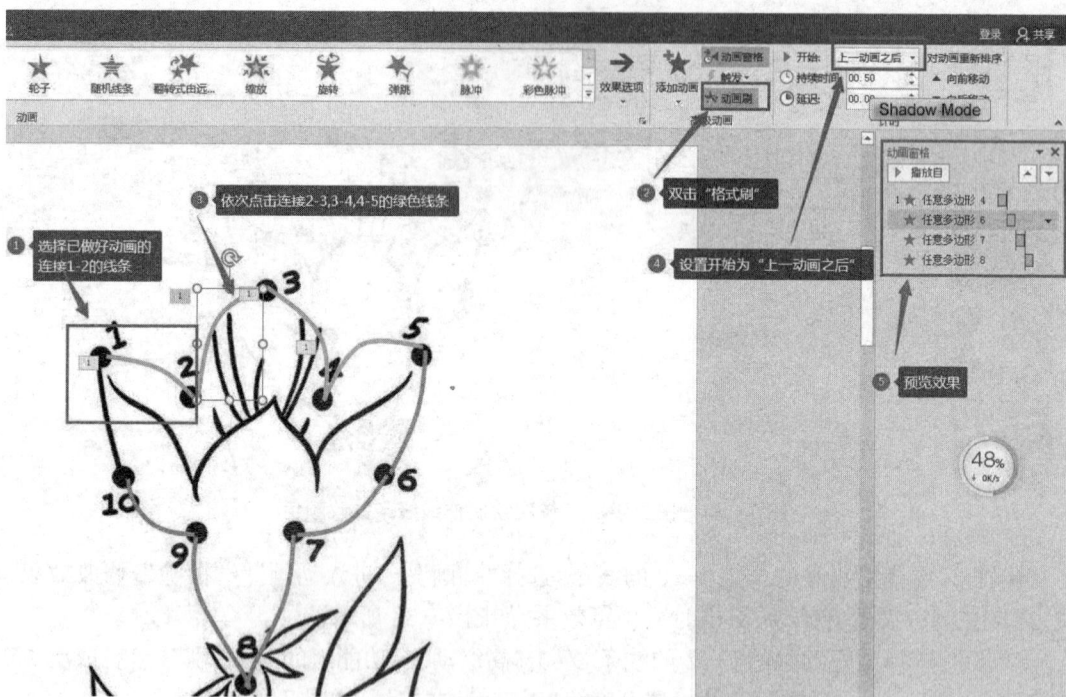

图 7－38　利用动画刷复制动画

三、脉冲效果的应用

案例：

星星闪烁效果制作。

制作思路:为星空的底图绘制一些星星,然后一进入本页幻灯片则星星开始自动闪烁,增加幻灯片的动感。通过强调动画的"脉冲"效果制作模拟星星闪烁的效果。

操作步骤如下:

步骤 1:打开素材案例 3,选择"插入"→"形状"→"星与旗帜"下的四角星,在幻灯片中绘制星星,设置颜色为"黄色",然后复制多个星星,调整星星大小不一,然后摆放到天空中适当的位置,如图 7-39 所示。

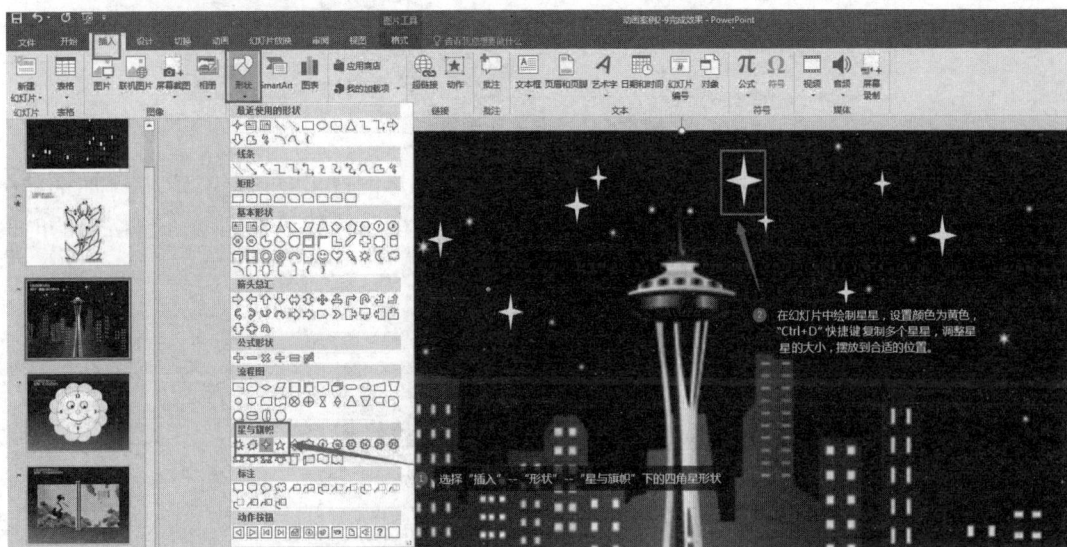

图 7-39　绘制并复制四角星

步骤 2:全部选择绘制的星星,选择"动画→强调动画"→"脉冲",设置开始为"与上一动画同时",这时已设置完成一次星星闪烁动画,如图 7-40 所示。

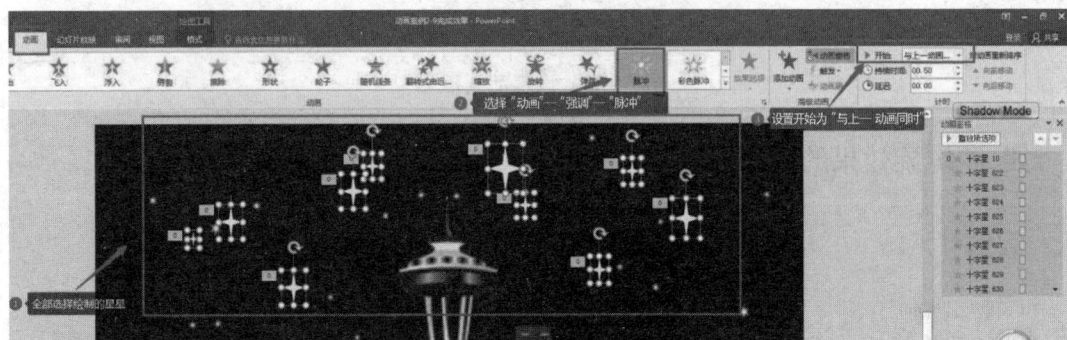

图 7-40　设置星星强调动画

步骤 3:在"动画窗格"中选择全部的动画,点击右键打开"计时"对话框,设置重复为"直到幻灯片末尾",点击"确定",这时完成了在本页幻灯片中星星一直闪烁的动画,直到翻页,如图 7-41 所示。

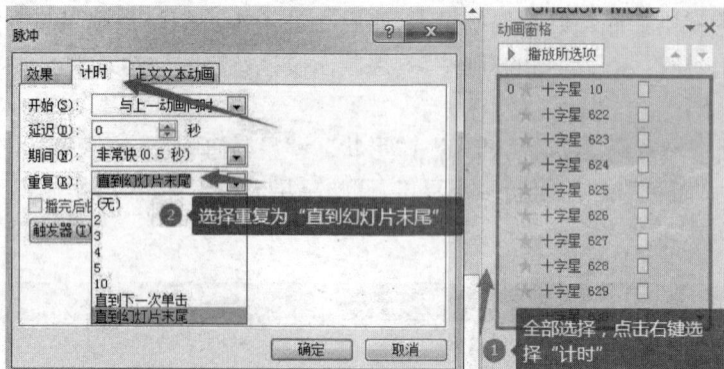

图 7-41　设置动画重复

步骤 4：若让星星闪烁不是同时闪烁，有一定的错落闪烁的效果，可按住"Ctrl"键加选动画窗格中的多个动画，设置"计时"里的"延迟"时间为"0.25 秒"，然后可看到动画窗格中的时间线已往后延迟了 0.25 秒，完成动画的设置，如图 7-42 所示。

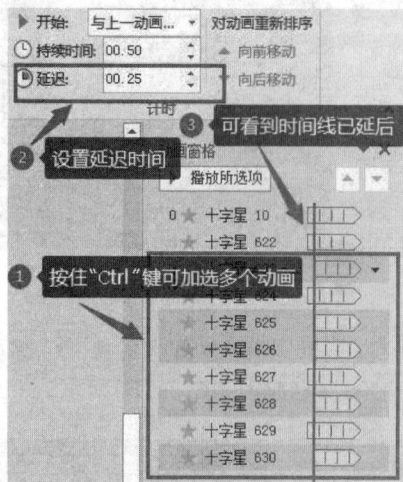

图 7-42　设置动画延迟

四、陀螺旋效果的应用

案例：

时钟动画制作。

制作思路：为时针及分针制作围绕钟表中心旋转，并设置旋转的速度。通过强调动画的"陀螺旋"效果制作模拟时钟转动的动画效果。

操作步骤如下：

步骤 1：用"插入"→"形状"→"箭头总汇"下的上箭头 ⬆ ，绘制一个细长的分针，设置颜色为"黄色"，轮廓为"绿色"，然后复制一个，如图 7-43 所示。

图 7-43　绘制箭头并复制

步骤2：选择一个箭头，点击"格式"菜单下"旋转"下拉选项的"垂直旋转"，使箭头一个朝上一个朝下，如图7-44所示。

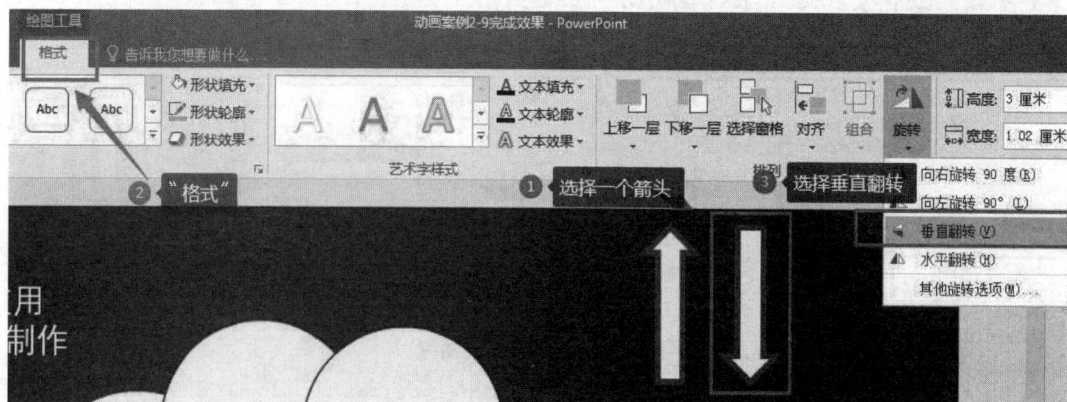

图7-44　旋转箭头

步骤3：将朝下的箭头移动到朝上箭头的正下方，如图7-45所示。

步骤4：选择朝下的箭头，设置形状格式填充为"无填充"，线条为"无线条"，如图7-46所示。

步骤5：同时选择向上的箭头和向下的箭头，选择"格式"选项卡下"排列"功能组的"组合"，将上下的箭头进行组合，如图7-47所示。

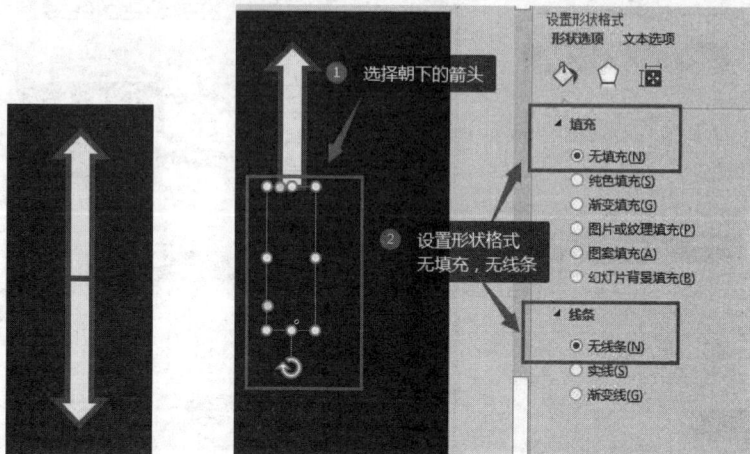

图7-45　移动箭头首尾相连

图7-46　下方箭头设无填充无线条

图7-47　组合两箭头

步骤6：选择上下箭头的组合，点击选择"动画"→"强调动画"→"陀螺旋"效果，如图7-48所示。

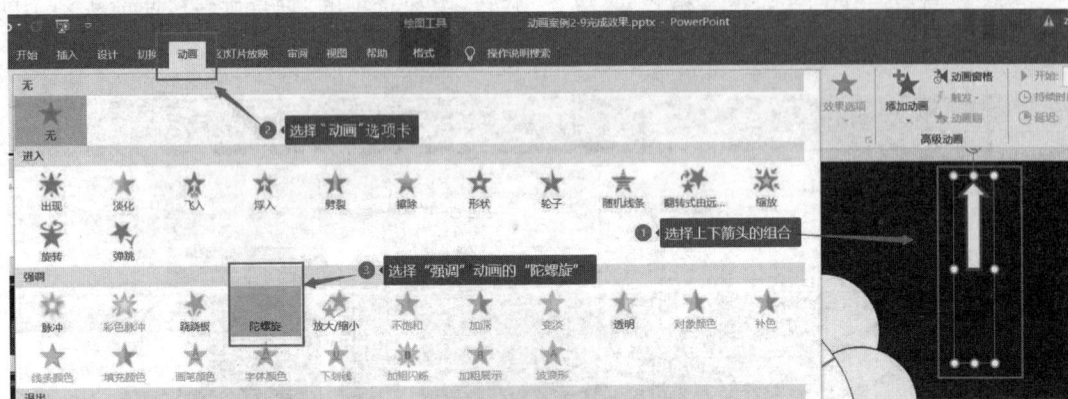

图 7-48　设置强调动画

步骤7:打开"动画窗格",在"动画窗格"中,选择"组合 6",点击右键选择"计时",打开"计时"对话框,选择"开始"为"与上一动画同时",选择"重复"为"直到幻灯片末尾",点击"确定",如图 7-49 所示。

步骤8:用上述步骤1~6同样的方式完成时针的绘制与动画设置,注意绘制的时针要比分针短、粗,最后动画计时的设置时,因为时针要比分针慢,所以在"计时"对话框中"期间"设置为"20秒(非常慢)",其他设置同步骤7,如图 7-50 所示。

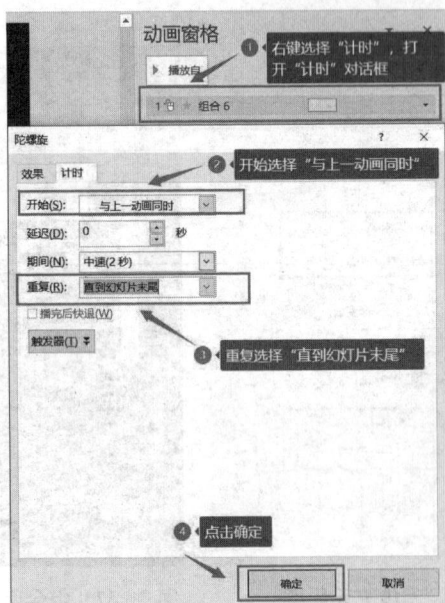

图 7-49　设置动画开始方式与重复

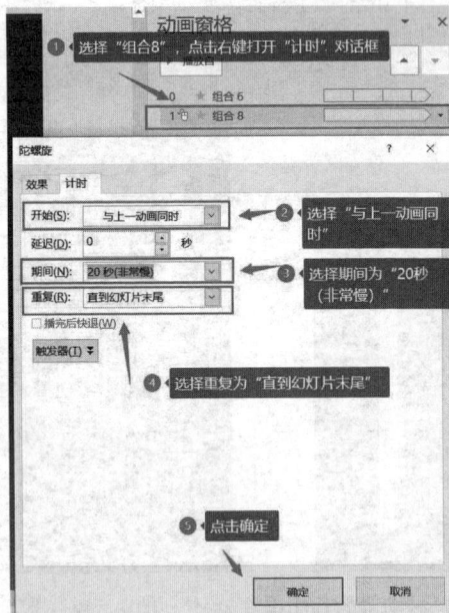

图 7-50　设置期间时间值

步骤9:选择做好的时针、分针以及表盘素材,然后选择"图片工具"下的"格式"选项卡,选择"排列"功能组的"对齐"下拉选项的"水平居中""垂直居中",使时针分针都以表盘中心居中对齐,如图 7-51 所示。

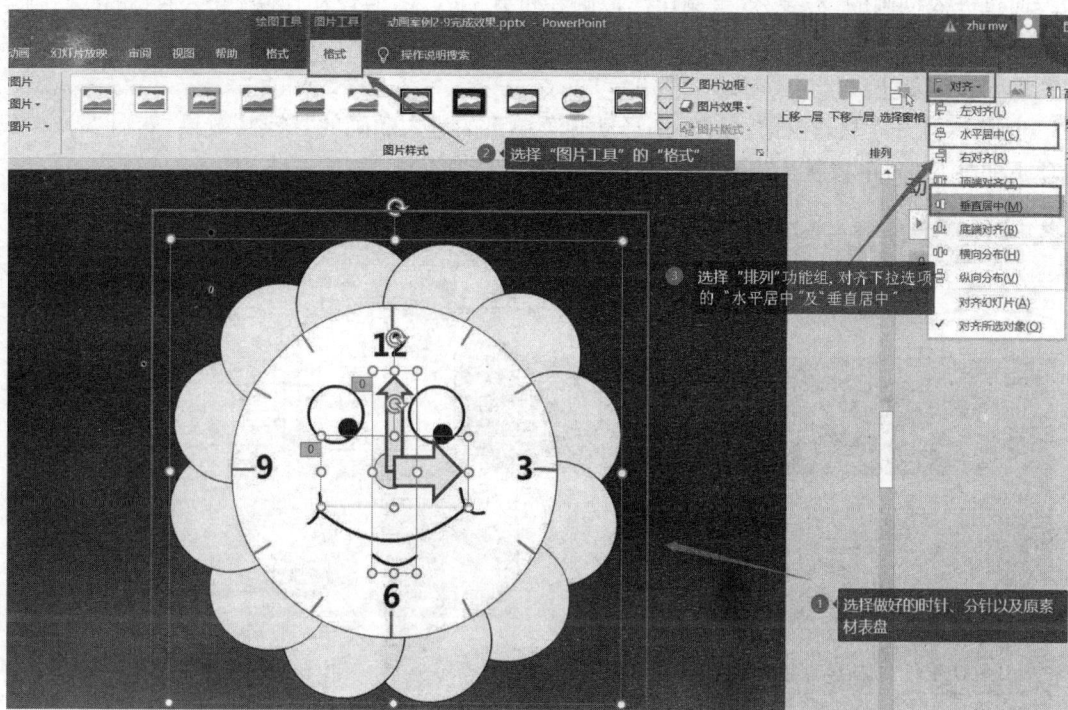

图 7-51　设置指针的对齐

步骤 10：最后，绘制一个圆形，颜色设置为"黄色"，放置在钟表的最上面中心位置，完成时钟动画制作，如图 7-52 所示。

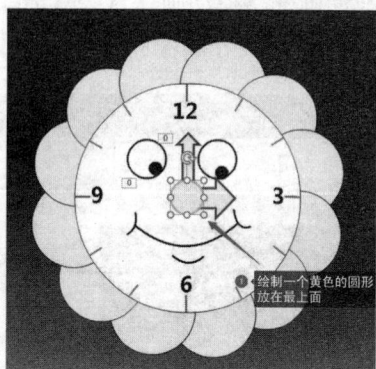

图 7-52　于钟表中心绘制黄色正圆

五、直线路径动画的应用

案例：

打开卷轴动画制作。

制作思路：首先为画卷制作从中心展开的效果，然后将画轴根据画卷的展开分别向两侧移动。通过进入动画的"劈裂"效果制作模拟画卷打开的效果,通过动作路径的"直线路径"制作模拟画轴打开的效果。

操作步骤如下:

步骤1:打开素材,选择背景图,选择动画菜单下的进入动画的"劈裂"效果,然后选择效果选项下的"中央向左右展开",可在动画窗格中预览动画效果,如图7-53所示。

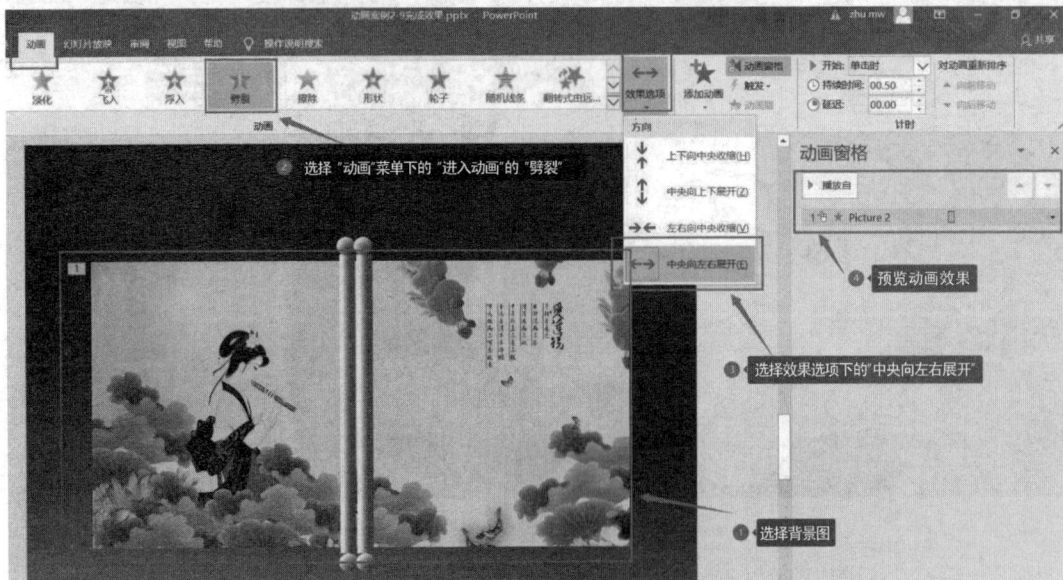

图7-53 设置背景图进入动画

步骤2:选择左边画轴,选择"动画→路径动画→直线",选择效果选项为"靠左",用鼠标拖动终点的红色箭头到画卷左侧边缘的位置,完成左侧卷轴打开动画制作,如图7-54所示。

图7-54 设置画轴路径动画

步骤3:打开右边画轴的动画制作方法同步骤2,只是将效果选项选择"右",用鼠标拖动终点的红色箭头到画卷右侧边缘的位置。

步骤4:在动画窗格中选择"组合12""组合13"的动画,设置开始为"与上一动画同时",完成动画制作,如图7-55所示。

图7-55 设置画轴动画开始方式

六、自定义路径动画的应用

案例:

探照灯动画制作。

制作思路:将底色设置为黑色,要显示的文字或图形也设置为黑色,将探照灯绘制成一个与背景和文字颜色不同的圆形放置在背景层及文字层中间,通过为探照灯做自由路径动画,模拟当探照灯移动到文字层底下时,可照亮文字的效果。

操作步骤如下:

步骤1:新建一个幻灯片,设置背景为"黑色",如图7-56所示。

步骤2:绘制一个白色的圆形。

步骤3:插入文本框,打字"我爱中国",设置为与背景颜色相同,这里设置为"黑色"。

步骤4:为白色圆形添加自定义路径,选择白色圆形,选择"动画"→"动作路径"→"自定义路径",然后在幻灯片中绘制路径,完成探照灯效果,如图

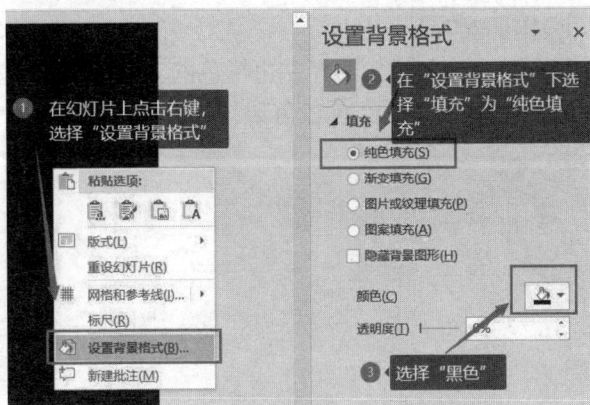

图7-56 设置新建幻灯片背景为"黑色"

7－57 所示。

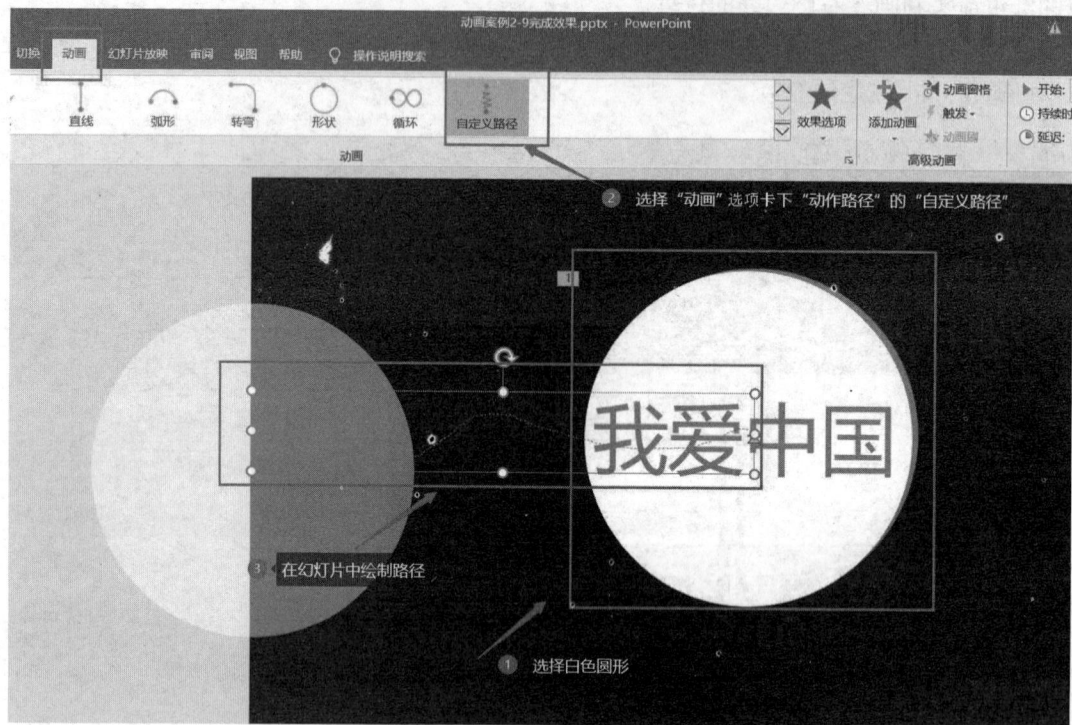

图 7－57 设置圆形的动作路径动画

七、触发器的应用

案例：

排序题制作。

制作思路：将所选对象设为两个按钮，并为按钮制作相应动画，为答案是正确的对象做路径动画，通过点击执行动画，移动到相应的位置。为答案是错误的对象做原地强调动画的跷跷板效果，当点击时，可原地摆动。

操作步骤如下：

步骤1：打开素材，选择左边橙色的对象（图片6），选择"动画"→"动作路径"→"直线"，然后用鼠标拖动终点的红色三角到"?"的位置，如图 7－58 所示。

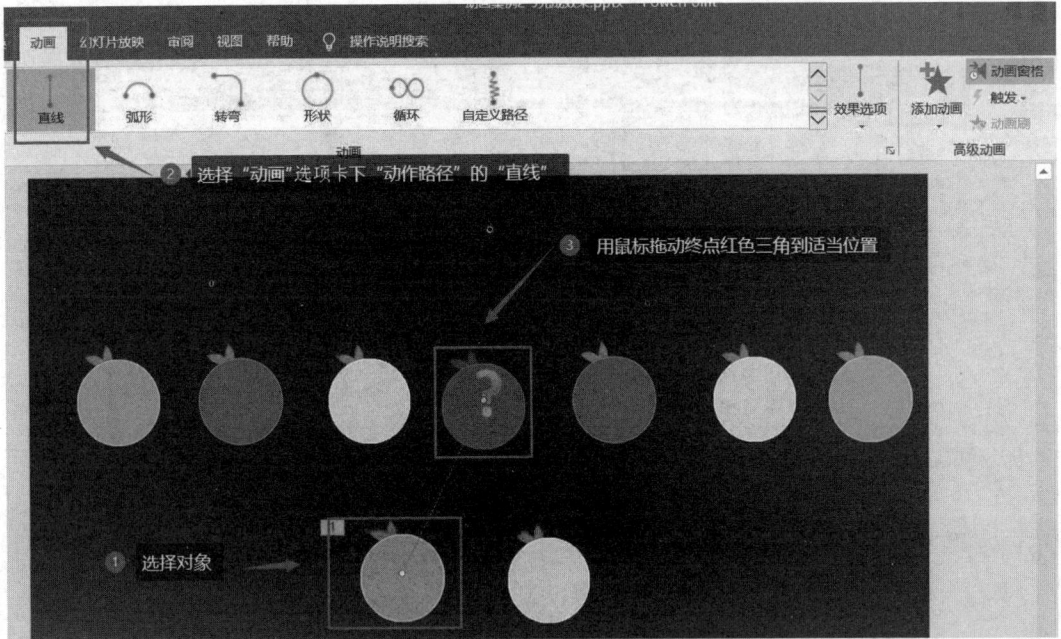

图 7 - 58　设置橙色对象动作路径动画

步骤 2：在"动画窗格"中，选择"图片 6"的动画，点击右键，进入"计时"对话框，设置触发器为"单击下列对象时启动动画效果"，选择对应的"图片 6"，完成正确答案的动画设置及触发器设置，如图 7 - 59 所示。

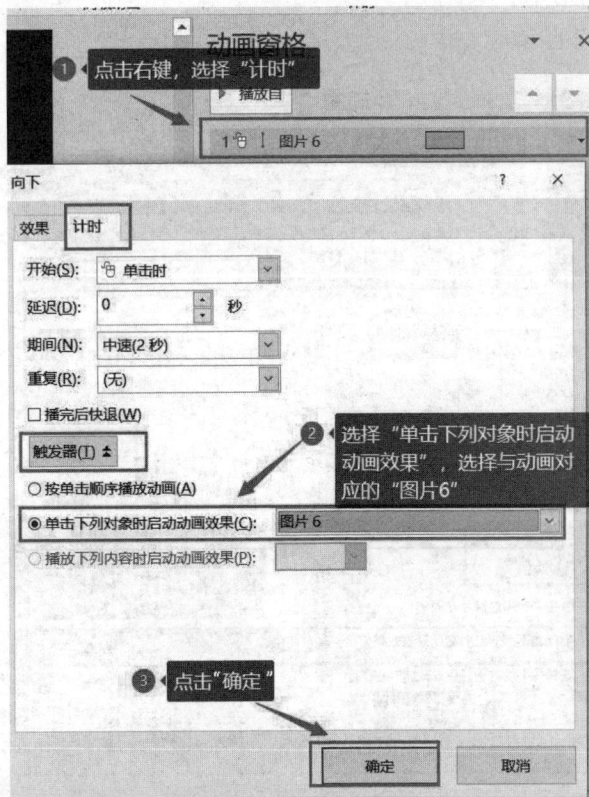

图 7 - 59　设置动作路径动画的触发器为"图片 6"

步骤3：选择右边黄色的对象（图片11），选择"动画"→"强调动画"→"跷跷板"，如图7-60所示。

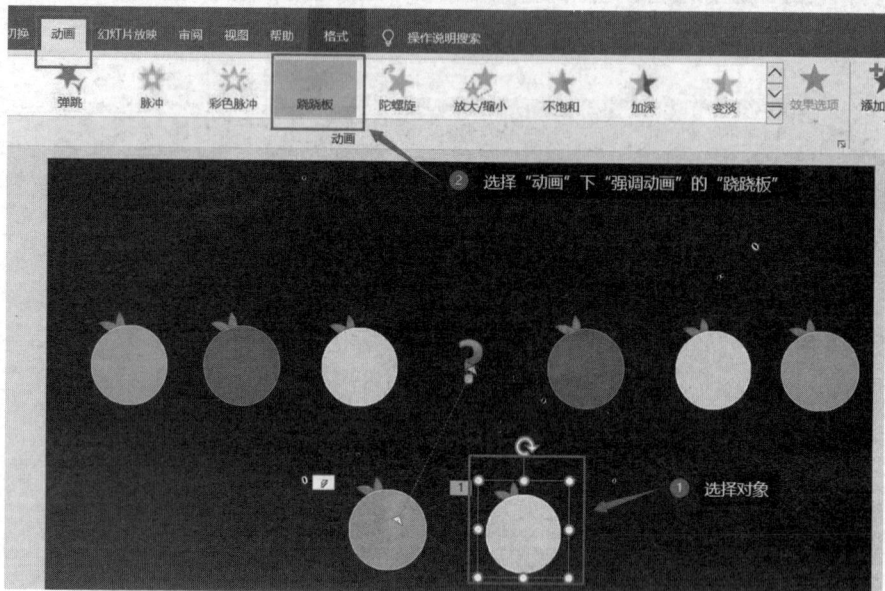

图7-60 设置黄色对象强调动画

步骤4：在"动画窗格"中，选择"图片11"的动画，点击右键，进入"计时"对话框，设置触发器为"单击下列对象时启动动画效果"，选择对应的"图片11"，完成错误答案的动画设置及触发器设置，如图7-61所示。

步骤5：幻灯片放映测试。

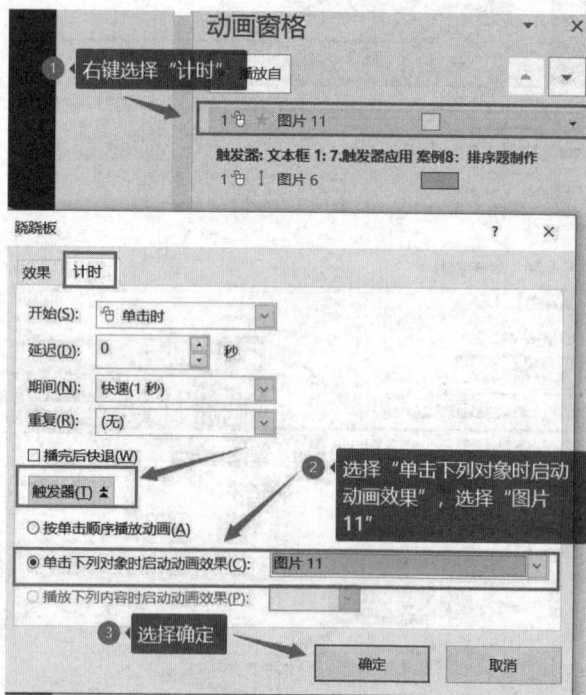

图7-61 设置跷跷板动画的触发器为"图片11"

任务三　幻灯片的切换

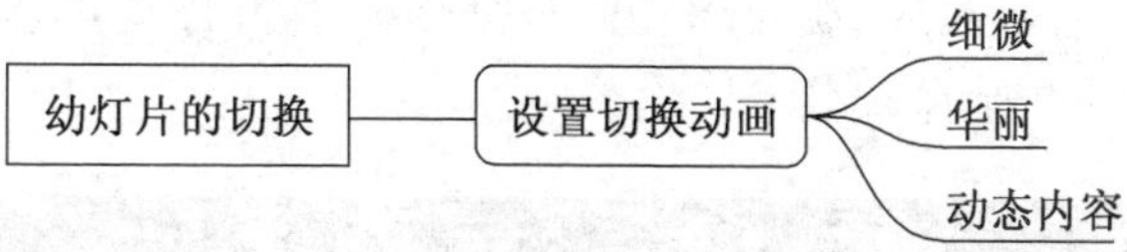

在 PowerPoint 2016 中除了可以为对象添加动画外,还可以为幻灯片设置切换动画。切换动画指在放映幻灯片时,一张幻灯片从屏幕上消失,另一张幻灯片显示在屏幕的一种动画。

设置切换动画

选中一张幻灯片,在"切换"选项卡中,选择任意一种切换效果,对其速度、声音和切换方式进行设置,默认为选定的幻灯片与下一张幻灯片之间的切换方式,其中"全部应用"则是为这一组幻灯片均选择同一种切换方式,也可以每一张幻灯片都进行效果切换,如图 7－62 所示。

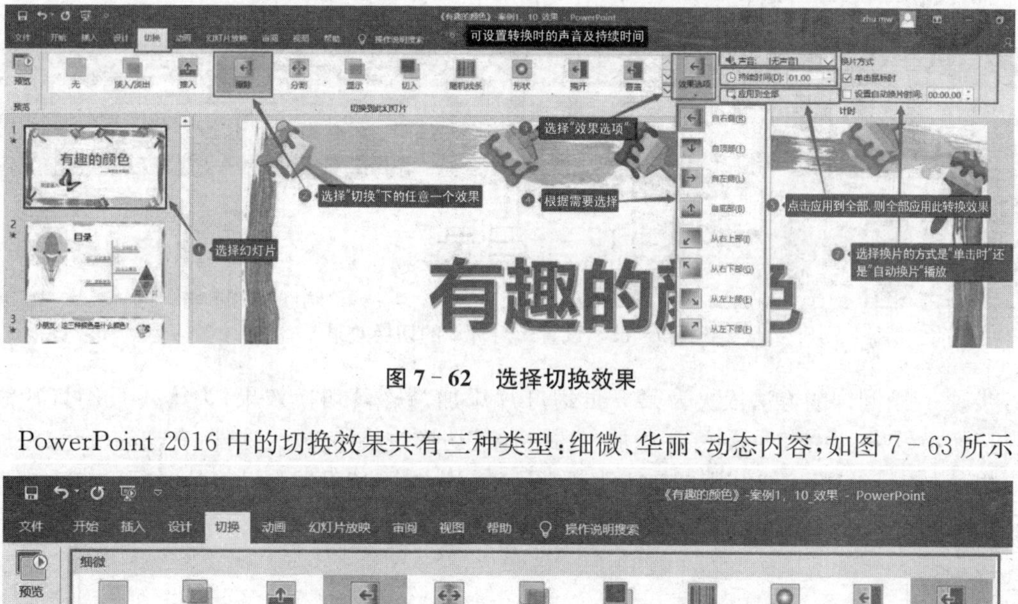

图 7－62　选择切换效果

PowerPoint 2016 中的切换效果共有三种类型:细微、华丽、动态内容,如图 7－63 所示。

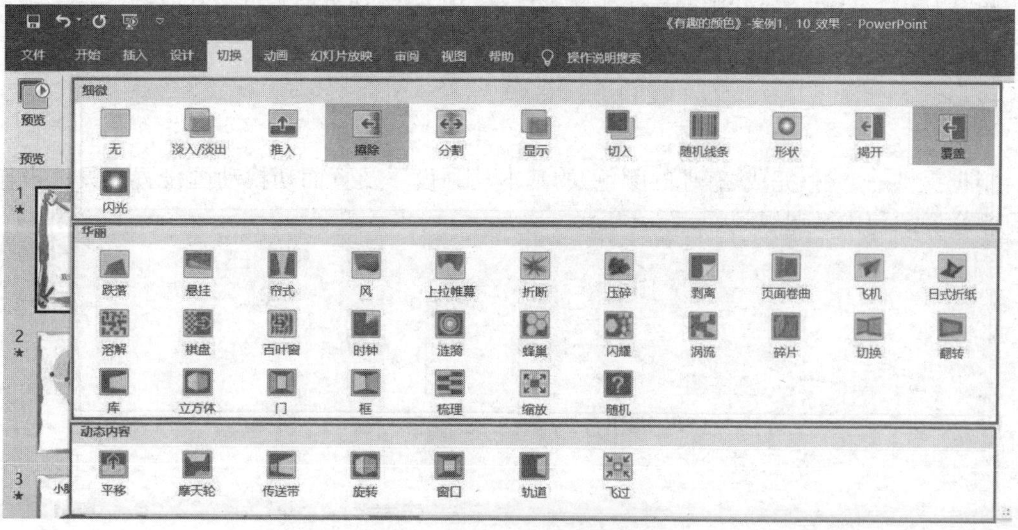

图 7－63　切换效果的类型

案例：

为课件《有趣的颜色》添加切换效果。

操作步骤如下：

步骤 1：为第 1 页幻灯片添加"淡入/淡出"的切换效果，并设置声音为"风铃"，换片方式为"单击鼠标时"，如图 7-64 所示。

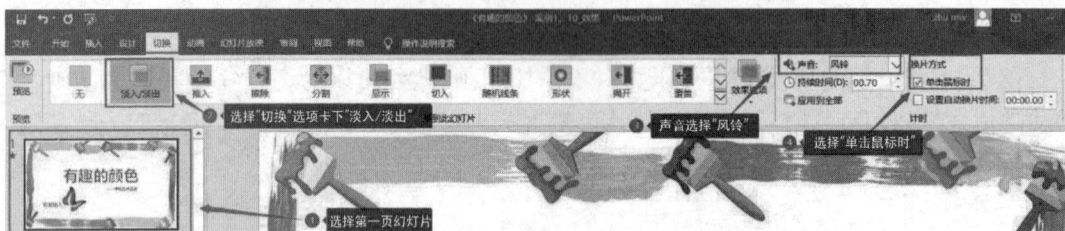

图 7-64 设置幻灯片 1 切换效果及其声音和换片方式

步骤 2：为第 2 页幻灯片添加"帘式"的切换效果，并设置声音为"单击"，换片方式为"单击鼠标时"，如图 7-65 所示。

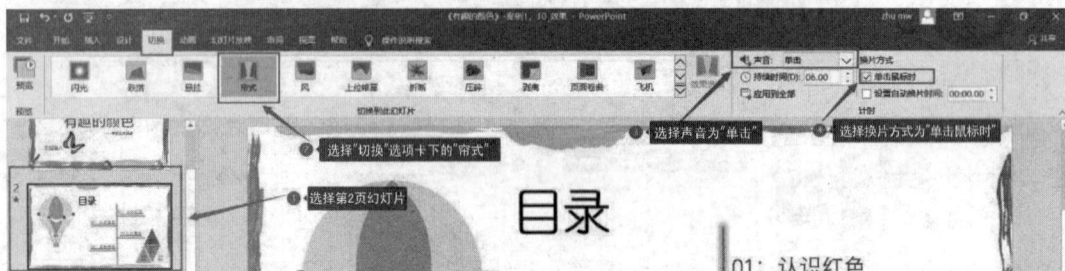

图 7-65 设置幻灯片 2 的切换效果

步骤 3：用同样的方法依次为第 3 页幻灯片添加"跌落"切换效果，为第 4 页幻灯片添加"飞机"切换效果，为第 5 页幻灯片添加"日式折纸"切换效果，完成为课件《有趣的颜色》添加切换效果的制作。若想让幻灯片自动播放，则设置播放方式为"设置自动换片时间"，自动换片时间是指在幻灯片中所有动画播放完后的时间。

实训任务：

根据提供的素材，完成《有趣的颜色》的基本动画设置及页面切换动画设置。具体操作方法见教学资源包内微课视频。

项目八　PowerPoint 播放控制

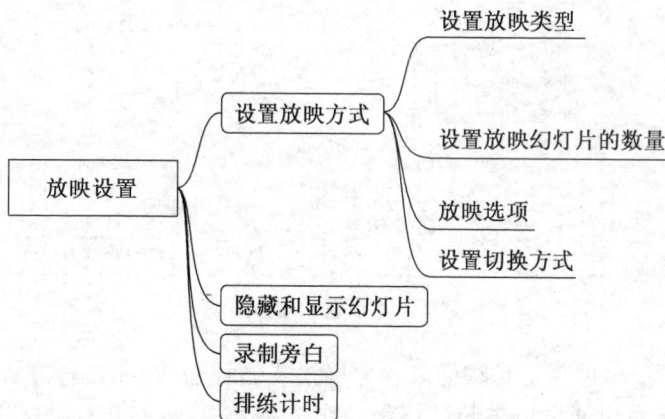

制作完成的课件最终通过播放,使学生能直观地学习课件的内容,有时面对不同的情况,可能需要播放幻灯片不同页码的内容。这时就可利用 PowerPoint 2016 中"幻灯片放映"进行放映的相关设置。

一、设置放映方式

设置幻灯片放映方式主要包括设置放映类型、放映幻灯片数量、换片方式和是否循环放映演示文稿等。单击"幻灯片放映"选项卡→在"设置"功能组中单击"设置幻灯片放映"按钮→在打开的"设置方式"对话框中进行设置,如图 8-1 所示。

1. 设置放映类型

"放映类型"栏中包含演讲者放映(全屏幕)、观众自行浏览(窗口)、在展台浏览(全屏幕)3种类型。

(1)演讲者放映(全屏幕),是一种便于演讲者演讲的放映类型,也是最常用的全屏动画,还可使用排练时间放映幻灯片。

(2)观众自行浏览(窗口),是以窗口形式放映演示文稿,在放映过程中可利用滚动条、键盘的上下箭头键("PageUp""PageDown")对放映的幻灯片进行切换,但不能通过单击鼠标放映。

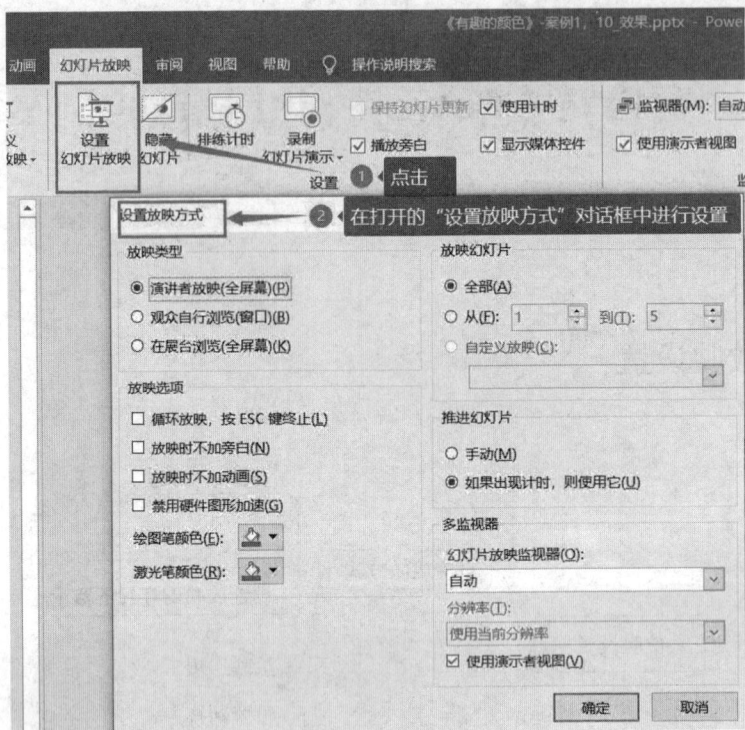

图 8-1　设置幻灯片放映

(3) 在展台浏览(全屏幕),是将幻灯片全屏模式循环播放,在这种方式下,不能单击鼠标手动放映幻灯片,但可以通过单击超链接和动作按钮来切换,终止放映只能使用"Esc"键,通常用于无人管理幻灯片放映的展览会场或会议等场合。

单击对应的单选项,即可选择幻灯片的放映类型。

2. 设置放映幻灯片的数量

在"放映幻灯片"栏内可选择需要放映的幻灯片数量。

(1) 全部放映幻灯片:单击选中"全部"单选项,将依次放映演示文稿中所有的幻灯片。

(2) 放映连续一组幻灯片:单击选中"从(F)"单选项,在其右侧的数值框中输入开始和结束幻灯片的页数,将依次放映所选的一组幻灯片。

3. 放映选项

"放映选项"栏内的选项可指定幻灯片放映时的循环方式、旁边、动画或绘图笔。

(1) 单击选中"循环放映,按 ESC 键终止"复选框,则连续放映幻灯片。

(2) 单击选中"放映时不加旁白"复选框,则放映幻灯片而不播放嵌入的解说。

(3) 单击选中"放映时不加动画"复选框,则放映幻灯片而不播放嵌入的动画。

(4) 禁用硬件图形加速,一般设置默认情况下为启用状态,但你的系统设置可能与默认设置有所不同。如果禁用硬件加速,可能会在演示幻灯片时遇到性能低下或错误消息。

(5) 设置绘图笔颜色或激光笔颜色的下拉列表中选择颜色,可在放映幻灯片时,在幻灯片上写字。"绘图笔颜色"下拉列表框只有在单击选中"演讲者放映(全屏幕)"单选项后才可以使用。

4. 设置切换方式

在"推进幻灯片"栏中可选择幻灯片的切换方式为"手动"和"如果出现计时,则使用它"。

(1) 单击"手动"单选项,在演示过程中,可手动前进到每张幻灯片。

(2) 单击"如果出现计时,则使用它"单选项,在演示过程中使用幻灯片排练时间,自动前进到每张幻灯片。

二、隐藏和显示幻灯片

幻灯片放映时,系统将自动按设置的放映方式依次放映每张幻灯片,但在放映时可隐藏暂时不需要的幻灯片,需要时再显示。

操作步骤如下:

步骤1:选择第三张幻灯片,然后点击"幻灯片放映"选项卡,在"设置"功能组中单击"隐藏幻灯片"按钮,隐藏幻灯片,如图8-2所示。

步骤2:此时,被隐藏的幻灯片在大纲选项卡中已成灰色显示,其编号上将显示图标 3 ,若想再显示此幻灯片,再在大纲选项卡中选择已被隐藏的幻灯片,点击一次"幻灯片放映"下"设置"功能组的"隐藏幻灯片",则幻灯片重新变亮,播放时则可重新显示。

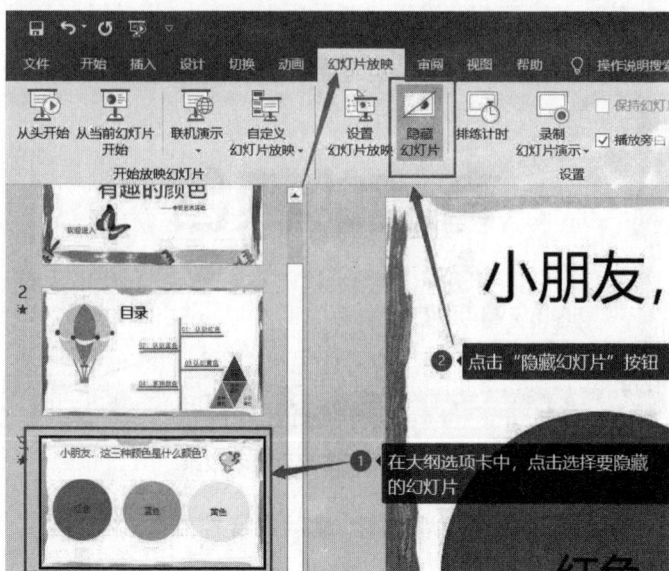

图8-2　隐藏幻灯片

三、录制旁白

若无人放映演示文稿,可通过录制旁白的方法事先录制好演讲者的演说词。录制旁白时必须保证计算机安装有声卡和麦克风并可正常使用。下面演示在《有趣的颜色》课件中为第一张幻灯片录制旁白。

操作步骤如下:

步骤1:选择第一张幻灯片,单击"幻灯片放映"选项卡,在"设置"组中单击"录制幻灯片演示"按钮旁边的 ▾ 按钮,在打开的列表中选择"从当前幻灯片开始录制"选项,如图 8-3 所示。

步骤 2:在打开的"录制幻灯片演示"对话框中撤销选中"幻灯片和动画计时"复选框,单击"开始录制"按钮,如图 8-4 所示。

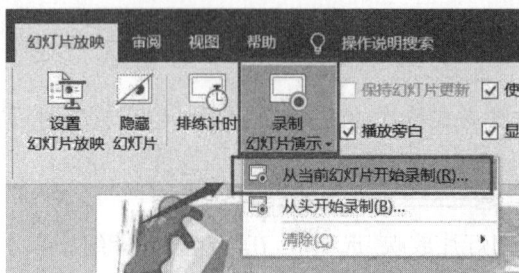

图 8-3 录制幻灯片演示

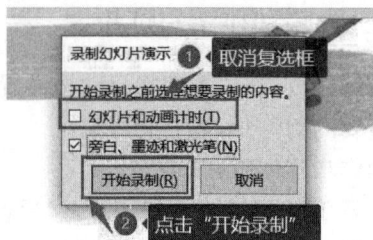

图 8-4 设置录制属性并开始录制

步骤 3:进入幻灯片放映状态开始录制旁白,同时会在幻灯片中显示"录制"工具栏,录制完成后按"Esc"键退出幻灯片放映,此时可在该幻灯片中的右下角看到添加的录制旁白的声音图标,如图 8-5 所示。

图 8-5 录制结束后显示效果

步骤 4:在演示文稿中可单击该声音图标,显示声音控制条,然后在其中单击"播放"按钮 ▶ ,即可预览旁白。

四、排练计时

为了更好地掌握幻灯片的放映情况,用户可通过设置排练计时得到放映整个演示文稿和放映每张幻灯片所需的时间,以便在演示幻灯片时安排放映的时间,从而使幻灯片自动播放。

操作步骤如下:

步骤 1:选择"幻灯片放映"菜单,在"设置"组中点击"排练计时"按钮,进入放映排练状态,同时打开"录制"工具栏并自动为该幻灯片计时,如图 8-6 所示。

图 8 - 6　排练计时

步骤 2:通过单击鼠标或按"Enter"键控制幻灯片中下一个动画或下一页幻灯片的出现。切换到下一张幻灯片时,"录制"工具栏中的时间将从头开始为该张幻灯片的放映进行计时。

步骤 3:设置好排练计时后,点击鼠标右键选择"结束放映",或按"Esc"键,弹出提示对话框提示排练计时时间,并询问是否保留幻灯片的排练时间,单击"是"按钮进行保存,如图 8 - 7所示。

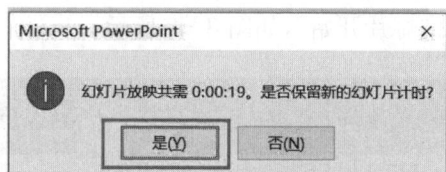

图 8 - 7　保存排练时间

步骤 4:打开"视图"选项卡下"演示文稿视图"功能组的"幻灯片浏览",每张幻灯片的左下角会显示幻灯片播放时需要的时间,如图 8 - 8 所示。

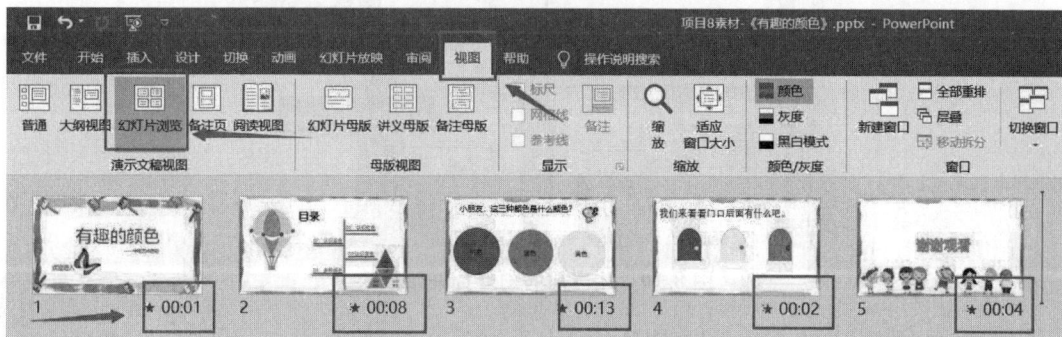

图 8 - 8　查看各张幻灯片排练时间

任务二　放映技巧

一、直接放映

直接放映是放映演示文稿最常用的放映方式，PowerPoint 2016 中提供了从头开始放映和从当前幻灯片开始放映两种。

1. 从头开始放映

从头开始放映幻灯片是从第 1 张幻灯片开始，依次放映，有 3 种方法。

（1）在"大纲/幻灯片"选项卡选择第 1 张幻灯片，在"幻灯片放映"选项卡下，选择"开始放映幻灯片"功能组的"从当前幻灯片开始"，如图 8-9 所示。

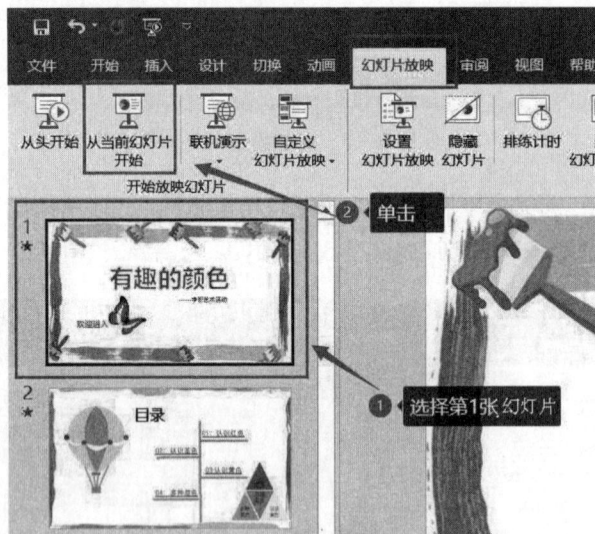

图 8-9　从当前的幻灯片开始放映

（2）选择任意一张幻灯片，在"幻灯片放映"选项卡下，选择"开始放映幻灯片"功能组的"从头开始"，如图 8-10 所示。

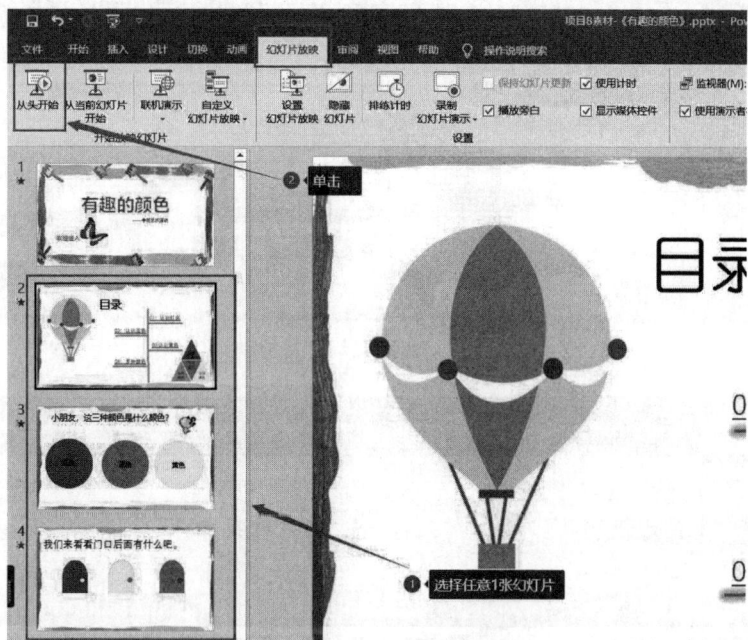

图 8 - 10　从头开始放映

（3）直接按"F5"键。

2. 从当前幻灯片开始放映

当需要直接展示某一张幻灯片，则只需对某张幻灯片进行放映。选择要放映的幻灯片，然后在"幻灯片放映"选项卡下，选择"开始放映幻灯片"功能组的"从当前幻灯片开始"。

二、自定义放映

自定义放映是仅显示所选择的幻灯片，这是缩短演示文稿或面向不同受众进行定制的好方法。在幻灯片放映时，只需选择要使用的幻灯片，将它们添加到新的幻灯片放映，并可根据需要更改幻灯片顺序。

操作步骤如下：

步骤1：打开《有趣的颜色》课件，选择"幻灯片放映"选项卡下"开始放映幻灯片"功能组的"自定义幻灯片放映"，打开"自定义放映"对话框，点击"新建"按钮，打开"定义自定义放映"，可设置幻灯片放映名称，然后在左侧"在演示文稿中的幻灯片（P）"选项框中选中要自定义放映的幻灯片，可根据需求选择多个，点击"添加"按钮。此时，右侧"在自定义放映中的幻灯片（L）"中已经显示添加的幻灯片，通过"向上"或"向下"按钮可调整播放的顺序，通过"删除"按钮可删除不要的幻灯片，点击"确定"按钮完成自定义放映设置，如图 8 - 11 所示。

步骤2：在"设置放映方式"对话框中设置"放映幻灯片"，单击"自定义放映"单选项，在其下方的下拉列表框中选择之前设置的自定义放映选项，即可按自定义的设置放映幻灯片，如图 8 - 12 所示。

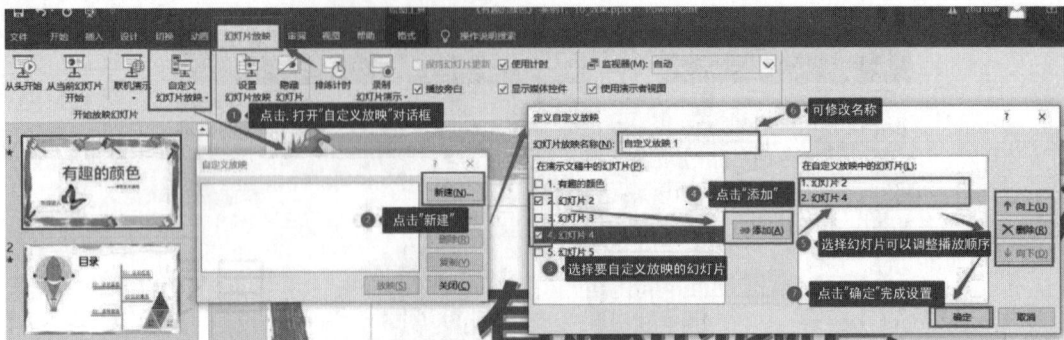

图 8-11　自定义幻灯片放映

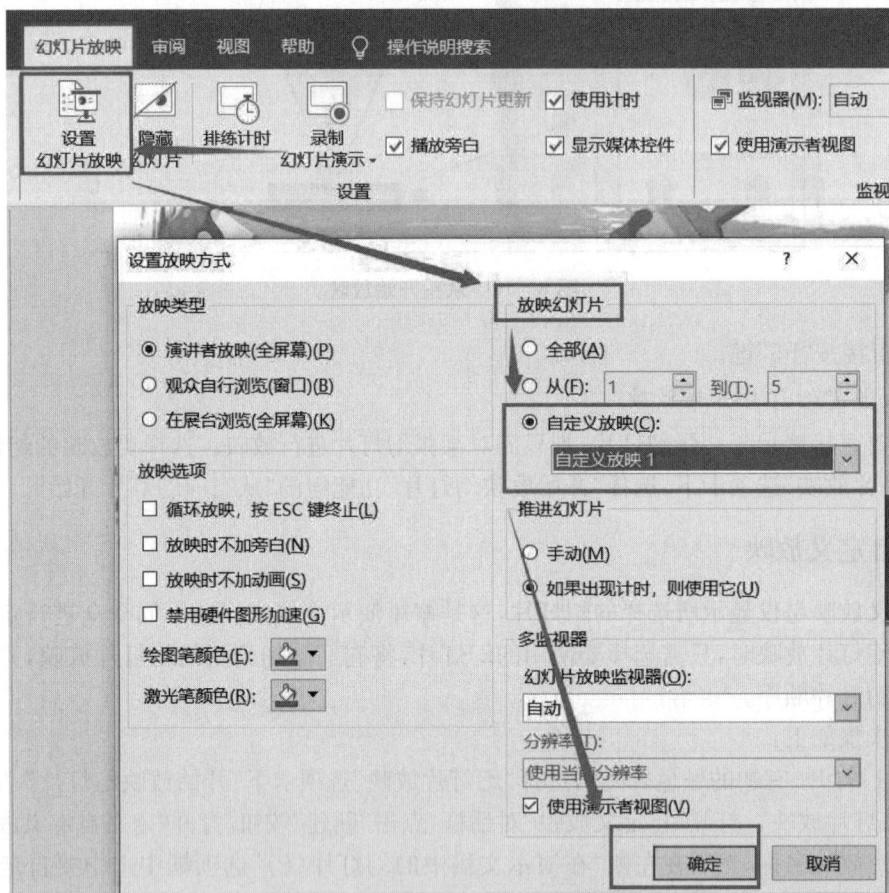

图 8-12　设置放映方式为自定义放映

步骤 3：选择"幻灯片放映"选项卡下"开始放映幻灯片"功能组的"自定义幻灯片放映"右下角的 ▾，选择下拉选项"自定义放映 1"，则开始自定义放映，如图 8-13 所示。

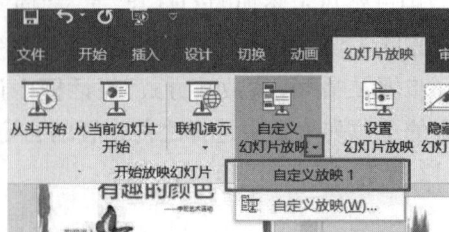

图 8-13　播放设置的自定义放映

三、快速定位幻灯片

在幻灯片放映时，可快速准确地将播放画面切换到指定的幻灯片中，达到精确定位幻灯片的效果。

操作步骤如下：

步骤1：在播放幻灯片的过程中，单击鼠标右键，在弹出的快捷菜单中选择"定位至幻灯片"命令，在打开的子菜单中选择需要切换到的幻灯片，如图8-14所示。

图8-14　定位至幻灯片

步骤2：单击选择需要定位到的幻灯片即可，如图8-15所示。

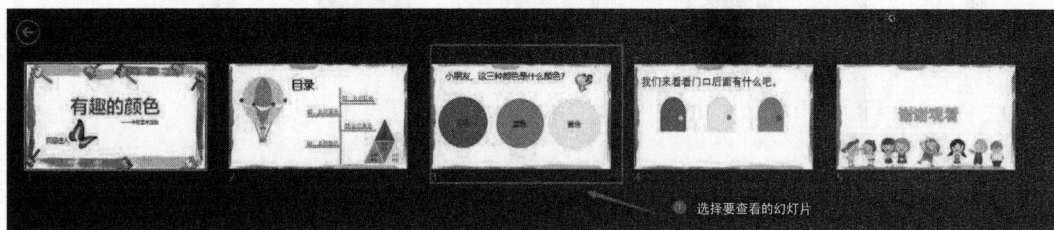

图8-15　选择需定位幻灯片

四、添加幻灯片注释

为幻灯片添加注释是指在幻灯片放映时，使用者可在屏幕中勾画重点或添加注释，使幻灯片中的重点内容更加明显地展现给观众。为幻灯片添加注释，主要使用系统提供的绘图笔来实现。

操作步骤如下：

步骤1：放映幻灯片时，单击鼠标右键，在弹出的快捷键菜单中选择"指针选项"命令，在其子菜单下选择"笔"或"荧光笔"命令，即可将鼠标指针转换为绘图笔，如图8-16所示。

图 8-16　放映状态下将鼠标转换成绘图笔

步骤 2：返回到正在放映的幻灯片中，用绘图笔在需要画线或标注的地方按住鼠标左键拖动即可为幻灯片添加注释，如图 8-17 所示。

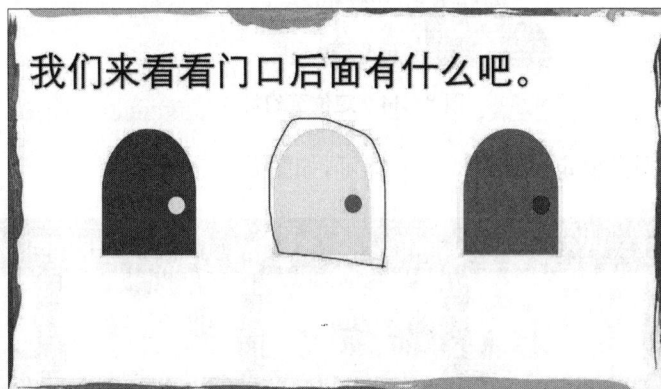

图 8-17　使用绘图笔添加注释

步骤 3：按"Esc"键退出放映状态，打开提示对话框，提示是否保留墨迹注释，在其中单击"保留"按钮，保存墨迹注释到幻灯片中，如图 8-18 所示。

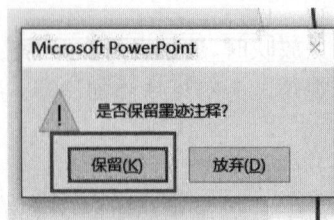

图 8-18　退出放映选择墨迹注释是否保留

实训任务:

1. 将自己做好的幻灯片直接放映。
2. 将自己做好的幻灯片,设置放映第 2~4 张幻灯片。
3. 将自己做好的幻灯片设置自定义放映 1、3、5 张幻灯片。
4. 为自己做好的幻灯片进行排练计时。
5. 将自己做好的幻灯片第 3、5 张隐藏。

第二部分
PowerPoint 课件制作提高篇

项目九　课件整体结构

任务一　教学课件制作流程

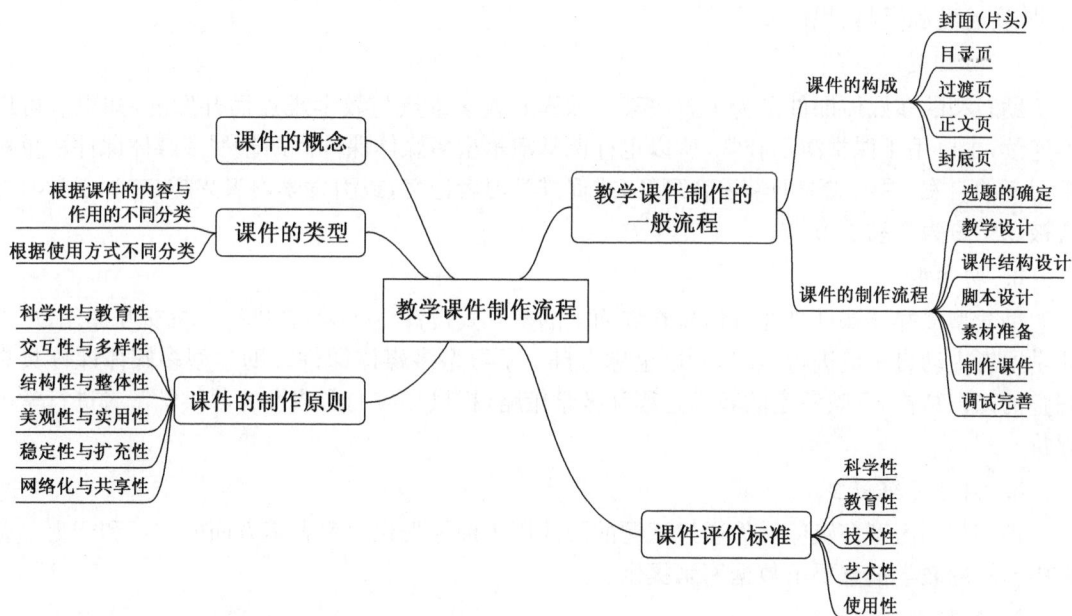

随着计算机多媒体技术的普及应用,课件的设计与制作已经成为一线教师最基本的技能。课件的制作工具多种多样,不同的工具有不同的功能特点,但最受老师们青睐的,还是课堂演示文稿制作软件 PowerPoint。它集文字、图形、图像、声音、动画、视频等多媒体素材于一体,操作简单,使用方便,功能强大,交互性强,运用演示文稿可以呈现事实、创设情境、设疑引思等。但是,怎样才能运用 PowerPoint 快速制作高质量的课件,准确高效呈现教学内容,优化课堂教学呢? 本项目的学习将会为大家解决这些困惑。

一、课件的概念

课件是根据教学大纲的要求和教学的需要,经过严格的教学设计,并以多种媒体的表现方式和超文本结构制作而成的课程软件。创作人员根据自己的创意,先从总体上对信息进行分类组织,以计算机为核心,然后把文字、图形、图像、声音、动画、视频等多种媒体素材在时间和空间两方面进行集成,将教学内容,如知识讲解、实验演示、情境创设、交互练习等生动形象地展示给学生,从而成为提高教学质量和效率的一种教学辅助手段。

二、课件的类型

课件是一种根据教学目标设计的,表现特定的教学内容,反映一定教学策略的计算机教学程序。它是可以用来储存、传递和处理教学信息,能让学生进行交互操作,并对学生的学习做出评价的教学媒体。按照不同的分类标准,有不同的分类方法。例如,按学科可以分为语文、数学、英语、物理和化学等课件类型;按学段可以分为幼儿园、小学、初中、高中、大学等课件类型;按制作工具可以分为 PowerPoint、Flash 和 Authorware 等课件类型等。下面主要介绍按课件的内容与作用进行分类和按使用方式不同进行分类。

(一) 根据多媒体课件的内容与作用的不同分类

根据多媒体课件的内容与作用的不同,可以将多媒体课件分为助教型、助学型、训练与练习型、实验型和资料、积件型。

1. 助教型

助教型的多媒体课件是为了解决某一课程的教学重点与教学难点而开发的,知识点可以不连续,主要用于课堂演示教学,所以也称课堂演示型多媒体课件。助教型多媒体课件注重对学习者的启发、提示或帮助学习者理解,或促进学习者记忆,或引发学习者兴趣,有利于学习者变被动学习为主动学习。

2. 助学型

助学型多媒体课件是通过体现在界面上的交互式设计,让学习者进行人机交互操作,可以让学习者主动自主地进行学习,所以也称为自主学习型多媒体课件。助学型多媒体课件具有完整的知识结构,反映一定的教学过程和教学策略,提供相应的形成性练习供学习者进行学习评价。

3. 训练与练习型

训练与练习型多媒体课件通过试题的形式用于训练强化学习者某方面的知识和能力。课件中显示的教学信息要由数据库来提供。

4. 实验型

实验型多媒体课件利用计算机仿真技术,提供可更改参数的指示项供学习者进行模拟实验或者操作使用。学习者使用实验型多媒体课件时,当输入不同的参数时,能随时真实地模拟对象的状态和特征。实验型多媒体课件强调学习所模拟的特定系统,而不是学习普遍的解决问题的技能和策略。

5. 资料、积件型

资料、积件型多媒体课件包括各种电子书、词典和积件式课件,一般仅提供某种教学功能和某类教学资料,并不反映完整的教学过程。

(二) 根据使用方式不同分类

根据使用方式不同,可以将课件分为课堂演示型、学生自主学习型、教学游戏型、模拟实验型、操作演练型、资料工具型、协作交流型、问题解决型课件等。

1. 课堂演示型

应用于课堂教学中,其主要目的是揭示教学内容的内在规律,将抽象的教学内容用形象具体的动画等方式表现出来。演示型课件以向学生传授新知识为目的,包括呈现各种形式的教学内容(如概念、例子、说明等)。

2. 学生自主学习型

在多媒体 CAI 网络教室环境下,学生利用学生工作站进行个别化自主学习,如目前流行的网络课件多数就是这种类型。

3. 教学游戏型

寓教于乐,通过游戏的形式,教会学生掌握学科的知识和能力,并引发学生对学习的兴趣。

教学特点:能极大激发学生的学习兴趣;可用于教学过程的多个阶段;特别适合以学生为主体的发现式学习。

4. 模拟实验型

利用计算机产生各种与现实世界相类似的现象,学生可以在接近真实的情境中,扮演角色,模拟操作做出决策,观察事物演变的过程与结果,从而认识和理解这种现象的本质。模拟型课件在教学活动中应用的方法多种多样,常见的有 4 种:演示模拟、操作模拟、实验模拟、管理模拟。

教学特点:生动、形象、直观;经济、安全;缩短实验周期。

5. 操作演练型

教学过程是按照一定的规则向学生提出问题,当学生回答完毕后,计算机判断其答案是否正确,并根据学生回答的情况给予相应反馈,以促进学生掌握某种知识与技能技巧。接着,计算机提出下一个问题,这个过程一直重复下去,直到达到预期的要求或预先设定的时间或次数用完后结束,可以使学习者形成刺激-反应之间的联系。

教学特点:反馈及时;能够激发学生的学习动机;能够提供学生操作与练习的成绩记录;强化学习内容。

6. 资料工具型

即课外学生检索阅读型,学生在课余时间里,进行资料的检索或浏览,以获取信息,扩大知识面,如各种电子工具书、电子字典及各类图形、动画库等。

7. 协作交流型

这是基于网络的 CAI 课件,它运用网络传递教学和学习信息,学生可以在特定的环境中自由发表自己的观点,也可以和同学、老师就某个问题进行交流讨论,在这里,课件作为一种信息呈现和传递的工具。

此类课件主要应用于要求有较高认知能力的学习场合,师生、生生之间的交流和写作有利于知识的熟练掌握、能力的迅速形成和理解的深化,而且还能培养学生的合作精神,因此代表了 CAI 多媒体课件的发展方向。

8. 问题解决型

这类课件所包含的知识不是直接的灌输,强迫学习者接受,而是通过某一情节间接、潜移默化地影响学习者。学习者在学习过程中,可以不断进行练习,强化知识和技能的学习,使知识更加牢固。

三、课件的制作原则

课件制作有其自身设计的原则。在课件制作过程中，只有遵循这些原则，才能使设计制作的多媒体课件切实地为教学服务，提高教学效率和教学质量。另外，课件制作的原则同时也体现了课件设计制作的质量评估标准，具体表现在科学性与教育性、交互性与多样性、结构化与整体性、美观性与实用性、稳定性与扩充性以及网络化与共享性等方面。

1. 科学性与教育性

制作多媒体课件的目的是进行教学和演示，因此多媒体课件必须遵循科学性与教育性的原则。具体要求：设计者应根据课程内容和学生的身心特点来设计多媒体课件；不能出现知识技能和专业术语方面的错误；所覆盖内容的深度和广度要恰当；出现的顺序应合乎逻辑；同一课件中所用的专业名词应一致；文字和图片要具有可读性并且难易适中；应充分、恰当、适时地体现教学内容并能引发学生的兴趣。

2. 交互性与多样性

与传统课件相比，交互性和多样性是多媒体课件的一大特色。在制作多媒体课件时应充分利用人机交互功能，不断帮助和鼓励学生继续深入学习，给学生以广阔的思维空间，激发学生的创造性。设计者可以在多媒体课件中加入对学生学习的评估功能，及时记录学生的学习情况，能够对学生的回答做出正确的判断和进行错误纠正。

3. 结构性与整体性

一个好的课件结构，无论是对于设计者的设计，还是对于使用者的操作都是非常有益的。在设计时应该考虑这个课件要分成几个部分，每一部分又有哪些分支，部分与部分之间又是怎样联系的。一般一个课件分成课件片头、课件内容、课件片尾三大板块。

4. 美观性与实用性

美观性与实用性也是衡量一个多媒体课件质量好坏的标准，既不能华而不实，又不能过于平淡无奇。首先应有丰富的内容，其次还应使画面美观，如果能寓教于乐，那么更是多媒体课件中的精品。画面美观性的评价原则可参考以下几条标准：

(1) 文字简洁、表达流畅，符合阅读习惯。

(2) 字体选择得当、大小合适，文字颜色和背景颜色对比明显。

(3) 图形使用得当、效果明显、处理细致、大小适中、排版合理。

(4) 动画使用得当、表达含义清晰、动作连贯。

(5) 合理规划分边界边框，前后尽量保持一致。

(6) 提示和帮助信息要使用得当，并能起到好的指引作用。

(7) 菜单和按钮的设计要美观大方、位置合理、作用明确。

5. 稳定性与扩充性

课件主要用来向听众进行演示，如果一个课件在演示过程中经常出错或者发生非正常退出的现象，那么这个课件无疑是失败的，因此课件在制作完成后要进行反复的测试，以确保其稳定性。另外，时代在进步，知识也在发展，课件的内容应能跟着时代的发展而有所改变，因此设计者在设计课件时，应充分考虑其可扩充性，是否方便增加新的内容。

6. 网络化与共享性

随着互联网技术的发展,多媒体课件也顺应网络的发展逐步走向网络化,网络型的课件也普遍得到好评。单机型的课件不方便进行交流和共享,而网络型的课件不受时间和空间的限制,可以方便快捷地进行资源共享和整合。

四、教学课件制作的一般流程

(一)课件的构成

若把一个课件比作一本书,那么它一般包含有封面、目录、章节过渡页、表达内容的正文页(标题导航、图表页、图片页、文字页等)、封底。包括信息有背景、文字、图形、图像、动画、视频、图标、按钮等,同时还有声音、背景音乐等不可见信息,这些媒体组合起来共同表现某个具体的教学内容。

1. 封面(片头)

课件的首页,应使学生明确这是一个课程的开始。封面包括课件的名称、制作单位、版本号、各种标志以及必要的说明等。像书的封面一样,力求设计新颖、有创意,给人一种焕然一新的感觉。为了突出制作单位的特点,在封面之前,许多课件运行开始播放一段标志制作单位的动画、视频等,这些片头很精彩,与封面配合,给使用者深刻的印象。

2. 目录页

课件的目录给出课件的标题、教学内容题目、制作说明、帮助以及各种控制等。考虑画面的完整性和美观协调,应选择与教学内容有关而又惬意的背景,教学内容题目不宜太多太密,若有必要可以设计二级目录、三级目录等。其制作的基本原则是使整个画面协调、美观。

3. 过渡页

当涉及的课件目录层级较多,可以在目录基础上设计一张过渡页,帮助演讲者和观众了解当前内容正处于哪层目录下,更好地厘清内容结构。

4. 正文页

正文页是展示教学内容的页面,一般同时设计一个标题导航来体现教学过程的实现。在正文页中同时含有多种教学媒体,如文本、图形、图表、图像、动画、视频、声音、音乐等,还有与其他页连接的跳转控制等。一般为增强教学课件正文页的生动性,可多使用适当的视频、声音,设置恰当的动画。

5. 封底

课件的结束页面,使学生明确这是一个课程的结束。可以写上"再见"或"谢谢"等词语,也可以写上制作者、授课者的联系方式等,以方便听课者日后与其联系,进一步交流。

(二)课件的制作流程

制作多媒体课件也像其他产品的开发制作一样,有着环环相扣的工作流程,它需要事先确定课件的结构与布局、界面的表现形式、素材的选取等方面的内容。开发人员根据课件的目的和要求,设计出程序流程图,进而完成具体的多媒体课件制作。

课件制作并没有统一的流程,但大多会遵循七个步骤:选题的确定→教学设计→课件结构设计→脚本设计→素材准备→课件制作→调试完善,如图9-1所示。

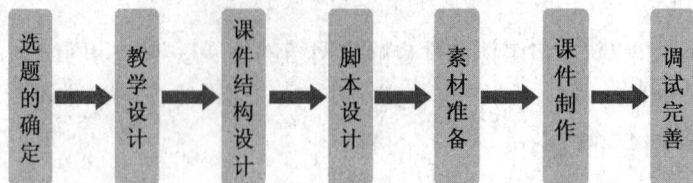

图 9-1   课件制作流程图

1. 选题的确定

不是所有的课都需要使用多媒体课件,也不是所有的课都适合使用多媒体课件,更不是什么课一用多媒体课件就能达到最佳效果。在选题时要把握以下原则:

(1) 需要性原则。选择用传统教学手段难以解决的课题,选择学生难以理解、教师难以讲解清楚的重点和难点问题。

(2) 可行性原则。在确定选题时,既要考虑到教学的需要、市场的需求,又要考虑到自身所具有的设备条件、经费来源、软件制作的技术手段等。

(3) 创造性原则。陈旧的课题应排除在课题选择范围之外。创新表现在多方面。例如,概念和理论的创新、创作手法上的创新、技术手段的创新等。

(4) 科学性原则。在确定选题时一定要符合教育规律,体现先进的教学思想。首先,选题必须符合现行教学大纲和题材。其次,选题的确定必须以先进的教学理论为指导,以学生为教学活动的主体,要符合认知心理学的原理。再次,要体现计算机交互性的优势,突破传统教学模式的束缚。

(5) 因科制宜原则。不同的学科对课件有着不同的要求,不同年龄、不同性别的学生在学习不同学科时的心理特点也是不同的,要结合学科特点综合考虑各方面因素来确定选题。

(6) 性价比原则。用常规教学手段就能较好实现的教学目标,就不必花费大量的人力物力去做多媒体课件。

2. 教学设计

教学设计是根据课程标准的要求和教学对象的特点,将教学的诸多要素进行有序安排,以确定合适的教学方案。在制作课件时分析教学设计,其实质是通过分析教学的目标、难点、重点等内容,来考虑哪些内容需要利用课件来呈现,以及以哪种形式来呈现等问题,即对课件进行初步构思。

3. 课件结构设计

(1) 总体设计

① 设计课件略图。反映课件中的学习项目及顺序。

② 设计课件结构形式。将各种与教学活动有关的信息如教学内容、提问与预计回答、反馈、控制转移方式等组织成一个个固定的单元,放置在一个页面上(即框面)。

(2) 框面设计

① 主框面设计。在一个多媒体课件中,所有的框面应保持相同的风格以方便使用者使用。

② 目录框面设计,给出了课件学习的基本内容。

③ 具体框面设计。

④ 分支设计。设计分支可以实现交互,以实现个别化教学。

⑤ 支持辅助学习系统设置。设置必要的帮助系统,帮助使用者顺利使用多媒体课件。

4. 脚本设计

在制作课件前,应首先系统地设计好课件脚本,然后根据脚本制作课件,设计脚本的实质是将课件的教学内容、教学策略进一步细化,具体到课件每张幻灯片的信息呈现、界面设计和交互方式等方面。

5. 素材准备

设计好课件脚本后,接下来的工作就是准备制作课件所需的各种素材,包括文字、图形、图像、动画、音频、视频等。理想的素材是制作优秀课件的基础,课件素材使用的优劣直接关系到课件的优劣。制作人员应建立一个素材库,平时要注意积累制作课件所需的素材,并且要进行登记,分类保管。课件素材的来源主要有以下几种方式:

(1) 自己制作。在平时空闲的时间里,我们可以制作一些原始的或相对稳定的素材,例如,用 Flash 制作一些简单适用的动画,用 Word 或 WPS 制作一些常用的箭头或理、化实验中的实验器具,用数码相机摄制校园环境或学校举办活动的素材。

(2) 利用提供的素材。现在市面上有许多基于教材的素材,与教材相对应的风景、建筑、人物以及音频、视频等素材琳琅满目。另外在课件评比、素材交流中留心收集优秀的成品或半成品素材。

(3) 利用网络资源。自己制作素材或利用别人提供的素材都存在一定的局限性,而在 Internet 上,可以说不同学科、不同类型的素材应有尽有。平时,一方面我们可以下载一些可能用得着的优质素材,另一方面要留心对一些提供大量素材的网站加以登记,记下网址。当制作课件缺少某些素材时,就可以直接到该网站上去搜索、查找、下载,当然使用时要注意版权问题。

6. 制作课件

多媒体课件最核心的环节就是制作合成,其主要任务是根据脚本的要求和意图设计教学过程,将各种多媒体素材编辑起来,制作成交互性强、操作灵活、视听效果好的课件。根据教学内容的不同,根据素材的类别以及课件的开发要求,我们要选择适合表现课件内容的制作平台。

(1) PowerPoint 是一种易学易用的软件,操作方法简单,它以页为单位制作演示文稿,然后将制作好的页集成起来,形成一个完整的课件。如果制作时间不充裕,结构比较简单,使用它能在短时间内编制出幻灯片类型的课件,具有较强的时效性。

(2) Authorware 是课件制作者用得最多的软件之一,它最大的特点是交互功能非常强,而且它能把文字、符号、图形、图像、动画、声音、视频整合在一起,能充分体现多媒体的优势。还有很重要的一点是,它是以图标为基本单位,是基于流程图的可视化多媒体设计方式,一般不需要进行复杂的编程,所以用它制作课件也比较简单。

(3) "几何画板"是制作数学课件的好帮手,它弥补了其他多媒体创作工具作图方面的缺陷,它不仅可以用点、圆规、直尺等工具精确的绘制几何图形,而且还能进行动态测量和计算,可以度量许多几何元素或图形的参数值,能在运动中保持给定的几何关系,在动态的几何图形变化中来观察、探索、发现不变的几何规律。

另外,制作多媒体的常用工具还有 Director、方正奥思、洪图多媒体编著系统、凯迪多媒体创作系统、ToolBook 等。

有了制作脚本并根据脚本的需要收集好了素材后,就可以利用多媒体创作工具对各种素材进行编辑,按照教学进程、教学结构以及脚本的设计思路,将课件分成模块进行制作,然后将各模块进行交互、链接,最后整合成一个多媒体课件。制作课件一定要注意以下几个原则:

(1) 内容与形式的统一。课件是用来辅助教学的,因此教学内容首先一定要有针对性,要有利于突出教学中的重点,突破教学中的难点。其次课件要符合教学原则和学生认知规律,内容组织清楚,阐述、演示逻辑性强。为了达到教学目的,还要采取一定的形式,我们可以通过新颖的表现手法,优美的画面,鲜明和谐的色彩以及恰当的动画和特技来调动学生学习的积极性和主动性,启发学生的思维,但一定要注意表现形式不要过于花哨,造成喧宾夺主,把学生的注意力集中到表现形式上去了。

(2) 注重参与性。在制作课件时一定要在课件中留下一定的空间,能让老师和学生共同参与进来,这样就能提高学生的学习兴趣和学习热情,学生就会融入教学当中去。如果一堂课从头到尾都是计算机唱主角,就像放电影一样,不经过学生的思考就将教学重点、难点都展示出来,那么就不利于培养学生的思维能力和创新能力,失去了课件制作的意义。

(3) 注意技术性。许多一线老师的计算机水平不是很高,所以首先要求课件操作简单,切换快捷;其次要求课件具有良好的稳定性,在运行过程中,过渡自然,动画、视频播放流畅,不应出现故障;再次要求交互设计合理,页面跳转、人机应答都要合理。最后要求兼容性强,能满足各种相应媒体所要求的技术规格,在不同配置的计算机上能正常运行。

7. 调试完善

课件开发完成后,必须进行调试和修改,然后经过不断修改、补充、完善,直到达到最好的教学辅助效果。确定课件不需要任何修改后,就可以打包和发布课件了。

五、课件评价标准

正确评价多媒体课件对于促进多媒体软硬件资源的充分、科学、合理利用与管理以及在教学中成功开展多媒体课件辅助教学,具有十分重要的作用。一般来说,可以从以下五个方面对多媒体课件予以评价。

1. 科学性

(1) 描述概念的科学性。课件的取材适宜,内容科学、正确、规范。

(2) 问题表述的准确性。课件中所有表述的内容准确无误。

(3) 引用资料的正确性。课件中引用的资料正确。

(4) 认知逻辑的合理性。课件的演示符合现代教育理念。

2. 教育性

(1) 直观性。课件的制作直观、形象,利于学生理解知识。

(2) 趣味性。有利于调动学生学习的积极性和主动性。

(3) 新颖性。课件的设计新颖,进一步调动学生的学习热情。

(4) 启发性。课件在课堂教学中具有较大的启发性。

(5) 针对性。课件的针对性强,内容完整。

（6）创新性。能支持合作学习、自主学习或探究式学习模式。

3．技术性

（1）多媒体效果。课件的制作和使用上恰当运用了多媒体效果。

（2）交互性。课件的交互性较高。

（3）稳定性。课件在调试、运行过程中不应出现故障。

（4）易操作性。操作简便、快捷。

（5）可移植性。移植方便，能在不同配置的机器上正常运行。

（6）易维护性。课件可以被方便地更新，利于交流、提高。

（7）合理性。课件恰当地选择了软件的类型。

（8）实用性。课件适用于教师日常教学。

4．艺术性

（1）画面艺术。画面制作应具有较高艺术性，整体标准相对统一。

（2）语言文字。课件所展示的语言文字规范、简洁、明了。

（3）声音效果。声音清晰，无杂音，对课件有充实作用。

5．使用性

（1）界面友好，操作简单、灵活。

（2）容错能力强，文档齐备。

表 9-1 是全国学前教育专业学生职业技能大赛幼儿园课件制作的评价标准。

表 9-1 幼儿园课件制作的评价标准

内容		评分标准	分值
课件制作100分	科学性	课件的取材适宜，内容科学、正确、规范，体现幼儿年龄和领域适宜性。	20
	教育性	教学内容设计完整，符合幼儿园保教活动要求，结构清晰，能激发幼儿兴趣。	30
	技术性	1．课件的制作和使用，满足各项技术性要求。 2．操作简便、快捷，交流方便，能较好服务于保教活动。	30
	艺术性	1．色彩协调，风格统一。 2．画面设计新颖，富有童趣。	20
评分分档		科学性高，教育性好，技术性强，富有艺术性，符合幼儿学习特点。	86～100
		科学性较高，教育性较好，技术质量较强，有一定艺术性，基本符合幼儿学习特点。	71～85
		科学性一般，教育性一般，技术性一般，艺术性一般，不太符合幼儿学习特点。	55～70
		1．科学性差、教育性差、技术性差、艺术性差，不符合幼儿学习特点。 2．提交未成功。	55 以下

任务二　界面设计

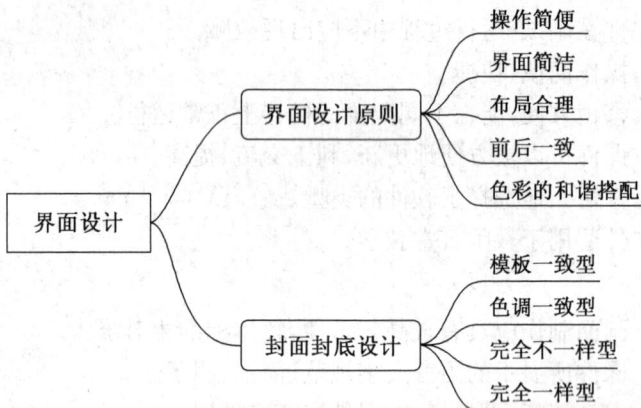

```
                                    ┌── 操作简便
                                    ├── 界面简洁
                      界面设计原则 ──┼── 布局合理
                                    ├── 前后一致
          界面设计 ──┤              └── 色彩的和谐搭配
                     │
                     │              ┌── 模板一致型
                     └ 封面封底设计 ─┼── 色调一致型
                                    ├── 完全不一样型
                                    └── 完全一样型
```

多媒体课件以图、文、声、像并茂的方式进行形象化教学，弥补了传统教学在直观感、立体感和动态感方面的不足。一个好的多媒体课件，离不开好的界面设计。界面是联系人和计算机的桥梁，是传播知识的纽带。界面向学习者提供一个赏心悦目的视觉环境，可以激发学习者的兴趣，提高学习的积极性。

一、界面设计的原则

界面是计算机系统中人与机器直接打交道的部分。在多媒体课件中，界面设计综合了文学、音乐、美术、计算机技术等多个学科的内容。据统计，在人类通过感觉器官收集到的各种信息当中，视觉约占 65%，因此，在多媒体课件设计过程中，充分考虑人的视觉特性对知识的高效传播是十分重要的。灵活、美观、易操作的人机界面对于调动和激发学习者的兴趣，提高学习积极性，具有重要作用。为此，我们可从以下几个方面考虑来精心设计课件操作界面。

1. 操作简便

多媒体课件是面向学习者的，在设计时要考虑到学习者的特点、能力、知识水平，立足于非计算机操作者，不应对用户有额外的知识、技能要求。

操作简单需要注意两个方面的细节：

（1）安装使用力求方便。课件是一个软件，它的安装、启动过程应力求简单，一般通过鼠标和键盘的几个简单操作动作即可完成。运行时，课件的结构、内容、主要操作方法、功能键等应该符合人们的操作习惯。

（2）菜单力求简明合理。设计时，根据教学内容的需要，把教学内容划分成若干层次，利用菜单技术来实现多层结构，各级菜单应逐层深入，直至覆盖全部教学内容。

2. 界面简洁

多媒体课件的最终目的是传授知识，是为教学服务的，其界面设计力求简洁，既不能将其限于文字教材的"复制"，做成教材的翻版，也不能违背教学规律和学习者的认知规律，盲目或错误地更改、删减教学内容的逻辑结构。

界面简洁在实际操作时需要注意避免华而不实。始终牢记为教学服务，不让绚烂多彩的画面冲淡要旨。片面地追求界面色彩的丰富和显示内容的"豪华",势必会增大多媒体教材的存储空间,导致执行繁杂,运行速度慢,还容易提供不必要的"无关信息",转移学习者的注意力,降低课件的教学功能。色彩选择过多或界面元素布局不合理,界面设计无视觉中心也容易造成学习者的视觉疲劳。

3. 布局合理

人眼只能产生一个焦点,而不能同时把视线停留在两处或两处以上的地方,只有先看什么,后看什么,再看什么依次顺序进行。人们在阅读一种信息载体时,视线总有一种自然的流动习惯,普遍都是从左到右、由上到下、由左上方沿着弧形线向右下方流动的过程。

在多媒体课件的布局上应该注意:

(1) 恰当布置,主体突出。显示内容应恰当,不应过多,切换不宜过快,屏幕不应过分拥挤,四周应留出一定的余地。一般正文每屏不应超过 15 行,每行不超过 30 个汉字,如显示不下可采用滚屏技术。字体应选用笔画丰满的字体,大小标题可用不同字体、字号,以区分层次和段落。文字的色彩也应有一定的对比,从而突出主题。

(2) 重点集中,视点明确。由于计算机屏幕尺寸所限,要求重点集中,视点明确。在同一画面上,不应出现两个以上的兴趣中心,以免分散学习者的注意力。

(3) 合理预留空行、空格。必要的空行及空格会使结构合理,条理清晰,阅读、查找方便;相反,过分密密麻麻的显示会损害学习者的视觉,也不利于学习者把注意力集中到有用的信息上。

4. 前后一致

前后一致是人机界面领域的普遍原则,它是将相同类型的信息使用一致的方式显示,包括显示风格、布局、位置、所使用的颜色等的一致性,以及相似的人机操作方式。一致性的交互界面,可帮助学习者把他们当前的知识、经验推广到新课件中去,从而减轻学习者重新学习、记忆的负担。

5. 色彩的和谐搭配

设计多媒体课件界面时,颜色运用得当,能使屏幕界面高雅、清爽,教学内容条理清晰,激起学生的学习兴趣,从而可以得到较好的教学效果。但若颜色使用不当,会起到相反的作用。

在进行色彩搭配时应该注意:

(1) 一个屏幕界面不能同时使用太多的颜色。

(2) 颜色配置应高雅、清爽。

(3) 所用颜色的含义要与人们生活中所识的颜色含义相同,不同国家、不同的民族由于其历史经历不同,就同一种颜色而言,其所蕴涵的意义可能各不相同。

(4) 在一个多媒体课件中,色彩的含义应保持始终一致,不宜过多地改变。

二、封面、封底设计

封面,课件的首页,应使学生明确这是一个课程的开始。封面包括课件的名称、各种标志以及必要的说明等。像书的封面一样,力求设计新颖、有创意,给人一种焕然一新的感觉。

封底,课件的尾页,结束页面,力求首尾呼应,主题样式一致。下面来看一下常见的一些封面封底设计效果。

1. 模板一致型

模板一致型的封面封底设计,是前后模板风格一致,只是素材元素搭配不同,对内容进行修改，如图9-2、图9-3所示。

图9-2　幼儿园课件"我是抗疫小战士"封面封底

图9-3　幼儿园课件"打跑病毒怪兽"封面封底

2. 色调一致型

色调一致型的封面封底设计，是前后采用一样的风格元素和颜色，搭配协调一致，前后呼应，如图9-4、图9-5所示。

图9-4　"实用礼仪培训"封面封底

图9-5　"培训师成长手册"封面封底

3. 完全不一样型

完全不一样型的封面封底设计,封面和封底页面的颜色、内容以及版式完全不同,风格不同也尽显其特点。如图9-6、图9-7所示。

图9-6　"领导与领导力"封面封底

图9-7　"标准管理实务"封面封底

4. 完全一样型

完全一样型的封面封底设计,前后模板一模一样,色调版式都相同,只是修改了标题内容而已,如图9-8、图9-9所示。

图9-8　"有趣的颜色"封面封底

图 9-9 "激励方法集萃"封面封底

案例：

课件《静夜思》封面、封底制作。

操作步骤如下：

步骤 1：启动 PowerPoint 2016，新建一个 PPT 文档，命名为"静夜思"。

步骤 2：更换幻灯片版式。单击"开始"选项卡"幻灯片"功能组中"版式"按钮，在弹出的"office 主题"下拉列表中选择"空白"版式。在"设计"选项卡，幻灯片大小设置为"宽屏（16∶9）"。如图 9-10 所示。

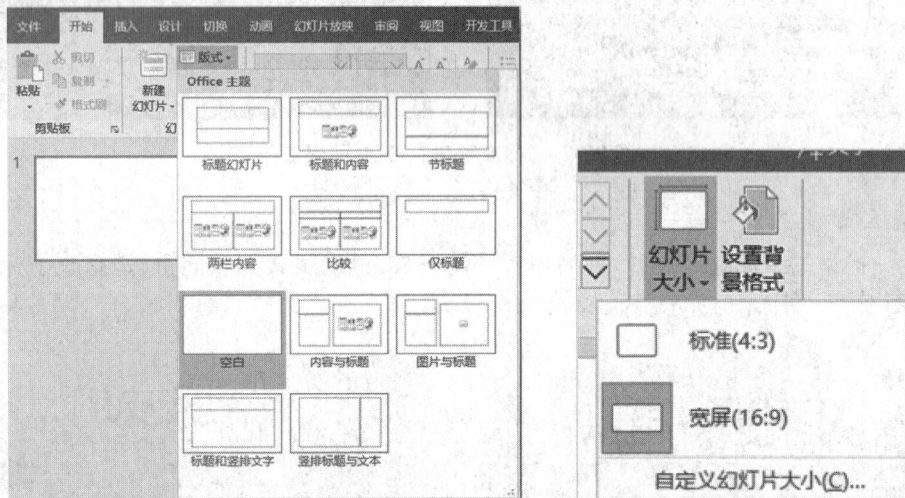

图 9-10 选择幻灯片版式

步骤 3：选中第一张幻灯片，切换到"设计"选项卡，单击"自定义"功能组中的"设置背景格式"，选择"图片或纹理填充"单选按钮，对话框设置如图 9-11 所示。然后在图片源"插入"中选择素材库中的"背景.JPG"图，透明度设置为 12%，完成背景图的设置。

步骤 4：输入"静夜思"。单击"插入"选项卡"文本"功能组中的"文本框"按钮，从下拉列表中选择"横排文本框"，在幻灯片中插入三个一样大小的文本框，输入"静夜思"，在"绘图格式"工具中设置文本框大小为"高度"4 厘米，"宽度"3.6 厘米。填充颜色依次为"浅蓝""金色""浅绿"，并添加"形状效果"中的"棱台""角度"，使其有立体感，如图 9-12 所示。

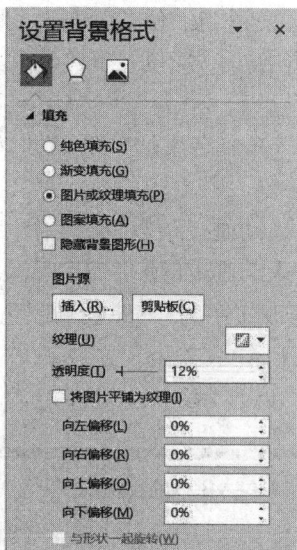

图 9 - 11　设置"图片或纹理填充"背景

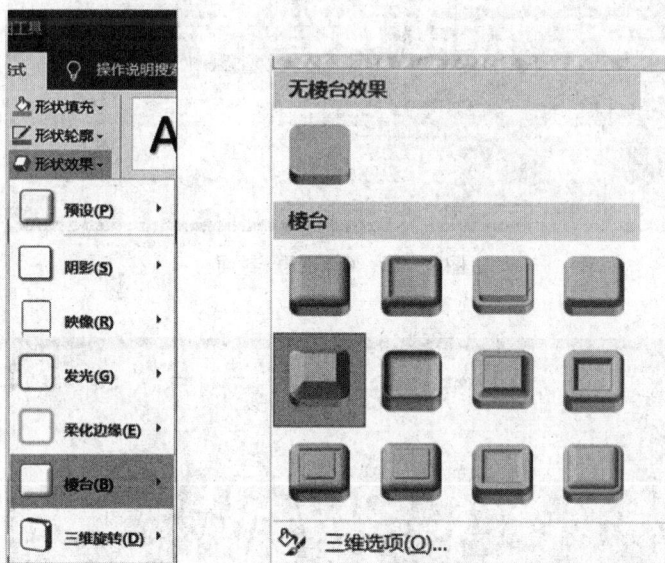

图 9 - 12　设置棱台效果

"静夜思"文字设置为"白色，微软雅黑，88 磅，加粗，文字阴影"。调整到页面的中心位置即可，如图 9 - 13 所示。

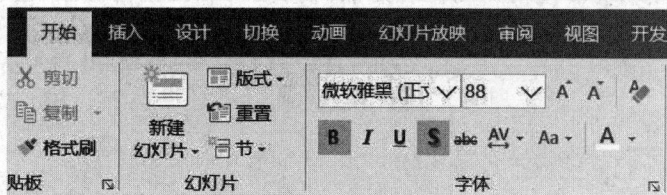

图 9 - 13　字体设置

步骤5：添加其他素材图片到页面适当的位置，再插入两个文本框依次输入"人教部编版一年级语文下册"和"制作人：Lee"，字体设置为合适的大小和颜色。

步骤6：添加动画。为"静夜思"三个字添加"飞入"进入动画，自顶部。

左上角月亮图片设置"淡化"进入动画。下方的李白图片和月亮图片设置为"浮入"自底部的进入动画，如图9－14所示。

步骤7：封底，直接复制封面，修改文字为"下课啦"即可。

步骤8：保存（"Ctrl＋S"快捷键）演示文稿。并放映（"F5"键）查看。效果图如图9－15、图9－16所示。

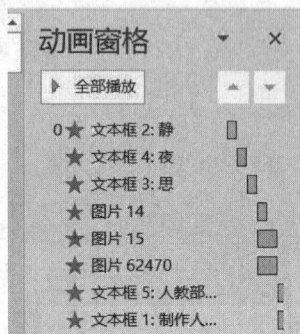

图9－14　动画窗格

图9－15　《静夜思》封面

图9－16　《静夜思》封底

实训任务：

1. 制作素材中的《一元一次方程》课件的封面，样例如图9－17所示。

2. 制作素材中的《有趣的颜色》的课件封面，样例如图9－18所示。

图9-17　《一元一次方程》封面

图9-18　《有趣的颜色》封面

任务三　目录设计

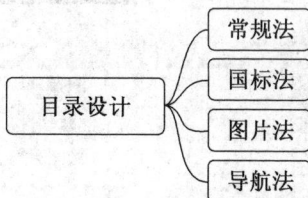

课件可以有目录,也可以没有目录。假如页数很多的时候,在PPT课件演示时有目录的PPT能更明晰地表达主题,对学习者来说能够事先清楚你表达内容的框架,对协助他了解你将要表达的内容是十分有用的。

要想用户可以根据现场的情况、观众情况或者演示内容,对幻灯片实行有选择性的灵活放映,这样便能与演示对象形成良好的互动关系,做到在演示过程中既方便又美观。目录就是这样产生的。PPT目录按表现形式可分常规法、图标法、图片法、导航法。

一、常规法

添加背景,这是最常用的手法。背景最好跟目录有一定联络,如图9-19所示。

图9-19　常规法目录设计

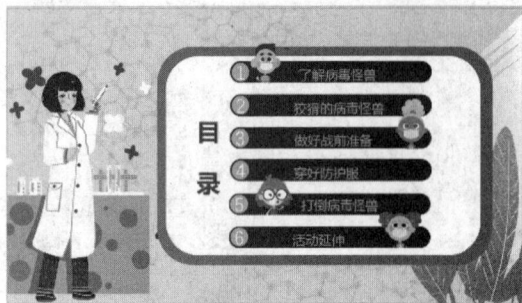

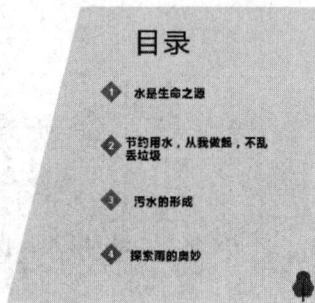

图 9-19(续)　常规法目录设计

二、图标法

在每一标题前添加图标,要留意的是图标必须契合标题的内容,以协助学习者更好地记忆,否则为图标而图标就没有意义了。如图 9-20 所示。

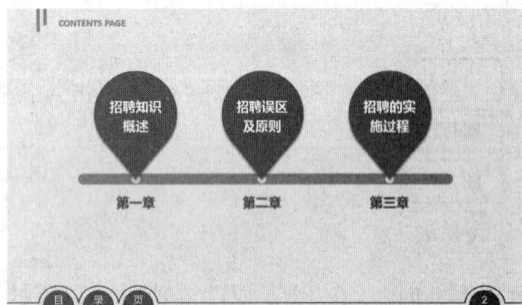

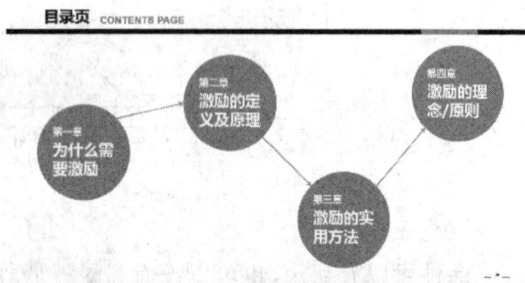

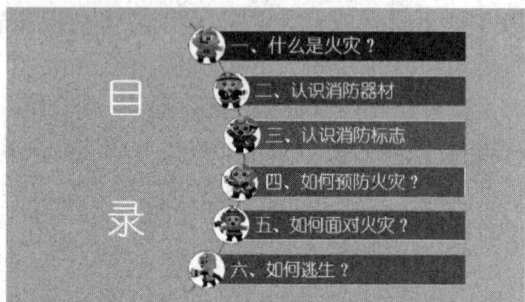

图 9-20　图标法目录设计

三、图片法

同样,图片也必须契合标题,在转场的时候应用 PPT 中图片的放大来凸显章节主题,对听众具有很强的感染力,如图 9-21 所示。

四、导航法

这个办法是学习的导航菜单,这种办法特别合适用于学生自学用的课件,或者由观众自行播放的演示。应用菜单颜色的变化指示当前的章节,也能够将菜单放进模板中去,在 PPT 中设定好链接,这样运用者就能观看想看的页面。专业一点的还能够将每个菜单应用自定义动作,做出鼠标移过或按下的效果,总之这个办法能够做出很多变化和效果,如图 9-22 所示。

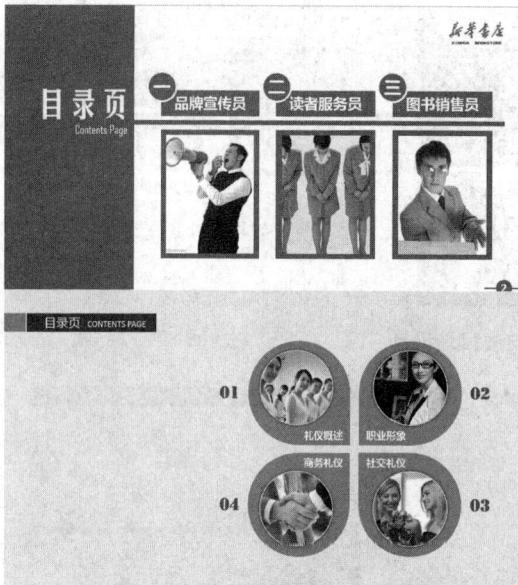

图 9-21　图片法目录设计

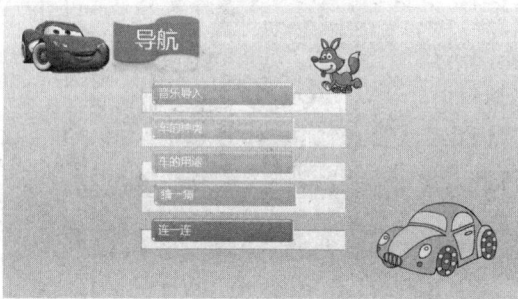

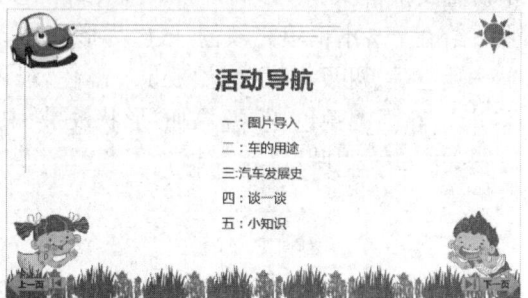

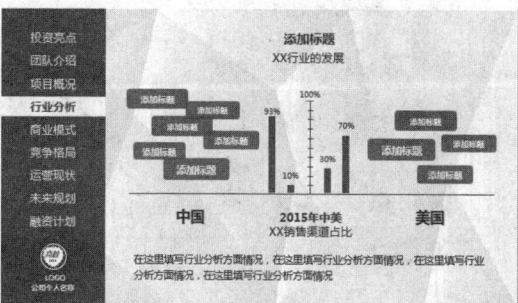

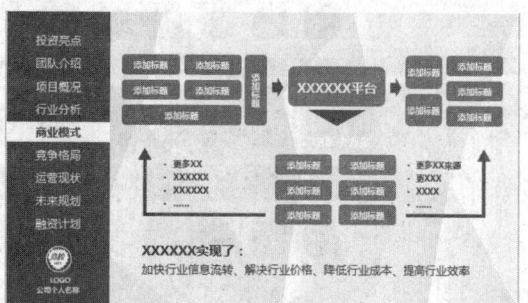

图 9-22　导航法目录设计

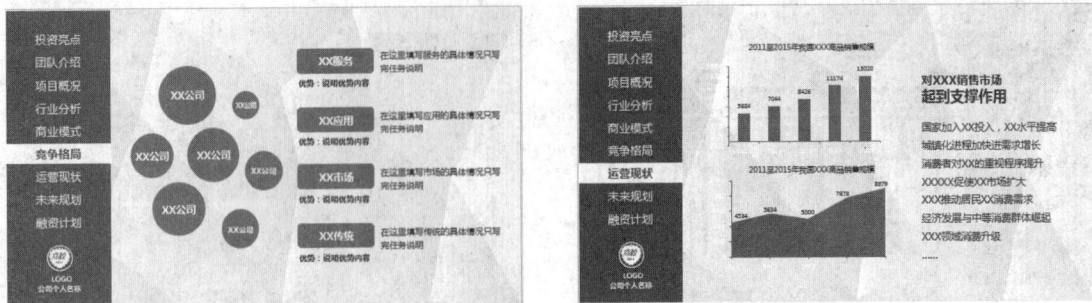

图 9-22(续) 导航法目录设计

PPT 中想要制作一个目录页面,该怎么制作呢? 下面我们就以一个案例来进行操作演示。

案例:

制作《静夜思》的目录和导航。

操作步骤如下:

步骤 1:打开《静夜思》PPT 文档,在第一章幻灯片之后新建一张幻灯片,单击"插入"选项卡"文本"功能组"文本框"按钮,从下拉列表中选择"横排文本框",在幻灯片中插入五个一样大小的文本框,依次输入"朗读""识字""写字""儿歌""练习"。字体设置为"白色,华文新魏,28磅,加粗,文字阴影",效果如图 9-23 所示。

步骤 2:设置文本框的填充颜色。在"绘图格式"工具中设置文本框大小为"高度"1.43 厘米,"宽度"5.65 厘

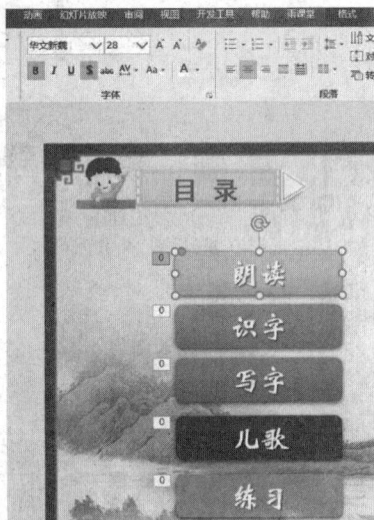

图 9-23 目录文字

米。给五个文本框填充颜色,依次为形状样式库里的"强烈效果—金色,强调颜色 4""强烈效果—橙色,强调颜色 2""强烈效果—蓝色,强调颜色 1""强烈效果—褐色,强调颜色 2""强烈效果—浅蓝,强调颜色 2",并添加"形状效果"中的"棱台"和"凸圆形",使其有按钮立体感。效果设置如图 9-24 所示。

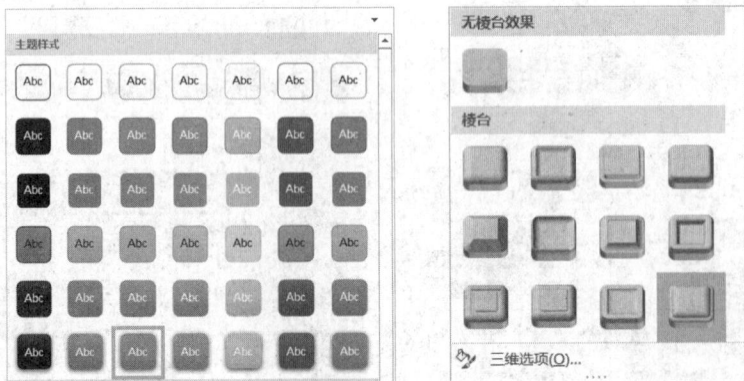

图 9-24 效果设置

步骤 3：设置幻灯片中的链接对象，插入超链接。选中"朗读"，在"插入"选项卡"链接"功能组中点击"链接"命令，弹出"插入超链接"对话框，在左侧窗格中选择"本文档中的位置"按钮，然后在"请选择文档中的位置（C）："列表框中，单击要切换的幻灯片，如"3. 朗读"，单击"确定"按钮，完成一个超链接，如图 9 - 25 所示。

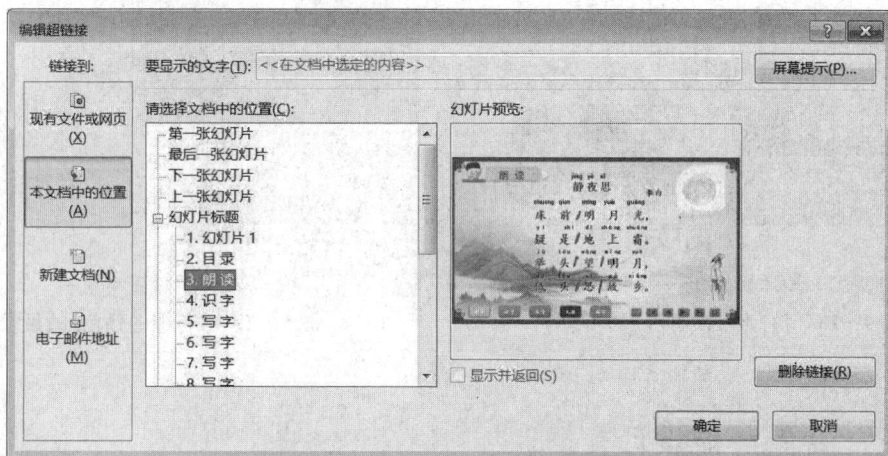

图 9 - 25　"编辑超链接"对话框

步骤 4：通过重复步骤 3，完成所有目录的超链接设置。

步骤 5：制作返回按钮。在放映过程中需要返回目录、封面，或者上一页下一页等，可以使用动作按钮来设置超链接。点击"插入"选项卡"插图"功能组"形状"选项中的"动作按钮"，如图 9 - 26 所示，依次选中"后退或前一项""前进或下一项""转到开头""转到结尾"以及最后面一个"空白"样式，通过鼠标拖动操作在幻灯片合适的位置布置好按钮，会自动弹出"操作设置"对话框，在"超链接到（H）："列表中选择相应的选项，即可完成按钮的交互设置了。空白的按钮上面的图形，可以自己进行设计，如图 9 - 27 所示。

图 9 - 26　"动作按钮"选项

图 9 - 27　"操作设置"对话框

实训任务：

1. 素材中的《一元一次方程》课件的目录导航制作，样例如图 9－28 所示。
2. 素材中的《有趣的颜色》课件的目录导航制作，样例如图 9－29 所示。

图 9－28 《一元一次方程》的目录

图 9－29 《有趣的颜色》的目录

任务四 标题导航设计

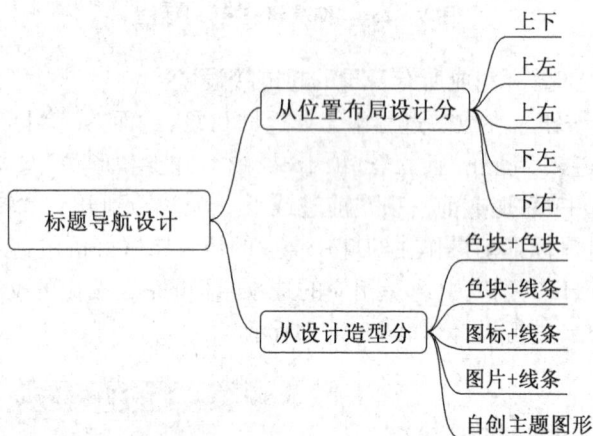

    PPT 制作过程中常常需要设计标题导航。标题导航是为了让内容结构层次分明，呈现出演示文稿的总体框架。PPT 的标题导航就如同网站的导航条，不仅方便 PPT 表述者在演讲过程中阐述观点，还能让 PPT 的听众在了解表述者全局结构的同时，随时了解当前内容在整个 PPT 中的位置，听众就能牢牢地跟上表述者的思路了。所以，在幻灯片制作过程中，要在整个页面布局中预留一块区域用于设置标题栏。标题栏可放于幻灯片页面的上下左右四边上，但一般来说，标题栏放于幻灯片上方或左侧可能更符合人们的阅读习惯。而且根据内容的层次结构，标题栏分有一级标题、二级标题甚至三级标题。标题栏是一个 PPT 主要风格的体现，设计灵活多变。从位置布局设计看可以分布在上下、上左、上右、下左、下右等。从设计造型看，可以有色块＋色块、色块＋线条、图标＋线条、图片＋线条、自创主题图形等。下面就请欣赏标题栏，如图 9－30 所示。

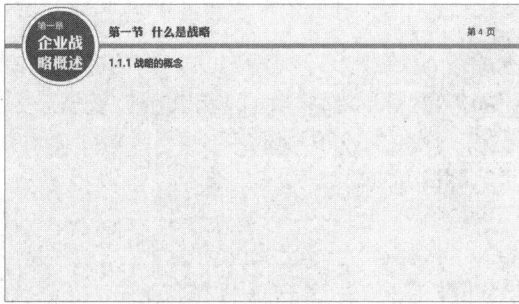

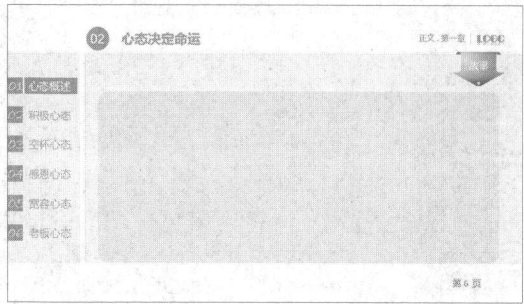

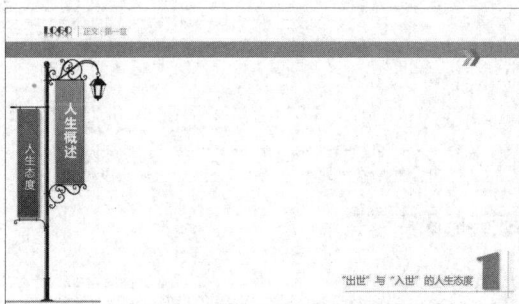

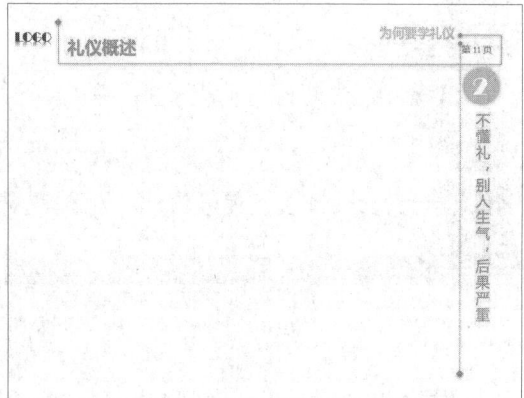

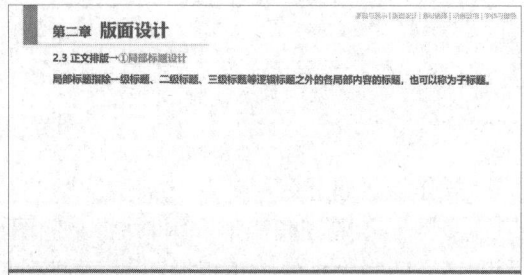

图 9-30 标题导航欣赏

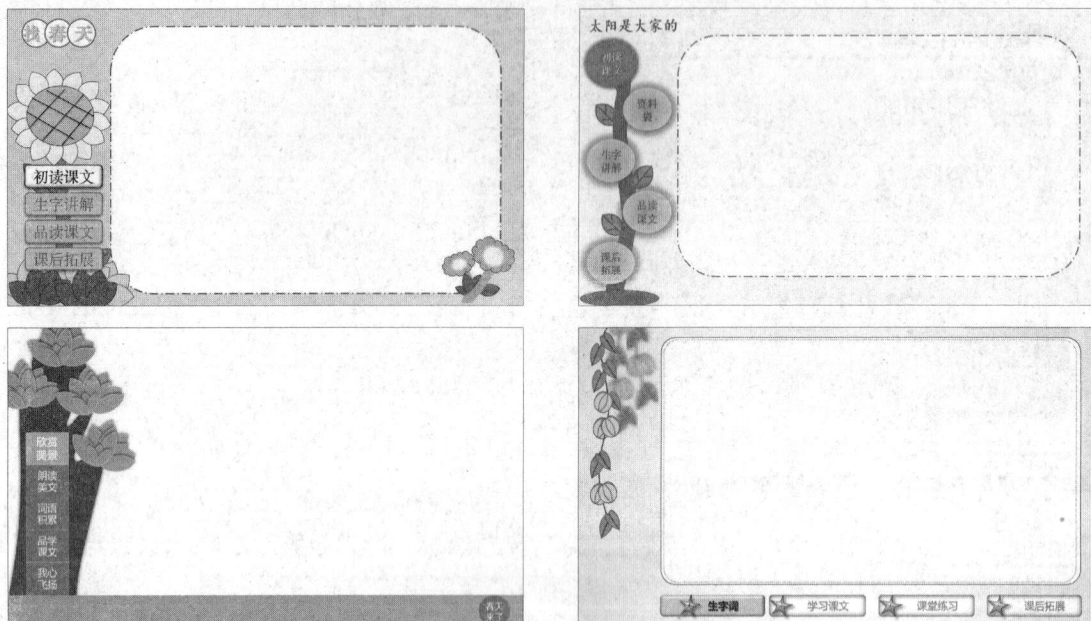

图 9 - 30(续) 标题导航欣赏

案例:

参照图 9 - 31 所示制作标题导航栏。

图 9 - 31 案例参考

操作步骤如下:

步骤 1:绘制圆角矩形和圆,并将左侧图形进行剪除。在空白幻灯片中,如图 9 - 32 所示绘制各个适当大小的圆角矩形和圆,并排列整齐。

图9－32　绘制矩形和圆并排列整齐

框选左侧所有形状，在"格式"选项卡下选择"合并形状"→"剪除"，如图9－33所示。

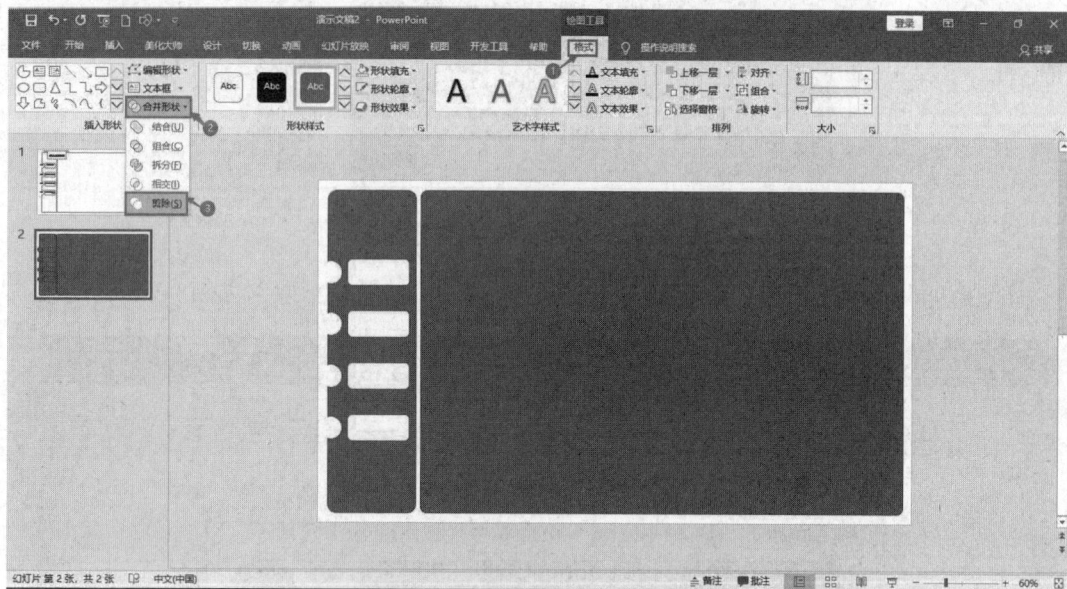

图9－33　剪除左侧所有形状

步骤2：绘制矩形和半圆，创建标题图形。回车插入另一空白幻灯片，在幻灯片中先绘制一个矩形和一个正圆，复制一个正圆，如图9－34所示，让两圆与矩形顶端对齐，圆垂直方向的直径与矩形两边对齐。

图9－34　绘制矩形和正圆参照对齐图例

再绘制一个如图 9 - 35 所示大小的矩形,复制一个,并让矩形上边与圆水平的直径对齐。

图 9 - 35　绘制矩形与两圆对齐参照图例

选中其中一组圆与矩形,按"Ctrl"键拖动复制一个,如图 9 - 36 所示。

图 9 - 36　复制一组矩形与圆放旁边

框选复制的圆与矩形,在"格式"选项卡下选择"合并形状"→"剪除",如图 9 - 37 所示。

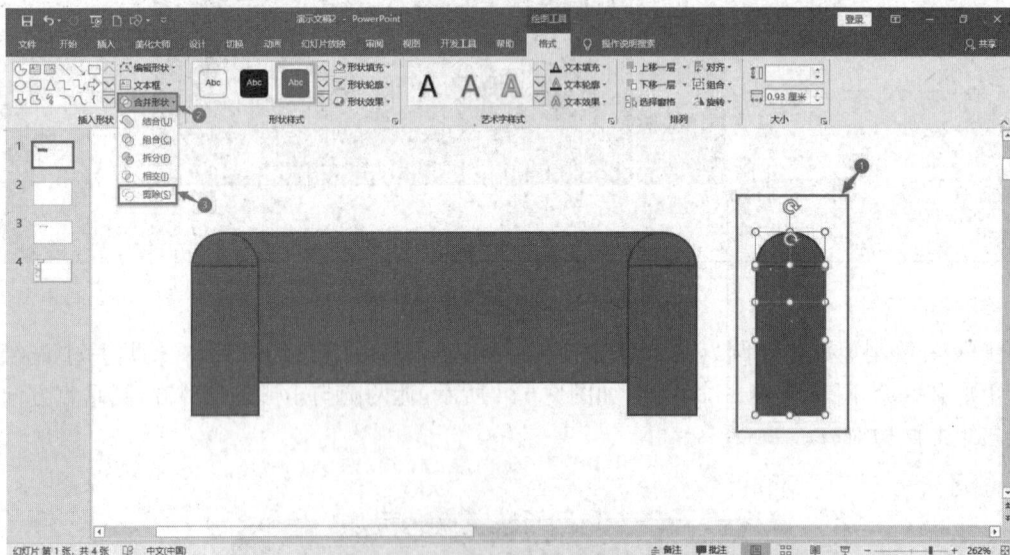

图 9 - 37　剪除复制的矩形与正圆

框选剩下的所有形状,再次选择"合并形状"→"剪除",如图 9 - 38 所示。

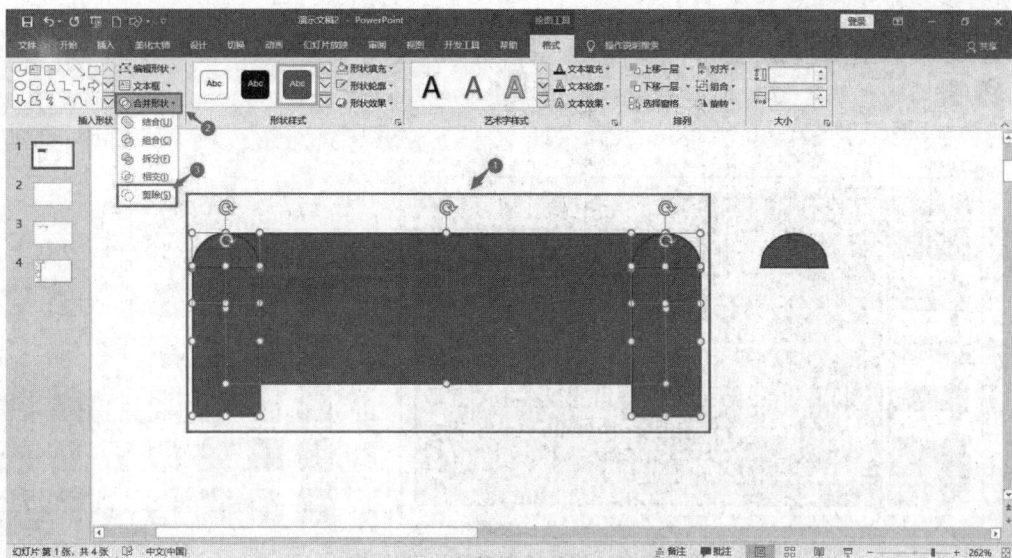

图 9-38　剪除剩下其他所有形状

将剪除得到的半圆复制一个,并如图 9-39 所示将两半圆与剪除得到的新图形对齐并按
"Ctrl+G"快捷键组合。再将这个组合图形复制到第一张幻灯片,并如图 9-40 所示在其他图
形大致左上方位置对整齐。

图 9-39　复制半圆并对齐

图 9-40　将组合图形移到适当位置

步骤 3:设置形状样式。框选第一张幻灯片中所有图形,在"格式"选项卡下,在预设的"形
状样式"下拉列表中选择"彩色轮廓—橙色,强调颜色 2"样式,如图 9-41 所示。选中下面的
两个图形,设置"形状效果"→"阴影"→"偏移:下",如图 9-42 所示。

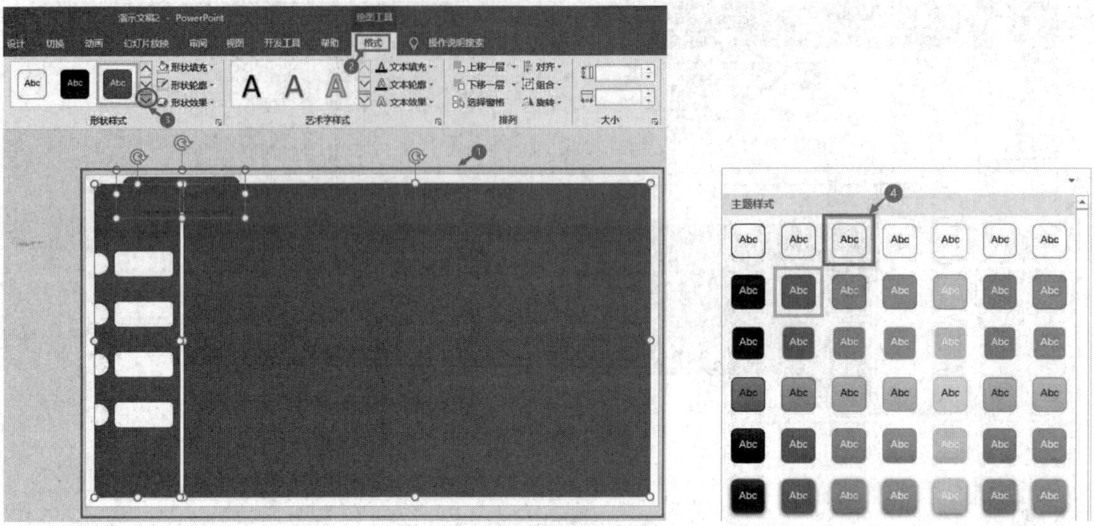

图 9 - 41　修改所有形状的形状样式

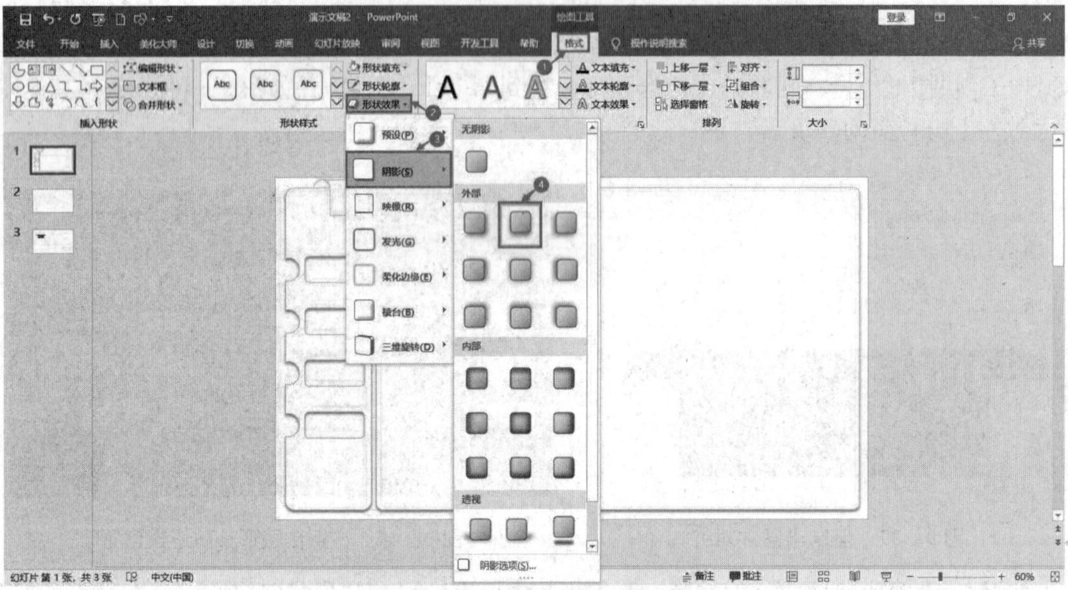

图 9 - 42　设置底层两形状阴影

步骤 4：输入文字，设置字体格式。分别绘制文本框输入对应的文本，再设置课文标题与导航栏字体格式依次如图 9 - 43 所示。完成效果如图 9 - 44 所示。

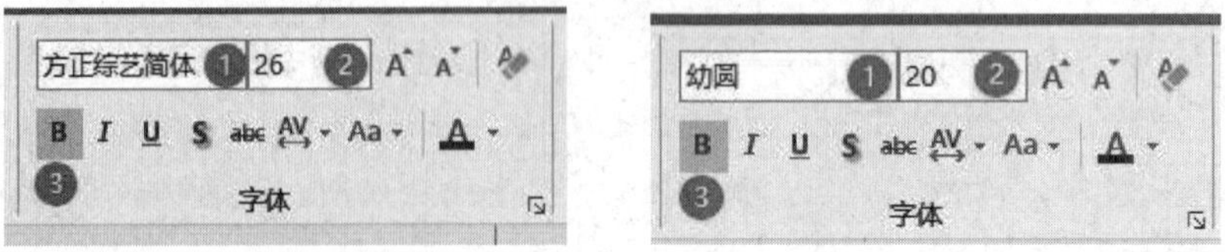

图 9 - 43　标题与导航栏文字格式

图 9－44　完成效果图

实训任务：

完成图 9－30 中任意一标题栏的制作，或根据某一主题自行设计一精美的标题栏。

项目十　课件风格

对多媒体课件整体风格的要求：布局合理、整洁美观、生动形象、符合教与学的需要。主要通过以下几方面体现：

1. 屏幕版面设计

屏幕版面设计的作用是安排各种教学信息呈现区域、帮助提示区域或交互作用区域等区域的位置及大小。

教学信息呈现区域主要是呈现知识内容、演示说明、举例验证、问题提出等，它们是以多媒体形式来呈现的。在安排这些媒体的呈现区域时，重点对各种可视信息（如文本、图形、图像、活动影像、动画等）进行定位和大小设计。整个教学信息呈现区域在屏幕版面上应处于醒目的位置，并占有较大的面积。

帮助提示区域是为指导学习者沿着正确的方向进行学习、少走弯路而设计的，其所处位置和大小一般都较为灵活。通常是设计一个帮助按钮，按下该按钮，则显示相应的导航内容。

交互作用区域的位置要根据学习者操作习惯而定，通常处于右边、下边或右下角。

版面设计的一般要求是教学主体突出、交互操作方便、屏幕利用率高。

2. 显示设计

显示设计是根据教学顺序和学习者认知规律，设计屏幕版面上各部分的显示方式。设计的一般要求：窗口要有明显的分界线，可用立体显示，窗口内背景、边界线及屏幕颜色要有差异；按钮应有一定的立体感，从界面上凸起，且上面有文字说明其功能；字体颜色应与背景和其他文字及环境有所区别，可用下划线、反白及闪烁等方式加以突出。

3. 颜色搭配设计

颜色搭配设计包括背景颜色、文字颜色以及全屏幕色调的设计，一般要求是和谐、醒目。全屏幕不宜用饱和度较高、亮度较高的颜色，以免引起观看者眼睛疲劳。文本的颜色要与背景或全屏幕颜色有所区别，以突出文字。

4. 字体形象设计

字体形象设计包括字体的风格、大小、修饰、位置等。在课件中，字宜大不宜小，并且重点内容要用比较大的字显示。文字在画面中的具体安排规则：边距＞行距＞字距，宜横排不宜竖排。应该综合屏幕上的所有显示内容，决定文字的显示位置，如纯色或虚化背景上的字，应放在屏幕的几何中心偏上位置。

5. 图形及图像

图形及图像有静态与动态之分。对于静态图像，应该注意位置、大小、色彩等；对于动态图像，除注意这些问题外，还要注意画面的组接技巧和效果运用。

6. 修饰与美化设计

为了使界面更美观、有趣、生动，应该适当运用修饰，如在屏幕上运用合适的小动画，既能引起学习者的注意，又可使学习者产生愉悦感。一个好的课件，修饰美化设计是非常重要的，因为它能直接使学习者获得美的享受，从而激发学习动力，促进其更有效地学习。

多媒体课件设计是一项非常重要、非常细致又很繁杂的工作，它直接关系到课件制作的成功与否，必须在实践中多摸索、多研究、多学习别人的成功经验。

任务一　模板与母版

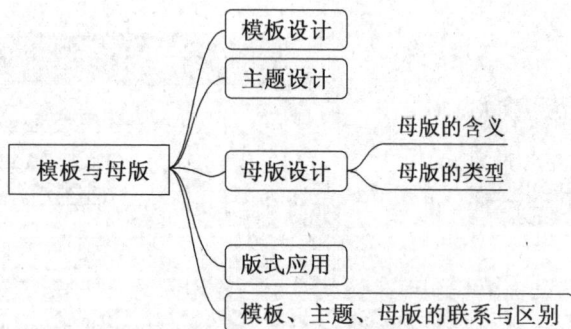

通常，一份好的演示文稿都需要保持统一的样式，演示文稿的外观样式是通过版式的布局、母版的设置、主题的应用以及模板的套用来确定的。

一、模板设计

PPT 模板就是已经做好了页面的排版布局设计，但却没有实际具体内容的 PPT。所有应该写实际内容的地方，都只是放置了"点击添加文字"的字样，如图 10-1 所示。

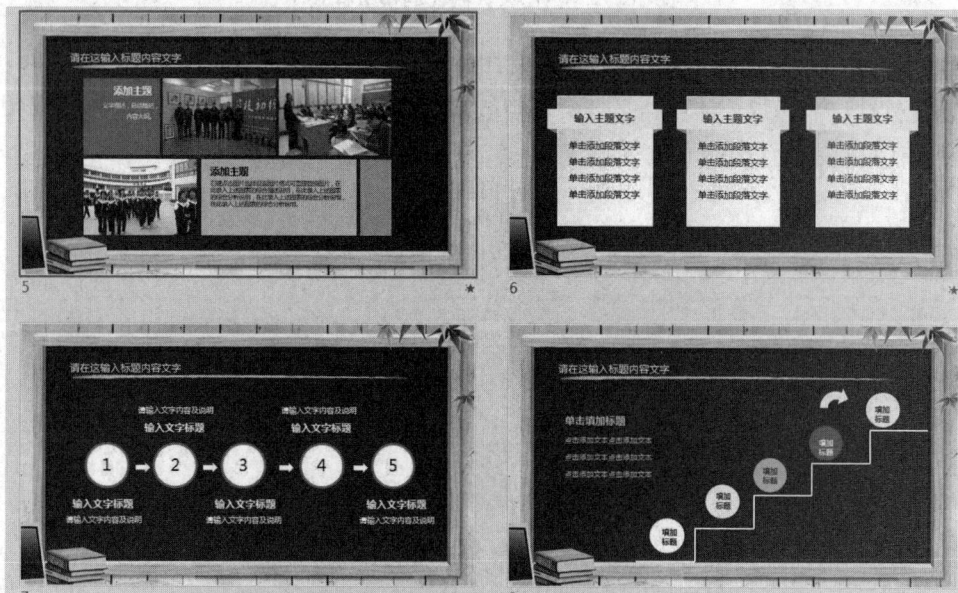

图 10-1　模板样式

拿到这样的 PPT 模板之后，只需要更改里面的图片，以及在相应的位置写上文字，就可以完成 PPT 的制作。

由于模板等同于完成了 PPT 视觉设计方面的工作，使用者只需要填充内容，无需掌握太多的软件操作技巧以及平面设计知识，大大降低了制作 PPT 的难度，所以受到广大无设计基础的使用者们的喜爱。

不过，由于要展示的内容在结构和"要点数量"上并不都能刚好与模板吻合，往往需要在模板上增加或删减一些元素，很多缺乏基本设计能力的人就会在这里遇到困难。

通常你会发现，要么新增出来的元素样式与原模板格格不入，要么是自己明明只打算讲 4 点，模板上却有 6 个空位，如果直接删掉，又不知道怎么重新调整页面布局。

除了套用别人的模板，我们也可以自己设计制作简单模板，如图 10-2 所示。

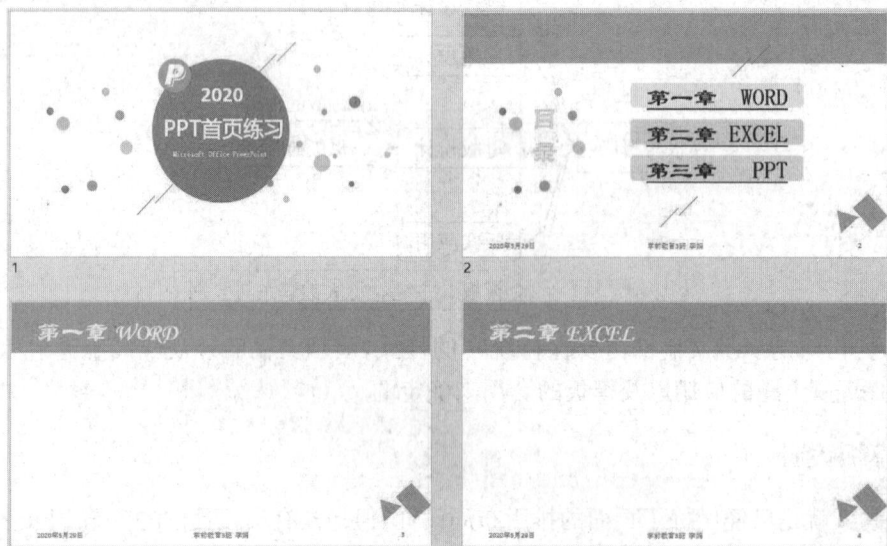

图 10-2　自己设计制作的模板样式

我们可以将设计好的模板保存，为今后使用。"文件"里的"另存为"选项中的"保存类型"选择为"PowerPoint 模板（*.potx）"，即可保存为模板格式，以后直接套用此模板完成相应幻灯片的制作，如图 10-3 所示。

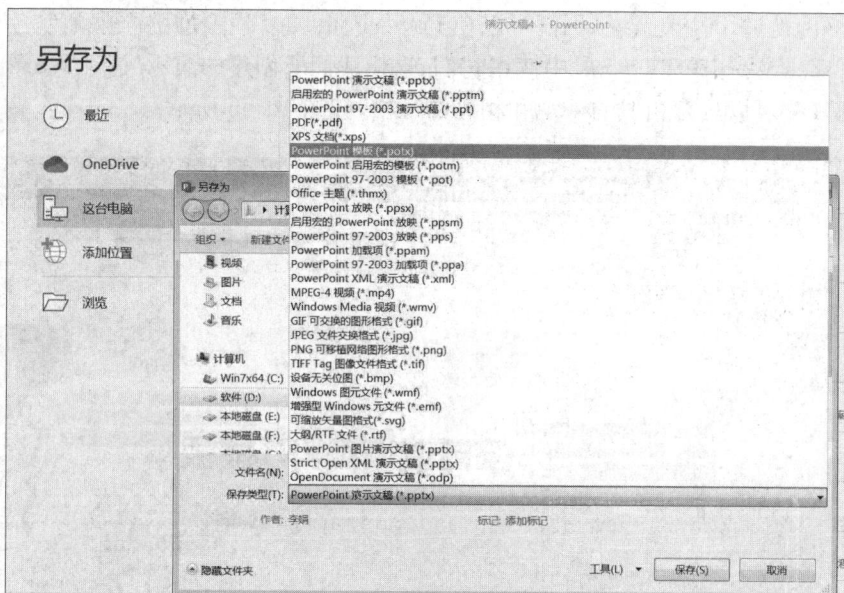

图 10‐3　保存为模板格式

二、主题设计

在课件设计中利用 PowerPoint 2016 提供的幻灯片主题设计，可以快速美化幻灯片。从课件设计角度而言，主题提供了演示文稿的外观构建，它将背景设计、占位符版式、颜色和字形等应用于幻灯片，如图 10‐4 所示。

图 10‐4　PowerPoint 里的内置主题

在 PowerPoint 2016 多媒体课件设计中，主题是指主题颜色、主题字体和主题效果三者的组合，而非单纯的主题颜色这一内容。PowerPoint 2016 提供了多个标准的预建主题，通过使用预建主题，可以简化演示文稿创建的过程，让普通的使用者也能设计出专业设计水准的多媒体课件。此外，从通用性上来说，不仅可以在 PowerPoint 2016 中使用主题颜色、字体和效果，还可以在 Excel、Word 和 Outlook 中使用它们，这样我们所创建的演示文稿、Word 文档、工作表和电子邮件都可以具有相似的外观和相同的风格，如图 10-5 所示。

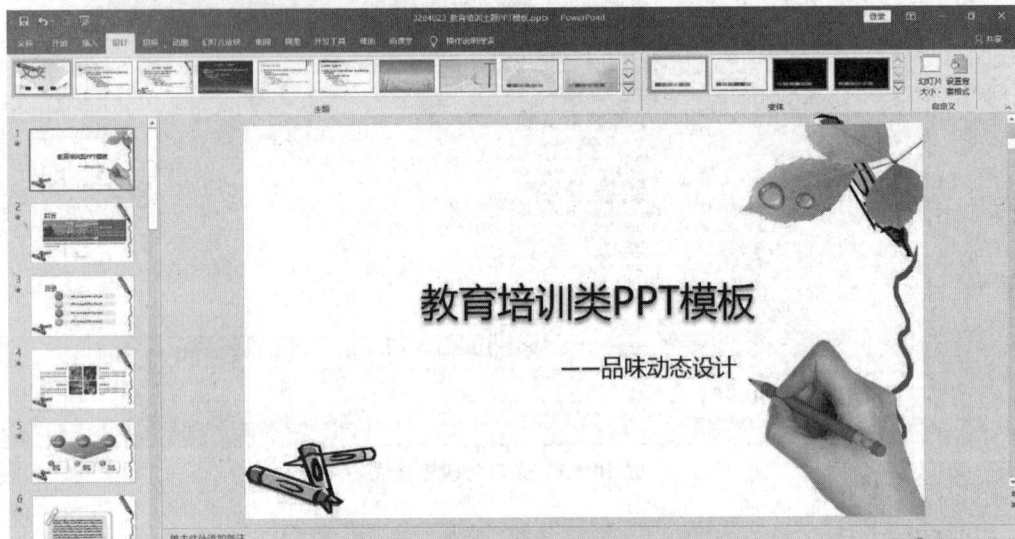

图 10-5　套用主题之后的 PPT 样式

如果说 PPT 模板是已经做好了设计需要填写内容的 PPT，那么 PowerPoint 内置的"主题"显然也是模板的一种。但反过来说，模板一定是主题吗？这可未必。

观察前例中这几页 PPT 模板上需要填写文字内容的地方，有的写着"添加文字"，有的写着"点击添加文字"，有的写着"单击添加目录"……这样前后混乱的描述显然是模板设计者自己用文本框打上去的文字，使用模板时需要先删除然后再键入自己的内容。

而 PowerPoint 内置的"主题"，输入提示是非常统一的，不管你使用哪套主题，标题位置永远是"单击此处添加标题"，其他相同位置提示也都一致，如图 10-6 所示。

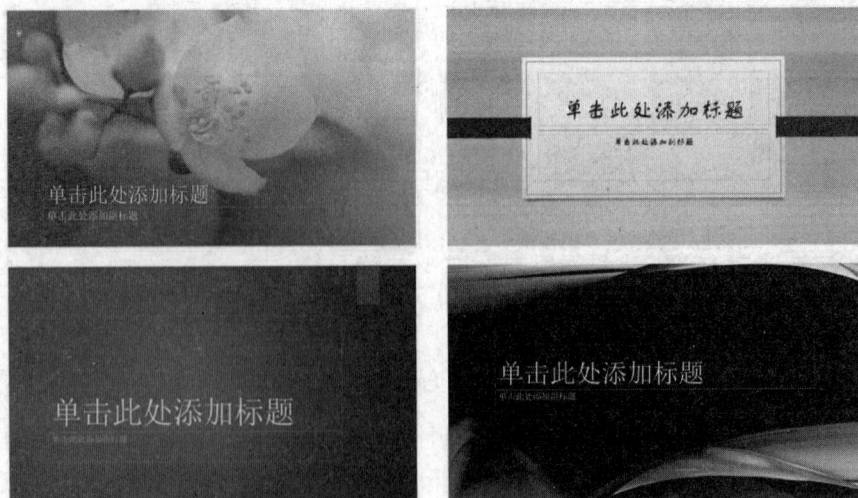

图 10-6　套用主题之后的显示效果

这些提示语并不是真实存在的文字,当你单击标题框内部时,它们就会自动消失;在幻灯片浏览模式下,你也看不到它们的存在,使用起来非常方便,如图 10-7 所示。

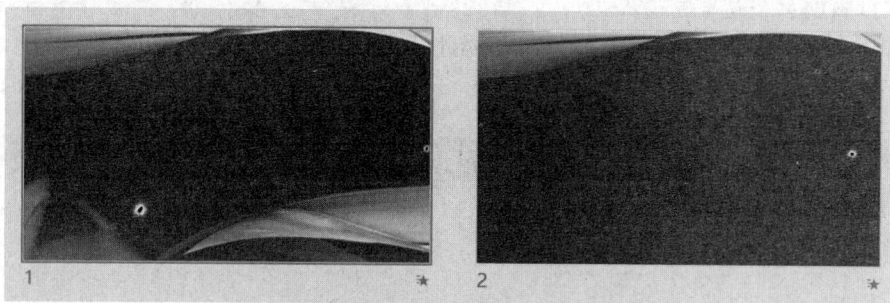

图 10-7　浏览模式下的主题套用效果

就算你在输入内容之后想再调整使用另一套主题,也不用重新输入内容,文字会自动变化造型以吻合新的主题,非常省事,如图 10-8 所示。除了输入内容方便以外,每一款主题还结合自身风格,规定了相应的"主题字体"和"主题颜色"。

如此一来,使用者即便需要在模板上添加新的文本框,绘制新的形状元素,也都会与模板上的原有内容有较高的匹配度,这就大大提高了模板在使用时的灵活度。

由此可见,"主题"是更加高级和细致化的"模板"。那么在"主题"中那种一点击文本框,文字就消失了的效果又是怎么制作出来的呢? 这就要谈到"母版"的概念了。

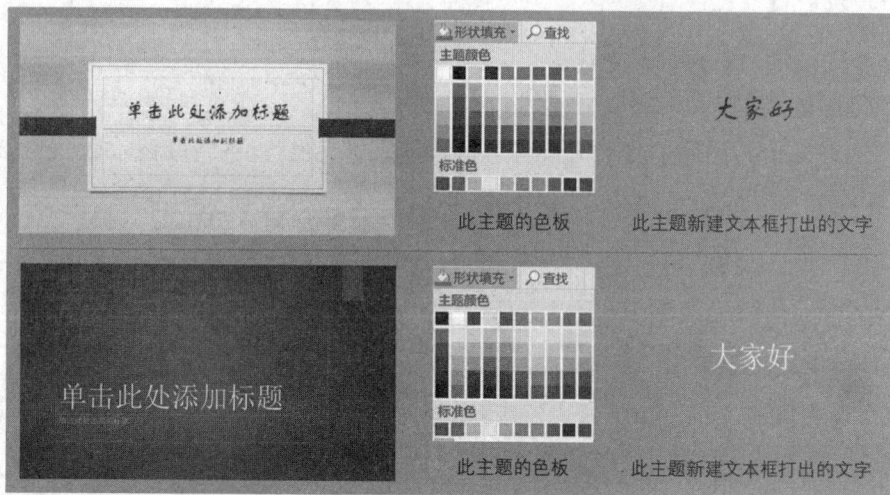

图 10-8　结合主题模板之后的效果显示

三、母版设计

(一) 母版的含义

默认情况下,幻灯片的母版由一个主题幻灯片母版和 11 个版式幻灯片母版组成,其中主题幻灯片母版的格式规定了所有版式幻灯片母版的基本格式。每个演示文稿至少包含一个幻灯片母版。修改和使用幻灯片母版的主要优点是可以对演示文稿中的每张幻灯片(包括以后添加到演示文稿中的幻灯片)进行统一的样式更改。使用幻灯片母版时,由于无需在多张幻灯片上键入相同的信息,因此节省了时间。如果演示文稿非常长,其中包含大量幻灯片,合理利用幻灯片母版就会显得非常方便。

幻灯片母版影响整个演示文稿的外观,因此在创建和编辑幻灯片母版时,是在"幻灯片母版"视图下操作,如图 10-9 所示。

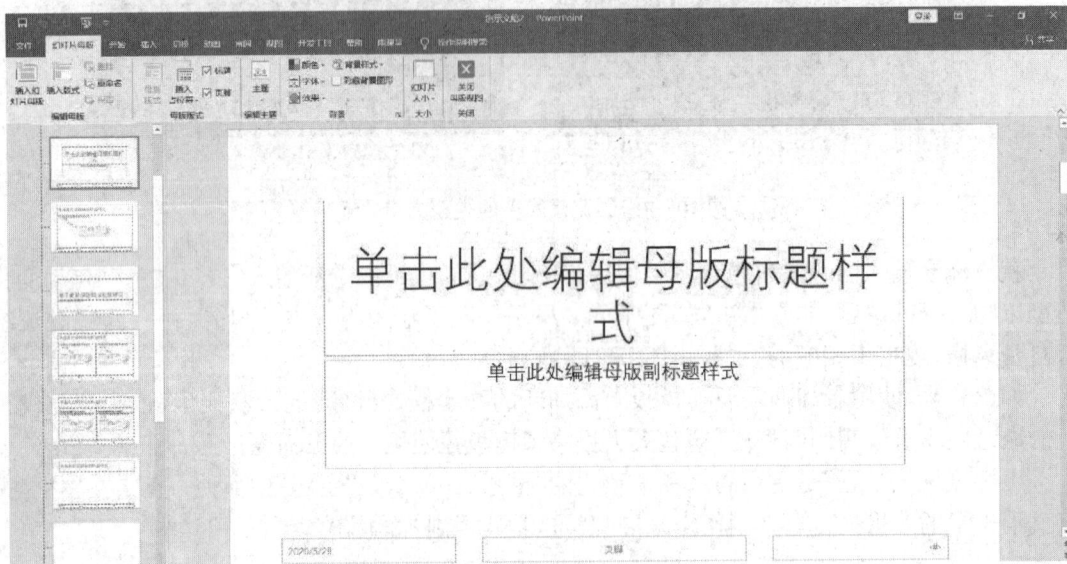

图 10-9　幻灯片母版样式

(二) 母版的类型

在 PowerPoint 2016 中有 3 种母版:幻灯片母版、讲义母版、备注母版,如图 10-10 所示。

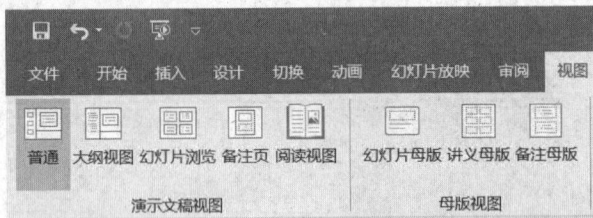

图 10-10　母版视图

1. 幻灯片母版

一般而言提到母版,多指幻灯片母版,它主要用于存储有关演示文稿的主题和幻灯片版式的信息,包括背景、颜色、字体、效果、占位符大小和位置,如图 10-11 所示。幻灯片母版控制演示文稿中所有的幻灯片页面格式,更改幻灯片母版上的任何格式设置,会对整个演示文稿产生影响。如果仅就个别幻灯片页面外观进行修改调整,则可直接修改该幻灯片页面,而不需要进入母版进行修改调整。

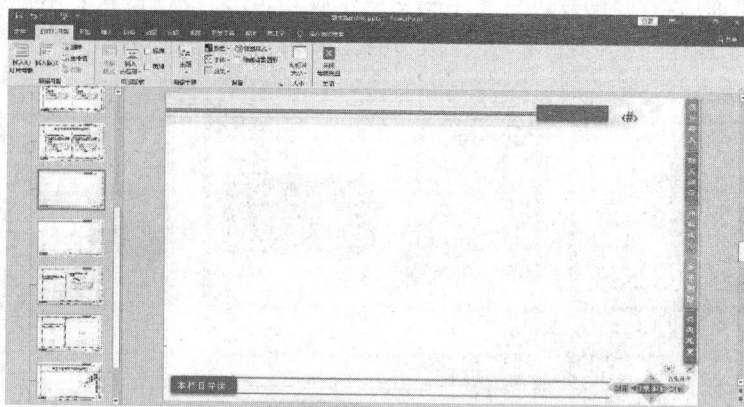

图 10-11 "卖木雕的少年"的母版

2. 讲义母版

讲义母版是用于设置讲义的格式化标准。在讲义母版中可以查看在一页纸张中放置 2 张、3 张或 6 张等幻灯片后的版面效果,并可设置页眉和页脚内容,以方便用户打印后装订成讲义使用。

3. 备注母版

备注母版用于格式化演讲者备注页面的内容,还允许重新调整幻灯片区域的大小。在备注母版中显示有幻灯片的缩略图和用于添加参考资料等备注的文本占位符,可以输入关于该幻灯片的备注信息并可进行打印输出。

母版是 PowerPoint 的一种批量制作 PPT 的功能。使用"母版"功能,就可以把这些相同的内容汇集到版式页,如图 10-12 所示。

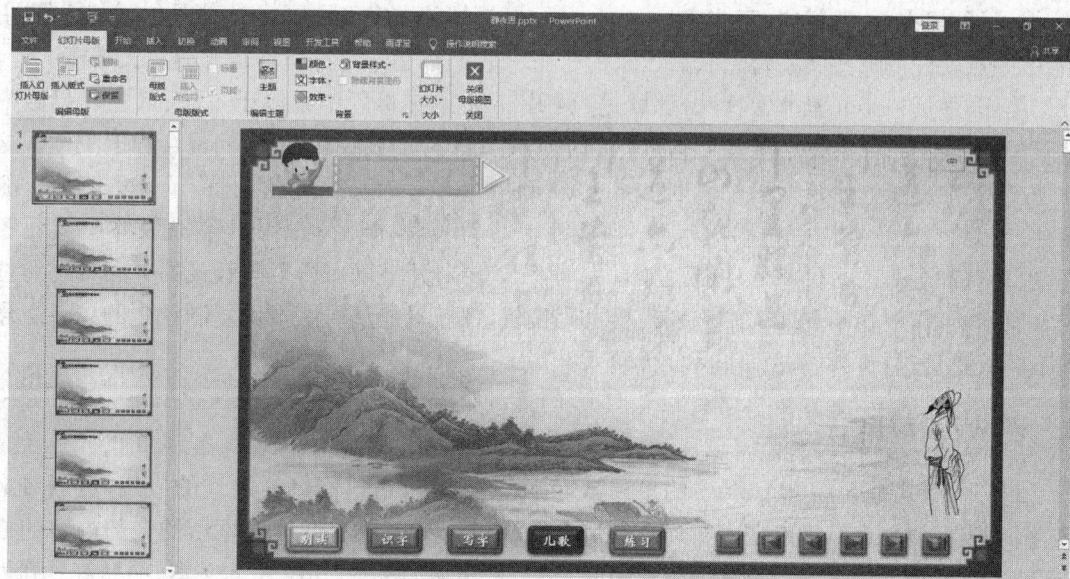

图 10-12 《静夜思》课件母版

回到普通页面后,凡是图片页就套用图片展示版式,凡是视频页就套用视频播放版式,如图 10‑13 所示。制作一次,多次套用,大大节省了 PPT 的制作时间。

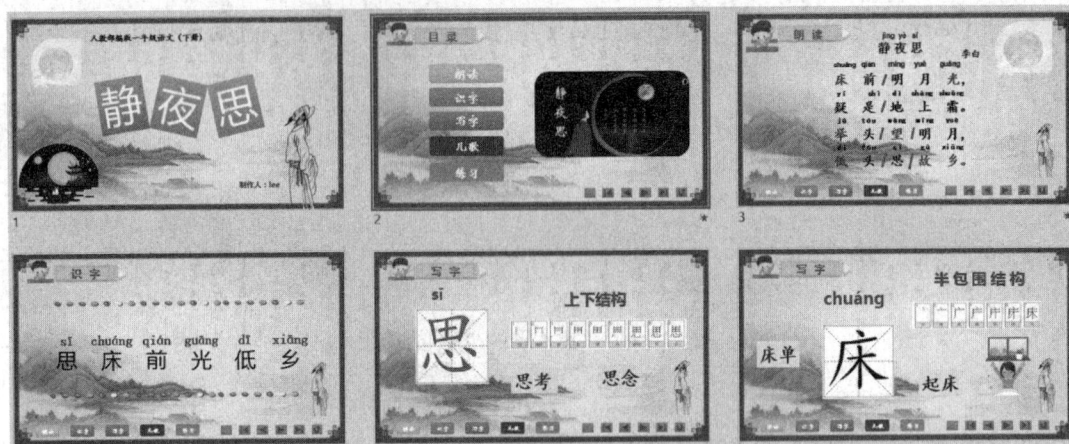

图 10‑13　《静夜思》课件浏览视图

在母版中,有 4 种不同类型的元素需要区分对待:

第一,几乎每一页都有的元素,可以放置到主题母版中。如果有个别页面(如封面、封底、转场页)不想出现这些元素,勾选"隐藏背景图形"即可——课件《静夜思》和《卖木雕的少年》中的导航栏就是。

第二,在特定的版式中需要重复出现且无需改变的内容,可以直接放置在对应的版式页。

第三,在特定的版式中需要重复,但是具体内容又有所区别的内容,需要使用"插入占位符"的功能来插入对应类别的占位符。在普通的工作 PPT 中,页面的小标题也都属于此类元素——每页都有,位置相同,字体字号也都一样,但具体的文字又需要修改。现在你知道在"主题"中一点就没的那些文字是怎么做出来的了吧? 它们都是占位符而不是普通的文本框。

第四,最后一个元素非常特殊,那就是"页码"。页码在母版中也属于占位符,主题母版中右下角的那个<♯>号就是。不过,默认的页码样式非常不显眼,一般我们都会加以更改。这种情况下,你只能选中母版里的<♯>号进行字体、字号、颜色、位置的调整,千万不能把它删除掉,然后自己用文本框输入小于、♯号、大于三个符号,不能用格式刷把普通文本格式设置它,那样它都会失去占位符的功能。如果你的 PPT 像对开书籍那样不同版式的页面页码的位置有所不同,需要在不同版式中分别设置页码位置,那就只能从母版页面复制源生的<♯>号到不同版式页进行粘贴调整,不可自行输入。

四、版式应用

幻灯片版式是 PowerPoint 中的一种常规排版的格式,通过幻灯片版式的应用,可以对文字、图片等更加合理简洁地完成布局。幻灯片版式包含了要在幻灯片上显示的全部内容的格式设置、位置和占位符。占位符是版式中的容器,可容纳如文本(包括正文文本、项目符号列表和标题)、表格、图表、SmartArt 图形、影片、声音、图片及剪贴画等内容。

在 PowerPoint 2016 中提供了 11 种版式:标题幻灯片、标题和内容、节标题、两栏内容、比较、仅标题、空白、内容与标题、图片与标题、标题和竖排文字、垂直排列标题与文本,如图10-14 所示。

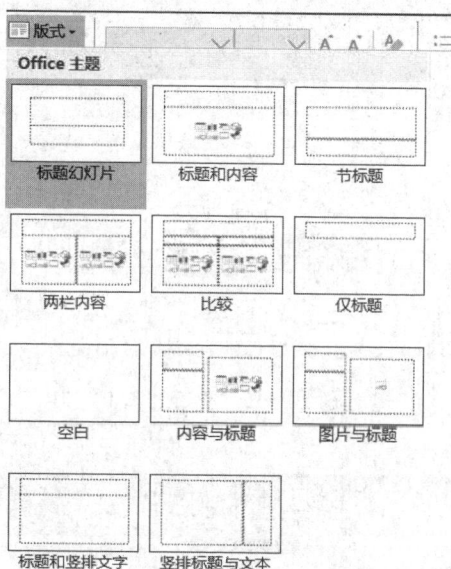

图 10-14 幻灯片版式

五、模板、主题和母版的联系与区别

模板是一个专门设计好外观但可改变内容的页面格式,是演示文稿中的特殊一类,扩展名为"pot",提供样式文稿的格式、配色方案、母版样式及产生特效的字体样式等。应用设计模板可快速生成风格统一的演示文稿。但缺点是软件本身提供的免费模板样式可能不能满足用户需求。当然用户可以通过进入母版对软件本身提供的模板进行修改,或从网络下载更多精美的模板。

主题配套设计了主题字体、主题颜色等规范的精品模板,但因为制作过程步骤较多,除了官方提供的主题可套用,很少有人制作,选择相对较少。

母版是一个系列的,比如底色和每页都会显示出来的边框或者日期、页眉页脚之类,设置一次,以后的每一页全部都相同,起统一、美观的作用。母版是一类特殊幻灯片,它能控制基于它的所有幻灯片,对母版的任何修改会体现在每一页幻灯片上,所以每张幻灯片的相同内容我们往往用母版来做,提高创建的工作效率。所以母版设置是制作主题及完成 PPT 中类似页面的批量化设计所必须掌握的功能,但注意四类不同的元素的区别。

下面欣赏幼儿园课件的模板和母版使用搭配案例。

幼儿园主题活动《神奇的车》课件制作设计,不同的模板和母版以及主题的使用,产生不同的视觉效果,如图 10-15、图 10-16、图 10-17 所示。

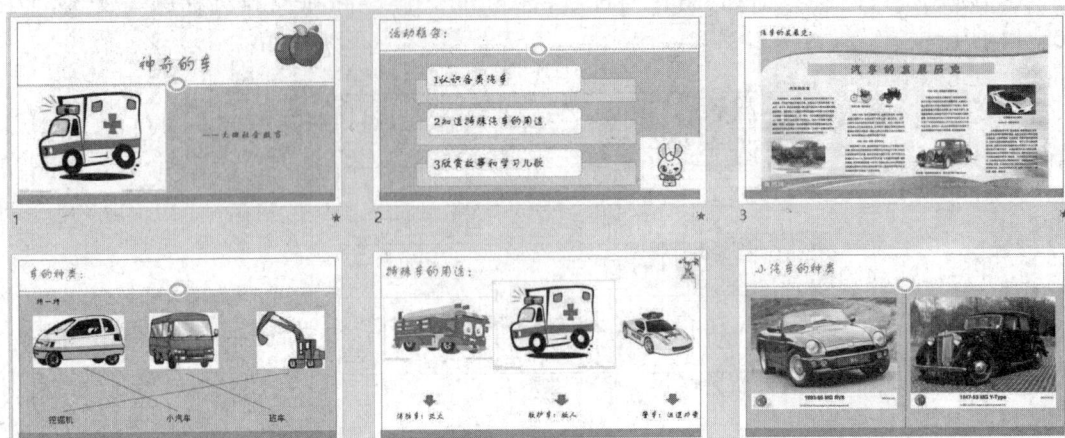

图 10 - 15　神奇的车 1

图 10 - 16　神奇的车 2

图 10 - 17　神奇的车 3

案例：

参照图 10-12 所示样例，制作《静夜思》的母版。

操作步骤如下：

步骤 1：打开之前创建好封面的"静夜思.pptx"。在"视图"选项卡中，单击"母版视图"功能组中的"幻灯片母版"按钮，切换到模板视图。

步骤 2：制作个性主题母版界面。在"幻灯片母版"视图下，在窗口左侧，选择第一张幻灯片即主题母版幻灯片，单击"插入"选项卡"文本"组"文本框"按钮，从下拉列表中选择"横排文本框"，在幻灯片底部位置插入五个一样大小的文本框，依次输入"朗读""识字""写字""儿歌""练习"。字体设置为"白色，华文新魏，14 磅，加粗，文字阴影"。

步骤 3：设置文本框的填充颜色。在"绘图格式"工具中设置文本框大小为："高度"1.43 厘米，"宽度"5.65 厘米。

步骤 4：给五个文本框填充颜色，依次为形状样式库里的"强烈效果—金色，强调颜色 4""强烈效果—橙色，强调颜色 2""强烈效果—蓝色，强调颜色 1""强烈效果—褐色，强调颜色 2""强烈效果—浅蓝，强调颜色 2"，并添加"形状效果"中的"棱台"和"凸圆形"，使其有按钮立体感，如图 10-18 所示。

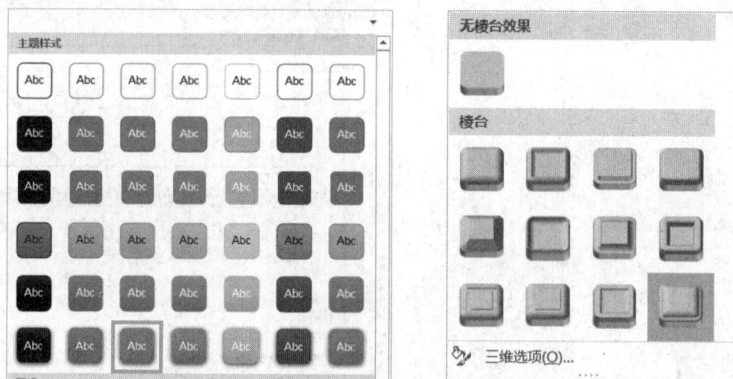

图 10-18 "绘图工具"中"形状效果"列表

步骤 5：设置幻灯片中的链接对象，插入超链接。选中"朗读"，在"插入"选项卡"链接"功能组中点击"链接"命令，弹出"插入超链接"对话框，在左侧窗格中选择"本文档中的位置"按钮，然后在"请选择文档中的位置(C)："列表框中，单击要切换的幻灯片，如"3.朗读"，单击"确定"按钮，完成一个超链接，如图 10-19 所示。

步骤 6：通过重复步骤 5，完成所有导航的超链接设置。

步骤 7：制作返回按钮。在放映过程中需要返回目录、封面，或者上一页、下一页等，可以使用动作按钮来设置超链接。点击"插入"选项卡"插图"功能组"形状"选项中的"动作按钮"（如图 10-20 所示），依次选中"后退或前一项""前进或下一项""转到开头""转到结尾"以及最后面一个"空白"样式，通过鼠标拖动操作在幻灯片右下角合适的位置布置好按钮，会自动弹出"操作设置"对话框，在"超链接到(H)："列表中选择相应的选项，即可完成按钮的交互设置，如图 10-21 所示。空白的按钮上面的图形，可以自己进行设计。

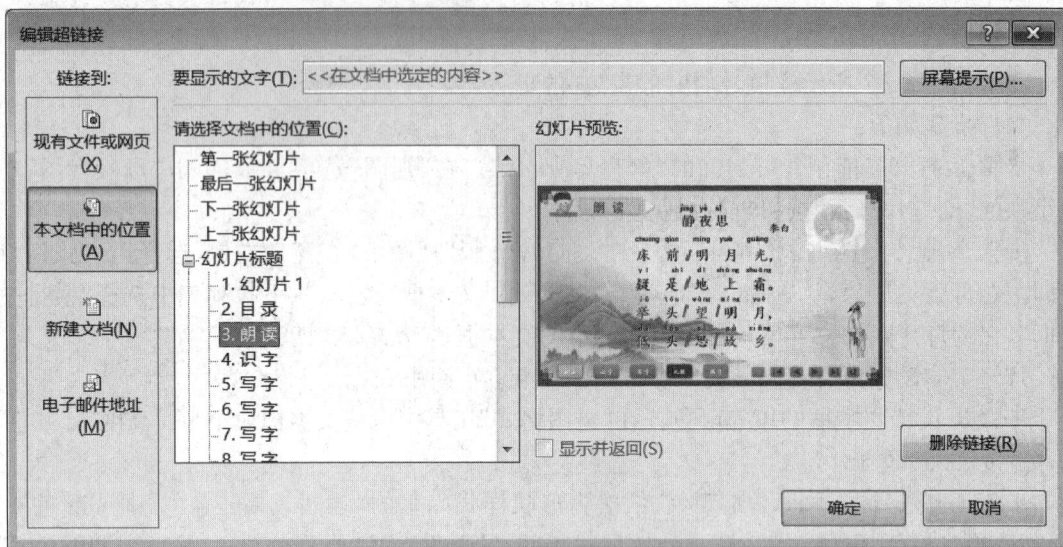

图 10-19 "编辑超链接"对话框

图 10-20 "动作按钮"选项

图 10-21 "操作设置"对话框

步骤 8:插入背景图。点击"幻灯片母版"选项卡"背景"功能组"背景样式",打开"设置背景格式"窗格,然后在图片源"插入"中选择素材库中的"背景.JPG"图,透明度设置为 12%,完成背景图的设置。

步骤 9:在幻灯片母版的左上角,利用绘制图形,创建标题框。"插入"选项卡的"形状"中,两个大小不同的矩形和一个三角形,组合一起,设置大的矩形为浅蓝色,小的矩形为橙色,三角形为浅金色。绘制两条虚线在两个矩形左右,最终组合在一起形成标题框,调整图形的大小及位置。

步骤 10:在相应位置插入素材库中的小图片,效果如图 10-22 所示。返回到普通页面视图,所有页面一样的版式。在静夜思课件的首页、尾页以及目录页设置"隐藏背景图形"。这样,在普通视图页面看不见母版样式,页面只有正文内容。

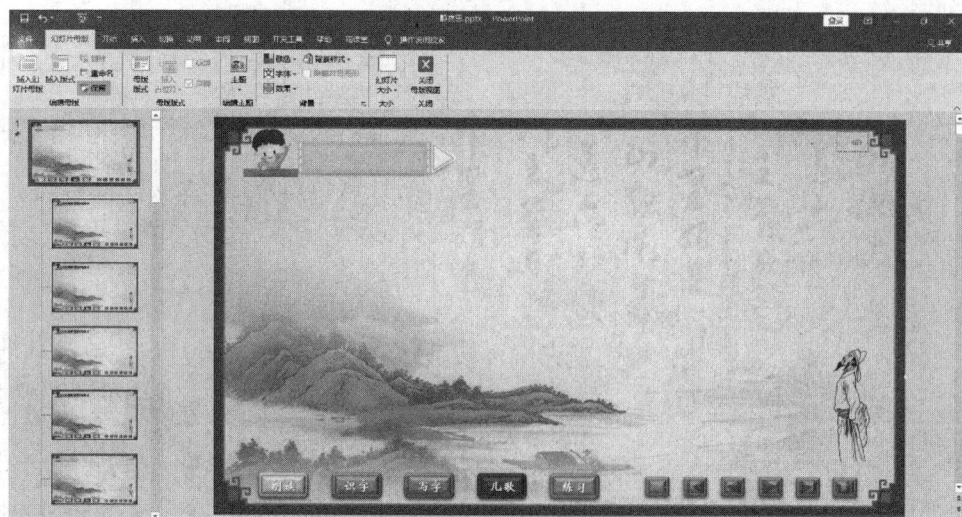

图 10-22 《静夜思》课件的母版

实训任务:

1.《一元一次方程》课件的母版设计制作,样例如图 10-23 所示。

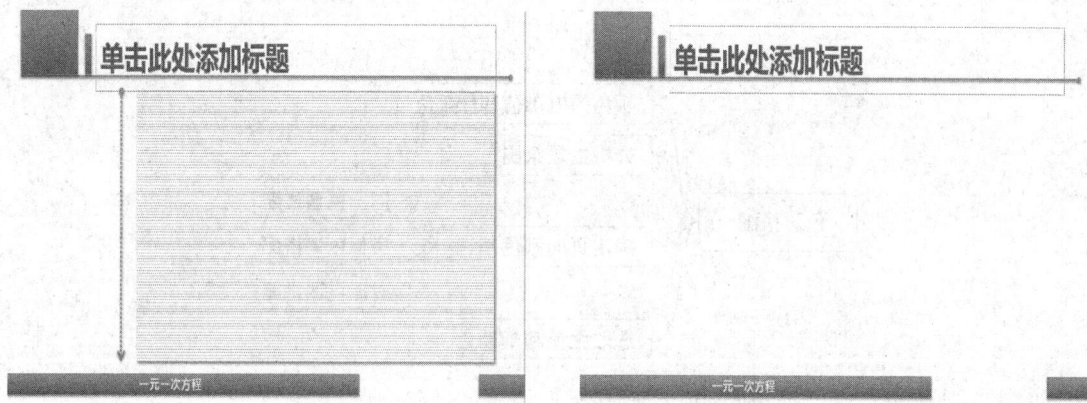

图 10-23 《一元一次方程》课件的母版

2.《有趣的颜色》课件的母版设计制作,样例如图 10-24 所示。

图 10-24 《有趣的颜色》课件的母版

任务二 色彩搭配

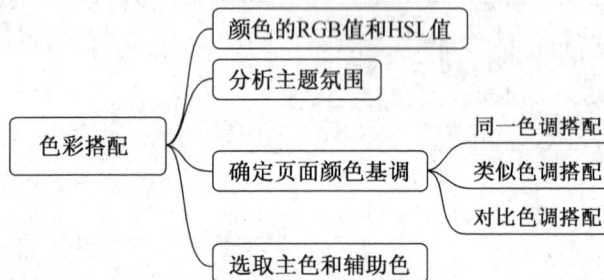

一、颜色的 RGB 值和 HSL 值

在颜色的表达中,三原色英文表示就是 R(red)、G(green)、B(blue)。图像中每一个像素的 RGB 分量分配一个 0～255 范围内的强度值,如图 10-25 所示。

例如,纯红色 R 值为 255,G 值为 0,B 值为 0;灰色的 R、G、B 三个值相等(除了 0 和 255);白色的 R、G、B 都为 255;黑色的 R、G、B 都为 0。

RGB 图像只使用三种颜色,就可以使它们按照不同的比例混合,在屏幕上重现 16777216种颜色。修改 R 值、G 值、B 值就可以更改颜色的呈现。

除了 RGB,还有一种 HSL 颜色模式。

H 表示色调(hue)。S 表示饱和度(saturation),即鲜艳程度。值为百分比,范围从 0～100%。0%表示灰度,没有颜色;100%最鲜艳。L 表示颜色的明亮度(lightness)。

我们手动进行 PPT 配色,就是通过调整 PPT 各个部分的 RGB 或是 HSL 来实现的。

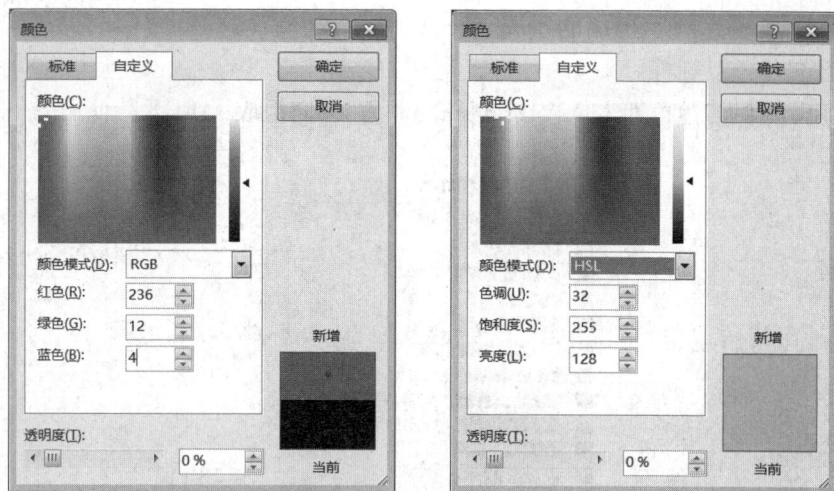

图 10－25 颜色的自定义

二、分析主题氛围

分析主题氛围的目的是确定描绘该主题可以用什么颜色。因为有时候为了描绘某个主题，光用 PPT 自带配色方案和 VI 颜色会不够或者不恰当，这个时候可以用分析出的颜色作为补充。这里面会涉及一个知识——每种颜色都有自己的气质，如图 10－26 所示。

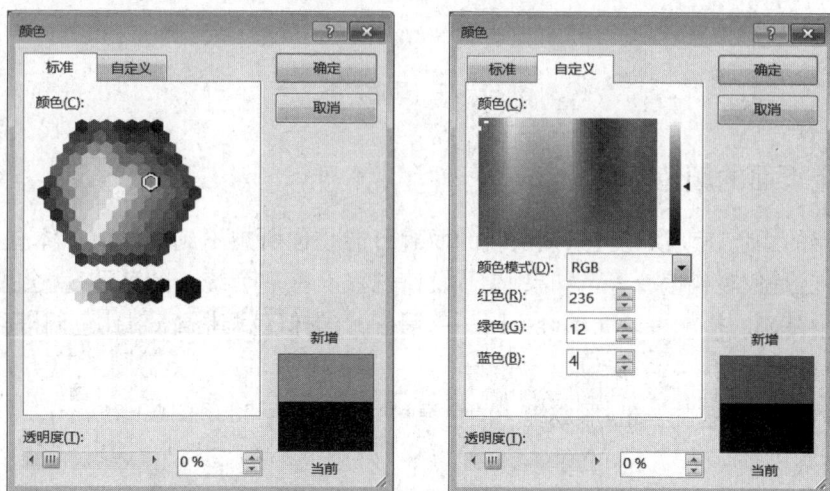

图 10－26 PPT 中的颜色定义

大家需要掌握 6 种基本的颜色，分别是红色、橙色、黄色、绿色、蓝色、紫色。

红色可以表达的含义有：女性、力量、喜庆、美食、奢华、历史、嫁娶、危险……

橙色可以表达的含义有：秋天、美食、甜味、能量、家庭、卡通、促销……

黄色可以表达的含义有：童趣、活泼、炎热、美食、甜味、文艺、醒目、促销……

绿色可以表达的含义有：自然、环保、卫生、健康、青春、朴素、宁静……

蓝色可以表达的含义有：世界、宇宙、科技、医学、干净、水、寒冷、商业……

紫色可以表达的含义有：女性、优雅、梦幻……

比如我们为了表达新年祝福的氛围,就可以使用"红色",比如我们为了表达商业数据报告,就可以使用"蓝色",等等。

主题氛围分析出的颜色加上从 VI 上获取的颜色,共同组成了 PPT 待使用的备选色,如图 10-27 所示。

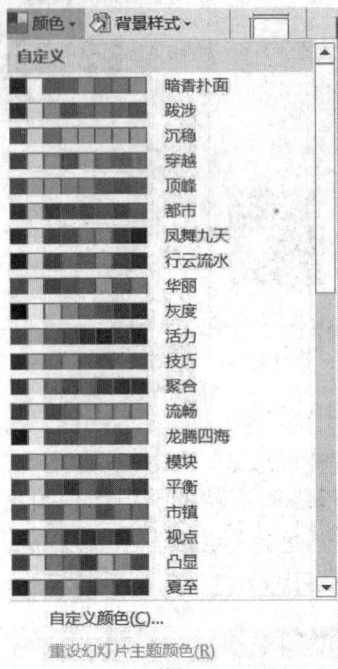

图 10-27 配色方案

三、确定页面的颜色基调

相同色相的颜色在变淡、变深、变灰时的面貌可能是你所想不到的。但总体有一种色调,是偏蓝或偏红,是偏暖或偏冷等。如果 PPT 设计过程没有一个统一的色调,就会显得杂乱无章。以色调为基础的搭配可以简单分为同一色调搭配、类似色调搭配、对比色调搭配。

1. 同一色调搭配

将相同的色调搭配在一起,形成统一的色调群,如图 10-28、图 10-29 所示。

图 10 - 28　同色系配色 PPT1

图 10 - 29　同色系配色 PPT2

2. 类似色调搭配

以色调配置中相邻或相接近的两个或两个以上的色调搭配在一起的配色。类似色调的特征在于色调与色调之间微小的差异,较同一色调有变化,不易产生呆滞感,如图 10 - 30、图 10 - 31 所示。

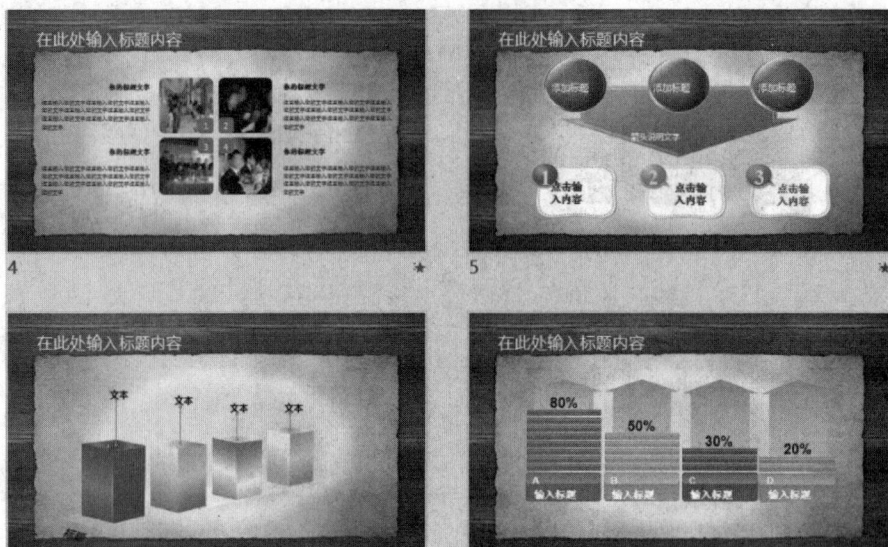

图 10-30 类似色配色 PPT1

图 10-31 类似色配色 PPT2

3. 对比色调搭配

相隔较远的两个或两个以上的色调搭配在一起的配色方案,对比色调因色彩的特性差异,造成鲜明的视觉对比,有一种相映或相拒的力量使之平衡,因而产生对比调和感,如图 10-32、图 10-33 所示。

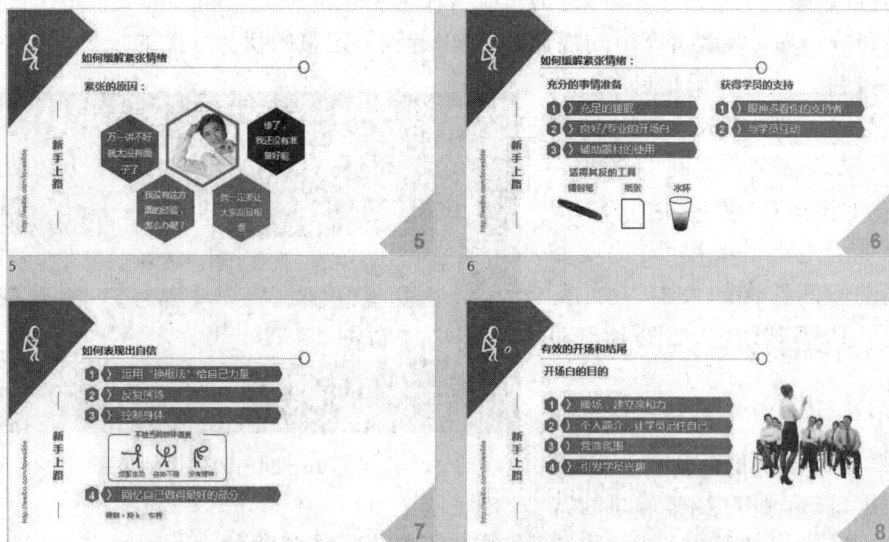

图 10-32　对比色配色 PPT1

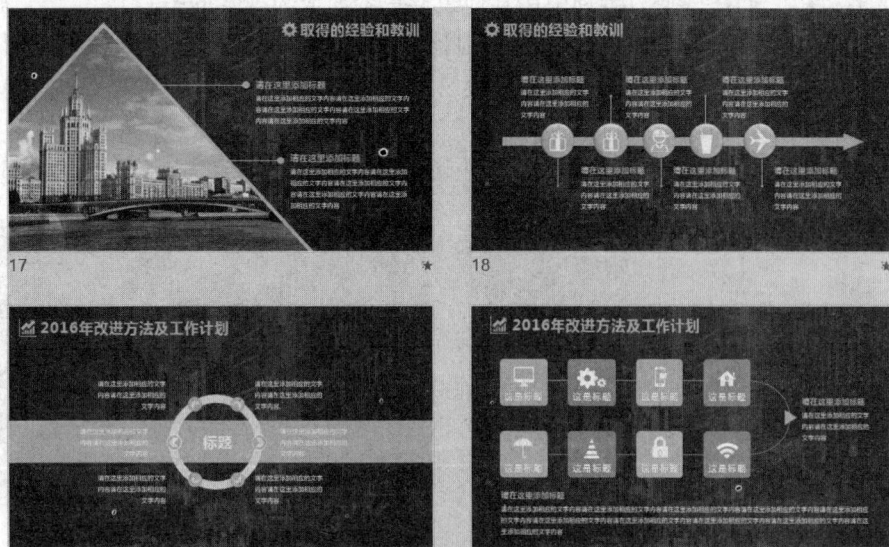

图 10-33　对比色配色 PPT2

四、选取主色和辅助色

PPT 中的色彩主要有 4 种：字体色、背景色、主色和辅助色。

字体色：通常为灰色和黑色，如果是黑色背景，字体色也有可能是白色。

背景色：通常为白色和浅灰色，一些发布会喜欢用黑色。

主色：通常为主题色或者 logo 色，主题关于医疗可能是绿色；主题关于党建可能是红色。主色是视觉的冲击中心点、整个画面的重心点。它的明度、大小、饱和度都直接影响到辅助色的存在形式以及整体的视觉效果。

辅助色:考虑到主色过于单一,辅助色经常作为主色的补充,在整体的画面中平衡主色的冲击效果和减轻其对观看者产生的视觉疲劳度,起到一定量的视觉分散的效果。

值得强调的是,在 PPT 制作时两种或多种对比强烈的色彩为主色的同时,必须找到平衡它们之间关系的一种色彩,比如说黑色、灰色、白色等,但需要注意他们之间的亮度、对比度和具体占据的空间比例的大小,在此基础上再选择 PPT 辅助色,如图 10 - 34 所示。

在 PPT 配色中,无论什么色彩间的过渡,黑、灰、白都能起到很好的过渡作用。黑、白起到的大都是间断式

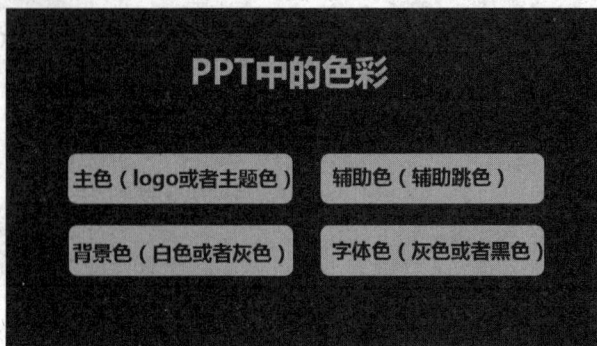

图 10 - 34　PPT 中的色彩

过渡,灰色则是比较平稳的过渡,但它们往往并不是最好的过渡色。在利用它们作为 PPT 辅助色的同时,不要忽略了它们的过于稳定性对整个画面所造成的影响。在运用黑、白的同时,由于它们的特性,它们在视觉的辨别中比其他色彩更容易成为视觉的中心。

其实简单来说,PPT 配色不外乎色彩的对比、色彩的辅助、色彩的平衡以及色彩的混合,但道理往往是很简单的,做起来就不是那么容易了,所以要多看、多练习。总之,色彩的纯度越低,运用的风格越文艺、温暖、清新、治愈。

下面我们来赏析一组精美配色案例,如图 10 - 35、图 10 - 36、图 10 - 37、图 10 - 38 所示。

图 10 - 35　"培训师成长手册"配色

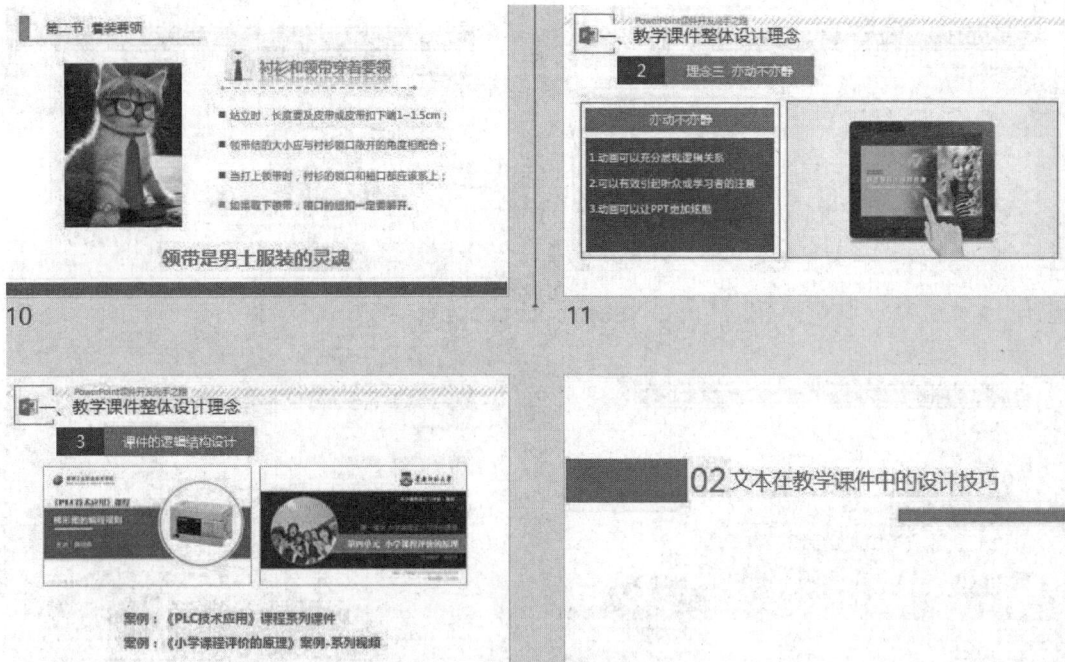

图 10-36 "教学设计模板"配色

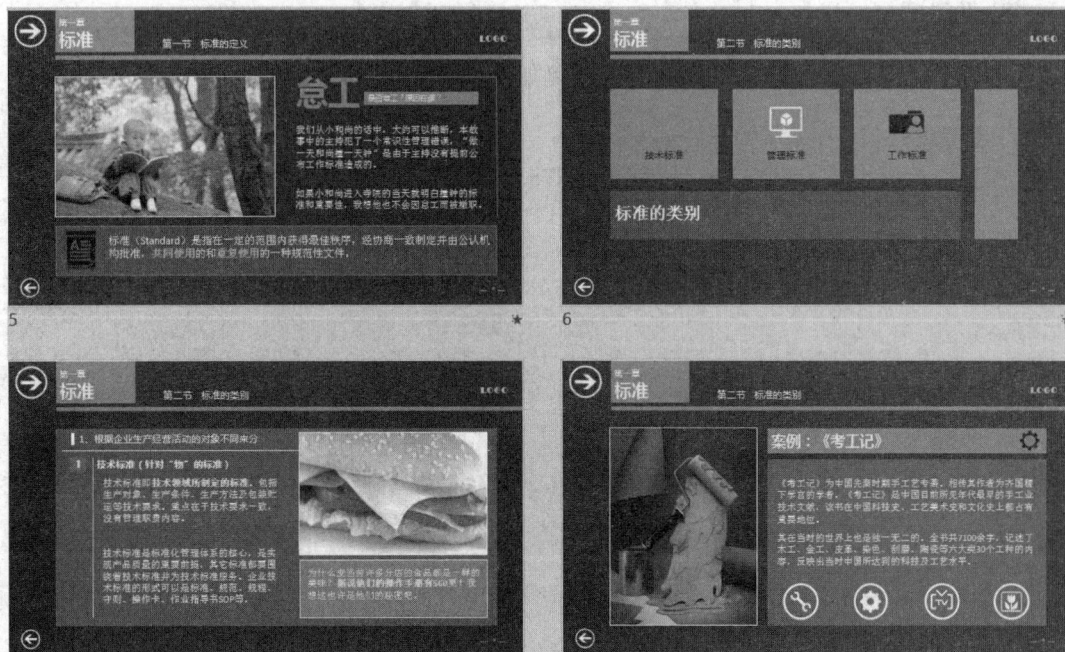

图 10-37 "员工培训"配色

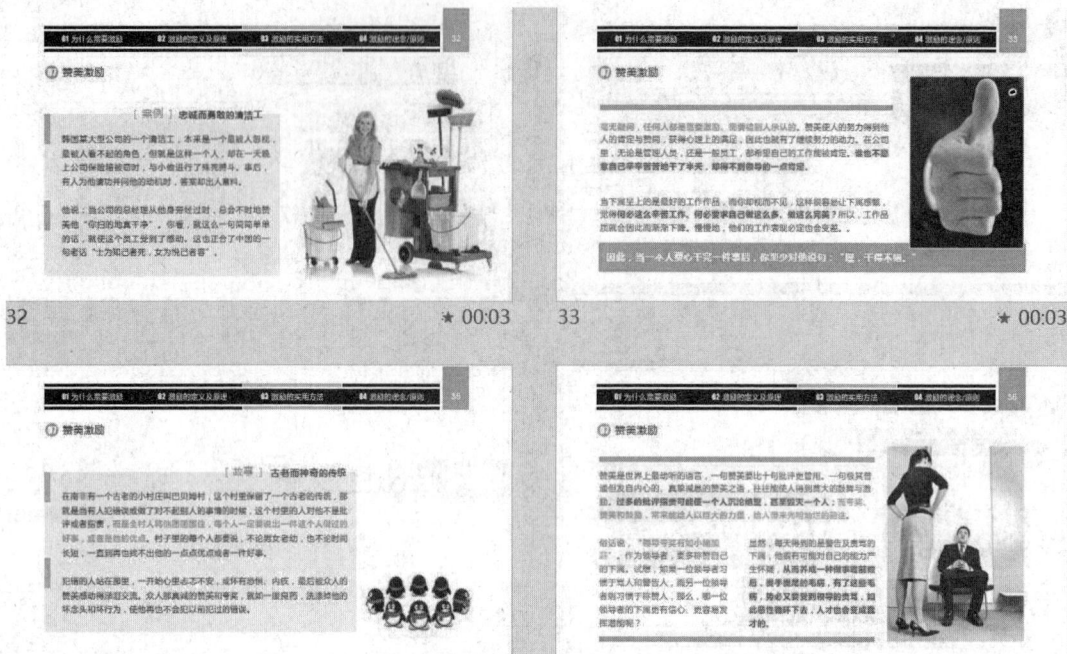

图 10 - 38　"激励机制"配色

实训任务:

1. 完成为《有趣的颜色》课件的配色,样例如图 10 - 39 所示。

图 10 - 39　《有趣的颜色》课件 PPT 配色

2. 完成课件《图形的拼组》的配色,样例如图 10 - 40 所示。

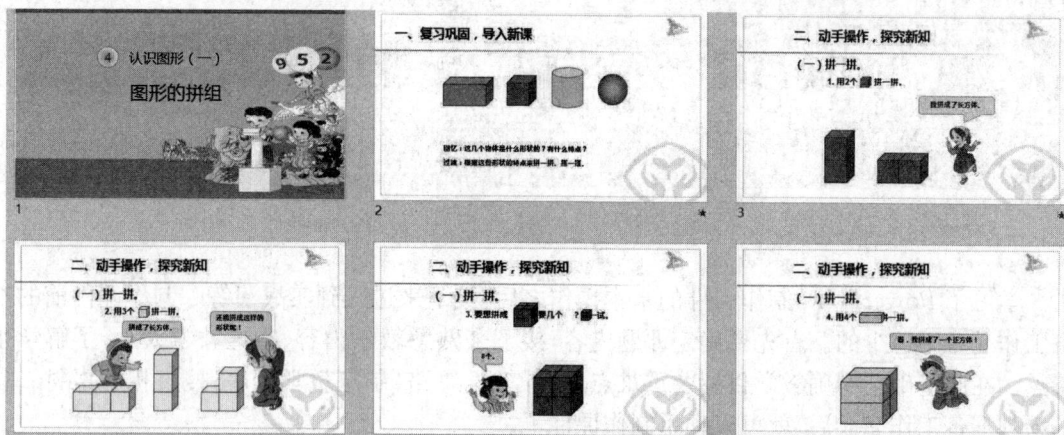

图 10 - 40　《图形的拼组》课件 PPT 配色

项目十一   学科教学课件设计

学习了 PowerPoint 制作课件的基本操作之后,接下来进入到实战演练。制作课件前的准备工作是必不可少的。首先要确定课题内容,接下来熟悉教学内容、吃透教学大纲,了解学生特点。在此基础上明确教学目标及重难点,设计教学思路,制定教学程序,搜集相关素材。这一系列准备工作完成后,就可以动手制作课件了。

任务一   幼儿园教学课件制作

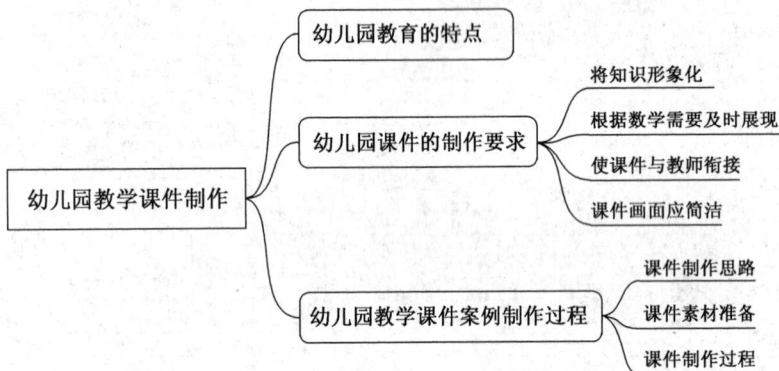

幼儿园教学课件制作
- 幼儿园教育的特点
- 幼儿园课件的制作要求
  - 将知识形象化
  - 根据教学需要及时展现
  - 使课件与教师衔接
  - 课件画面应简洁
- 幼儿园教学课件案例制作过程
  - 课件制作思路
  - 课件素材准备
  - 课件制作过程

幼儿园教育是基础教育的奠基阶段,对于幼儿的成长和发育具有重要意义,并为小学教育奠定良好的基础。通过使用幼儿园课件,可增加幼儿接触和学习知识的兴趣,培养幼儿的形象思维。本项目首先介绍幼儿园教育和幼儿园课件的相关知识,然后通过一个综合案例,介绍设计和制作幼儿园课件的方法。

一、幼儿园教育的特点

(1)活动性和经验性。在活动中的学习才有意义,在直接经验基础上的学习才能被理解。

(2)生活性。结合幼儿的生活,才容易被幼儿理解和接受。

(3)启蒙性。帮助幼儿认识周围的世界,开启智慧与心灵。

(4)趣味性。将有趣和有益作为内容选择和活动设计的原则。

(5)潜在性。体现在生活、游戏和其他活动,潜移默化地起作用。

二、幼儿园课件的制作要求

幼儿的认知活动受兴趣驱使,其认知过程是以形象思维为主的。在幼儿园教育活动中应用多媒体课件,以图片、声音、动画等方式激发幼儿的学习兴趣和形象思维,既增强了记忆,又带来了丰富的想象,充分调动了幼儿的积极性、主动性和创造性,有效弥补了以往幼儿园教育活动中的不足。

1. 将知识形象化

幼儿的知识经验少,思维形象单一,但想象力非常丰富,学习时需要适当的引导。因此,在制作幼儿园课件时,应使用图片、视频、动画等方式将知识形象化,架起幼儿思维与客观事物之间的桥梁。

2. 根据教学需要及时展现

幼儿的注意力容易转移,思维容易被打断。因此,在制作幼儿园课件时,应根据教学过程中各个具体环节的变化需要,将相关情节的场景或片段及时地展现在幼儿面前。

3. 使课件与教师衔接

在制作幼儿园课件时,应留有课件与教师的衔接接口,以便教师能够将教学过程中的各个环节紧紧相扣,使幼儿的注意力自然而然地从课件转移到教师身上。

4. 课件画面应简洁

过于绚丽的背景或热闹的场景,会分散幼儿的注意力,削弱活动主题和目标。因此,在制作幼儿园课件时,应尽量减少课件画面中与主题无关的事物,这样能更好地集中幼儿的注意力,突出主题。

三、幼儿园教学课件案例制作过程

本任务将以《安全"童"行》为例,进行幼儿园教学课件制作的示范和讲解。

《安全"童"行》活动设计方案

教学目标

1. 了解简单的消防安全知识。

2. 学习火灾中正确的自我保护方法,懂得如何预防火灾,在火灾中如何撤离、躲避、求救等多种自救方法。(教学重点)

3. 能正确拨打火警电话,面对火灾不慌张,积极动脑筋想办法,增强自我保护能力。(教学难点)

教学准备

1. 事先参观过消防队,消防员介绍了一些消防的粗浅知识。

2. 在父母带领下参观大型超市与商场,了解安全出口等相关的知识。

3. 火灾录像、烟雾发生器等。

4. 火灾发生后人们的行为及其后果的图片等。

教学过程

1. 出示谜语,激趣导入。

谜语:红彤彤,一大蓬,见风它就逞凶狂,无嘴能吃天下物,单怕雨水不怕风。(打一自然现

象,谜底:火)

师生开展猜谜活动,激发学生的学习兴趣。

2. 通过课件展示火灾图片,让幼儿认识什么是火灾。

3. 提问:消防员叔叔救火时会用上哪些东西?

通过展示课件中的消防器材图片,让幼儿了解和认识消防器材。

4. 出示各类消防安全标志图片。

提问:你们认识这些标志吗?

解释:消防安全标志是一种指示性标志,是由带由一定象征意义的图形、符号或者文字,并配以一定颜色所组成的。

讨论:说一说在哪里见过这些标志? 它们有什么作用?

总结:要爱护消防设施。

5. 提问:为什么会发生火灾?我们应该如何避免发生火灾呢?

演示课件,引导幼儿讨论发生火灾的原因有哪些。

小结:不要乱丢烟头;不随便燃放烟花;不乱接电线;不要在走廊、楼梯口堆放杂物;不能用取暖器烤衣物;外出要关闭家中所有开关等。

6. 提问:发生火灾怎么办?

提问:遇到火灾应该怎样拨打 119 电话?

教师带领幼儿模拟练习拨打 119 报警电话时,要求幼儿说明姓名、电话、着火地址。

7. 学习自救逃生的本领。

(1) 观看图片,通过实地演练,巩固幼儿逃生撤离的已有经验。

(2) 创设情境,引导幼儿了解无法撤离时,如何正确躲避火灾。

(3) 通过讲述故事,引导幼儿懂得发生火灾时,要沉着冷静、积极动脑筋想办法。

(4) 总结:要尽量蹲下,甚至匍匐前进;用湿毛巾捂住鼻子;寻找安全出口快速逃离。

教学延伸

1. 可以在幼儿园进行防火预演,让幼儿把学到的知识和方法再一次熟悉并运用。

2. 在幼儿园一些适宜的地方出示一些图示以提醒。

(一) 课件制作思路

1. 教材分析

"培养大班幼儿的自我保护意识,增强自我保护能力"是大班幼儿的社会安全教育的重要内容。火灾是幼儿生活中最常见的险情,且发生频率较高,让幼儿了解火灾中正确的自救方法是非常必要的,也是最有价值的。通过本课题的学习,让幼儿梳理已有的防火经验,建立初步的消防安全意识,培养幼儿对事物的判断力和用已有的生活经验解决问题的能力。

2. 学生分析

幼儿在日常生活中经常接触到火,大部分幼儿虽然知道火很危险,但遇到紧急情况时,应变能力、自我保护能力有限。如何预防火灾、面对火灾是这节课的重点,也是难点,教师在教学中要充分利用课件图片、游戏,注重幼儿的自我体验,提升幼儿的自我保护意识。

3. 教学设计思路

首先通过谜语导入此次课程"主角"——火,教师引导幼儿描述日常生活中有哪些常见的大火,为后面的学习做铺垫。通过"看一看"熟知消防器材及消防标志相关知识要点;"做一做"加强预防火灾、面对火灾这两个重难点的学习;"试一试"提升幼儿的自我保护意识。

4. 课件设计思路

课件的背景用孩子们喜欢的绿色卡通白云图片,可以吸引小朋友的注意力。课件的结构由"想一想""看一看""做一做""试一试"四大部分组成,结构清晰,课件运用图片、动画、触发器创设一个真实的生活情境,增强课件的感染力,激发幼儿们学习消防安全知识的兴趣和积极性。

(二) 课件素材准备

多媒体课件的制作离不开图像、声音、文字、影像、动画等素材,图像素材在多媒体课件制作中占有相当大的比重,图像素材的精美程度直接影响到多媒体课件的艺术效果,成功地采集图像素材可以为多媒体课件的制作打下坚实的基础。

1. 从网络上获取图像素材

网络是一个庞大的资源库,我们需要的图像素材好多都可以从网络上找到。目前使用较普遍的搜索引擎有百度和谷歌。

2. 使用"Print Screen"键进行屏幕抓图获取图像素材

其操作方法是:当需要的信息显示在当前屏幕上时,按下键盘上的"PrintScreen"键,屏幕信息就被保存到剪贴板中了,然后粘贴("Ctrl+V"快捷键)即可。

3. 利用手机或者数码相机的拍摄获取图像素材

现在智能手机基本上是属于每个人的必需品,它的拍摄功能也都越来越强大,平常用智能手机拍摄图片或视频就能满足获取素材的需求。当然这还需要掌握一定的拍摄技巧,尽量每个镜头、各种角度都多拍。拍摄镜头可选择半身镜、全景、近景、特写等;拍摄角度可选择平拍、俯拍、仰拍。

4. 通过绘画获取图像素材

(1) 利用 Windows 中的画图程序或者 Photoshop 绘制图像。但这种方法由于键盘、鼠标的操控性较差,绘画时难以像用笔在纸上画图一样轻松自如。

(2) 利用数位板绘制图像。数位板通常是由一块板子和一枝压感笔组成,它和手写板等非常规的输入产品相类似。数位板的绘画功能是键盘和手写板无法媲美的。

(三) 课件制作过程

本课件由封面页、目录页、过渡页、正文页、封底页共五部分组成。由于课件全部套用母版,所以制作流程的第一步,是制作幻灯片的三种母版。

1. 课件母版的制作

单击"视图"选项卡"母版视图"功能组中的"幻灯片母版"按钮,进入课件幻灯片的母版,通过设置背景样式、插入形状、插入图片、添加动画这一系列的操作,分别制作封面页和封底页的母版、过渡页的母版、内容页的母版。操作步骤如下:

步骤1:打开 PowerPoint 2016,在"视图"选项卡的"母版视图"组中,单击"幻灯片母版",进入幻灯片母版中,对其进行相应的设置。

步骤2:在幻灯片母版的左侧选中"标题幻灯片",在"幻灯片母版"选项卡的"背景"功能组中单击"背景样式"下拉按钮,在下拉列表中选择"设置背景格式",在弹出的对话框中对此母版的背景颜色进行相应的设置。

步骤3:在"插入"选项卡"插图"功能组中单击"形状"下拉按钮,在下拉列表中选择"任意多边形",对此母版的背景图片进行相应的设置。

步骤4:将插入的多边形的背景颜色设置为"白色",线条设置为"无线条"。

步骤5:选中已插入的不规则多边形,然后在绘图工具"格式"选项卡"插入形状"功能组中单击"编辑形状"下拉按钮,在下拉列表中选择"编辑顶点",然后按照设计课件的目标,对此不规则多边形的轮廓进行适当的调整。

步骤6:在"插入"选项卡"插图"功能组中单击"形状"下拉按钮,在下拉列表中选择"太阳形"。

步骤7:选中插入的"太阳形",单击鼠标右键,在弹出的快捷菜单中选中"设置形状格式",在页面右侧弹出的"设置形状格式"对话框中,设置"太阳形"的填充"颜色"为"红色","线条"为"无线条"。

步骤8:选中母版中已经插入的不规则白色多边形,单击鼠标右键,在弹出的快捷菜单中,单击"置于底层"下拉按钮,在下拉列表中选择"置于底层",将白色多边形移至此幻灯片页面的最底层。

步骤9:选中"太阳形"图形,在"动画"选项卡"动画"功能组中单击右侧下拉按钮,在"动画效果选项"下拉列表中选择"强调"类中的"陀螺旋"。

步骤10:在"动画"选项卡"高级动画"功能组中单击"动画窗格"按钮,在页面右侧弹出的"动画窗格"对话框中,单击"太阳形"下拉按钮,在下拉列表中选择"效果选项",在弹出的"陀螺旋"对话框中,设置"开始"为"与上一动画同时","期间"为"中速(2秒)","重复"为"直到幻灯片末尾"。

步骤11:在幻灯片母版页面的左侧选中"仅标题"版式,单击"幻灯片母版"选项卡的"背景"功能组中的"背景样式"下拉按钮,在下拉列表中选择"设置背景格式",在弹出的对话框中对此母版的背景颜色进行相应的设置。

步骤12:选中已设置好的"标题幻灯片"版式,选中"白色多边形"并单击鼠标右键,在弹出的快捷菜单中,单击"复制"。

步骤13:选中"仅标题"版式,在页面中单击鼠标右键,在弹出的快捷菜单中,单击"粘贴",将前面"标题幻灯片"版式中设置好的白色多边形复制到"仅标题"版式的页面中。

步骤14:选中母版中已经插入的不规则白色多边形,单击鼠标右键,在弹出的快捷菜单中,单击"置于底层"下拉按钮,在下拉列表中选择"置于底层",将白色多边形移至此幻灯片页面的最底层。

步骤15:在"插入"选项卡"图像"功能组中单击"图片",在弹出的"插入图片"对话框中,选中要插入的"消防员"图片,单击"插入"。

步骤16:按照上一步骤,再次插入"消防车"图片。

步骤17:选中"消防员"图片,在"动画"选项卡"动画"功能组中单击"飞入"动画效果,然后再单击"效果选项"按钮,在下拉列表中,选择"自左侧"动画效果。

步骤18:选中"消防车"图片,在"动画"选项卡"动画"功能组中单击"缩放"动画效果,然后再单击"添加动画"按钮,在下拉列表中选择"飞出"动画效果。

步骤19:将页面中"母版标题"文本框由页面顶端移至与消防车图片在同一水平线上,在

"动画"选项卡"动画"功能组中单击"擦除"动画效果,然后再单击"效果选项"按钮,在下拉列表中选择"自左侧"动画效果。

步骤20:在"动画"选项卡"高级动画"功能组中单击"动画窗格"按钮,在页面右侧弹出的对话框中选中消防员图片,在"计时"分组中设置"开始"为"与上一动画同时","持续时间"为"1秒"。

步骤21:按上一步骤的操作方法,依次对消防车的"缩放"动画进行设置,"开始"为"上一动画之后","持续时间"为"1秒"。对消防车的"飞出"动画设置其"开始"为"上一动画之后","持续时间"为"2秒"。对"标题"文本框的"擦除"动画设置其"开始"为"与上一动画同时","持续时间"为"1秒","延迟"为"0.75秒"。

步骤22:在幻灯片母版页面的左侧选中"空白"版式,按照之前的方法和步骤,设置"空白"版式幻灯片的背景颜色,插入白色多边形,并设置"填充"颜色为"白色","线条"为"无线条"。

步骤23:在"幻灯片母版"选项卡"关闭"功能组中单击"关闭母版视图"按钮,返回普通视图。

2. 课件过渡页的制作

步骤1:在"开始"选项卡"幻灯片"功能组中单击"新建幻灯片"按钮,在弹出的下拉列表中,分别单击"仅标题""空白"各6次。

步骤2:在幻灯片普通视图的左侧"幻灯片/大纲"窗格中,选中第2张幻灯片,在第2张的"幻灯片窗格"中,添加主题文本内容。

步骤3:按上一步骤的操作方法,依次对第4、6、8、10张幻灯片添加主题文本内容,并将它们的字体设置为"幼圆,54号"。

3. 课件内容页的制作

步骤1:在幻灯片普通视图的左侧"幻灯片/大纲"窗格中,选中第3张幻灯片,然后在"插入"选项卡"图像"功能组中单击"图片"按钮,在弹出的下拉列表中,单击"插入图片来自此设备",在弹出"插入图片"对话框的地址栏中输入图片地址,找到要插入的图片,然后单击"插入"按钮。

步骤2:用鼠标左键单击已插入的"大火"图片,在图片工具"格式"选项卡"大小"功能组中单击"裁剪"按钮,在弹出的下拉列表中单击"裁剪为形状"→"椭圆"。

步骤3:将裁剪后的"大火"图片移至幻灯片页面的左侧适当位置后,在"插入"选项卡"文本"功能组中单击"艺术字"按钮,在弹出的下拉列表中单击"黑色"。

步骤4:按上一步骤的操作方法,插入两个艺术字文本框,并添加文本内容,上面文本框字体设置为"幼圆,60号,加粗",下面文本框字体设置为"幼圆,40号"。

步骤5:用鼠标左键单击"大火"图片,在"动画"选项卡"动画"功能组中,单击"进入"类动画效果中的"形状";再次用鼠标左键单击"大火"图片,在"动画"选项卡功能"动画"功能组中,单击"效果选项",在弹出的下拉列表中单击"放大"。

步骤6:用鼠标左键同时选中幻灯片页面的两个艺术字文本框,在"动画"选项卡"动画"功能组中,单击"进入"类动画效果中的"出现"。

步骤7:用鼠标左键单击"火灾"文本框,在"动画"选项卡"高级动画"功能组中单击"触发",在弹出的下拉列表中单击"通过单击"→"图片",设置此文本框通过用"大火"图片来产生触发器效果。

步骤8：按上一步骤的操作方法，再次对另一个文本框设置同样的触发器效果。

步骤9：在幻灯片普通视图的左侧"幻灯片/大纲"窗格中，选中第5张幻灯片，然后在"插入"选项卡"图像"功能组中单击"图片"按钮，在弹出的下拉列表中，单击"插入图片来自此设备"，在弹出的"插入图片"对话框的地址栏中输入图片地址，找到要插入的图片并全部选中，然后单击"插入"按钮。

步骤10：在第5张幻灯片中，选中已经插入的"灭火器"图片，在图片工具"格式"选项卡"调整"功能组中单击"颜色"按钮，在弹出的下拉列表中，单击"设置透明色"，此时鼠标箭头呈"笔"状，单击"灭火器"图片的白色背景。按照此方法，依次删除掉四张图片的白色背景。

步骤11：在"插入"选项卡"文本"功能组中单击"艺术字"按钮，在弹出的下拉列表中，单击"黑色"，依次插入四个艺术字文本框，添加相应的文本内容，并设置字体为"幼圆、24、加粗"。

步骤12：用鼠标左键同时选中幻灯片页面的四张图片，在"动画"选项卡"动画"功能组中，单击"进入"类动画效果中的"形状"。再次用鼠标左键同时选中四张图片，在"动画"选项卡"动画"功能组中，单击"效果选项"，在弹出的下拉列表中，单击"放大"。

步骤13：用鼠标左键同时选中幻灯片页面的四个艺术字文本框，在"动画"选项卡"动画"功能组中，单击"进入"类动画效果中的"出现"。

步骤14：用鼠标左键单击"灭火器"文本框，在"动画"选项卡"高级动画"功能组中，单击"触发"，在弹出的下拉列表中，单击"通过单击"→"灭火器图片"，设置此文本框通过用"灭火器"图片来产生触发器效果。

步骤15：按上一步骤的操作方法，依次对另外三个文本框设置同样的触发器效果。

步骤16：按照第5张幻灯片的制作方法，在第7张幻灯片中，同样插入6张图片、6个艺术字文本框（6个文本框中字体格式为"幼圆，24，加粗"）。6张图片的动画效果为"进入"类的"形状"（放大效果），6个艺术字文本框的动画效果为"进入"类的"出现"。并且设置每张图片触发其对应艺术字的触发器效果。

步骤17：选中第9张幻灯片，在"开始"选项卡"幻灯片"功能组中，单击"新建幻灯片"，在弹出的下拉列表中，单击"空白"，在第9张幻灯片后面新建一张"空白"版式的幻灯片。

步骤18：按照前面介绍的方法，在第9张、第10张幻灯片中分别各插入3张图片、3个艺术字文本框（文本框中字体格式为"幼圆，24，加粗"）。每张图片的动画效果为"进入"类的"形状"（放大效果），每个艺术字文本框的动画效果为"进入"类的"出现"。并且设置每张图片触发其对应艺术字的触发器效果。

步骤19：按照前面介绍的制作第3张幻灯片的方法，选中第12张幻灯片，然后在"插入"选项卡"图像"功能组中单击"图片"按钮，在弹出的下拉列表中，单击"插入图片来自此设备"，在弹出"插入图片"对话框的地址栏中输入图片地址，找到要插入的"火警电话"图片，然后单击"插入"按钮。

在"插入"选项卡"文本"功能组中单击"艺术字"按钮，在弹出的下拉列表中，单击"黑色"，依次插入2个艺术字文本框，添加相应的文本内容，并设置字体为"幼圆，24，加粗"。

步骤20：用鼠标左键单击"报火警电话：119"文本框，在"动画"选项卡"高级动画"功能组中单击"触发"，在弹出的下拉列表中，单击"通过单击"→"图片"，设置此文本框通过用"火警电话"图片来产生触发器效果。按同样的方法对另外一个文本框设置触发器效果。

步骤 21：选中第 14 张幻灯片，在"开始"选项卡"幻灯片"功能组中，单击"新建幻灯片"，在弹出的下拉列表中单击"空白"，在第 14 张幻灯片后面新建一张"空白"版式的幻灯片。

步骤 22：按照前面介绍的方法，在第 14 张、第 15 张幻灯片中分别各插入 3 张图片、3 个艺术字文本框（文本框中字体格式为"幼圆，24，加粗"）。每张图片的动画效果为"进入"类的"形状"（放大效果），每个艺术字文本框的动画效果为"进入"类的"出现"。并且设置每张图片触发其对应艺术字的触发器效果。

步骤 23：待课件的过渡页、内容页都完成后，在第一个过渡页前插入一个没有任何母版版式的幻灯片，然后按照前面介绍的方法、步骤，设置页面的背景颜色，并插入一个椭圆的形状：填充色是"白色"，透明度"63%"。然后再插入艺术字，内容文本添加为一个谜语。

步骤 24：在页面左侧插入"小花"图片，右侧插入"疑问的小孩"动图，然后在小孩上方插入一个"云朵"标注（"绿色"），标注内文字是"火"（"幼圆，72，红色"）。设置"谜语"文本框的动画效果为"浮入（上浮）"，"云朵"标注动画效果为"形状（放大）"，并设置触发此标注的触发器是"谜语"文本框。

4. 课件封面页的制作

步骤 1：在幻灯片普通视图的左侧"幻灯片/大纲"窗格中，选中第 1 张幻灯片，按照前面介绍的插入图片的方法，在第 1 张幻灯片中依次插入"草地""燃烧的大火（动图）""房子""逃跑的小朋友""灭火的消防员"5 张图片，并将这些图片的白色背景删除掉。

步骤 2：按照前面介绍的设置动画效果的方法，依次设置"草地"和"房子"图片的动画效果为"进入"类的"浮入"效果，效果选项为"上浮"。

设置"燃烧的大火（动图）"的动画效果为"进入"类的"形状"效果，效果选项为"放大"。

设置"快跑的小朋友"图片的动画效果为"进入"类的"淡化"效果，然后选中此图片，在"动画"选项卡"高级动画"功能组中单击"添加动画"，在弹出的下拉列表中选中"动作路径"类的"直线"动画效果。

设置"灭火的消防员"图片的动画效果为"进入"类的"飞入"效果，效果选项为"自左侧"。

步骤 3：同时选中第 1 张幻灯片页面中的"标题"和"副标题"文本框，单击鼠标右键，在弹出的快捷菜单中，单击"置于顶层"→"置于顶层"。

步骤 4：在"标题"文本框中添加文本：安全"童"行。字体格式为"幼圆，80，加粗"。

在"副标题"文本框中添加文本"主讲人＊＊＊"，字体格式为"幼圆，48，加粗"。

按照前面介绍的插入艺术字的方法，在第 1 张幻灯片中插入艺术字，并添加文本"大班社会活动"，字体格式为"幼圆，48，加粗"。

将这三个文本框移至适当位置。

步骤 5：将第 1 张幻灯片页面中的 3 个文本框，动画效果全部设置为"进入"类的"浮入"效果，效果选项为"下浮"。

步骤 6：在"动画"选项卡"高级动画"功能组中单击"动画窗格"，在页面右侧弹出的"动画窗格"对话框中，对此页面的 5 张图片和 3 个文本框进行"计时"效果的设置。

"草地"和"房子"图片的"开始"都设置为"与上一动画同时"，其他的 3 张图片和 3 个文本框，"开始"都设置为"上一动画之后"。

所有的图片和文本框的"持续时间"均设置为"1.5 秒"。

5. 课件封底页的制作

步骤1：选中第15张幻灯片，在"开始"选项卡"幻灯片"功能组中，单击"新建幻灯片"，在弹出的下拉列表中，单击"标题幻灯片"，在第15张幻灯片后面新建一张"标题幻灯片"版式的幻灯片。

按照前面介绍的插入图片的方法，在第16张幻灯片中插入"彩虹""草地""牵手小朋友"3张图片。依次选中已经插入的3张图片，在图片工具"格式"选项卡"调整"功能组中单击"颜色"按钮，在弹出的下拉列表中，单击"设置透明色"，此时鼠标箭头呈"笔"状，单击图片的白色背景，删除图片的白色背景，并将3张图片调整合适的大小，移至合适的位置。

步骤2：用鼠标左键单击第16张幻灯片的副标题文本框，选中此文本框按"Delete"键将它删除。选中标题文本框，添加"祝小朋友们安全健康成长，再见！"文本内容，并设置其字体格式为"幼圆、48、加粗"。选中此文本框，单击鼠标右键，在弹出的快捷菜单中，单击"置于顶层"→"置于顶层"。

步骤3：选中"彩虹"图片，在"动画"选项卡"动画"功能组中，单击"进入"类动画效果中的"擦除"，然后在"动画"选项卡"动画"功能组中单击"效果选项"，在弹出的下拉列表中选中"自左侧"。

步骤4：按照上一步骤的操作方法，依次设置"草地"图片的动画效果为"进入"类的"浮入"效果，效果选项为"上浮"。设置"小朋友牵手"图片的动画效果为"进入"类的"飞入"效果，效果选项为"自左侧"。

步骤5：选中文本框，按照上一步骤的操作方法，设置文本框的动画效果为"进入"类的"飞入"效果，效果选项为"自右侧"。

步骤4：在"动画"选项卡"高级动画"功能组中，单击"动画窗格"，在页面右侧弹出的"动画窗格"对话框中，对此页面的3张图片和1个文本框进行"计时"效果的设置。

"彩虹"图片和"草地"图片的"开始"设置为"与上一动画同时"，"持续时间"设置为"1秒"；"小朋友牵手"图片的"开始"设置为"上一动画之后"，"持续时间"设置为"1.5秒"；文本框的"开始"设置为"与上一动画同时"，"持续时间"设置为"1.5秒"。

6. 课件目录页的制作

步骤1：在第1张幻灯片之后，新建一个"节标题"版式的幻灯片。将页面中2个文本框选中删除，然后在"幻灯片母版"选项卡的"背景"功能组中单击"背景样式"下拉按钮，在下拉列表中选择"设置背景格式"，在弹出的对话框中对此母版的背景颜色进行相应的设置（黄色）。

步骤2：选中已经设置好背景颜色的第2张幻灯片，在"插入"选项卡"插图"功能组中，单击"SmartArt"，在弹出的"选择SmartArt图形"对话框中，选中"垂直曲形列表"，单击"确定"按钮，插入SmartArt图形。

步骤3：选中已插入的SmartArt图形中任意一个文本框，在SmartArt工具"设计"选项卡"创建图形"功能组中单击"添加形状"，在弹出的下拉列表中选中"在后面添加形状"。

步骤4：选中已插入的SmartArt图形，在SmartArt工具"设计"选项卡"SmartArt样式"功能组中单击"更改颜色"，在弹出的下拉列表中选中"彩色范围—个性色5至6"。

步骤5：在SmartArt图形中，选中圆形框，在SmartArt工具"格式"选项卡"形状样式"功能组中单击"形状填充"，在弹出的下拉列表中单击"图片"。

步骤6：在弹出的"插入图片"对话框中单击"从文件浏览"，在弹出的"插入图片"对话框中输入图片地址,选中要插入的图片,单击"插入"按钮,依次插入 4 个消防员的卡通图片。

步骤 7:按照前面介绍的插入艺术字的方法,在第 2 张幻灯片中插入艺术字,添加"目录"文本内容,并将它调整为竖排。"目录"字体格式为"幼圆,88,白色,加粗"。SmartArt 图形中 4 个文本框字体格式为"幼圆,54,白色,加粗"。

步骤 8:在 SmartArt 图形中,选中第一个文本框,单击鼠标右键,在弹出的快捷菜单中单击"超链接",然后弹出一个"插入超链接"对话框,在对话框中单击"链接到:本文档中的位置",在右边选择框内选中对应的第 3 张幻灯片,单击"确定"。

步骤 9:按照上述方法,依次将另外 3 个文本框都设置相对应的超链接幻灯片。

步骤 10:将第 2 张幻灯片的"目录"文本框、SmartArt 图形均设置"动画效果"为"擦除","效果选项"为"自左侧"。其中,SmartArt 图形的"效果选项"中"序列"为"逐个"。

"目录"文本框的计时"开始"设置为"与上一动画同时","持续时间"设置为"1 秒"。SmartArt 图形的计时"开始"设置为"上一动画之后","持续时间"设置为"1 秒"。

7. 课件母版中动作按钮的制作

步骤 1:在"视图"选项卡的"母版视图"功能组中单击"幻灯片母版",进入幻灯片母版中,选中"仅标题"版式的母版,在"插入"选项卡"插图"功能组中单击"形状"按钮,在弹出的下拉列表中单击"动作按钮:空白"。

步骤 2:在"仅标题"版式的幻灯片的右下角,按住鼠标左键不动,拉出一个"长方形"的按钮,此时弹出"操作设置"对话框,在"单击鼠标"选项卡中,单击"超链接到",在弹出的下拉列表中选中"上一张幻灯片"。

步骤 3:按照上一步骤的方法,再依次插入三个动作按钮。左边按钮设置超链接到"第 2 张幻灯片",右边幻灯片设置超链接到"结束放映",下面的按钮设置超链接到"下一张幻灯片"。

步骤 4:选中上面动作按钮,单击鼠标右键,在弹出的快捷菜单中单击"编辑文字",在按钮中添加字"前"。按照此方法,依次在另外三个动作按钮中添加文字"目录""后""结束"。

步骤 5:选中"前"动作按钮,在绘图工具"格式"选项卡"插入形状"功能组中,单击"编辑形状",在弹出的下拉列表中,单击"更改形状",依次将 4 个动作按钮的形状进行适当的调整。

在绘图工具"格式"选项卡"形状样式"功能组中单击"形状填充",在弹出的下拉列表中选中颜色"黄色"。

按照此方法依次将 4 个动作按钮的形状、填充颜色进行适当的调整。

步骤 6:同时选中这 4 个动作按钮,复制到"空白"版式的页面中。然后在"幻灯片母版"选项卡"关闭"功能组中单击"关闭母版视图"命令按钮,返回普通视图,保存演示文稿。

实训任务:

根据提供的素材,制作幼儿园课件《有趣的颜色》,样例如图 11-1 所示。

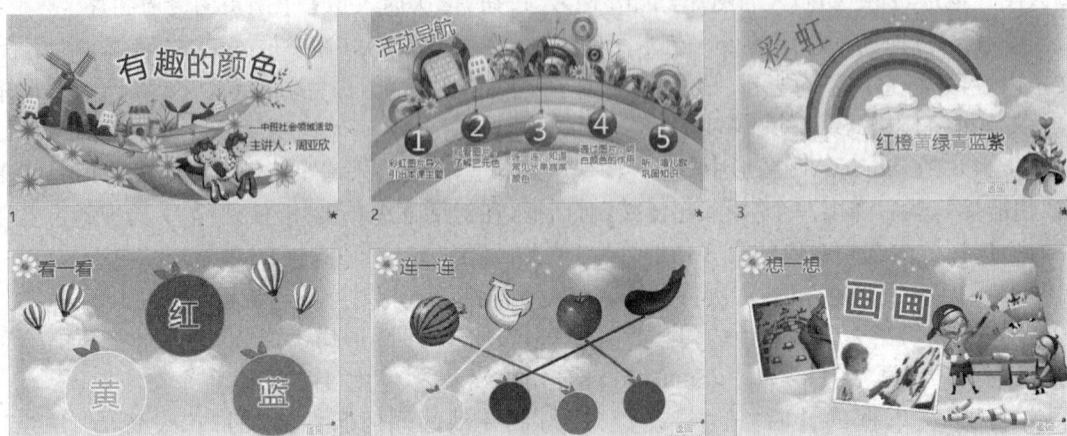

图 11-1 《有趣的颜色》参照图

任务二　小学教学课件案例

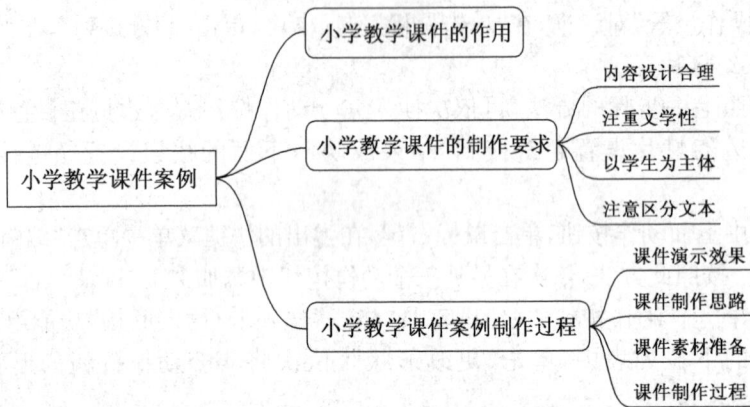

　　小学教学一般分低、中、高 3 个阶段,每个阶段教学内容的侧重点各不相同。在教学过程中应注意将语言文字与情感熏陶相结合、语言发展和思维发展相结合、教师指导与自主学习相结合、课内和课外相结合,以提高教学质量。

一、小学教学课件的作用

　　在小学教学中,使用多媒体课件可以创设图文并茂、动静结合、生动活泼的教学情境,从而有利于小学生集中注意力,理解学习内容,并引导学生积极思考。具有交互功能的多媒体课件可以充分调动小学生学习课堂知识的积极性,从而提高教学效果。

二、小学教学课件的制作要求

　　在设计和制作小学教学课件时,应注意使课件符合以下要求。

（1）内容设计合理。小学语文课件的内容应具有互动性和扩展性，不能使课件成为课本和板书的替代品。

（2）注重文学性。小学语文课件的内容应注重文学性，避免使用大量花哨的素材，以至于舍本逐末。

（3）以学生为主体。应注意课堂的主体是学生，课堂教学不仅仅是放映课件，还应注重培养学生的听、读、说、写能力。

（4）注意区分文体。为不同文体的文章制作课件的侧重点应有所不同，不能千篇一律。例如，为记叙文制作课件时，应根据写作背景进行配色和配图；为议论文和说明文制作课件时，应突出显示各要素。

三、小学教学课件案例制作过程

小学语文是基础教育的核心学科，是学习其他学科的基础。优质的小学语文课件可为学生创设良好的学习情境，充分调动学生的学习兴趣和积极性。本任务将以人教部编版小学语文课文《卖木雕的少年》为例，进行小学教学课件制作的示范和讲解。

《卖木雕的少年》教学设计

【设计理念】

"阅读教学是学生、教师、文本之间的对话。"以读为本，激发兴趣，引导学生主动学习，使学生真正成为课堂学习的主体。

【设计特色】

创设情境，诱发参与；读中悟情，合作学习；盘活课堂，落实主体。

【教学目标】

1. 会认 11 个生字，会写 14 个生字。正确读写"游览、工艺品、名不虚传、游人如织、壮观、出售、摊点、陈列、构思、五官端正、观赏、清晰可辨、掏钱、即将、流露、一模一样、付钱、标准"等词语。

2. 正确、流利、有感情地朗读课文。积累词语。

3. 学习通过人物的言行体会人物的内心活动，感受卖木雕的少年对中国人民的友好感情，继而让学生感受爱是相互的，正因为中国人对非洲人的友好，所以非洲少年把我们当朋友。

【教学重难点】

1. 了解非洲人民同中国人民的友谊；

2. 通过人物的动作和语言揣摩人物内心活动；

3. 积累一些四字词组，并学会恰当地运用。

【教学时数】2 课时。

【教学准备】PPT 课件，学生预习并查阅相关资料。

【教学方法】自主探究、读中体会。

【教学过程】

（一）情境导入，激发兴趣

1. 出示世界地图，介绍非洲，相机出示智力题：这里的什么瀑布是世界三大瀑布之一。

2. 播放莫西奥图尼亚瀑布风光图片，配乐介绍。引导学生读 P112 第二自然段，要求找出形容瀑布的词语。

3. 导入故事:在这个大瀑布的不远处,有许多出售木雕工艺品的人,下面让我们来结识一位卖木雕的少年。

4. 学生抢答,并根据课前预习介绍莫西奥图尼亚大瀑布。

5. 欣赏莫西奥图尼亚瀑布风光,感受美丽风景。学生看后找词:"名不虚传""十分壮观"。

6. 学生齐读课题。

(二) 朗读课文,学习字词

1. 提出初读课文的要求:读准字词句,了解课文讲了一件什么事。

2. 出示词语,请学生认读。

3. 请学生交流读懂的词义。鼓励学生课前预习了解词义。

4. 请学生叙述课文主要内容。

5. 学生选择自己喜欢的方式读课文,按要求自主学习。

6. 学生自读,当小老师带读。

7. 学生交流读懂的词义,不懂的做好记号。

8. 学生齐读词语。

9. 学生叙述课文讲了一件什么事。鼓励学生自己查工具书去解决生字新词,在阅读实践中培养学生的探究能力。

(三) 引领学习("买木雕")

1. 根据学生叙述,提出思考:"我"为什么特别想买木雕? 要求学生再读课文(3~4 自然段)。

2. 根据学生汇报,出示:"摊点里陈列的木雕琳琅满目,各式各样。""这些坐凳构思新颖,大象雕得栩栩如生。"两个句子。

3. 鼓励学生找出形容木雕给"我"留下了怎样的印象的词语。

4. 突出显示这些词语,出示木雕的图片。

5. 指导朗读。

6. 出示填空。

7. 学生再读思考。

8. 学生汇报。

9. 学生找出木雕给"我"留下的印象,画出来。("琳琅满目""各式各样""构思新颖""栩栩如生")

10. 学生观看木雕图,理解这些词语。

11. 学生填空:大瀑布真是( )。这里( ),景色( )。摊点里陈列的木雕( ),( )。其中象墩( ),大象雕得( ),我一看就( )。

(四) 自主探究,读中悟情("弃木雕""赠木雕")

1. 指导学生再读(5~14 自然段),想卖木雕的少年是怎样的人。画出描写少年的言行、神情的语句。

2. 组织学生汇报。

A. 那少年走到我眼前,诚恳地说:"夫人,您买一个吧。"(真诚)

B. 您是中国人吧? 那少年望着我,猜测道。

C. 少年的眼睛里流露出一丝遗憾的神情。

D. "这个小,可以带上飞机。"少年将一件沉甸甸的东西送到我手里。

E.　少年连连摆手,用不太标准的中国话说:"不,不要钱。中国人是我们的朋友。"

F.　他笑了,露出了两排洁白的牙齿。

3. 请学生自由选择阅读的方式再读句子。

4. 组织交流阅读感受,相机引导想象他当时是怎样想的。相机板书:弃、赠。

5. 学生大声自由读课文,想少年的为人,并画出相关的句子反复读。

6. 学生自主选择自读、组中读、分角色读、默读等喜欢的方式,品读句子。

7. 学生朗读自己体会深刻的句子,交流读后感,发挥想象。

(五)拓展延伸

1. 训练写话:你想和他做朋友吗? 对他写几句话。

2. 鼓励探究,设疑引问:少年为什么说"中国人是我们的朋友"? 查阅相关资料下节课汇报。

本课件实例使用 PowerPoint 2016 软件制作,通过图片、音频、动画等,让学生会认生字,理解新词,体会人物的内心活动,感受卖木雕的少年对中国人民的友谊。

本课件在制作过程中应用 PowerPoint 2016 软件知识如下:

插入文本和图片及文稿的基本编辑方法。

自选图形和绘图工具栏的使用。

插入声音、视频和 flash 动画文件。

设计模板、母版和背景的设置。

设置动画效果和幻灯片切换效果。

建立超链接设置放映方式。

触发器的使用和制作。

(一)课件演示效果

(1)运行课件《卖木雕的少年》,显示封面如图 11 - 2 所示。

图 11 - 2　《卖木雕的少年》课件封面

（2）单击任意位置，显示目录页面如图 11-3 所示。

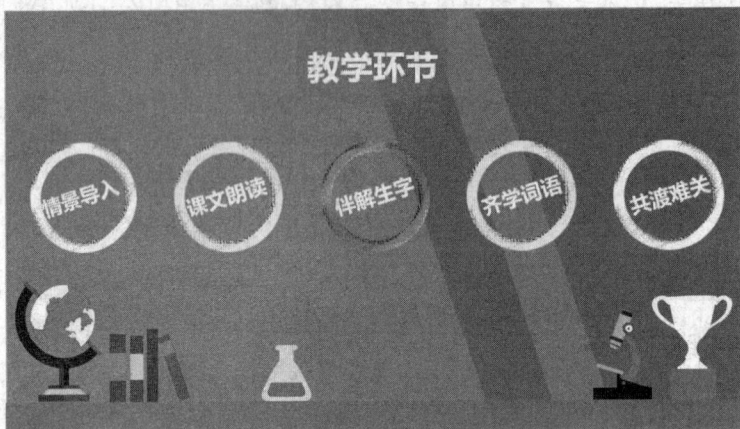

图 11-3　《卖木雕的少年》课件目录

（3）单击"情景导入"，课件进入"情景导入"页面，用两张幻灯片显示非洲风土人情和课文主要道具——非洲木雕的图片。

（4）单击"课文朗读"，课件进入"课文朗读"页面，用两张幻灯片显示课文内容，可通过按钮控制课文朗读，音乐开关控制背景音乐的播放。

（5）单击"伴解生字"，课件进入"伴解生字"页面，用七张幻灯片帮助学生学会本课部分生字。

（6）单击"齐学词语"，课件进入"齐学词语"页面，用四张幻灯片帮助学生积累本课部分词语。

（7）单击"共渡难关"，课件进入"共渡难关"页面，学生通过四张幻灯片的练习巩固学习。如图 11-4 所示。

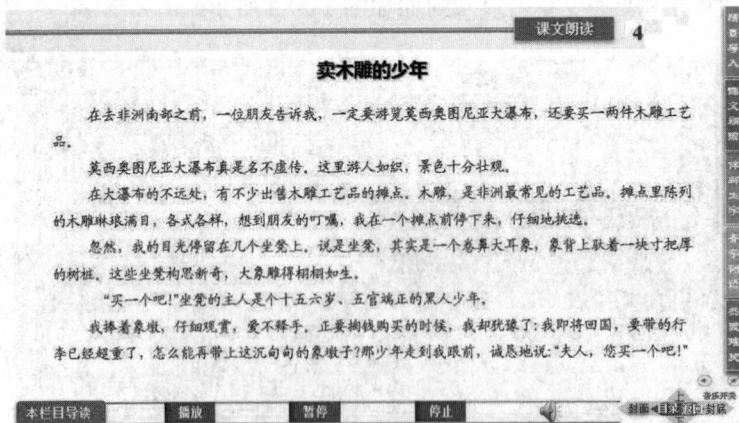

图 11-4　《卖木雕的少年》活动导航显示

（二）课件制作思路

1. 教学思路

利用本课件，激发学生的学习兴趣，引导学生主动学习，使学生真正成为课堂学习的主体。

2. 脚本设计及前期准备

本课件分为五个模块，根据本课件的实例，设计课件的整体结构图如图11-5所示。

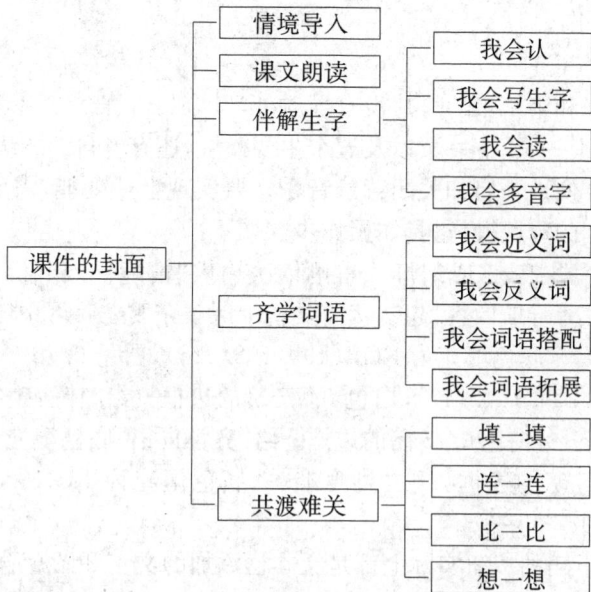

```
                            ┌─ 情境导入
                            │
                            ├─ 课文朗读       ┌─ 我会认
                            │                 │
                            ├─ 伴解生字 ──────┼─ 我会写生字
                            │                 ├─ 我会读
                            │                 └─ 我会多音字
                            │
            课件的封面 ──────┤                 ┌─ 我会近义词
                            │                 ├─ 我会反义词
                            ├─ 齐学词语 ──────┤
                            │                 ├─ 我会词语搭配
                            │                 └─ 我会词语拓展
                            │
                            │                 ┌─ 填一填
                            │                 ├─ 连一连
                            └─ 共渡难关 ──────┤
                                              ├─ 比一比
                                              └─ 想一想
```

图11-5 《卖木雕的少年》课件整体结构图

（三）课件素材准备

本课件声音文件和图片等都是从网上下载的，为了保证图片的质量，搜索时要加上"高清"关键字，打开图片后最好下载文件，通过插入图片文件方式获得图片素材，尽量不要使用"PrintScreen"键将屏幕直接拷贝复制，否则会降低图片素材的清晰度。"音乐开关"图片下载后通过PS软件进行简单处理。课文朗读的声音文件网上可供下载的资源很多，但要多加比较，既要保证音质，也要考虑文件不能太大以免影响课件的运行。

在此课件制作过程中，"我会写生字"子模块中的生字在制作时需要前期准备好有关汉字的SWF文档，这些文件需要用Flash Palyer 6.0以下版本发布，否则会出现"此文档包含嵌入内容可能对您的计算机有害，请从下列选项中选择一个"的提示信息，导致动画不能正常播放。

（四）课件制作过程

本课件的重点是利用PowerPoint 2016插入图片、文字、自定义动画、声音、触发器等，通过学习巩固PowerPoint 2016的知识，拓展使用PowerPoint 2016的使用思路。

1. 课件封面的制作

PPT的封面需要突出和体现主题，让使用者在打开的第一秒就能知道课件所要讲述的主题。

本课件的封面构成很简单，素材库中导入"大象""封面人1""封面人2""封面图1"等图片,利用形状工具画一个矩形相框,按照上图所示进行布局排列,矩形相框颜色 RGB 为"135,113,77",输入文本"卖木雕的少年",设置字体为"微软雅黑、44 磅",底色填充为 RGB(207.123.52)。以两个非洲乌木雕的大象图片作为主题图片,与课文主要道具象墩有一定的联系,利用了人物和教具,增加了画面的拓展感,使画面不至于太单调。构图以教室黑板、教师讲解的画面为主,更吸引学生的注意力。封面的色调决定了整个课件的色调,非洲大地及人民给人的感觉是淳朴厚重,茶色、褐色、橙色等比较符合这种感觉。

2. 课件母版的制作

(1) 导航的制作

本课件除了第一张和第二张幻灯片没有导航外,其余每一张幻灯片都能利用导航跳转到封面、封底、目录页面、上一页、下一页以及五个主要模块,还有各自的二级模块,同时幻灯片右下角的音乐开关能很方便地开启和关闭背景音乐。要实现上述功能,需要在幻灯片母版中完成。利用项目十中讲到的母版操作,具体操作步骤如下:

步骤 1:打开幻灯片母版,完成幻灯片右侧依次输入"情境导入""课文朗读""伴解生字""齐学词语""共渡难关"等导航内容,超链接需要整个课件完成之后再添加。

步骤 2:给"情境导入"底色填充为 RGB(194.152.226),白色 0.75 磅的边框。给"课文朗读"底色填充为 RGB(1 224.104.147),白色 0.75 磅的边框。给"伴解生字"底色填充为 RGB(32.218.207),透明度 39%,白色 0.75 磅的边框。给"齐学词语"底色填充为 RGB(85.222.18),透明度 6%,白色 0.75 磅的边框。给"共渡难关"底色填充为 RGB(233.128.36),透明度 18%,白色 0.75 磅的边框。

步骤 3:幻灯片右下角的按钮实际上都是文本框添加的文字和图片合成的,依次通过超链接和动作设置链接到相应页面即可。右下角的音乐开启图标,在动作设置对话框中,选择"播放声音"里添加"童年.wav"。注意,这里的声音文件必须是 WAV 格式,文件虽然比 MP3 格式大很多,但能够保证随时打开背景音乐。

同理参照完成音乐关闭图标,在动作设置的"播放声音"里选择"停止前一声音",实现随时关闭背景音乐。

(2) 幻灯片编号及导航的显示

在母版的右上角插入"幻灯片编号",这样使得每一张幻灯片都有编号。为了不在封面幻灯片、目录页以及封底幻灯片出现编号及相应的导航,可做如下操作:

选中相应的幻灯片,在"设计"选项卡"设置背景格式"功能组中勾选"隐藏背景图形"复选框,这样幻灯片既没有相应导航也没有幻灯片编号。要让第 3 张幻灯片编号显示为"2",可以在"页面设置"功能组中将起始值设为 0,这样幻灯片编号从 0 开始,第 3 张编号就为"2"。

3. 课件目录的制作

选中首页幻灯片,并按"回车"键添加新的幻灯片,修改此幻灯片的版式为"空白"版式(或在"开始"选项卡的"幻灯片"功能区单击"新建幻灯片",在展开的"office 主题"选项框中选择"空白"幻灯片版式)。插入不规则形状"五边形",旋转倒放,填充色设置为 RGB(233.128.36),透明度 41%,无边框。插入文本框,输入"教学环节"(微软雅黑,32 磅,白色)。然后插入五个一样大小的圆环,颜色依次为白色、黄色、藕粉色、黄色、白色,形成对称感,使画面构图既活泼又相对平衡。输入文本"情境导入""课文朗读""伴解生字""齐学词语""共渡难关"(微软雅黑,20磅,白色),这五个导航都是图形超链接到相应的幻灯片,需要整个课件完成后才能制作。再导入图片"目录页图",调整素材对象之间的位置,设置背景为"茶色",与主题相一致。

4. 内容页的制作

(1)"情景导入"模块的制作

"情境导入"模块第一张幻灯片制作步骤如下:

步骤 1:在目录页后新建一张幻灯片(第三张幻灯片)。在右上角插入文本框,输入"情境导入",为了与背景的褐色相区别,文字设置为"白色、宋体、14 磅"。

步骤 2:插入六个文本框,分别输入文字后设置合适的字体与字号。然后插入对应的六张图片,选择"图片工具格式"选项卡,在"大小"功能组中,设置六张图片"高度"5 厘米,"宽度"7厘米,对齐后放在合适的位置。

步骤 3:选中"卖木雕的少年"小图片,对图片设置动画。在"动画"选项卡的"高级动画"功能组中单击"添加动画"按钮,在"进入"选项中选择"出现"效果,在"退出"选项中选择"消失",这时候动画窗格就有了"卖木雕的少年"图片的 2 个"出现"和"消失"动画效果。

步骤 4:参照步骤 3 对其他 5 张图设置动画,动画窗格共有 12 个动画效果。

步骤 5:重新插入"卖木雕的少年"图片,设置大小为"高度"14.29 厘米,"宽度"25.4 厘米,设置图片动画在进入里设置为"出现"效果,退出里设置为"消失"效果。此时动画窗格出现了两个一模一样的"卖木雕的少年""出现"和"消失"动画效果,唯一的区别就是顺序不同。

在动画窗格中,选择第二个"卖木雕的少年""出现"动画效果,在"触发器"中选择单击第一个"卖木雕的少年"图片,实现点击小图出现大图。

在动画窗格中,选择第二个"卖木雕的少年""消失"动画效果,在"触发器"中选择单击第二个"卖木雕的少年"图片,实现点击大图后大图消失。

步骤 6:参照步骤 5,依次完成"莫西奥图尼亚大瀑布""非洲少年""狮子""非洲南部""大象"(一定要注意图片放置的顺序)等触发器的设置,实现单击小图出现对应的大图,单击大图返回。

"情境导入"第二张幻灯片操作步骤如下:

新建一张幻灯片,依次插入"卧人""人""小象""象墩""面具""脸谱""梅花鹿""人像"八张图片,设置合适的尺寸,添加相应的动画效果,除了最后一张,其他都要设置"消失"动画效果。"计时"延时都在 2 秒,这样整个动画演示完毕,"象墩"图片停留在最后。

(2)"课文朗读"模块的制作

步骤 1:新建两张幻灯片,右上角输入"课文朗读"。正文文本框输入课文内容,字体为"楷体、14 磅"。每一行"颜色打字机"动画效果,字母之间的延迟为 50%。

步骤 2:在幻灯片底部"本栏目导读"处添加三个按钮,内容分别为"播放"、"暂停"、"停止",作为控制声音文件播放的按钮。设置按钮填充色为 RGB(146.71.203),添加"内部:左"的阴影效果。

步骤 3:插入音频"课文朗读. mp3",并设置播放效果,勾选"跨幻灯片播放""循环播放,直到停止""放映时隐藏"等复选框。

依次对"播放""暂停""停止"三个按钮设置触发效果。

(3)"伴解生字"模块的制作

新建第 7 张幻灯片,右上角输入"伴解生字"。以第 7 张幻灯片为母本复制 6 张幻灯片。在第 7 张幻灯片底部"本栏目导读"处添加"我会认""我会写生字""我会读""我会多音字"四个文本框内容,把文字颜色设为"梅红"。这四个文本框分别建立超链接到第 7、8、12、13 张幻灯片,复制这四个文本框到第 8～13 张幻灯片中。

"我会认"子模块的制作:

把第 7 张幻灯片"本栏目导读"的"我会认"文字颜色设置为"灰色"(播放幻灯片时指示此时学习内容为"我会认"子模块)。添加文字和小图片,制作效果如图 11-6 所示。

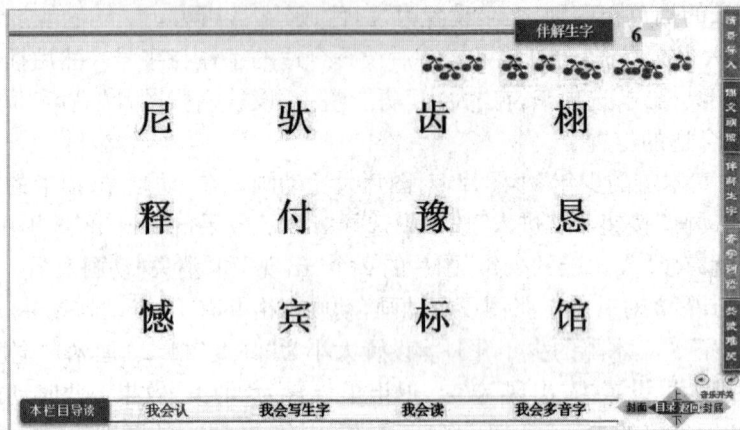

图 11-6 "我会认"子模块

"我会写生字"子模块的制作:

把第 8、9、10、11 张幻灯片中的"我会写生字"文字颜色改为"灰色"。在第 8 张幻灯片合适位置利用形状图形画出 6 个文字的田字格并组合。新建 6 个文本框,每个字的文本框添加超链接到相应的幻灯片。

选中第 9 张幻灯片,单击"开发工具"选项卡(如果没有此项,可以在"文件"里的"选项"中进行设置)"控件"功能组中的"其他控件"按钮,弹出"其他控件"面板,从下拉列表中选择"Shock Wave Flash Object"选项。这时鼠标变成"+"形状,将其在编辑区拖动即出现 Flash 控件框(就是 Flash 播放的位置)。按鼠标右键单击"属性表",弹出属性面板,在 Moive 右边的空白单元格,键入要播放的 Flash 文件的路径,完成生字"卖"的 Flash 文件插入。

重复以上操作完成其他生字的 Flash 文件插入。

小技巧:Flash 文件与演示文稿处于同一级目录,Flash 文件的 Moive 属性就不需要填写完整的路径和文件名,如图 11-7 所示。

"我会读"子模块的制作:

把第 12 张幻灯片"本栏目导读"中的"我会读"文字颜色设置为"灰色"。在文本框中输入蓝颜色的问题,带拼音的文字改成红色,拼音可以用输入法中的软键盘"拼音符号"。完成后一行一行地添加"颜色打字机"动画效果,在动画效果面板"动画文本"中,选择"按字母"和"50",速度为"快速"。

"我会多音字"子模块的制作:

把第 13 张幻灯片"本栏目导读"中的"我会多音字"文字颜色设置为"灰色"。添加文字和插入合适的图片,为了突出重点,拼音用红色显示。对需要学习的内容设置动画效果以利于教学或帮助学习。

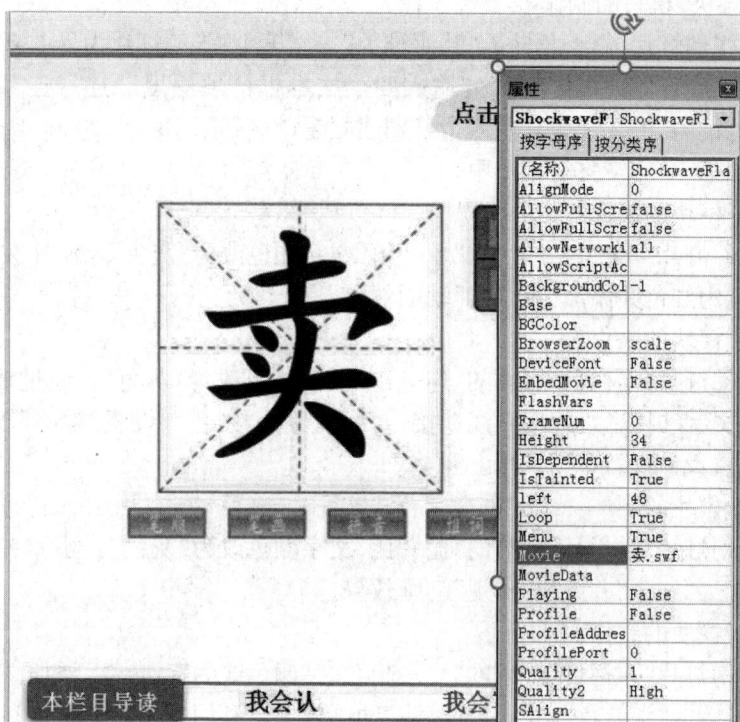

图 11-7 PPT 中插入 Flash 文件

（4）"齐学词语"模块的制作

新建第 14 张幻灯片，右上角输入"齐学词语"。以第 14 张幻灯片为母本复制 3 张幻灯片，在第 14 张幻灯片底部"本栏目导读"处输入四个文本框："我会近义词""我会反义词""我会词语搭配""我会词语拓展"，把文字颜色设为"梅红"，为它们四个分别建立超链接到第 14、15、16 和 17 张幻灯片，复制这四个文本框到第 15～17 张幻灯片中。

"我会近义词"子模块的制作：

把第 14 张幻灯片"本栏目导读"的"我会近义词"文字颜色改为"灰色"。添加文字和小图片，4 个词语设置"擦除"动画效果。

"我会反义词"子模块的制作：

把第 15 张幻灯片"本栏目导读"的"我会反义词"文字颜色改为"灰色"。添加文字和小图片，4 个词语设置"擦除"动画效果。

"我会词语搭配"子模块的制作：

把第 16 张幻灯片"本栏目导读"的"我会词语搭配"文字颜色改为"灰色"。添加文字和小图片，8 个词语设置"擦除"动画效果。

"我会词语拓展"子模块的制作：

把第 17 张幻灯片"本栏目导读"的"我会词语拓展"文字颜色改为"灰色"。在每一个成语下面添加"笑脸"或"哭脸"图片，图片分别添加"鼓掌"和"爆炸"声音，通过触发器完成点击成语出现相应的"笑脸"或"哭脸"。

（5）"共渡难关"模块的制作

新建第 18 张幻灯片,右上角输入"共渡难关"。以第 18 张幻灯片为母本复制 3 张幻灯片,在第 18 张幻灯片底部"本栏目导读"处输入四个文本框:"填一填""连一连""比一比""想一想",把文字颜色设为"梅红",为它们四个分别建立超链接到第 18、19、20 和 21 张幻灯片,复制这四个文本框到第 18~21 张幻灯片中。

"填一填"子模块的制作:

把第 18 张幻灯片"本栏目导读"的"填一填"文字颜色改为"灰色"。添加文字和小图片,括号内的词语设置为红色并添加"百叶窗"动画效果。

"连一连"子模块的制作:

把第 19 张幻灯片"本栏目导读"的"连一连"文字颜色改为"灰色"。通过插入形状添加文字和拼音,并在文字和拼音之间用直线连接,直线设置为"红色",设置"擦除"动画效果。线条通过文字图形进行触发显示。

"比一比"子模块的制作:

把第 20 张幻灯片"本栏目导读"的"比一比"文字颜色改为"灰色"。添加文字和小图片,括号内的词语设置为"红色"并添加"出现"动画效果。

"想一想"子模块的制作:

把第 21 张幻灯片"本栏目导读"的"想一想"文字颜色改为"灰色"。添加文字和小图片,答案部分的文字设置为"深蓝色",并添加"擦除"动画效果。利用触发器来出现答案。

5. 课件封底的制作

新建第 22 张幻灯片,复制首页幻灯片,修改文字即可,达到了收尾相呼应的效果。

6. 切换方式设置

本课件主要通过导航等实现页面的跳转,所以在很多幻灯片中切片方式要取消"单击鼠标时",但在某些幻灯片中单击鼠标又必须出现后续的动画效果,切换方式就要保留"单击鼠标时"。根据前面所述不同要求,第 1、2、14、15、16、18、20 张幻灯片就保留了单击鼠标时幻灯片切换方式。

首页用了"涟漪",第 2 张使用了"缩放"效果。

7. 课件导航的完成

由于所有幻灯片已制作完毕,课件母版右侧导航超链接就可实现,根据学习内容,分模块完成超链接。

8. 课件的打包与放映

课件制作完成后,往往不是在同一台计算机上放映,如果仅仅将制作好的课件复制到另一台计算机上,而该机又未安装 PowerPoint 应用程序,或者课件中使用的超链接文件或字体在该机上不存在,则无法保证课件的正常播放。因此,一般在制作课件的计算机上将课件打包成安装文件,然后在播放课件的计算机另行安装。打包操作步骤如下:

步骤 1:在 PowerPoint 中,打开《卖木雕的少年》课件,单击"文件"选项卡的"导出"中"将演示文稿打包成 CD"按钮,再点击"打包成 CD"按钮,如图 11-8 所示。

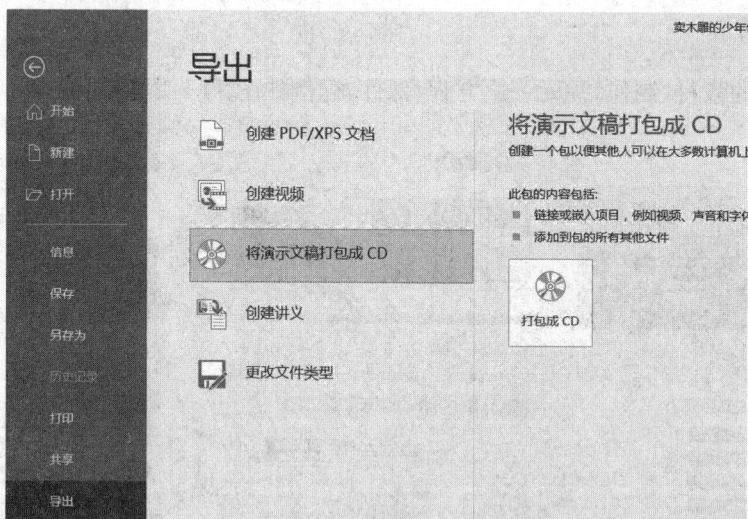

图 11-8　将演示文稿打包

　　步骤 2：打开"打包成 CD"对话框，单击"选项"按钮，在打开的"选项"对话框中设置打包参数，勾选"嵌入的 truetype 字体"复选框。

　　步骤 3：单击"添加"按钮，把所有的素材及"卖木雕的少年.pptx"添加进去，如图 11-9 所示。

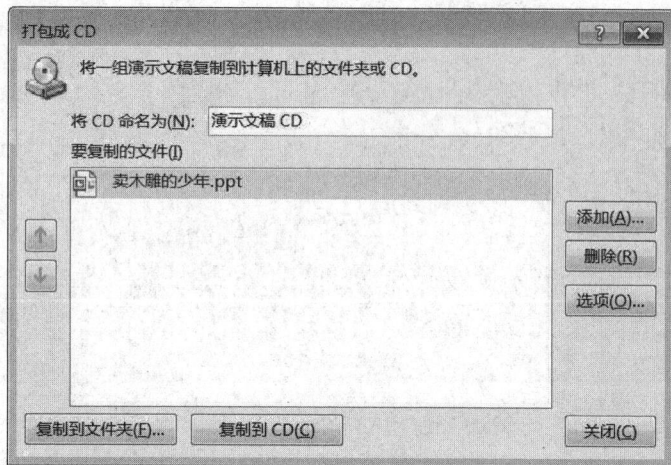

图 11-9　添加文件

　　步骤 4：单击"复制到文件夹"按钮，在弹出的对话框中的文件夹名称右侧输入"卖木雕的少年"，改变合适的路径，单击"确定"按钮进行打包。

　　到这里整个课件制作完成，放映幻灯片观察总体效果，如果有错误可以进行修改。一个完整的课件需要的基本结构在本课件中都有体现。在使用过程中，可以根据授课需要，添加和删除所需要的功能模块。

实训任务

根据提供的素材，制作《一元一次方程》课件，样例如图 11-10 所示。

图 11-10 《一元一次方程》课件效果图